LA COUR
ET
LA VILLE DE MADRID

VERS LA FIN DU XVIIe SIÈCLE

RELATION DU VOYAGE D'ESPAGNE

PAR

LA COMTESSE D'AULNOY

ÉDITION NOUVELLE, REVUE ET ANNOTÉE

PAR

Mme B. CAREY

PARIS

E. PLON et Cie, IMPRIMEURS-ÉDITEURS

10, RUE GARANCIÈRE

—

1874

Tous droits réservés

RELATION

DU

VOYAGE D'ESPAGNE

PAR

LA COMTESSE D'AULNOY

L'auteur et l'éditeur déclarent réserver leurs droits de traduction et de reproduction à l'étranger.

Ce volume a été déposé au ministère de l'intérieur (section de la librairie) en avril 1874.

PARIS. — TYPOGRAPHIE E. PLON ET Cie, 8, RUE GARANCIÈRE.

AVIS AU LECTEUR.

Ce livre méritait, à notre sens, d'être tiré de l'oubli où, depuis longtemps, il était tombé. Diverses circonstances ont contribué à le discréditer. Le nom de l'auteur, entre autres, n'a pas été sans influence à cet égard. En effet, madame d'Aulnoy s'est fait connaître surtout par des contes de fées et autres fadaises qui ne donnent point idée du véritable tour de son esprit. Elle ne manquait pas de finesse, savait observer et peindre, mais elle ne s'en doutait pas et, fort à tort, se croyait douée d'imagination. Nous ne saurions nous expliquer autrement la forme bizarre qu'elle a donnée à la relation de son séjour en Espagne. La fiction s'y mêle sans cesse à la réalité. Ainsi madame d'Aulnoy nous raconte en termes qui ne manquent pas d'agrément ses aventures de voyage. A chaque pas elle a maille à partir avec les gens du pays; les muletiers, les hôteliers s'efforcent à l'envi de la piller en sa qualité d'étrangère. Elle résiste à leurs

exigences et finit par s'en débarrasser. Elle arrive
à Saint-Sébastien. Jusque-là, rien que de fort naturel; mais, au moment de se coucher, elle aperçoit un rayon de lumière qui filtre à travers la muraille; elle regarde et voit deux jeunes filles qu'un
vieillard maltraite cruellement. Elle s'en étonne,
va les trouver, et apprend ainsi leur lamentable
histoire. A quelques jours de là, elle se trouve mêlée
à des événements non moins romanesques. Le lecteur, surpris, se demande ce qu'il doit en croire.
A la fin, il s'aperçoit, non sans humeur, que madame d'Aulnoy lui fait des contes.

Est-ce une raison de jeter le livre? Nous ne le
pensons pas. Ces contes sont de simples intermèdes,
destinés dans la pensée de l'auteur à délasser l'attention de son public. Tournez la page, et vous
verrez qu'elle en revient à ses propres affaires sans
plus se souvenir des personnages qu'elle a mis en
scène. Elle parle des méchants gîtes qu'elle trouve,
de la chère abominable qu'on lui fait faire, de l'accueil qu'elle reçoit à Madrid. Elle va visiter les
dames de la Cour, assiste à leur toilette, s'enquiert
avec un intérêt bien naturel de leurs ajustements,
de leur genre de vie, de leurs affaires de ménage.
Elle recueille, en passant, les histoires scandaleuses
du jour. Elle a l'honneur d'être présentée aux deux
Reines, et, comme elle parle le castillan, elle ne

tarde pas à se mettre au fait de toutes les intrigues du palais. A ce point de vue quelque peu frivole, elle observe bien, mais il ne faut point l'en tirer. Ne lui demandez pas son opinion sur la politique de Philippe II, ni sur les causes de la décadence de l'Espagne. Elle n'en sait rien et ne s'en soucie guère. En revanche, elle saisit au vol les physionomies, les rend nettement, et arrive ainsi, sans y songer, à composer un tableau fort curieux de la Cour et de la ville de Madrid. Nous devons l'avouer, les détails qu'elle nous donne sur les mœurs des Espagnols sont parfois tellement extraordinaires qu'on hésite à la croire sur parole. Ce doute nous laissait un devoir à remplir. Il fallait nous assurer du degré de confiance que méritaient ses assertions.

Nous avons consulté, dans cette pensée, les relations de voyage, les mémoires et les ouvrages qui se rapportent à cette époque. L'impression qui nous en est restée est favorable à madame d'Aulnoy. Néanmoins, nous n'oserions point nous prononcer si nous n'avions encore une autre preuve de sa véracité. En effet, ces mœurs, qui nous semblent si fort étranges, se sont perpétuées jusqu'à nos jours; du moins, nous en trouvons encore maints vestiges. Les témoignages de nos contemporains ne nous laissent aucun doute à cet égard. Nous citerons, entre autres, celui du vicomte de Saint-Priest, ambassadeur de Sa Majesté Charles X en Espagne. Nous avons recueilli dans des notes ces divers renseignements, qui non-seulement confirment, mais encore accentuent souvent les traits les plus piquants de ces récits. Nous avons corrigé quelques erreurs, ajouté des éclaircissements qui nous semblaient indispensables.

Nous avons, d'ailleurs, conservé au livre sa physionomie, nous avons ainsi respecté jusqu'aux négligences de style. Les contes de madame d'Aulnoy ne méritaient assurément pas de tels ménagements. A tout hasard nous les avons conservés, seulement nous en donnons le texte entre guillemets. Nous avertissons ainsi le lecteur et l'engageons à se contenter de les feuilleter. Madame d'Aulnoy ne nous pardonnerait vraisemblablement pas la liberté de ce conseil, mais les curieux de notre temps nous en sauront gré, nous l'espérons, du moins.

LETTRES

DE

LA COMTESSE D'AULNOY

RELATION DU VOYAGE D'ESPAGNE

PREMIÈRE LETTRE.

Puisque vous voulez être informée de tout ce qui m'arrive et de tout ce que je remarque dans mon voyage, il faut vous résoudre, ma chère cousine, de lire bien des choses inutiles, pour en trouver quelques-unes qui vous plaisent. Vous avez le goût si bon et si délicat, que vous ne voudriez que des aventures choisies et des particularités agréables. Je voudrais bien aussi ne vous en point raconter d'autres : mais quand on rapporte fidèlement les choses telles qu'elles se sont passées, il est difficile de les trouver toujours comme on les souhaite.

Je vous ai marqué par ma dernière lettre tout ce qui m'est arrivé jusqu'à Bayonne. Vous savez que c'est une ville de France, frontière du royaume d'Espagne. Elle est arrosée par les rivières de l'Adour et de la Nive qui se joignent ensemble, et la mer monte jusque-là; le port et le commerce y sont considérables. J'y vins de Dax par eau, et je remarquai que les bateliers de l'Adour ont la même habitude que ceux de la Garonne; c'est-à-dire, qu'en passant à côté les uns des autres, ils se chantent pouille, et ils aimeraient mieux n'être point payés de leur voyage que de manquer à se faire ces sortes de huées, quoiqu'elles étonnent ceux qui n'y sont pas accoutumés. Il y a deux châteaux assez forts pour bien défendre la ville, et l'on y trouve en plusieurs endroits des promenades très-agréables.

Lorsque je fus arrivée, je priai le baron de Castelnau, qui m'avait accompagnée depuis Dax, de me donner la connaissance de quelques jolies femmes avec lesquelles je pusse attendre sans impatience les litières qu'on devait m'envoyer de Saint-Sébastien.

Il n'eut pas de peine à me satisfaire, parce que, étant homme de qualité et de mérite, on le considère fort à Bayonne; il ne manqua pas, dès le lendemain, de m'amener plusieurs dames me rendre visite; c'est la coutume, en ce pays, d'aller voir les dernières venues, lorsqu'on est informé quelles elles sont.

Elles commencent là de se ressentir des ardeurs du soleil; leur teint est un peu brun; elles ont les yeux brillants; elles sont aimables et caressantes; leur esprit est vif, et je vous rendrais mieux raison de leur enjouement si j'eusse entendu ce qu'elles disaient. Ce n'est pas qu'elles ne sachent toutes parler français, mais elles ont tant d'habitude au langage de leur province, qu'elles ne peuvent le quitter, et comme je ne le savais point, elles faisaient entre elles d'assez longues conversations où je n'entendais rien.

Quelques-unes, qui vinrent me voir, avaient un petit cochon de lait sous le bras, comme nous portons nos petits chiens; il est vrai qu'ils étaient fort décrassés et qu'il y en avait plusieurs avec des colliers de rubans de différentes couleurs; mais vous conviendrez que c'est une inclination fort bizarre, et je suis persuadée qu'il y en a beaucoup entre elles dont le goût est trop bon pour s'accommoder de cette coutume. Il fallut, lorsqu'elles dansèrent, laisser aller dans la chambre ces vilains animaux, et ils firent plus de bruit que des lutins. Ces dames dansèrent à ma prière, le baron de Castelnau ayant envoyé quérir les flûtes et les tambourins. Pour vous faire entendre ce que c'est, il faut vous dire qu'un homme joue en même temps d'une espèce de fifre et du tambourin, qui est un instrument de bois fait en triangle et fort long, à peu près comme une trompette marine, montée d'une seule corde, qu'on frappe avec un petit bâton; cela rend un son de tambour assez singulier.

Les hommes, qui étaient venus accompagner les dames, prirent chacun celle qu'il avait amenée, et le branle commença en rond, se tenant tous par la main; ensuite, ils se firent donner des cannes assez longues, ne se tenant plus que deux à deux avec des mouchoirs qui les éloignaient les uns des autres. Leurs airs ont quelque chose de gai et de fort particulier, et le son aigu de ces flûtes se mêlant à celui des tambourins, qui est assez guerrier, inspire un certain feu qu'ils ne pouvaient modérer; il me semblait que c'était ainsi que devait se danser la Pyrrhique, dont parlent les anciens, car ces messieurs et ces dames faisaient tant de tours, de sauts et de cabrioles, leurs cannes se jetaient en l'air et se reprenaient si adroitement, que l'on ne peut décrire leur légèreté et leur souplesse. J'eus aussi beaucoup de plaisir à les voir, mais cela dura un peu trop longtemps; je commençais à me lasser de ce bal mal ordonné, lorsque le baron de Castelnau, qui s'en aperçut, fit apporter plusieurs bassins de très-belles confitures sèches. Ce sont des juifs qui passent pour Portugais et qui demeurent à Bayonne, qui les font venir de Gênes; ils en fournissent tout le pays. On servit quantité de limonades et d'autres eaux glacées, dont ces belles dames burent à longs traits, et la fête finit ainsi.

On me mena le lendemain voir la synagogue des juifs, au faubourg du Saint-Esprit; je n'y trouvai rien de remarquable. M. de Saint-Pé [1], lieutenant du roi, qui m'était venu voir, quoiqu'il fût fort incommodé de la goutte, me convia de dîner chez lui. J'y fis un repas très-délicat et magnifique, car c'est un pays admirable pour la bonne chère; tout y est en abondance et à très-grand marché. J'y trouvai des femmes de qualité extrêmement bien faites qu'il

---

[1] Ce nom n'est pas inconnu dans l'histoire. Un sieur de Saint-Pé était agent politique du cardinal de Richelieu en Portugal Flassan, *Histoire de la diplomatie*, t. III, p. 62.)

avait priées pour me tenir compagnie. La vue du château, qui donne sur la rivière, est fort belle ; il y a toujours une bonne garnison.

Lorsque je fus de retour chez moi, je demeurai surprise d'y trouver plusieurs pièces de toile qu'on m'avait apportées de la part des dames qui m'étaient venues voir, avec des caisses pleines de confitures sèches et de bougies. Ces manières me parurent fort honnêtes pour une dame qu'elles ne connaissaient que depuis trois ou quatre jours ; mais il ne faut pas que j'oublie de vous dire qu'on ne peut voir de plus beau linge que celui que l'on fait en ce pays-là, il y en a d'ouvré et d'autre qui ne l'est point. La toile en est faite d'un fil plus fin que les cheveux, et le beau linge y est si commun, qu'il me souvient qu'en passant par les landes de Bordeaux, qui sont des déserts où l'on ne rencontre que des chaumières et des paysans qui font compassion par leur extrême pauvreté, je trouvai qu'ils ne laissaient pas d'avoir d'aussi belles serviettes que les gens de qualité en ont à Paris.

Je ne manquai pas de renvoyer à ces dames de petits présents que je crus qui leur feraient plaisir. Je m'étais aperçue qu'elles aimaient passionnément les rubans, et elles en mettaient quantité sur leur tête et à leurs oreilles ; je leur en envoyai beaucoup ; je joignis à cela plusieurs beaux éventails ; en revanche, elles me donnèrent des gants et des bas de fil d'une finesse admirable.

En me les envoyant, elles me convièrent d'aller au salut aux Frères Prêcheurs, qui n'étaient pas éloignés de ma maison. Elles savaient que j'ai quelque goût pour la musique, et elles voulurent me régaler de ce qu'il y avait de plus excellent dans la ville. Mais encore qu'il y eût de très-belles voix, l'on ne pouvait guère avoir du plaisir à les entendre, parce qu'ils n'ont ni la méthode ni la belle manière du chant. J'ai remarqué dans toute la Guyenne et vers Bayonne que l'on y a de la voix naturellement et qu'il n'y manque que de bons maîtres.

Les litières que l'on devait m'envoyer d'Espagne étant arrivées, je songeai à mon départ : mais je vous assure que je n'ai jamais rien vu de plus cher que ces sortes d'équipages, car chacune des litières a son maître qui l'accompagne. Il garde la gravité d'un sénateur romain, monté sur un mulet et son valet sur un autre, dont ils relaient de temps en temps ceux qui portent les litières; j'en avais deux, je pris la plus grande pour moi et mon enfant; j'avais outre cela quatre mules pour mes gens et deux autres pour mon bagage. Pour les conduire, il y avait encore deux maîtres et deux valets; voyez quelle misère de payer cette quantité de gens inutiles pour aller jusqu'à Madrid et pour en revenir aussi, parce qu'ils comptent leur retour au même prix : mais il faut s'accommoder à leur usage et se ruiner avec eux, car ils traitent les Français ce qui s'appelle de Turc à Maure.

Sans sortir de Bayonne, je trouvai des Turcs et des Maures, et je crois même quelque chose de pis : ce sont les gens de la douane. J'avais fait plomber mes coffres à Paris tout exprès pour n'avoir rien à démêler avec eux; mais ils furent plus fins, ou pour mieux dire, plus opiniâtres que moi, et il leur fallut donner tout ce qu'ils demandèrent. J'en étais encore dans le premier mouvement de chagrin, lorsque les tambours, les trompettes, les violons, les flûtes et les tambourins de la ville me vinrent faire désespérer; ils me suivirent bien plus loin que la porte Saint-Antoine, qui est celle par où l'on sort quand on va en Espagne par la Biscaye; ils jouaient chacun à leur mode et tous à la fois sans s'accorder; c'était un vrai charivari. Je leur fis donner quelque argent, et, comme ils ne voulaient que cela, ils prirent promptement congé de moi. Aussitôt que nous eûmes quitté Bayonne, nous entrâmes dans une campagne stérile, où nous ne vîmes que des châtaigniers; mais nous passâmes ensuite le long du rivage de la mer, dont le sable fait un beau chemin; et la vue est fort agréable en ce lieu.

Nous arrivâmes d'assez bonne heure à Saint-Jean de Luz. Il ne se peut rien voir de plus joli, c'est le plus grand bourg de France et le mieux bâti; il y a bien des villes beaucoup plus petites. Son port de mer est entre deux hautes montagnes qu'il semble que la nature a placées exprès pour le garantir des orages; la rivière de Nivelle s'y dégorge, la mer y remonte fort haut et les grandes barques viennent commodément dans le quai. On dit que les matelots en sont très-habiles à la pêche de la baleine et de la morue. On nous y fit fort bonne chère et telle que la table était couverte de pyramides de gibier; mais les lits ne répondaient point à cette bonne chère, il leur manque des matelas; ils mettent deux ou trois lits de plumes de coq les uns sur les autres, et les plumes sortant de tous les côtés font fort mal passer le temps. Je croyais, lorsqu'il fallut payer, que l'on m'allait demander beaucoup; mais ils ne me demandèrent qu'un demi-louis, et assurément il m'en aurait coûté plus de cinq pistoles à Paris.

La situation de Saint-Jean de Luz est extrêmement agréable. On trouve dans la grande place une belle église bâtie à la moderne. L'on passe en ce lieu la rivière de Nivelle sur un pont de bois d'une extraordinaire longueur. Il y a là des péagers qui font payer le droit des marchandises et des hardes que l'on porte avec soi. Ce droit n'est réglé que par leur volonté, et il est excessif quand ils voient des étrangers. Je me tuais de parler français et de protester que je n'étais pas Espagnole, ils feignaient de ne me pas entendre, ils me riaient au nez; et s'enfonçant la tête dans leurs capes de Béarn, il me semblait voir des voleurs déguisés en capucins. Enfin, ils me taxèrent à dix-huit écus; ils trouvaient que c'était grand marché, et pour moi je trouvais bien le contraire : mais je vous l'ai déjà dit, ma chère cousine, quand on voyage en ce pays-ci, il faut faire provision de bonne heure de patience et d'argent.

Je vis le château d'Artois qui paraît assez fort; et un peu plus loin Orognes, où l'on ne parle que biscayen, sans se servir de la langue française ni de l'espagnole. Je n'avais dessein que d'aller coucher à Irun, qui n'est éloigné de Saint-Jean de Luz que de trois petites lieues, et j'étais partie après midi.

Mais la dispute que nous avions eue avec les gardes du pont, la peine que nous eûmes à passer les montagnes de Béobie, et le mauvais temps joint à d'autres petits embarras qui survinrent, furent cause que nous n'arrivâmes qu'à la nuit au bord de la rivière de Bidassoa qui sépare la France de l'Espagne. Je remarquai le long du chemin, depuis Bayonne jusque-là, des petits chariots sur lesquels on met toutes les choses que l'on transporte ; il n'y a que deux roues qui sont de fer, et le bruit en est si grand, qu'on les entend d'un quart de lieue lorsqu'il y en a plusieurs ensemble, ce qui arrive toujours, car on en rencontre soixante et quatre-vingts à la fois [1]. Ce sont des bœufs qui les traînent. J'en ai vu de pareils dans les landes de Bordeaux, et particulièrement du côté de Dax.

La rivière de Bidassoa est d'ordinaire fort petite : mais les neiges fondues l'avaient grossie à tel point, que nous n'eûmes pas peu de peine à la passer, les uns en bateau et les autres à la nage sur leurs mulets. Il faisait un grand clair de lune, à la faveur duquel on me fit remarquer à main droite l'île de la Conférence, où s'est fait le mariage de notre roi avec Marie-Thérèse, infante d'Espagne. Je vis peu après la forteresse de Fontarabie qui est au Roi d'Espagne ; elle est à l'embouchure de cette petite rivière. Le flux et le reflux de la mer y entrent. Nos rois prétendaient autrefois qu'elle leur appartenait, et ceux d'Espagne

---

[1] Le paysan espagnol trouve inutile de graisser les moyeux des roues de sa charrette. Il en résulte des grincements qui s'entendent à des distances réellement extraordinaires. Les correspondances des armées, au temps de Napoléon, mentionnent cet inconvénient, qui n'était pas sans gravité lorsqu'il s'agissait de dérober une marche à l'ennemi.

le prétendaient aussi ; il y a eu de si grandes contestations là-dessus, particulièrement entre les habitants de Fontarabie et ceux d'Andaye, qu'ils en sont venus plusieurs fois aux mains. Cette raison obligea Louis XII et Ferdinand de régler qu'elle serait commune aux deux nations. Les Français et les Espagnols partagent les droits de la barque ; ces derniers tirent le payement de ceux qui passent en Espagne, et les premiers le reçoivent de ceux qui vont en France, mais des deux côtés l'on rançonne également.

La guerre n'empêche point le commerce sur cette frontière ; il est vrai que c'est une nécessité dont leur vie dépend ; ils mourraient de misère, s'ils ne s'entr'assistaient[1]. Ce pays appelé la Biscaye est plein de hautes montagnes, où l'on trouve beaucoup de mines de fer. Les Biscayens grimpent sur les rochers aussi vite et avec autant de légèreté que ferait un cerf. Leur langue (si l'on peut appeler langue un tel baragouin) est si pauvre, qu'un même mot signifie plusieurs choses. Il n'y a que les naturels du pays qui se puissent entendre ; l'on m'a dit qu'afin qu'elle leur soit plus particulière, ils ne s'en servent pas pour écrire ; ils font apprendre à leurs enfants à lire et à écrire en français ou espagnol, selon le roi duquel ils sont sujets[2]. Il est vrai qu'aussitôt que j'eus passé

---

[1] C'était là un privilége particulier à ces provinces, et il était fondé sur l'extrême pauvreté du pays. « Si le commerce avec la France, l'Angleterre, l'Aragon, la Navarre et le duché de Bretagne, n'était pas libre, nul n'y pourrait subsister, dit l'ordonnance de 1479. » (Llorente, *Provincias vascongadas*, p. 323, 332.)

[2] La langue basque, on le sait, est une langue primitive qui n'a d'analogie avec aucune autre langue connue. Elle était néanmoins infiniment plus usitée que le castillan dans cette partie de l'Espagne. Aussi,

la petite rivière de Bidassoa, on ne m'entendait plus à moins que je ne parlasse castillan ; et ce qui est de singulier, c'est qu'un demi-quart d'heure auparavant on ne m'aurait pas entendue si je n'avais parlé français.

Je trouvai de l'autre côté de cette rivière un banquier de Saint-Sébastien à qui j'étais recommandée ; il m'attendait avec deux de ses parents. Les uns et les autres étaient vêtus à la Schomberg, c'est proprement à la manière de France, mais d'une manière ridicule ; les justaucorps sont courts et larges, les manches ne passent pas le coude et sont ouvertes par devant ; celles de leurs chemises sont si amples, qu'elles tombent plus bas que le justaucorps. Ils ont des rabats sans avoir de collets au pourpoint, des perruques où il y a plus de cheveux qu'il n'en faut pour en faire quatre autres bien faites, et ces cheveux sont plus frisés que du crin bouilli ; l'on ne peut voir des gens plus mal coiffés. Ceux qui ont leurs cheveux les portent fort longs et fort plats ; ils les séparent sur le côté de la tête, et en passent une partie derrière les oreilles : mais quelles oreilles, bon Dieu ! je ne crois pas que celles de Midas fussent plus grandes, et je suis persuadée que, pour les allonger, ils se les tirent étant encore petits ; ils y trouvent sans doute quelque sorte de beauté.

Mes trois Espagnols me firent en mauvais français de très-grands et très-ennuyeux compliments. Nous passâmes le bourg de Tran, qui est à peu près à un

---

lors de la réunion des juntes, les affaires étaient-elles exposées en castillan et discutées en langue basque. (Weiss, t. Ier, p. 207.)

quart de lieue de la rivière, et nous arrivâmes ensuite à Irun, qui en est éloigné d'un autre quart de lieue. Cette petite ville est la première d'Espagne que l'on trouve en sortant de France. Elle est mal bâtie. Les rues en sont inégales, et il n'y a rien dont on puisse parler. Nous entrâmes dans l'hôtellerie par l'écurie, où donne le pied du degré par où l'on monte à la chambre : c'est l'usage du pays. Je trouvai cette maison fort éclairée par une quantité de chandelles qui n'étaient guère plus grosses que des allumettes ; il y en avait bien quarante dans ma chambre, attachées sur des petits morceaux de bois ; l'on avait mis au milieu un brasier plein de noyaux d'olives en charbon pour ne pas faire mal à la tête.

L'on me servit un grand souper que les galants Espagnols m'avaient fait préparer ; mais tout était si plein d'ail, de safran et d'épice, que je ne pus manger de rien ; et j'aurais fait fort mauvaise chère si mon cuisinier ne m'eût accommodé un petit ragoût de ce qu'il put trouver le plus tôt prêt.

Comme je ne voulais aller le lendemain qu'à Saint-Sébastien, qui n'est éloigné que de sept à huit lieues, je crus que je devais dîner avant que de partir. J'étais encore à table, lorsqu'une de mes femmes m'apporta ma montre pour la monter à midi, comme c'était ma coutume ; c'était une montre d'Angleterre de Tampion, qui me rappelait les heures et qui me coûtait cinquante louis. Mon banquier, qui était auprès de moi, me témoigna quelque envie de la voir ; je la lui donnai avec la civilité que l'on a d'ordinaire, lorsque l'on présente ces sortes de choses ; c'en fut assez : mon homme se lève, me fait une profonde révérence et me dit « qu'il ne méritait pas un » présent si considérable ; mais qu'une dame comme » moi n'en pouvait faire d'autre ; qu'il m'engageait sa » foi et sa parole qu'il garderait ma montre toute sa » vie et qu'il m'en avait la dernière obligation ». Il la baisa en achevant ce beau compliment, et l'enfonça dans une poche plus creuse qu'une besace. Vous m'allez trouver bien sotte de ne rien dire à tout cela ; j'en tombe d'accord, mais je vous avoue que je demeurai si surprise de son procédé, que la montre avait déjà disparu avant que je pusse bien déterminer ce que je voulais faire. Mes femmes et ceux de mes gens qui se trouvèrent présents me regardaient, je les regardais aussi, toute rouge de honte et de chagrin d'être prise pour dupe. Je ne l'aurais pas été longtemps ; car, grâce à Dieu, je sais fort bien comme on refuse ce que l'on ne veut pas donner, mais je fis réflexion que cet homme devait me compter une grosse somme pour achever mon voyage et pour renvoyer de l'argent à Bordeaux où j'en avais pris ; que j'avais des lettres de crédit pour lui, sur lesquelles, en cas de fâcheries, il pouvait me faire attendre et dépenser deux fois la valeur de la montre. Enfin, je la lui laissai, et j'essayai de me faire honneur d'une chose qui me faisait grand dépit.

J'ai su depuis cette petite aventure que c'est la mode en Espagne, lorsqu'on présente quelque chose à quelqu'un et qu'on baise la main, que ce quelqu'un peut l'accepter s'il en a envie. Voilà une assez plaisante mode, et comme je ne l'ignore plus, ce sera ma faute si j'y suis rattrapée[1].

Je partis de cette hôtellerie, où l'on acheva de me ruiner; car tout est gueux en ce pays-là, et tout y voudrait être riche aux dépens du prochain. Peu après que nous fûmes sortis de la ville, nous entrâmes dans les montagnes des Pyrénées qui sont si hautes et si droites, que lorsqu'on regarde en bas, l'on voit avec frayeur les précipices qui les environnent. Nous allâmes de cette manière jusqu'à Rentery. Don Antonio (c'est le nom de mon banquier) prit les devants, et pour me faire aller plus commodément, il m'obligea de quitter ma litière, parce qu'encore que nous eussions traversé beaucoup de montagnes, il en restait de plus difficiles à passer. Il me fit entrer dans un petit bateau qu'il avait fait préparer pour descendre sur la rivière d'Andaye, jusqu'à ce que nous fussions proche de l'embouchure de la mer où nous vîmes d'assez près les galions du roi d'Espagne. Il y en avait trois d'une grandeur et d'une beauté considérables. Nos petits bateaux étaient ornés de plusieurs petites banderoles peintes et dorées; ils étaient conduits par des filles d'une habileté et d'une gentillesse charmantes : il y en a trois à chacun, deux qui rament et une qui tient le gouvernail.

Ces filles sont grandes, leur taille est fine, le teint brun, les dents admirables, les cheveux noirs et

---

[1] Ce personnage se conformait aux usages de son temps, ainsi que nous le verrons par la suite. En pareille circonstance, les Espagnols vous adressent encore ce compliment : « A la disposition de Votre Seigneurie. » Mais il serait indiscret de les prendre au mot.

lustrés comme du jais ; elles les nattent et les laissent tomber sur leurs épaules avec quelques rubans qui les attachent ; elles ont sur la tête une espèce de petit voile de mousseline brodé de fleurs d'or et de soie qui voltige et couvre la gorge ; elles portent des pendants d'oreilles d'or et de perles et des colliers de corail : elles ont des espèces de justaucorps comme nos bohémiennes, dont les manches sont fort serrées. Je vous assure qu'elles me charmèrent. L'on me dit que ces filles au pied marin nageaient comme des poissons et qu'elles ne souffraient entre elles ni femmes, ni hommes ; c'est une espèce de petite république où elles viennent de tous côtés, et les parents les y envoient jeunes.

Quand elles veulent se marier, elles vont à la messe à Fontarabie ; c'est la ville la plus proche du lieu qu'elles habitent, et c'est là que les jeunes gens se viennent choisir une femme à leur gré ; celui qui veut s'engager dans l'hyménée va chez les parents de sa maîtresse leur déclarer ses sentiments, régler tout avec eux ; et cela étant fait, l'on en donne avis à la fille ; si elle est contente, elle se retire chez eux où les noces se font.

Je n'ai jamais vu un plus grand air de gaieté que celui qui paraît sur leurs visages. Elles ont des petites maisonnettes qui sont le long du rivage, elles sont sous de vieilles filles auxquelles elles obéissent comme si elles étaient leurs mères ; elles nous contaient toutes ces particularités en leur langage, et nous les écoutions avec plaisir, lorsque le diable qui ne dort point nous suscita noise.

Mon cuisinier, qui est Gascon et de l'humeur vive des gens de ce pays-là, était dans un de nos bateaux de suite, assis proche d'une jeune Biscayenne qui lui parut très-jolie; il ne se contenta pas de le lui dire, il voulut lever son voile et le voulut bien fort; elle n'entendit point de raillerie, et sans autre compliment, elle lui cassa la tête avec un aviron armé d'un croc qui était à ses pieds. Quand elle eut fait cet exploit, la peur la prit, elle se jeta promptement à l'eau, quoiqu'il fît un froid extrême; elle nagea d'abord avec beaucoup de vitesse, mais comme elle avait tous ses habits et qu'il y avait loin jusqu'au rivage, les forces commencèrent à lui manquer; plusieurs filles qui étaient sur la grève entrèrent vite dans leurs bateaux pour la secourir : cependant celles qui étaient restées avec le cuisinier, craignant la perte de leur compagne, se jetèrent sur lui comme deux furies, elles voulaient résolûment le noyer; et le petit bateau n'en allait pas mieux, car il pensa deux ou trois fois se renverser; nous voyions du nôtre toute cette querelle, et mes gens étaient bien empêchés à les séparer et à les apaiser.

Je vous assure que l'indiscret Gascon fut si cruellement battu, qu'il en était tout en sang; et mon banquier me dit que quand on irritait ces jeunes Biscayennes, elles étaient plus farouches et plus à craindre que des petits lions. Enfin, nous prîmes terre, et nous étions à peine débarqués, que nous vîmes cette fille que l'on avait sauvée bien à propos, car elle commençait à boire lorsqu'on la tira de l'eau; elle venait à notre rencontre avec plus de

cinquante autres, chacune ayant une rame sur
l'épaule; elles marchaient sur deux longues files, et
il y en avait trois à la tête qui jouaient parfaitement bien du tambour de basque; celle qui devait
porter la parole s'avança, et me nommant plusieurs
fois *Andria,* qui veut dire madame (c'est tout ce que
j'ai retenu de la harangue), elles me firent entendre
que la peau de mon cuisinier leur resterait ou que les
habits de leur compagne seraient payés à proportion
de ce qu'ils étaient gâtés. En achevant ces mots, les
joueuses de tambour commencèrent à les frapper
plus fort; elles poussèrent de hauts cris, et ces belles
pirates firent l'exercice de la rame en sautant et dansant avec beaucoup de disposition et de bonne grâce [1].

Don Antonio, pour m'indemniser du présent qu'il
m'avait escamoté (j'en parle souvent, mais il me
tient encore au cœur), voulut pacifier toute chose; il
trouvait que mon cuisinier, qui se croyait suffisamment battu, aurait raison de ne vouloir rien donner,
et ce fut lui qui distribua quelques patagons [2] à la
troupe maritime. A cette vue, elles firent des cris

---

[1] Le conseiller Bertault, qui accompagna le maréchal de Gramont
lorsqu'il alla demander pour le roi la main de l'infante Anne d'Autriche, fait également mention de ces jeunes et modestes batelières. Il
est vrai de dire qu'un de ses contemporains, le Hollandais Van Aarsens de Sommerdyck, est loin d'être aussi édifié des façons des dames
du pays. Il raconte, avec un juste sentiment de pudeur alarmée, que ces
femmes s'abritent du soleil en relevant leurs jupes sur leurs têtes, sans
se préoccuper le moins du monde des bienséances. (*Voyage d'Espagne*,
p. 5.)

[2] Madame d'Aulnoy fait mention de patagons, de ducats, de piastres,
de pièces de huit réaux. Ces pièces avaient la même valeur, seulement
les patagons étaient monnayés en Flandre et en Franche-Comté à l'effi-
gie de l'archiduc Albert et de l'archiduchesse Isabelle. Les ducats étaient
monnayés dans le duché de Milan; les pièces de huit réaux, de même

encore plus grands et plus longs que ceux qu'elles avaient déjà faits, et elles me souhaitèrent un heureux voyage et un prompt retour, chacune dansant et chantant avec les tambours de basque.

Nous entrâmes dans un chemin très-rude et nous montâmes longtemps par des sentiers si étroits, au bas desquels il y a des précipices, que j'avais grand peur que les mulets qui portaient ma litière ne fissent un faux pas. Nous passâmes ensuite sur une campagne sablonneuse. Je m'arrêtai quelque temps au couvent de Saint-François; il est bâti proche de la rivière d'Andaye; nous la traversâmes sur un pont de bois extrêmement long, et bien que nous fussions fort proche de Saint-Sébastien, nous ne l'apercevions point encore, parce qu'une butte de sable assez haute cachait cette ville. Elle est située au pied d'une montagne qui sert d'un côté comme de digue

que les réaux d'argent et de cuivre, en Espagne. Les rapports des pièces de huit réaux avec les monnaies de France varièrent légèrement pendant le cours du dix-septième siècle. Elles se rapprochaient généralement de la valeur de l'écu d'or de Henri III, soit trois livres ou soixante sols. Les rapports de ces pièces d'argent avec les pièces de cuivre nommées réaux de vellon, au contraire, varièrent énormément, par la raison que la monnaie d'argent sortait de l'Espagne avec une rapidité telle, que les paiements dans l'intérieur du pays ne se faisaient qu'en monnaie de cuivre. Nous trouvons à cet égard un renseignement précieux dans le Journal du conseiller Bertault : « Un ducat, dit-il, est un peu moins qu'une pièce de cinquante-huit sols, qui vaut huit réaux de plata (argent), mais on n'en trouve pas. Tout se compte par quartos et ochavos qui sont de cuivre et qu'ils appellent de vellon. Ainsi, un réal de huit, qui est une pièce de cinquante-huit sols, vaut de douze et demi à treize réaux de vellon (au lieu de huit réaux d'argent). Un ducat n'est que de dix à onze (réaux de vellon), quarante à quarante-cinq sols de France. » Cette proportion se rapporte à l'année 1660. Il est bon d'observer aussi que les piastres frappées au Mexique étaient d'une valeur beaucoup plus considérable que les piastres d'Espagne, mais nous n'avons pas à nous en occuper.

à la mer; elle en est si proche, qu'elle y forme un bassin, et les vaisseaux viennent jusqu'au pied de cette montagne pour se mettre à l'abri des orages, car il y a quelquefois là des tempêtes extraordinaires et des ouragans si affreux, que les navires à l'ancre périssent dans le port. Il est profond et fermé par deux môles qui ne laissent qu'autant de place qu'il en faut pour passer un seul navire. On a élevé en cet endroit une grosse tour carrée, où il y a toujours une bonne garnison pour se défendre en cas de surprise. Le jour était beau pour la saison où nous sommes; je trouvai la ville assez jolie, elle est ceinte d'un double mur. Il y a plusieurs pièces de canon sur celui qui donne du côté de la mer, avec des bastions et des demi-lunes; elle est située dans une province de l'Espagne nommée Guipuscoa; les dehors en plaisent infiniment à cause que la mer, comme je viens de vous le dire, lui sert de canal. Les rues de cette ville sont longues et larges, pavées d'une grande pierre blanche qui est fort unie et toujours nette; les maisons en sont assez belles et les églises très-propres, avec des autels de bois chargés depuis la voûte jusqu'au bas, de petits tableaux grands comme la main. Les mines de fer et d'acier se trouvent très-facilement dans tout le pays, on y en voit de si pur, que l'on tient qu'il n'y en a point de pareil en Europe; c'est leur plus grand trafic. On y embarque des laines qui viennent de la Vieille-Castille et il s'y fait un gros commerce. Bilbao et Saint-Sébastien sont les deux ports les plus considérables que le roi d'Espagne ait sur l'Océan; le château est très-élevé et d'une médiocre défense. J'y ai pourtant vu d'assez belles pièces de canon et il y en a quantité le long des remparts; mais la garnison est si faible, que des femmes la battraient avec leurs quenouilles [1].

Tout est aussi cher dans cette ville qu'à Paris; on y fait très-bonne chère, le poisson est excellent, et l'on me dit que les fruits y étaient d'un goût et d'une beauté admirables. Je descendis dans la meilleure hôtellerie, et quelque temps après que j'y fus, Don Fernand de Tolède m'envoya un gentilhomme savoir s'il pourrait me voir sans m'incommoder. Mon banquier, qui le connaissait et qui était pour lors dans ma chambre, me dit que c'était un Espagnol de grande qualité, neveu du duc d'Albe, qu'il venait de Flandre et qu'il allait à Madrid [2].

[1] Le roi d'Espagne n'avait droit de tenir garnison que dans ces deux villes. Le désarroi des finances était tel, que des places comme Pampelume tombaient en ruine et étaient à peine gardées. Le Hollandais Van Aarsens en fit l'observation lorsqu'il alla visiter cette place : « Afin que nous ne la trouvassions pas si dépourvue de monde, dit-il, on y avait fait entrer bon nombre de paysans qu'on mêla parmi les soldats. Mais il nous fut aisé de les reconnaître, parce que, outre qu'ils n'avaient pas la mine de traîneurs d'épée, la plupart n'en portaient pas et faisaient la parade avec un simple mousquet ou quelque vieille pique. » (*Voyage d'Espagne*, p. 339.)

[2] Nous ne saurions dire si ce personnage est de fantaisie. Il n'était point assurément le neveu du duc d'Albe; mais le généalogiste Imhof, qui cite souvent madame d'Aulnoy, pense que Don Fernand de Toledo appartenait à une branche cadette éloignée des Toledo, ducs d'Albe. En effet, madame d'Aulnoy dit plus loin qu'il était beau-fils du marquis de Palacios. Or, Don Pedro Ruiz de Alarco Ledezma y Guzman, second marquis de Palacios, avait épousé Dona Blanca de Toledo, huitième dame de Las Higuarez. Imhof pense que cette Dona Blanca de Toledo avait pu avoir d'un premier mariage ce fils qui, suivant l'usage assez général des cadets en Espagne, aurait pris le nom de sa mère. En ce qui touche les trois autres cavaliers qui vinrent rejoindre madame d'Aulnoy, nous ne saurions rien affirmer. (Imhof, *Généalogie de vingt familles illustres d'Espagne*.)

Je le reçus avec l'honnêteté qui était due à sa naissance et j'y ajoutai bientôt des égards particuliers pour son propre mérite. C'est un cavalier qui est bien fait de sa personne, qui a de l'esprit et de la politesse; il est complaisant et agréable, il parle aussi bien français que moi; mais comme je sais l'espagnol et que je serais bien aise de le savoir encore mieux, nous ne parlâmes qu'en cette langue.

Je restai très-satisfaite de ses manières; il me dit qu'il était venu en poste depuis Bruxelles et que si je le trouvais bon, il augmenterait mon train et serait de ma suite. Je crus qu'il raillait et je lui répondis en plaisantant; mais il ajouta que les chemins étaient si remplis de neige qu'effectivement il lui serait impossible d'aller en poste, qu'il pourrait bien faire sur des chevaux de plus grandes traites que s'il allait en litière, mais que l'honneur de m'accompagner, etc... Enfin, je connus qu'il était fort honnête et qu'il ne démentait point la galanterie naturelle aux cavaliers espagnols; je regardai comme un très-grand secours d'avoir un homme de cette qualité et du pays qui saurait se faire entendre et encore mieux obéir par les muletiers, qui ont des têtes de fer et des âmes de boue.

Je lui dis que j'étais fort aise de l'avoir rencontré et que les fatigues du chemin me seraient bien adoucies par une aussi bonne compagnie que la sienne. Il commanda aussitôt son gentilhomme d'aller chercher une litière pour lui. Il était déjà tard, il prit congé de moi et je me couchai après avoir fort bien soupé; car, ma chère cousine, je ne suis pas une héroïne de roman, qui ne mange point.

« Je commençais à peine à m'endormir, lorsque
» j'entendis quelqu'un parler français si proche de
» moi, que je crus d'abord que c'était dans ma
» chambre; mais ayant écouté avec plus d'attention,
» je connus que c'était dans une chambre qui n'était
» séparée de la mienne que par une cloison d'ais
» assez mal joints. J'ouvris mon rideau du côté de la
» ruelle, j'aperçus de la lumière au travers des
» planches, et je vis deux filles dont la plus âgée
» paraissait avoir dix-sept à dix-huit ans; ni l'une ni
» l'autre n'étaient pas de ces beautés sans défauts,
» mais elles avaient tant d'agréments, le son de la
» voix si beau et une si grande douceur sur le visage,
» que j'en fus charmée.

» La plus jeune, qui semblait continuer la conver-
» sation, disait à l'autre : « Non, ma sœur, il n'y
» a point de remèdes à nos maux, il faut mourir ou
» les tirer des mains de cet indigne vieillard. Je suis
» résolue à tout, dit l'autre en poussant un profond
» soupir, m'en dût-il coûter la vie; qu'avons-nous à
» ménager? n'avons-nous pas tout sacrifié pour eux?
» Alors, faisant réflexion sur leurs infortunes, elles
» s'embrassèrent et se mirent à pleurer fort doulou-
» reusement, et après avoir consulté et dit encore
» quelques paroles dont je perdais la plus grande
» partie à cause de leurs sanglots, elles conclurent
» qu'il fallait qu'elles écrivissent; chacune le fit de
» son côté, et voici à peu près ce qu'elles se lurent
» l'une à l'autre :

» Ne juge pas de mon amour et de ma douleur par
» mes paroles, je n'en sais point t'exprimer l'un et
» l'autre; mais souviens-toi que tu vas me perdre si
» tu ne te portes aux dernières extrémités contre
» celui qui nous persécute.

» Il vient de me faire dire que si je tarde à partir,
» il nous fera arrêter. Juge par cet indigne traite-
» ment de ce qu'il mérite et souviens-toi que tu me
» dois tout, puisque tu me dois mon cœur. »

» Il me semble que l'autre billet était en ces
» termes :

« Si je pouvais assurer ton repos en perdant le
» mien, je t'aime assez pour t'en faire le sacrifice.
» Oui, je te fuirais si tu pouvais être heureux sans
» moi, mais je connais trop ton cœur pour t'en
» croire capable. Cependant tu restes aussi tranquille
» dans ta prison que si tu me voyais sans cesse;
» romps tes chaînes sans différer, punis l'ennemi de
» notre amour, mon cœur en sera la récompense. »

« Après avoir fermé ces billets, elles sortirent
» ensemble, et je vous avoue que j'eus de l'inquié-
» tude pour elles et beaucoup d'envie de savoir ce
» qui pouvait être arrivé à deux si jolies personnes.
» Cela m'empêcha de me rendormir et j'attendais
» qu'elles revinssent, quand tout d'un coup, l'on
» entendit un grand bruit dans la maison. Dans ce
» moment, je vis un vieillard qui entrait dans cette
» chambre, suivi de plusieurs valets; il tenait les
» cheveux d'une de ces belles filles tortillés autour

» de son bras et la tirait après lui comme une misé-
» rable victime; sa sœur n'était pas traitée avec
» moins de cruauté par ceux qui la menaient. « Per-
» fides, leur disait-il, vous n'êtes pas contentes du
» tort irréparable que vous faites à mes neveux; vous
» voulez leur persuader d'être mes bourreaux : si je
» ne vous avais surprises avec ces billets séducteurs,
» qu'en pouvait-il arriver? Quelles suites funestes
» n'aurais-je pas eu lieu d'en craindre? Mais vous
» me paierez tout pour une bonne fois. Dès que le
» jour paraîtra, je vous ferai punir comme vous le
» méritez. » — « Ah! seigneur, dit celle des deux qu'il
» tenait encore, considérez que nous sommes des
» filles de qualité et que notre alliance ne peut vous
» déshonorer; que vos neveux nous ont donné leur
» foi et reçu la nôtre; que dans un âge si peu avancé
» nous avons tout quitté pour les suivre; que nous
» sommes étrangères et abandonnées de tout le
» monde. Que deviendrons-nous? Nous n'oserions
» retourner chez nos parents, et si vous voulez nous
» y contraindre ou nous mettre en prison, donnez-
» nous plutôt la mort tout d'un coup. » Les larmes
» qu'elle versait en abondance achevèrent de me
» toucher sensiblement, et si le vieillard avait été
» aussi attendri que moi, il leur aurait bientôt rendu
» le repos et la joie.

» Mes femmes, qui avaient entendu un si grand
» bruit et si proche de ma chambre, se levèrent dans
» la crainte qu'il ne me fût arrivé quelque accident;
» je leur fis signe de s'approcher doucement et de
» regarder à travers les planches ce triste spectacle.

» Nous écoutions ce qu'ils disaient, lorsque deux
» hommes, l'épée à la main, entrèrent dans ma
» chambre, dont mes femmes avaient laissé la porte
» ouverte; ils avaient le désespoir peint sur le visage
» et la fureur dans les yeux; j'en eus une si grande
» frayeur, que je ne vous la puis bien exprimer; ils
» se regardèrent sans rien dire, et ayant entendu la
» voix du vieillard, ils coururent de ce côté-là.

» Je ne doutai point que ce fût les deux amants,
» et c'était eux, en effet, qui entrèrent comme deux
» lions dans cette chambre; ils inspirèrent une si
» grande terreur à ces marauds de valets, qu'il n'y
» en eut aucun qui osât s'approcher de son maître
» pour le défendre, quand ses neveux s'avancèrent
» vers lui et lui mirent l'épée sur la gorge. « Bar-
» bare, lui dirent-ils, pouvez-vous traiter ainsi des
» filles de qualité que nous devons épouser? Pour
» être notre tuteur, avez-vous droit d'être notre
» tyran? Et n'est-ce pas nous arracher la vie que
» de nous séparer de ce que nous aimons? Nous
» pourrions bien à présent vous en faire porter
» une juste punition, mais nous sommes incapa-
» bles de nous venger d'un homme de votre âge
» qui n'est pas en état de se défendre. Donnez-nous
» votre parole et nous jurez sur ce qu'il y a de plus
» saint, qu'en reconnaissance de la vie que nous
» vous laissons, vous contribuerez à notre bonheur
» et que vous souffrirez que nous exécutions ce que
» nous avons promis. »

» Le pauvre vieillard était si transi que les paroles
» lui mouraient dans la bouche; il jura plus qu'on

» ne le voulait; il se mit à genoux, il baisa plus de
» cent fois son pouce mis en croix sur un autre de
» ses doigts, à la manière d'Espagne. Il leur dit
» néanmoins qu'en tout ce qu'il avait fait, il n'avait
» envisagé que leurs propres intérêts; que sans cette
» vue, il devait lui être fort indifférent qu'ils se ma-
» riassent à leur fantaisie, et qu'enfin cela était ré-
» solu, qu'il ne s'y opposerait de sa vie. Deux de ses
» domestiques le prirent sous le bras et l'empor-
» tèrent plutôt qu'ils ne lui aidèrent à marcher.
» Alors les cavaliers se voyant libres, se jetèrent
» entre les bras de leurs maîtresses; ils se dirent les
» uns aux autres tout ce que la douleur, l'amour et
» la joie peuvent inspirer dans de pareilles occasions.
» Mais, en vérité, il faudrait avoir le cœur aussi
» touché et aussi content qu'était le leur pour redire
» toutes ces choses. Elles ne sont propres qu'aux
» personnes plus tendres que vous ne l'êtes, ma
» chère cousine; dispensez-moi donc de vous en fati-
» guer. J'étais si fatiguée moi-même de n'avoir pas
» encore dormi, que je ne les entendais plus que
» confusément; mais pour ne plus les entendre du
» tout, je m'enfonçai dans mon lit et je me couvris
» la tête de ma couverture.

» Le lendemain, Don Fernand de Tolède m'envoya
» des vins de liqueur avec une grande quantité de
» confitures et d'oranges. Dès qu'il crut que l'on me
» pouvait voir, il y vint. Après l'avoir remercié de
» son présent, je lui demandai s'il n'avait rien en-
» tendu de ce qui s'était passé pendant la nuit; il
» me dit que non, parce qu'il était dans un autre

» corps de logis, mais qu'il en avait déjà appris
» quelque chose. J'allais lui raconter ce que j'en
» savais, lorsque notre hôtesse entra dans ma
» chambre. Elle me venait prier de la part des deux
» cavaliers qui m'avaient fait si grand'peur, l'épée
» à la main, de vouloir bien recevoir leurs excuses.
» Elle me dit aussi que deux demoiselles qui étaient
» proche de Blaye souhaitaient de me faire la révé-
» rence. Je répondis à ces honnêtetés comme je
» devais, et ils ne tardèrent guère sans venir.

» Que le retour de la joie produit des effets char-
» mants! Je trouvai ces messieurs fort bien faits
» et ces demoiselles très-aimables; ni les uns ni les
» autres n'avaient plus sur leurs visages les carac-
» tères du désespoir; un air de gaieté était répandu
» dans leurs actions et dans leurs paroles. L'aîné des
» deux frères me dit tout ce qu'on peut dire de plus
» honnête sur la bévue qu'ils avaient faite d'entrer
» dans ma chambre : il ajouta qu'il avait bien re-
» marqué la peur qu'il m'avait causée; mais qu'il
» m'avouait que dans ce moment il se possédait si
« peu, qu'il n'avait su penser à autre chose qu'à
» secourir sa maîtresse. Vous auriez été blâmable,
» lui dis-je, si vous aviez pensé à autre chose; ce-
» pendant, s'il est vrai que vous ayez l'envie de
» réparer l'alarme que vous m'avez donnée, ne refu-
» sez pas de satisfaire ma curiosité, et si ces belles
» personnes y veulent consentir, apprenez-moi ce
» qui vous a réduits les uns et les autres aux extré-
» mités où vous avez été. Il les regarda comme pour
» demander leur approbation, et elles la donnèrent de

» fort bonne grâce à ce que je souhaitais; il com-
» mença ainsi :

« Nous sommes deux frères, madame, nés à Bur-
» gos et d'une des meilleures maisons de cette ville.
» Nous étions encore fort jeunes lorsque nous res-
» tâmes sous la conduite d'un oncle qui prit soin de
» notre éducation et de notre bien, qui est assez
» considérable pour n'envier pas celui d'autrui. Don
» Diègue (c'est le nom de notre oncle) avait lié de-
» puis longtemps une très-étroite amitié avec un gen-
» tilhomme qui demeure proche de Blaye, dont le
» mérite est beaucoup au-dessus de sa fortune; on
» l'appelle M. de Messignac. Comme notre oncle
» avait résolu de nous envoyer quelque temps
» en France, il l'écrivit à son ami qui lui offrit sa
» maison; il l'accepta avec joie. Il nous fit partir,
» et il y a un an qu'on nous y reçut avec beaucoup
» de bonté. Madame de Messignac nous traita
» comme ses propres enfants; elle en a plusieurs,
» mais de ses quatre filles, celles que vous voyez,
» madame, sont les plus aimables. Il aurait été bien
» difficile de les voir tous les jours, de demeurer
» avec elles et de se défendre de les aimer éper-
» dument.

» Mon frère me cacha d'abord sa passion nais-
» sante : je lui cachai aussi la mienne; nous étions
» tous deux dans une mélancolie extrême; l'inquié-
» tude d'aimer sans être aimés et la crainte de dé-
» plaire à celles qui causaient notre passion, tout
» cela nous tourmentait cruellement; mais une nou-
» velle peur augmenta encore celle que nous avions

» déjà : ce fut une jalousie effroyable que nous
» prîmes l'un contre l'autre. Mon frère voyait bien
» que j'étais amoureux; il crut que c'était de sa maî-
» tresse : je le regardais aussi comme mon rival, et
» nous avions une haine l'un contre l'autre qui nous
» aurait portés aux dernières extrémités, si un jour
» que je m'étais trouvé dans un état à ne pouvoir
» plus ignorer ma destinée sans mourir de douleur,
» je ne me fusse déterminé à découvrir mes senti-
» ments à mademoiselle de Messignac; mais comme
» je n'étais pas assez hardi pour lui parler moi-même,
» j'écrivis sur des tablettes quelques vers que j'avais
» faits pour elle et je les glissai dans sa poche; elle
» ne s'en aperçut point. Mon frère, qui m'observait
» toujours, le remarqua, et badinant avec elle, il les
» prit adroitement et trouva que c'était une déclara-
» tion d'amour timide et respectueuse que je lui
» faisais. Il les garda jusques au soir, que m'étant
» retiré dans ma chambre avec la dernière inquié-
» tude, il vint m'y trouver, et m'embrassant tendre-
» ment, il me dit qu'il venait me témoigner l'excès
» de sa joie de me savoir amoureux de mademoiselle
» de Messignac.

» Je demeurai comme un homme frappé de la
» foudre; je voyais mes tablettes entre ses mains, je
» me persuadais qu'elle lui en avait fait un sacrifice
» et qu'il venait insulter à mon malheur. Il connut à
» mon air et dans mes yeux une partie de ce que je
» pensais. Détrompez-vous, continua-t-il, elle ne
» m'a point confié vos tablettes; je les ai prises sans
» qu'elle ait eu le temps de les voir. Je veux vous

» servir auprès d'elle; mais, mon cher frère, servez-
» moi aussi près de sa sœur aînée. Je l'embrassai
» alors et je lui promis tout ce qu'il voulait; ainsi,
» mutuellement, nous nous rendions de bons offices
» l'un à l'autre, et nos maîtresses, qui ne connais-
» saient point encore le pouvoir de l'amour, com-
» mencèrent à s'accoutumer à en entendre parler.

» Ce serait abuser de votre patience de vous dire,
» madame, comme nous parvînmes enfin par nos
» soins et nos assiduités à gagner leurs cœurs. Que
» d'heureux moments! que de beaux jours! de voir
» sans cesse ce que l'on aime, d'en être aimé, de se
» trouver ensemble à la campagne où la vie inno-
» cente et champêtre laisse goûter sans trouble les
» plaisirs d'une passion naissante! C'est une félicité
» que l'on ne peut exprimer.

» Comme l'hiver approchait, madame de Messi-
» gnac fut à Bordeaux, où elle avait une maison;
» nous l'y accompagnâmes : mais cette maison n'é-
» tant pas assez grande pour nous loger avec toute
» sa famille, nous en prîmes une proche de la sienne.

» Bien que cette séparation ne fût que pour la
» nuit, nous ne laissâmes pas de la ressentir vive-
» ment; ce n'était plus se trouver à tous moments,
» nos visites avaient un certain air de cérémonies
» qui nous alarmait; mais nos alarmes redoublèrent
» beaucoup lorsque nous vîmes deux hommes riches
» et bien faits s'attacher à mesdemoiselles de Messi-
» gnac et attaquer la place en forme; cela s'appelle
» qu'ils déclarèrent qu'ils prétendaient à l'hyménée
» et qu'ils furent agréablement écoutés du père et de

» la mère. O Dieu! que devînmes-nous? Leurs affaires
» allaient fort vite et nos chères maîtresses, qui parta-
» geaient notre désespoir, mêlaient tous les jours leurs
» larmes avec les nôtres. Enfin, après nous être bien
» tourmentés et avoir cherché mille moyens inutiles,
» je me résolus d'aller trouver M. de Messignac. Je
» lui parlai et je lui dis tout ce que ma passion me
» put inspirer, pour lui persuader de différer ces
» mariages. Il me dit qu'il recevait avec reconnais-
» sance les offres que mon frère et moi lui faisions;
» que n'étant point encore en âge, ce que nous
» ferions à présent pourrait être cassé dans la suite;
» qu'il aimait l'honneur; que sa fortune était mé-
» diocre, mais qu'il s'estimerait toujours heureux
» tant qu'il pourrait vivre sans reproche; que mon
» oncle qui nous avait confiés à lui serait en droit de
» l'accuser de nous avoir séduits, et qu'en un mot, il
» n'y fallait pas penser.

» Je me retirai dans une affliction inconcevable,
» je la partageai avec mon frère, et ce fut un trouble
» affreux parmi nous. M. de Messignac, pour mettre
» le comble à nos malheurs, écrivit à mon oncle ce
» qui se passait et le conjura de nous donner des ordres
» précis de partir. Il le fit aussitôt; et ne voyant plus
» de remèdes à nos maux, nous fûmes, mon frère et
» moi, trouver mesdemoiselles de Messignac; nous
» nous jetâmes à leurs pieds, nous leur dîmes ce qui
» peut persuader des cœurs déjà prévenus, nous leur
» donnâmes notre foi et des promesses signées de
» notre sang; enfin, l'amour acheva de les vaincre,
» elles consentirent à leur enlèvement. Il ne nous fut

» pas malaisé de prendre des mesures justes, et notre
» voyage avait été heureux jusqu'à notre arrivée
» céans; mais il y a deux jours, entrant dans cette
» maison, la première personne qui se présenta à
» nous, ce fut Don Diègue. Il était impatient de notre
» retour, et, pour se tirer de peine, il venait nous
» quérir lui-même. Que devînmes-nous à cette vue?
» Il nous fit arrêter comme des criminels, et oubliant
» que mesdemoiselles de Messignac étaient les filles
» de son meilleur ami et personnes de qualité, il les
» chargea d'injures et les accabla de reproches après
» qu'il eut appris d'un de mes gens que nous avions
» résolu d'aller incognito jusqu'à Madrid, chez des
» parents que nous y avons, pour attendre en ce lieu
» que nous eussions une entière liberté de déclarer
» notre mariage. Il nous enferma dans une chambre
» proche de la sienne, et nous y étions lorsque ces
» demoiselles sont venues cette nuit, au clair de la
» lune, tousser sous nos fenêtres. Nous les avons
» entendues et nous y sommes courus. Elles nous ont
» fait voir leurs lettres et nous cherchions quelque
» chose pour les tirer, quand mon oncle a été averti
» de ce qui se passait. Il est descendu sans bruit
» avec tous ses gens, et à nos yeux il a outragé ces
» aimables personnes. Dans l'excès de notre déses-
» poir, nos forces ont sans doute augmenté, nous
» avons enfoncé les portes que l'on avait fermées sur
» nous et nous courions pour les secourir, lorsque
» imprudemment, madame, nous sommes entrés
» dans votre chambre.

» Le cavalier se tut en cet endroit; je trouvai qu'il

» avait raconté sa petite histoire avec esprit. Je le
» remerciai, et j'offris à ces demoiselles mes soins et
» ceux de mes amis pour apaiser leur famille. Elles
» les acceptèrent et m'en témoignèrent beaucoup de
» reconnaissance. »

Quelques dames de la ville, qui me sont venues voir, veulent m'arrêter; elles me proposent d'aller chez des religieuses dont le couvent est au haut de la côte. Elles m'offrent de m'y faire entrer, et me disent que la vue de ce lieu n'a point de bornes, que l'on découvre tout à la fois la mer, des vaisseaux, des villes, des bois et des campagnes; elles vantent fort la voix, la beauté et les agréments de ces religieuses. Ajoutez à cela que le mauvais temps est augmenté d'une telle manière, et que la neige est tombée en si grande abondance, que personne ne me conseille de me mettre en chemin.

J'ai balancé un peu, mais l'impatience que j'ai de me rendre à Madrid l'emporte sur toutes ces considérations, et je pars demain; j'ai reçu de mon banquier l'argent dont j'avais besoin. Il ne faut pas, au reste, que j'oublie de vous dire que les habitants de cette ville ont un privilége assez particulier, et dont aussi ils se vantent beaucoup. C'est que, lorsqu'ils traitent de quelques affaires avec le roi d'Espagne, et que c'est directement avec lui, il est obligé de leur parler la tête découverte; on ne m'en a pu dire la raison [1].

[1] Il nous semble à propos de donner quelques explications à ce sujet. Lors de leur réunion à la couronne de Castille, les provinces basques, Alava, Viscaya et Guipuscoa, avaient expressément stipulé le maintien de leurs priviléges. Les Basques, n'ayant jamais subi le joug des Maures,

On m'a avertie qu'il faut faire une grosse provision pour ne pas mourir de faim en quelques endroits par où nous devons passer. Comme les jambons et les langues de porc sont en réputation dans le pays, j'en ai fait prendre une bonne quantité, et, à l'égard du reste, nous n'avons rien oublié [1]. Cependant c'est aujourd'hui le jour du courrier, je ne veux pas laisser passer cette occasion de vous donner de mes nouvelles, ma chère cousine, et de vous assurer de toute ma tendresse.

A Saint-Sébastien, ce 20 février 1679.

étaient considérés comme hidalgos. En conséquence, ils ne payaient pas d'impôts au roi, ils ne pouvaient être jugés que par les tribunaux de leur pays, avaient seuls droit aux emplois et jouissaient d'une liberté de commerce illimitée avec leurs voisins. Chaque province était gouvernée par une junte, dont l'organisation était à peu près partout la même. La junte était élue par tous les habitants indistinctement, pourvu qu'ils fussent d'origine basque et chrétienne. Elle votait les lois, les règlements de police, fixait la quotité des impôts et du don gratuit qu'elle accordait au roi. Lorsqu'elle se séparait, elle déléguait les pouvoirs à une commission, qui se partageait les diverses attributions du gouvernement, nommait aux emplois, administrait les fonds provinciaux, rendait la justice, pourvoyait à la défense du pays, et veillait surtout à ce que le roi n'empiétât pas sur ses priviléges et n'amenât pas de troupes étrangères dans la province. Le roi, à son avénement, se rendait en Biscaye sous l'antique chêne de Guernica, jurait de respecter les fueros. Les délégués de la junte prêtaient le même serment en prononçant, la main étendue sur le *machete vittoriano* : « Je veux que ce couteau me coupe la gorge si je ne défends pas les fueros. » (Llhorente, *Provincias Vascongadas*, t. II; *passim*, Weiss, t. I, p. 210.)

[1] Les vivres, en effet, étaient si rares, que Gourville, se rendant à Madrid, se vit dans la nécessité de faire faire du biscuit pour son voyage. (*Collection des Mémoires relatifs à l'histoire de France*, t. XXIX, p. 552.)

DEUXIÈME LETTRE.

Je reprends sans compliment la suite de mon voyage, ma chère cousine. En sortant de Saint-Sébastien, nous entrâmes dans un chemin fort rude qui aboutit à des montagnes si affreuses et si escarpées, que l'on ne peut les monter qu'en grimpant ; on les appelle *sierra de San Andrian*. Elles ne montrent que des précipices et des rochers, sur lesquels un amant désespéré se tuerait à coup sûr, pour peu qu'il en eût envie. Des pins d'une hauteur extraordinaire couronnent la cime de ces montagnes : tant que la vue peut s'étendre, on ne voit que des déserts coupés de ruisseaux plus clairs que du cristal. Vers le haut du mont San Andrian, on trouve un rocher fort élevé qui semble avoir été mis au milieu du chemin pour enfermer le passage, et séparer ainsi la Biscaye de la Vieille-Castille.

Un long et pénible travail a percé cette masse de pierre en façon de voûte : on marche quarante ou cinquante pas dessous, sans recevoir de jour que par les ouvertures qui sont à chaque entrée. Elles sont fermées par de grandes portes. On trouve sous cette voûte une hôtellerie que l'on abandonne l'hiver à cause des neiges. On y voit aussi une petite chapelle de saint Adrian et plusieurs cavernes où, d'ordinaire, les voleurs se retirent ; de sorte qu'il est dangereux d'y passer sans être en état de se défendre. Lorsque nous eûmes traversé le roc, nous montâmes encore un peu pour arriver jusqu'au sommet de la montagne, que l'on tient la plus haute des Pyrénées ; elle est toute couverte de grands bois de hêtre. Il n'a jamais été une si belle solitude ; les ruisseaux y coulent comme dans les vallons ; la vue n'est bornée que par la faiblesse des yeux ; l'ombre et le silence y règnent, et les échos répondent de tous côtés. Nous commençâmes ensuite à descendre autant que nous avions monté : l'on voit en quelques endroits des petites plaines peu fertiles, beaucoup de sable et, de temps en temps, des montagnes couvertes de gros rochers. Ce n'est pas sans raison, qu'en passant si proche l'on appréhende qu'il ne s'en détache quelqu'un dont on serait assurément écrasé, car on en voit qui sont tombés du sommet et qui se sont arrêtés dans la pente sur d'autres rochers ; et ceux-là, ne trouvant rien en leur chemin, feraient mal passer le temps aux voyageurs. Je faisais toutes ces réflexions à mon aise, car j'étais seule dans ma litière avec mon enfant, et la conversation d'une petite fille n'est pas d'un grand secours. Une rivière, nommée Urrola, assez grosse, mais qui était beaucoup augmentée par les torrents et les neiges fondues, coule le long du chemin et forme d'espace en espace des nappes d'eau et des cascades qui tombent avec un bruit et une impétuosité sans pareille ; cela donne beaucoup de plaisir à la vue.

On ne trouve pas là ces beaux châteaux qui bordent la Loire, et qui font dire aux voyageurs que c'est le pays des fées. Il n'y a, sur ces montagnes, que des cabanes de bergers et quelques petits hameaux si reculés, que pour y arriver, il faut les chercher longtemps ; cependant tous ces objets naturels, quoique affreux, ne laissent pas que d'avoir quelque chose de très-beau. Les neiges étaient si hautes, que nous avions toujours vingt hommes qui nous frayaient les chemins avec des pelles. Vous allez peut-être croire qu'il m'en coûtait beaucoup : mais les ordres sont si bien établis et si bien observés, que les habitants d'un village sont obligés de venir au-devant des voyageurs, et de les conduire jusqu'à ce qu'on trouve les habitants d'un autre village ; et comme l'on n'a aucun engagement de leur rien donner, la plus petite libéralité les satisfait. On ajoute à ce premier soin celui de sonner les cloches sans cesse, pour avertir les voyageurs des lieux où ils peuvent faire retraite dans un si mauvais temps ; il est très-rare d'en voir un pareil dans ce pays ; et l'on m'assura que, depuis quarante ans, les neiges n'y avaient pas été si hautes que nous les trouvions : ainsi on les regardait comme une espèce de prodige, et il se passe beaucoup d'hivers sans qu'il gèle dans cette province.

Notre troupe était si grosse, que nous l'aurions bien disputé à ces fameuses caravanes qui vont à la Mecque ; car, sans compter mon train et celui de Don Fernand de Tolède, il se joignit à nous, proche de Saint-Sébastien, trois chevaliers avec leurs gens qui revenaient d'une commanderie de Saint-Jacques. Ils étaient deux de cet ordre et un de celui d'Alcantara.

Ceux-là portaient leurs croix rouges, faites en forme d'épée brodée, sur l'épaule, et celui d'Alcantara en avait une verte : un des deux premiers est d'Andalousie, l'autre de Galice, et le troisième de Catalogne. Ils sont d'une naissance distinguée : celui d'Andalousie se nomme Don Estève de Carvajal; celui de Galice s'appelle Don Sanche de Sarmiento; et celui de Catalogne, Don Frédéric de Cardonne. Ils sont bien faits et savent fort le monde. J'en reçois toutes les honnêtetés possibles, et je leur trouve quelque chose de nos manières françaises. Il est vrai aussi qu'ils ont voyagé dans toute l'Europe et que cela les a rendus fort polis. Nous allâmes coucher à Galareta; c'est un bourg peu distant du mont Saint-Adrian, situé dans la petite province d'Espagne dont je viens de parler, nommée Alava, qui fait partie de la Biscaye. Nous y fûmes très-mal. L'on compte, de là à Saint-Sébastien, onze lieues.

Nous eûmes un plus beau chemin depuis Galareta jusqu'à Vittoria, que nous ne l'avions eu le jour précédent. La terre y rapporte beaucoup de blés et de raisins, et les villages y sont fort près les uns des autres. Nous trouvâmes les gardes de la douane, qui font payer les droits du roi lorsqu'on passe d'un royaume à l'autre, et les royaumes en Espagne sont d'une médiocre étendue. Ces droits se prennent sur les hardes et sur l'argent que l'on porte. Ils ne nous dirent rien par une raison assez naturelle, c'est que nous étions les plus forts[1]. Don Fernand de Tolède

---

[1] Madame d'Aulnoy ne tarda pas à s'apercevoir qu'elle était dans l'erreur.

m'avait raconté, le soir, que l'on voyait proche de notre chemin le château de Quebare, où l'on disait qu'il revenait un lutin. Il me dit cent extravagances que les habitants croyaient, et dont ils étaient si bien persuadés, qu'effectivement personne n'y voulait demeurer. Je sentis un grand désir d'y aller; car, encore que je sois naturellement aussi poltronne qu'une autre, je ne crains pas les esprits; et, quand bien même j'aurais été peureuse, notre troupe était si grosse, que je comprenais assez qu'il n'y avait rien à risquer. Nous prîmes un peu sur la gauche et nous fûmes au bourg de Quebare. Le maître de l'hôtellerie où nous entrâmes avait les clefs du château; il disait, en nous y menant, que le Duende, c'est-à-dire l'esprit follet, n'aimait pas le monde, que, quand nous serions mille ensemble, si l'envie lui en prenait, il nous battrait tous à nous laisser pour morts. Je commençai à trembler; Don Fernand de Tolède et Don Frédéric de Cardonne qui me donnaient la main, s'aperçurent bien de ma frayeur, et s'en éclatèrent de rire. J'en eus honte, je feignis d'être rassurée, et nous entrâmes dans le château, qui aurait passé pour un des plus beaux si l'on avait pris soin de l'entretenir. Il n'y avait aucun meuble, excepté dans une grande salle une tapisserie fort ancienne qui représentait les amours de Don Pedro le Cruel et de Dona Maria de Padilla. On la voyait dans un endroit, assise comme une reine au milieu des autres dames, et le roi lui mettait sur la tête une couronne de fleurs. Dans un autre, elle était à l'ombre d'un bois, le roi lui montrait un épervier qu'il tenait sur le poing. Dans un autre encore, elle paraissait en habit de guerrière, et le roi tout armé lui présentait une épée, ce qui m'a fait croire qu'elle avait été à quelque expédition de guerre avec lui. Elle était très-mal dessinée, et Don Fernand disait qu'il avait vu de ses portraits, qu'elle avait été la plus belle et la plus mauvaise personne de son siècle, et que les figures de cette tapisserie ne ressemblaient point ni à elle ni au roi. Son nom, son chiffre et ses armes, étaient partout. Nous montâmes dans une tour, au haut de laquelle était le donjon, et c'est là que l'esprit follet demeurait. Mais apparemment il était en campagne, car assurément nous ne vîmes et n'entendîmes rien qui eût aucun rapport avec lui. Après avoir parcouru ce grand bâtiment, nous en sortîmes pour reprendre notre chemin. En approchant de Vittoria, nous traversâmes une plaine très-agréable; elle est terminée par la ville que l'on trouve au bout, et qui est située dans cette province d'Espagne dont je viens de parler, nommée Alava; c'est la ville capitale, aussi bien que la première de Castille. Elle est formée de deux enceintes de murailles, dont l'une est vieille et l'autre moderne; du reste, il n'y a aucune fortification. Après que je me fus un peu délassée de la fatigue du chemin, l'on me proposa d'aller à la comédie. Mais, en attendant qu'elle commençât, j'eus un vrai plaisir de voir arriver dans la grande place quatre troupes de jeunes hommes précédés de tambours et de trompettes; ils firent plusieurs tours, et enfin, tout d'un coup, ils commencèrent la mêlée à coups de pelotes de neige avec tant de vigueur, qu'il n'a jamais été si bien peloté; ils étaient plus de deux cents qui se faisaient cette petite guerre. De vous dire ceux qui tombaient, qui se relevaient, qui culbutaient, qui étaient culbutés, et le bruit et la huée du peuple : en vérité cela ne se peut. Mais je fus obligée de les laisser dans ce ridicule combat pour me rendre au lieu où se devait représenter la comédie. Quand j'entrai dans la salle, il se fit un grand cri de *mira! mira!* qui veut dire : regarde! regarde! La décoration du théâtre n'était pas magnifique. Il était élevé sur des tonneaux et des planches mal rangées ; les fenêtres tout ouvertes : car on ne se sert point de flambeaux, et vous pouvez penser tout ce que cela dérobe à la beauté du spectacle. On jouait la *Vie de Saint-Antoine;* et lorsque les comédiens disaient quelque chose qui plaisait, tout le monde criait : *Victora! victora!* J'ai appris que c'est la coutume de ce pays-ci. J'y remarquai que le diable n'était pas autrement vêtu que les autres, et qu'il avait seulement des bas couleur de feu et une paire de cornes pour se faire reconnaître [1]. La comédie n'était que de

---

[1] Les mystères du moyen âge, on le voit, s'étaient perpétués en Espagne. Ils étaient fort plats, parfois même grotesques, si nous devons en croire madame d'Aulnoy; mais nous n'acceptons pas son jugement d'une façon absolue. Pour apprécier avec équité ce genre de représentations, il faut lire les *autos sacramentales* du dix-septième siècle. La valeur littéraire en est incontestable. Nous n'essayerons pas de le démontrer. Nous nous bornerons à dire que les grands auteurs de cette époque se faisaient tous honneur d'écrire des *autos.* Calderón, entre autres, du jour où il entra dans les ordres, consacra sa plume à la scène religieuse, et l'éleva à la hauteur de son génie. Les *autos* qu'il nous a laissés peuvent être considérés comme les modèles du genre. Ils reflètent dans toute leur énergie les sentiments ardents et mystiques de la chevalerie espagnole, les qualités et les défauts de ses contemporains, leur emphase, leur morgue, leur foi et leur superstition. Le langage qu'il prête à ses héros est brillant à l'excès. Les situations qu'il imagine, sont sou-

trois actes, et elles sont toutes ainsi. A la fin de chaque acte sérieux, on en commençait un autre de farce et de plaisanteries, où paraissait celui qu'ils nommaient *el gracioso,* c'est-à-dire le bouffon, qui, parmi un grand nombre de choses assez fades, en dit quelquefois qui sont un peu moins mauvaises [1]. Les entr'actes étaient mêlés de danses au son des harpes et des guitares. Les comédiennes avaient des castagnettes et un petit chapeau sur la tête, c'est la coutume quand elles dansent ; et, lorsque c'est la sarabande, il ne semble pas qu'elles marchent, tant elles courent légèrement. Leur manière est toute différente de la nôtre : elles donnent trop de mouvement à leurs bras, et passent souvent la main sur leurs chapeaux et sur leurs visages, avec une certaine grâce qui plaît assez ; elles jouent admirablement bien des castagnettes.

Au reste, ne pensez pas, ma chère cousine, que ces comédiens, pour être dans une petite ville, soient fort différents de ceux de Madrid. L'on m'a dit que ceux du roi sont un peu meilleurs ; mais, enfin, les autres jouent ce que l'on appelle la *comedias famosas;* je veux dire les plus belles et les plus fameuses comédies ; et en vérité la plupart sont très-ridicules. Par exemple, quand saint Antoine disait son *Confiteor,* ce qu'il faisait assez souvent, tout le monde se mettait

vent invraisemblables, mais toujours essentiellement dramatiques. Le lecteur en pourra juger par une esquisse du plus célèbre de ses *autos :* La Dévotion à la Croix ; nous la donnerons plus loin, appendice A.

[1] Il s'agit ici des saynètes, intermèdes comiques fort connus maintenant en France par d'heureuses imitations dues à la plume de Prosper Mérimée.

à genoux et se donnait des *mea culpa* si rudes, qu'il y avait de quoi s'enfoncer l'estomac [1].

Ce serait ici un endroit à vous parler de leurs habits, mais il faut, s'il vous plaît, que vous attendiez que je sois à Madrid ; car, description pour description, il vaut mieux choisir ce qui est plus beau. Je ne puis pourtant pas m'empêcher de vous dire que toutes les dames que je vis dans cette assemblée avaient une si prodigieuse quantité de rouge, qui commence juste sous l'œil, et qui passe du menton aux oreilles et aux épaules et dans les mains, que je n'ai jamais vu d'écrevisses cuites d'une si belle couleur.

La gouvernante de la ville s'approcha de moi ; elle touchait mes habits et retirait vite sa main comme si elle s'était brûlée. Je lui dis, en espagnol, qu'elle n'eût point de peur. Elle s'apprivoisa aisément, et me dit que ce n'était pas par crainte, mais qu'elle avait appréhendé de me déplaire ; qu'il ne lui était pas nouveau de voir des dames françaises, et que, s'il lui était permis, elle aimerait fort à prendre leurs modes. Elle fit apporter du chocolat, dont elle me présenta, et l'on ne peut disconvenir qu'on ne le fasse ici meilleur qu'en France. La comédie étant finie, je pris congé d'elle après l'avoir remerciée de toutes ses honnêtetés.

[1] Il en était encore ainsi en 1823. Acteurs et spectateurs s'agenouillaient, s'il leur arrivait d'entendre la sonnette qui annonçait aux fidèles le passage du Saint-Sacrement. Les officiers de la garnison française de Barcelone s'égayèrent de cet usage, et, comme on jouait à cette époque le *Barbier de Séville*, ils se procurèrent la sonnette de l'église voisine et la firent tinter juste au moment où Figaro savonne le menton de son patron. Il en résulta une scène ridicule qui fit quelque scandale dans la ville.

« Le lendemain, comme j'entrais dans l'église
» pour entendre la messe, je vis un ermite qui avait
» l'air d'un homme de qualité et qui me demanda
» l'aumône si humblement, que j'en fus surprise.
» Don Fernand, l'ayant remarqué, s'approcha de
» moi et me dit : « La personne que vous regardez,
» Madame, est d'une illustre maison et d'un grand
» mérite; mais sa destinée a été bien malheureuse.
» — Vous me faites naître, lui dis-je, une forte cu-
» riosité d'en savoir davantage, voudrez-vous bien la
» satisfaire? — Je voudrai toujours ce qui dépendra
» de moi pour vous plaire, me dit-il; mais je ne suis
» pas assez bien informé de ses aventures pour entre-
» prendre de vous les raconter, et je crois qu'il vaut
» mieux que je l'engage de vous en faire le récit lui-
» même. » Il me quitta et s'en fut aussitôt l'embras-
» ser, comme l'on s'embrasse quand on se connaît.
» Don Frédéric de Cardonne et Don Estève de Car-
» vajal l'avaient déjà abordé, parce qu'ils le connais-
» saient, et lorsque Don Fernand les eut joints, ils
» le prièrent tous très-instamment de venir avec eux
» quand on aurait dit la messe. Il s'en défendit un
» peu; mais lui ayant dit que j'étais étrangère et
» qu'ils le conjuraient que je puisse apprendre de
» lui-même ce qui l'avait obligé de se faire ermite,
» il y consentit enfin, à condition que je lui permet-
» trais d'amener un de ses amis qui était parfaite-
» ment bien informé de tout ce qui le regardait.
» — Rendons-nous justice, continua-t-il, et jugez si je
» pourrais raconter de telles particularités avec l'ha-
» bit que je porte. » Ils trouvèrent qu'il avait raison,

» et le prièrent de vouloir amener son ami; c'est ce
» qu'il fit peu après que je fus revenue chez moi. Il
» me présenta un cavalier très-bien fait; et prenant
» congé de nous fort civilement, il lui dit qu'il lui
» serait obligé de satisfaire la curiosité que Don Fer-
» nand de Tolède m'avait donnée, de connaître la
» source de ses malheurs; ce gentilhomme prit place
» auprès de moi et commença en ces termes :

« Je me trouve fort heureux, Madame, que mon
» ami m'ait choisi pour satisfaire l'envie que vous
» avez de savoir ses aventures; mais j'appréhende de
» ne pas m'en acquitter aussi bien que je le voudrais.
» Celui dont vous voulez apprendre l'histoire a été un
» des hommes du monde le mieux faits; il serait diffi-
» cile d'en bien juger, à présent qu'il est comme ense-
» veli dans son habit d'ermite. Il avait la tête belle,
» l'air grand, la taille aisée, toutes les manières d'un
» homme de qualité; avec cela, un esprit charmant,
» beaucoup de bravoure et de libéralité. Il est né à
» Cagliari, capitale de l'île de Sardaigne, d'une des
» plus illustres et des plus riches maisons de tout ce
» pays.

» On l'éleva avec un de ses cousins germains, et
» la sympathie qui se trouva dans leur humeur et
» dans leurs inclinations fut si grande, qu'ils étaient
» bien plus étroitement unis par l'amitié que par le
» sang : ils n'avaient rien de secret l'un pour l'autre,
» et lorsque le marquis de Barbaran fut marié (c'est
» le nom de son cousin), leur tendresse continua de
» la même force.

» Il épousa la plus belle personne du monde et la

» plus accomplie : elle n'avait que quatorze ans, elle
» était héritière d'une très-grande maison; le mar-
» quis découvrait tous les jours de nouveaux charmes
» dans l'esprit et dans la personne de sa femme, qui
» augmentaient aussi tous les jours sa passion. Il par-
» lait sans cesse de son bonheur à Don Louis de Bar-
» baran; c'est le nom, Madame, de mon ami, et
» lorsque quelques affaires obligeaient le marquis de
» s'éloigner, il le conjurait de rester auprès de la
» marquise et de la consoler de son absence. Mais,
» ô Dieu! qu'il est malaisé, quand on est dans un
» âge incapable de réflexions sérieuses, de voir sans
» cesse une personne si belle, si jeune et si aimable,
» et de la voir avec indifférence. Don Louis aimait
» déjà éperdument la marquise et croyait encore ne
» l'aimer qu'à cause de son mari. Pendant qu'il était
» dans cette erreur, elle tomba dangereusement ma-
» lade : il en eut des inquiétudes si violentes, qu'il
» connut alors, mais trop tard, qu'elles étaient cau-
» sées par une passion qui devait faire tous les mal-
» heurs de sa vie. Se trouvant dans cet état et n'y
» pouvant plus résister, il se fit la dernière violence,
» et se résolut enfin de fuir et de s'éloigner d'un lieu
» où il risquait de mourir d'amour ou de trahir les
» devoirs de l'amitié. La plus cruelle mort lui aurait
» semblé plus douce que l'exécution de ce dessein;
» cependant, lorsque la marquise commença de se
» porter mieux, il fut chez elle pour lui dire adieu et
» ne la plus voir.

» Elle était occupée à choisir, parmi plusieurs
» pierreries de grand prix, celles qui étaient les plus

» belles, dont elle voulait ordonner un nouvel assor-
» timent. Don Louis était à peine entré dans sa
» chambre, qu'elle le pria, avec cet air de familiarité
» que l'on a pour ses proches, de lui aller quérir
» d'autres pierreries qu'elle avait encore dans son
» cabinet. Il y courut, et par un bonheur auquel il
» ne s'attendait point, il trouva, parmi ce qu'il cher-
» chait, le portrait de la marquise fait en émail,
» entouré de diamants et rattaché d'un cordon de ses
» cheveux; il était si ressemblant, qu'il n'eut pas la
» force de résister au désir pressant qu'il eut d'en
» faire un larcin. « Je vais la quitter, disait-il, je ne la
» verrai plus, je sacrifie tout mon repos à son mari.
» Hélas! n'en est-ce point assez, et ne puis-je point
» sans crime chercher dans mes peines une consola-
» tion aussi innocente que celle-ci. » Il baisa plusieurs
» fois ce portrait; il le mit à son bras, il le cacha
» avec soin, et, retournant vers elle avec ses pierre-
» ries, il lui dit en tremblant la résolution qu'il avait
» prise de voyager. Elle en parut étonnée; elle en
» changea de couleur. Il la regardait en ce moment;
» il eut le plaisir de s'en apercevoir, et leurs yeux
» d'intelligence en disaient plus que leurs paroles.
» — Hé! qui peut vous obliger, Don Louis, lui disait-
» elle, de nous quitter? Votre cousin vous aime si
» tendrement; je vous estime; nous sommes ravis de
» vous voir; il ne pourra vivre sans vous. N'avez-
» vous pas déjà voyagé? Vous avez sans doute quel-
» que autre raison pour vous éloigner; mais au moins
» ne me le cachez pas. Don Louis, pénétré de douleur,
» ne put s'empêcher de pousser un profond soupir,

» et prenant une des belles mains de cette charmante
» personne, sur laquelle il attacha sa bouche : « Ah !
» Madame, que me demandez-vous, lui dit-il ; que
» voulez-vous que je vous dise et que puis-je en effet
» vous dire dans l'état où je suis? » La violence qu'il
» se faisait pour cacher ses sentiments lui causa une
» si grande faiblesse, qu'il tomba demi-mort à ses
» pieds. Elle resta troublée et confuse à cette vue ;
» elle l'obligea de s'asseoir auprès d'elle ; elle n'osait
» lever les yeux sur lui, mais elle lui laissait voir des
» larmes qu'elle ne pouvait s'empêcher de répandre
» ni se résoudre de lui cacher.

» A peine étaient-ils remis de cette première émo-
» tion où le cœur n'écoute que ses mouvements,
» lorsque le marquis entra dans la chambre. Il vint
» embrasser Don Louis avec tous les témoignages
» d'une parfaite amitié ; il fut inconsolable quand il
» apprit qu'il partait pour Naples. Il n'omit rien pour
» l'en dissuader ; il lui montra inutilement toute sa
» douleur, il ne s'y rendit point ; il prit congé de la
» marquise sur-le-champ et ne la revit plus. Le mar-
» quis sortit avec lui, il ne le quitta point jusqu'au
» moment de son départ. C'était une augmentation
» de peine pour Don Louis, il aurait bien voulu rester
» seul pour avoir une entière liberté de s'affliger.

» La marquise fut sensiblement touchée de cette
» séparation ; elle s'était aperçue qu'il l'aimait
» avant qu'il l'eût bien connu lui-même, et elle
» lui trouvait un mérite si distingué, qu'à son tour
» elle l'avait aimé sans le savoir ; mais elle ne le
» sut que trop après son départ. Comme elle sortait

» d'une grande maladie dont elle n'était pas encore
» bien remise, ce surcroît de chagrin la fit tomber
» dans une langueur qui la rendit bientôt mécon-
» naissable; son devoir, sa raison, sa vertu la persé-
» cutaient également; elle sentait avec une extrême
» reconnaissance les bontés de son mari, et elle ne
» pouvait souffrir qu'avec beaucoup de douleur qu'un
» autre que lui occupât ses pensées et remplît sa ten-
» dresse; elle n'osait plus prononcer le nom de Don
» Louis; elle ne s'informait jamais de ses nouvelles;
» elle s'était fait un devoir indispensable de l'oublier.
» Cette attention qu'elle avait sur elle-même lui faisait
» souffrir un continuel martyre; elle en fit la confi-
» dence à une de ses filles qu'elle aimait chèrement.
» — Ne suis-je pas bien malheureuse, lui dit-elle? il
» faut que je souhaite de ne jamais revoir un homme
» pour lequel je ne suis plus en état d'avoir de l'in-
» différence; son idée m'est toujours présente; trop
» ingénieux à me nuire, je crois même le voir en la
» personne de mon époux; la ressemblance qui est
» entre eux ne sert qu'à entretenir ma tendresse.
» Ah! Marianne, il faut que je meure pour expier ce
» crime, bien qu'il soit involontaire; il ne me reste
» que ce moyen de me défaire d'une passion dont je
» n'ai pu jusqu'ici être maîtresse. Hélas! que n'ai-je
» point fait pour l'étouffer, cette passion qui ne laisse
» pas que de m'être chère! » Elle accompagnait ces
» paroles de mille soupirs; elle fondait en larmes, et
» bien que cette fille eût de l'esprit et beaucoup d'at-
» tachement pour sa maîtresse, elle ne pouvait lui
» rien dire qui fût capable de la consoler.

» Cependant le marquis reprochait tous les jours
» à sa femme son indifférence pour Don Louis. « Je ne
» puis souffrir, lui disait-il, que vous ne pensiez plus
» à l'homme du monde que j'aime davantage et qui
» avait pour vous tant de complaisance et tant d'ami-
» tié. Je vous avoue que c'est une espèce de dureté
» qui fait mal juger de la bonté de votre cœur ; mais
» convenez au moins, Madame, qu'il n'était pas
» encore parti que vous l'aviez déjà oublié. — De
» quoi lui servirait mon souvenir ? disait la marquise
» avec une langueur charmante ; ne voyez-vous point
» qu'il nous fuit ? Ne serait-il pas encore avec nous
» s'il nous avait véritablement aimés ? Croyez-moi,
» Seigneur, il mérite un peu qu'on l'abandonne à son
» tour. » Tout ce qu'elle pouvait dire ne rebuta point
» le marquis ; il la persécutait sans cesse pour qu'elle
» écrivît à Don Louis de revenir. Un jour, entre autres,
» qu'elle était entrée dans son cabinet pour lui
» parler de quelques affaires, elle le trouva occupé
» à lire une lettre de Don Louis qu'il venait de rece-
» voir.

» Elle voulut se retirer, mais il prit ce moment
» pour l'obliger de faire ce qu'il souhaitait. Il lui dit
» fort sérieusement, qu'il ne pouvait plus supporter
» l'absence de son cousin ; qu'il était résolu de l'aller
» trouver ; qu'il y avait déjà deux ans qu'il était parti
» sans témoigner aucun désir de revoir son pays et
» ses amis ; qu'il était persuadé qu'il aurait plus de
» déférence pour ses prières que pour les siennes ;
» qu'il la conjurait de lui écrire, et qu'enfin elle
» pouvait choisir ou de lui donner cette satisfaction

» ou de se résoudre à le voir partir pour Naples, où
» Don Louis devait faire quelque séjour. Elle de-
» meura surprise et embarrassée de cette proposi-
» tion; mais connaissant qu'il attendait avec une
» extrême inquiétude qu'elle se fût déterminée : « Que
» voulez-vous que je lui mande, Seigneur? lui dit-
» elle d'un air triste. Dictez-moi cette lettre, je
» l'écrirai; c'est tout ce que je puis, et je crois même
» que c'est plus que je ne dois. » Le marquis, trans-
» porté de joie, l'embrassa tendrement; il la remercia
» de sa complaisance et lui fit écrire ces paroles
» devant lui :

« Si vous avez de l'amitié pour nous, ne différez
» pas votre retour, j'ai des raisons pressantes pour
» le souhaiter; je vous veux du mal que vous son-
» giez si peu à revenir, et c'est payer les sentiments
» que l'on a pour vous d'une indifférence qui n'est
» pas ordinaire. Revenez, Don Louis, je le souhaite,
» je vous en prie, et s'il m'était permis de me servir
» de termes plus pressants, je dirais peut-être que
» je vous l'ordonne. »

» Le marquis fit un paquet seul de cette fatale
» lettre, afin que Don Louis ne pût croire que c'était
» par son ordre que la marquise la lui avait écrite;
» et l'ayant envoyé au courrier, il en attendait le
» succès avec une impatience qui n'est pas conce-
» vable. Que devint cet amant à la vue d'un ordre si
» cher et si peu espéré? Bien qu'il eût remarqué des
» dispositions de tendresse dans les regards de cette
» belle personne, il n'aurait osé se promettre qu'elle

» eût souhaité son retour, sa raison se révoltait contre
» sa joie. « Que je suis malheureux! disait-il; j'adore
» la plus aimable de toutes les femmes et je n'ose lui
» vouloir plaire; elle a de la bonté pour moi; l'hon-
» neur et l'amitié me défendent d'en profiter. Que
» ferai-je donc, ô ciel! que ferai-je? Je m'étais flatté
» que l'absence me pourrait guérir; hélas! c'est un
» remède que j'ai tenté inutilement; je n'ai jamais
» jeté les yeux sur son portrait, que je ne me sois
» trouvé plus amoureux et plus misérable que lorsque
» je la voyais tous les jours. Il faut lui obéir : elle
» ordonne mon retour, elle veut bien me revoir et
» elle ne peut ignorer ma passion. Lorsque je pris
» congé d'elle, mes yeux lui déclarèrent le secret de
» mon cœur, et quand je me souviens de ce que je
» vis dans les siens en ce moment, toutes mes ré-
» flexions deviennent inutiles, et je me résous plutôt à
» mourir à ses pieds que de vivre éloigné d'elle. »

» Il partit sans différer d'un seul jour et sans dire
» adieu à ses amis; il laissa un gentilhomme pour
» l'excuser auprès d'eux et pour régler ses affaires.
» Il avait tant d'empressement de revoir la marquise,
» qu'il fit, pour se rendre auprès d'elle, une diligence
» que personne que lui n'aurait pu faire. En arrivant
» à Cagliari, capitale de la Sardaigne, il apprit que
» le marquis et sa femme étaient à une magnifique
» maison de campagne, où le vice-roi les était allé
» voir avec toute sa cour. Il sut encore que le mar-
» quis de Barbaran lui préparait une grande fête où
» il se devait faire une course de cañas, à l'ancienne
» manière des Maures. Il était le tenant et devait

» soutenir avec sa quadrille : qu'un mari aimé est
» plus heureux qu'un amant.

» Bien des gens qui n'étaient pas de cette opinion
» se préparaient pour lui aller disputer le prix que la
» marquise, à la prière de la vice-reine, devait don-
» ner au victorieux : c'était une écharpe qu'elle avait
» brodée elle-même et semée de ses chiffres. L'on ne
» devait y paraître qu'en habit de masque, pour que
» tout y fût plus libre et plus galant.

» Don Louis eut un secret dépit de comprendre le
» marquis si satisfait. « Il est aimé, disait-il, je ne
» puis m'empêcher de le regarder comme un rival
» et comme un rival heureux; mais il faut essayer de
» troubler sa félicité en triomphant de sa vaine gloire. »
» Ayant formé ce dessein, il ne voulut point paraître
» dans la ville; il se fit faire un habit de brocart
» vert et or; il avait des plumes vertes, et toute sa
» livrée était de la même couleur pour marquer ses
» nouvelles espérances.

» Lorsqu'il entra dans la lice où l'on devait courre,
» tout le monde attacha les yeux sur lui; sa magni-
» ficence et son air donnèrent de l'émulation aux
» cavaliers, et beaucoup de curiosité aux dames. La
» marquise en sentit une émotion secrète dont elle
» ne put démêler la cause; il était placé fort proche
» du balcon où elle était avec la vice-reine; mais il
» n'y avait là aucune dame qui ne perdît tout son
» éclat auprès de celui de la marquise : son air de
» jeunesse qui ne passait pas encore dix-huit ans,
» son teint de lis et de rose, ses yeux si beaux et si
» touchants, sa bouche incarnate et petite, un sou-

» rire agréable, et sa taille qui commençait à passer
» les plus avantageuses, la rendaient l'admiration de
» tout le monde.

» Don Louis fut tellement ravi de la revoir si belle
» et de remarquer, à travers de ses charmes, un air
» triste et abattu, qu'il se flatta d'y avoir quelque
» part; et ce fut le premier moment où il se trouva
» heureux. Quand son tour vint, il courut contre le
» marquis et lui lança ses cannes avec tant d'adresse,
» qu'il n'y en eut aucune qui manquât son coup. Il
» ne fut pas moins habile à se parer de celles qu'il
» lui jeta; et enfin il gagna le prix avec un applau-
» dissement général.

» Il se rendit aux pieds de la marquise pour le
» recevoir de ses mains; il déguisa le son de sa voix,
» et lui parlant avec son masque assez bas pour
» n'être entendu que d'elle : « Divine personne, lui
» dit-il, veuillez remarquer ce que la fortune décide
» en faveur des amants. » Il n'osa lui en dire davan-
» tage; et, sans le connaître, elle lui donna le prix
» avec cette grâce naturelle dont toutes ses actions
» étaient accompagnées.

» Il se retira promptement, de peur d'être connu,
» car ç'aurait été un sujet de querelle entre le mar-
» quis et lui; et sans doute il ne lui aurait pardonné
» qu'avec peine la victoire qu'il venait de remporter.
» Cela l'obligea de se tenir encore caché pendant
» quelques jours. Le vice-roi et sa femme revinrent
» à Cagliari; et monsieur et madame de Barbaran
» les y accompagnèrent avec toute la Cour.

» Don Louis se fit voir alors; il feignit d'arriver

« et ne fit pas même semblant d'avoir appris ce qui
» s'était passé à la campagne. Le marquis de Barba-
» ran fut transporté de joie en le voyant, et l'absence
» n'avait en rien altéré la tendresse qu'il avait pour
» ce cher parent. Il ne fut pas malaisé de se ménager
» un moment favorable pour entretenir son aimable
» marquise; il avait autant de liberté dans sa maison
» que dans la sienne propre, et vous jugerez bien,
» Madame, qu'il n'oublia pas de lui parler du prix
» qu'il avait reçu de ses belles mains. « Que je suis
» malheureux, lui disait-il, que vous ne m'ayez pas
» reconnu! Hélas! je me flattais, Madame, que quel-
» ques secrets pressentiments vous apprendraient
» qu'un autre que moi ne pouvait soutenir, avec tant
» de passion, la cause des amants contre les maris.
» — Non, Seigneur, lui dit-elle d'un air assez fier
» pour ne lui laisser aucune espérance, je ne voulais
» pas deviner que vous fussiez partisan d'une si mau-
» vaise cause, et je n'aurais pas cru que vous eussiez
» pris des engagements si forts à Naples, que vous
» fussiez venu jusqu'en Sardaigne triompher d'un
» ami qui soutenait mes intérêts aussi bien que les
» siens. — Je mourrais de douleur, Madame, interrom-
» pit Don Louis, si je vous avais déplu dans ce que
» j'ai fait; et si vous aviez des dispositions un peu
» plus favorables et que j'osasse vous prendre pour
» ma confidente, il ne me serait pas difficile de vous
» persuader que ce n'est point à Naples que j'ai laissé
» l'objet de mes vœux. » Comme la marquise appré-
» henda qu'il ne lui en dît plus qu'elle n'en voulait
» entendre, et qu'il lui paraissait vivement touché du

» reproche qu'elle lui avait fait, elle prit un air enjoué
» et, tournant la conversation sur un ton de raillerie,
» elle lui répondit qu'il prenait trop sérieusement ce
» qu'elle lui avait dit. Il n'osa profiter de cette occa-
» sion pour lui déclarer son amour. S'il l'aimait plus
» que toutes choses au monde, il né la respectait pas
» moins.

» Lorsqu'il l'eut quittée, il commença de se repro-
» cher sa timidité. « Eh quoi! disait-il, souffrirai-je
» toujours sans chercher quelque soulagement à mes
» peines? » Il se passa assez de temps sans qu'il pût
» rencontrer une occasion favorable, parce que la
» marquise prenait soin de l'éviter. Mais étant venu
» un soir chez elle, il la trouva seule dans son cabi-
» net. Le plafond en était tout peint et doré; il y avait,
» depuis le haut jusqu'en bas, de grandes glaces
» jointes ensemble; un lustre de cristal et des giran-
» doles de même étaient remplis de bougies, qui ras-
» semblaient toutes leurs lumières autour d'elle, et
» la faisaient paraître la plus belle personne du
» monde. Elle était couchée sur un lit d'ange, le plus
» galant que l'on eut jamais vu; son déshabillé était
» magnifique, et ses cheveux, rattachés de quelques
» nœuds de pierreries, tombaient négligemment sur
» sa gorge. Le trouble qu'elle sentit, en voyant Don
» Louis, parut sur son visage et la rendit encore plus
» belle. Il s'approcha d'un air timide et respectueux;
» il se mit à genoux auprès d'elle; il la regarda quel-
» que temps sans oser lui parler; mais devenant un
» peu plus hardi : « Si vous considérez, Madame, lui
» dit-il, l'état pitoyable où vous m'avez réduit, vous

» comprendrez sans peine qu'il n'est plus en mon
» pouvoir de garder le silence; je n'ai pu parer des
» coups aussi inévitables que sont les vôtres, je vous
» ai adorée dès que je vous ai vue, j'ai essayé de me
» guérir en vous fuyant, je me suis arraché à moi-
» même en m'arrachant au plaisir d'être auprès de
» vous : ma passion n'en a pas eu moins de violence.
» Vous m'avez rappelé, Madame, de mon exil volon-
» taire, et je meurs mille fois le jour, incertain de ma
» destinée. Si vous êtes assez cruelle pour me refu-
» ser votre pitié, souffrez au moins qu'après avoir
» appris ma passion je meure de douleur à vos pieds. »
» La marquise fut quelque temps sans se pouvoir
» résoudre de lui répondre. Enfin, se rassurant : « Je
» vous l'avoue, lui dit-elle, Don Louis, j'ai déjà
» connu une partie de vos sentiments, mais je vou-
» lais me persuader que c'était les effets d'une ten-
» dresse innocente; ne me rendez point complice de
» votre crime; vous en faites un quand vous trahis-
» sez l'amitié que vous devez à mon époux; mais, bon
» Dieu ! vous n'en serez que trop puni; je sais que le
» devoir vous défend de m'aimer; à mon égard il ne
» me défend pas seulement de vous aimer, il m'or-
» donne de vous fuir. Je le ferai, Don Louis, je vous
» fuirai, je ne sais même si je ne devrais point vous
» haïr ; mais, hélas ! il me semble qu'il serait impossi-
» ble de le faire. — Hé ! que faites-vous donc, Madame,
» interrompit-il d'un air de douleur et de désespoir,
» que faites-vous, cruelle, quand vous prononcez l'ar-
» rêt de ma mort ! Vous ne pourriez me haïr, dites-
» vous : ne me haïssez-vous pas, et ne me faites-vous

» point tout le mal dont vous êtes capable, lorsque
» vous prenez la résolution de me fuir? Achevez,
» Madame; achevez, ne laissez pas votre vengeance
» imparfaite; sacrifiez-moi à votre devoir et à votre
» époux, aussi bien la vie m'est odieuse si vous
» m'ôtez l'espoir de vous plaire. » Elle le regarda dans
» ce moment avec des yeux pleins de langueur. « Don
» Louis, lui dit-elle, vous me faites des reproches
» que je voudrais bien mériter. » En achevant ces
» mots elle se leva; elle craignait trop que la ten-
» dresse triomphât de sa raison, et, malgré l'effort
» qu'il fit pour la retenir, elle passa dans la chambre
» où toutes ses femmes étaient.

» Elle crut avoir beaucoup gagné sur elle d'être
» sortie de cette conversation sans répondre aussi
» favorablement que son cœur l'aurait souhaité;
» mais l'amour est un séducteur qu'il ne faut point
» du tout écouter, si l'on veut s'en défendre. Depuis
» ce jour, Don Louis commença de se croire heu-
» reux, quoiqu'il manquât beaucoup de choses à sa
» parfaite félicité : la marquise avait, en effet, un
» principe de vertu qui s'opposait toujours avec suc-
» cès aux désirs de son amant.

» Il n'avait plus ces scrupules d'amitié pour le
» marquis de Barbaran, qui avaient si fort troublé
» son repos. L'amour avait entièrement banni l'ami-
» tié; il le haïssait même en secret.

» Enfin, Don Louis se flattant que, peut-être, il
» pourrait trouver un moment favorable pour tou-
» cher le cœur de la marquise de quelque pitié, il le
» cherchait avec soin, et pour le trouver, un jour

» qu'il faisait excessivement chaud, sachant bien que
» la marquise avait la coutume de se retirer pour
» dormir l'après-midi, comme c'est un usage que
» chacun suit en ce pays-là, il vint chez elle, ne
» devant pas que tout le monde ne fût endormi.

» Elle était dans un appartement bas qui donnait
» sur le jardin; tout était fermé, et ce ne fut qu'à la
» faveur d'un faux jour qu'il vit sur son lit cette char-
» mante personne; elle dormait d'un profond som-
» meil. Elle était à demi déshabillée, et il eut le
» temps de découvrir des beautés qui augmentaient
» encore la force de sa passion. Il s'approcha si dou-
» cement d'elle, qu'elle ne s'éveilla point; il y avait
» déjà quelques moments qu'il la regardait avec tous
» les transports d'un homme qui ne se possède plus,
» lorsque, voyant sa gorge nue, il ne put s'empêcher
» de lui faire un larcin amoureux. Elle se réveilla en
» sursaut, elle n'avait pas encore les yeux bien
» ouverts, la chambre était sombre, et elle n'aurait
» jamais pu croire que Don Louis eût été si témé-
» raire. Je vous ai dit, Madame, qu'il ressem-
» blait beaucoup au marquis de Barbaran; elle ne
» douta donc point que ce fût lui, et le nommant plu-
» sieurs fois mon cher marquis et mon cher époux,
» elle l'embrassa tendrement. Il connut bien son
» erreur; quelque plaisir qu'elle lui procurât, il aurait
» souhaité n'en être redevable qu'aux bontés de sa
» maîtresse. Mais, ô ciel! quel contre-temps! le mar-
» quis vint dans ce dangereux moment, et ce ne fut
» pas sans la dernière fureur qu'il vit la liberté que
» Don Louis prenait auprès de sa femme. Au bruit

» qu'il avait fait en entrant, elle avait tourné les yeux
» vers la porte, et voyant entrer son mari qu'elle
» croyait auprès d'elle, l'on ne peut rien ajouter à sa
» surprise et à son affliction de se trouver entre les
» bras d'un autre. Don Louis, désespéré de cette
» aventure, se flatta que peut-être il ne l'aurait pas
» reconnu; il passa promptement dans la galerie; et
» trouvant une fenêtre ouverte qui donnait sur le jar-
» din, il s'y jeta et sortit aussitôt par une porte de
» derrière. Le marquis le poursuivit sans pouvoir le
» joindre. En revenant sur ses pas, il trouva malheu-
» reusement le portrait de la marquise qui était tombé
» du bras de Don Louis comme il courait. Il fit sur-
» le-champ de très-cruelles réflexions; un tête-à-tête
» de Don Louis et de sa femme à une heure où les
» dames ne voient personne, ce portrait rattaché de
» ses cheveux qu'il venait de laisser tomber, enfin
» avoir vu la marquise l'embrasser, tout cela en-
» semble lui donna lieu de soupçonner sa vertu. « Je
» suis trahi, s'écria-t-il, je suis trahi par tout ce
» que j'aimais au monde; qui peut être aussi mal-
» heureux que moi? » En achevant ces mots, il rentra
» dans la chambre de sa femme. Elle se jeta d'abord
» à ses pieds, et, fondant en larmes, elle voulut se
» justifier et lui faire connaître son innocence; mais
» le démon de la jalousie le possédait à un tel point,
» qu'il la repoussa avec violence, il n'écouta plus que
» les transports de sa rage et de son désespoir, et
» détournant les yeux, pour ne pas voir un objet
» aussi aimable et qu'il avait tant aimé, il eut la bar-
» barie d'enfoncer son poignard dans le sein de la

» plus belle et de la plus vertueuse femme du monde ;
» Elle se laissa égorger comme une innocente vic-
» time, et son âme sortit avec un ruisseau de sang.

« O Dieu! m'écriai-je, trop imprudent Don Louis,
» pourquoi abandonniez-vous cette charmante per-
» sonne aux fureurs d'un mari amoureux, emporté et
» jaloux? Vous l'auriez arrachée de ses cruelles mains.
» — Hélas! Madame, reprit ce gentilhomme, il
» sortit sans réflexion, et s'il avait pu prévoir un tel
» malheur, que n'aurait-il pas fait? »

» Aussitôt que l'infortunée marquise eut rendu les
» derniers soupirs, son bourreau ferma son apparte-
» ment, prit tout ce qu'il avait de pierreries et d'ar-
» gent, monta à cheval et s'enfuit avec une diligence
» extrême. Don Louis, inquiet et plus amoureux qu'il
» ne l'avait jamais été, revint le soir chez elle, au
» hasard de tout ce qui pourrait lui arriver. Il fut
» surpris quand on lui dit qu'elle avait toujours
» dormi, que sa chambre était encore fermée et que
» le marquis était monté à cheval. Un pressentiment
» secret commença de lui faire tout craindre; il fut
» vite dans le jardin, et par la même fenêtre qu'il
» avait trouvée ouverte, il entra dans la galerie et de là
» dans la chambre. Il y faisait si sombre, qu'il mar-
» chait à tâtons, lorsqu'il sentit quelque chose qui
» faillit le faire tomber. Il se baissa et connut bien
» que c'était un corps mort. Il poussa un grand cri,
» et ne doutant point que ce fût celui de sa chère
» maîtresse, il tomba pâmé de douleur. Quelques-
» unes des femmes de la marquise se promenaient
» sous les fenêtres de son appartement; elles enten-

» dirent les cris de Don Louis; elles montèrent aisé-
» ment par la même fenêtre et entrèrent. Quel triste
» spectacle, bon Dieu! peut-on se le figurer! l'amante
» morte, l'amant prêt à mourir; je ne trouve point
» de paroles qui vous puissent bien exprimer l'état où
» il était. Il ne fut pas plutôt revenu à soi par la
» force des remèdes, que sa douleur, sa rage et son
» désespoir éclatèrent avec tant de violence, que l'on
» croyait qu'il n'y aurait jamais rien qui pût le con-
» soler, et je suis persuadé qu'il n'aurait point sur-
» vécu à celle dont il venait de causer la perte, si le
» désir de la venger ne l'avait encore animé.

» Il partit comme un furieux à la quête du mar-
» quis de Barbaran, il le chercha partout sans pou-
» voir le trouver. Il parcourut l'Italie, passa par
» l'Allemagne, il revint en Flandre, il se rendit en
» France. On l'assura que le marquis était à Valence,
» en Espagne. Il y fut et ne l'y rencontra point.
» Enfin, trois ans s'étant écoulés sans qu'il pût trou-
» ver les moyens de sacrifier son ennemi aux mânes
» de sa maîtresse; la grâce qui peut tout, et particu-
» lièrement sur les grandes âmes, toucha la sienne
» si efficacement, que tout à coup il changea ses
» désirs de vengeance en des désirs sérieux de faire
» son salut et de sortir du monde.

» Étant rempli de cet esprit, il retourna en Sar-
» daigne : il vendit tout son bien, qu'il distribua à
» quelques-uns de ses amis, qui avec beaucoup de
» mérites étaient fort pauvres, et par ce moyen il se
» rendit si pauvre lui-même, qu'il voulut être réduit
» à demander l'aumône.

» Il avait vu, en allant autrefois à Madrid, un lieu
» tout propre à faire un ermitage (c'est vers le
» Mont-Dragon). Cette montagne est presque inac-
» cessible, et l'on n'y passe que par une ouverture
» qui est au milieu d'un grand rocher. Elle se ferme
» lorsqu'il tombe de la neige, et l'ermitage est ense-
» veli plus de six mois dessous. Don Louis en fit
» bâtir un en ce lieu ; il avait accoutumé d'y passer des
» années entières sans voir qui que ce soit. Il y faisait
» les provisions nécessaires, il a de bons livres et il
» demeurait seul dans cette affreuse solitude ; mais
» cette année, on l'a forcé de venir ici à cause d'une
» grande maladie dont il a pensé mourir. Il y a déjà
» quatre ans qu'il mène une vie toute spirituelle et si
» différente de celle pour laquelle il était né, que ce
» n'est qu'avec peine qu'il voit les personnes qui le
» connaissent.

» A l'égard du marquis de Barbaran, il a quitté
» pour jamais l'île de Sardaigne, où il n'a pas la
» liberté de retourner. J'ai appris qu'il s'est remarié
» à Anvers, à la veuve d'un Espagnol nommé Fon-
» ceca.

» Et c'est lui-même qui a raconté à un de mes
» amis les particularités de son crime ; il en est si
» furieusement bourrelé, qu'il croit toujours voir sa
» femme mourante qui lui fait des reproches, et son
» imagination en est si blessée, qu'il en a contracté
» une noire mélancolie dont on appréhende qu'il ne
» meure bientôt ou qu'il ne perde tout à fait l'esprit. »

« Ce cavalier se tut à cet endroit, et comme je
» n'avais pu m'empêcher de pleurer la fin tragique

» d'une si aimable personne, Don Fernand de
» Tolède, qui l'avait remarqué et qui n'avait pas
» voulu m'en parler, crainte d'interrompre le fil de
» l'histoire, m'en fit la guerre et me dit galamment,
» qu'il était ravi de me connaître sensible à la pitié,
» et que je pourrais n'être pas longtemps sans trouver
» des sujets dignes de l'exercer. Je m'arrêtai moins
» à lui répondre, qu'à remercier ce gentilhomme qui
» avait bien voulu me raconter une aventure aussi
» extraordinaire. Je le priai de faire mes compliments
» à Don Louis et de lui donner de ma part deux
» pistoles, puisqu'il recevait des aumônes. Don Fer-
» nand et chacun des chevaliers en donnèrent au-
» tant. «Voilà, nous dit ce cavalier, de quoi enrichir
» les pauvres de Vittoria, car Don Louis ne s'appro-
» prie pas des charités si fortes.» Nous dîmes qu'il en
» était le maître et qu'il en ferait tel usage qu'il juge-
» raït à propos; mais pour en revenir à mes aven-
» tures.»

Bien que j'aie un passe-port du roi d'Espagne le
mieux spécifié et le plus général qu'il est possible,
j'ai été obligée de prendre un billet de la douane, car,
sans cette précaution, on aurait confisqué toutes
mes hardes. De quoi me sert le passe-port du roi?
leur ai-je dit. — De rien du tout, ont-ils répliqué;
les commis et les gardes des douanes ne daignent
pas même jeter les yeux dessus; ils disent qu'il faut
que le roi vienne les assurer que cet ordre vient de
lui; lorsque l'on manque à la formalité de prendre
ce billet, l'on vous confisque tout ce que vous avez.
Il est inutile de s'excuser sur ce que l'on est étranger

et qu'on est mal informé des coutumes du pays. Ils répondent sèchement que l'ignorance de l'étranger fait le profit de l'Espagnol [1]. Le mauvais temps m'a retenue encore deux jours ici, pendant lesquels j'ai vu la Gouvernante et la Comédie. La principale place de cette ville est ornée d'une fort belle fontaine, qui est au milieu; elle est entourée de la Maison de Ville, de la prison, de deux couvents et de plusieurs maisons assez bien bâties. Il y a la ville neuve et la vieille; tout le monde quitte cette dernière pour venir demeurer dans l'autre. On y trouve des marchands fort riches; leur commerce se fait à Saint-Sébastien ou à Bilbao. Ils envoient beaucoup de fer à Grenade, en Estramadure, en Galice et dans les autres parties du royaume. Je remarquai que les

---

[1] Arrivée à la frontière de la Castille, madame d'Aulnoy rencontra pour la première fois une ligne de douane. Ce n'est pas là une des moindres singularités de son voyage. Les marchandises qui venaient de France en Biscaye n'acquittaient pas de droits; mais celles qui s'échangeaient entre la Biscaye, la Castille et la Navarre, ne jouissaient pas de cette franchise. Les deux grands royaumes de Castille et d'Aragon se trouvaient enfermés dans leurs lignes de douanes respectives et s'efforçaient de protéger leur industrie à l'aide de tarifs, comme s'ils eussent été des pays rivaux. De plus, chaque ville avait ses péages et ses octrois. Les voyageurs, qui se trouvaient ainsi arrêtés à chaque pas, s'en étonnaient, mais à tort. L'Espagne, en effet, n'était qu'une agrégation de petites souverainetés, qui lors de leur réunion à la couronne, avaient toujours eu grand soin de stipuler leurs privilèges. Elles tenaient au maintien des droits qu'elles imposaient aux marchandises étrangères, non-seulement en raison de leurs vieilles rivalités, mais encore en raison de leurs intérêts matériels. Ces péages formaient une partie de leur revenu et étaient affermés. Les fermiers acceptaient naturellement de fort mauvaise grâce les passe-ports qui les frustraient de leurs bénéfices; ils ne cédaient qu'en présence d'une délibération du Conseil d'État, revêtue de la signature du Roi; encore cette délibération devait-elle être confiée à un alcade de la Cour, qui parfois recourait à la force. On en trouvera un exemple curieux, mais trop long à rapporter ici, dans le voyage du Hollandais Van Aarsen de Sommerdyck, pp. **256-292**.

grandes rues sont bordées de beaux arbres, et ces arbres arrosés de ruisseaux d'eau vive. Du Mont Saint-Adrian ici, il y a sept lieues; enfin je vais partir et finir cette longue lettre; il est tard, et je vous ai tant parlé de ce que j'ai vu, que je ne vous ai rien dit de ce que je sens pour vous. Croyez au moins, ma chère cousine, que ce n'est pas manque d'avoir bien des choses à vous dire; votre cœur m'en sera caution s'il est encore à mon égard ce que vous m'avez promis.

De Vittoria, ce 24 février 1679.

TROISIÈME LETTRE.

Mes lettres sont si longues qu'il est difficile de croire, quand je les finis, que j'aie encore quelque chose à vous dire; cependant, ma chère cousine, je n'en ferme jamais aucune qu'il ne me reste toujours de quoi vous en écrire une autre. Quand je n'aurais à vous parler que de mon amitié, c'est un chapitre inépuisable. Vous en jugerez aisément par le plaisir que je trouve à faire ce que vous souhaitez. Vous avez voulu savoir toutes les particularités de mon voyage : je vais continuer de vous les raconter.

Je partis assez tard de Vittoria, à cause que je m'étais arrêtée chez la Gouvernante dont je vous ai parlé, et nous fûmes coucher à Miranda. Le pays est fort agréable jusqu'à Arigny. Nous arrivâmes ensuite par un chemin difficile au bord de la rivière d'Urola, dont le bruit est d'autant plus grand qu'elle est remplie de gros rochers sur lesquels l'eau frappe, bondit, retombe et forme des cascades naturelles en plusieurs endroits. Nous continuâmes de monter les hautes montagnes des Pyrénées où nous courûmes mille dangers différents. Nous y vîmes les restes antiques d'un vieux château, où l'on ne fait pas moins revenir de lutins qu'à celui de Guebare; il est proche de Gargançon, et comme il nous y fallut arrêter pour montrer mon passe-port, parce que l'on paye là les droits du Roi, j'appris de l'alcade du bourg, qui s'approcha de ma litière pour lier conversation avec moi, que l'on disait dans le pays qu'il y avait autrefois un roi et une reine qui avaient pour fille une princesse si belle et si charmante, qu'on la prenait plutôt pour une divinité que pour une simple mortelle. On l'appelait Mira, et c'est de son nom qu'est venu le *Mira* des Espagnols, qui veut dire regarde; parce que, aussitôt qu'on la voyait, tout le monde attentif s'écriait : Mira, Mira; voilà l'étymologie d'un nom tirée d'assez loin. On ne voyait point cette princesse sans en devenir éperdument amoureux; mais sa fierté et son indifférence faisaient mourir tous ses amants. Le basilic n'avait jamais tant tué de monde que la belle et trop dangereuse Mira. Elle dépeupla ainsi le royaume de son père et toutes les contrées d'alentour. Ce n'était que morts et mourants. Après s'être adressé inutilement à elle, on s'adressait au ciel pour demander justice de sa rigueur. Les dieux s'irritèrent enfin, et les déesses ne furent pas les dernières à se fâcher; de sorte que, pour la punir, les fléaux du ciel achevèrent de ravager le royaume de son père. Dans cette affliction générale, il consulta l'oracle, qui dit que tant de malheurs ne cesseraient point jusqu'à ce que Mira eût expié les maux que ses yeux avaient faits, et qu'il fallait qu'elle partît; que les destins la conduiraient dans le lieu fatal où elle devait perdre son repos et sa liberté. La princesse obéit, croyant qu'il était impossible qu'elle fût touchée de tendresse. Elle ne mena avec elle que sa nourrice; elle était vêtue en simple bergère, de peur qu'on la remarquât, soit par mer, soit par terre. Elle parcourut les deux tiers du monde, faisant chaque jour trois ou quatre douzaines d'homicides, car sa beauté n'était point diminuée par les fatigues du voyage. Elle arriva proche de ce vieux château qui était à un jeune comte appelé Nios, doué de mille perfections, mais le plus farouche de tous les hommes. Il passait sa vie dans les bois; dès qu'il apercevait une femme, il la fuyait, et, de toutes les choses qu'il voyait sur la terre, c'était celle qu'il haïssait davantage. La belle Mira se reposait un jour au pied de quelques arbres, lorsque Nios vint à passer, vêtu de la peau d'un lion, un arc à sa ceinture et une massue sur l'épaule. Il avait ses cheveux tout mêlés et il était barbouillé comme un charbonnier (cette circonstance est du conte). La princesse ne laissa pas que de le trouver le plus beau et le plus charmant des hommes. Elle courut après lui comme une folle; il s'enfuit comme un fou. Elle le perdit de vue; elle ne sut où le trouver; la voilà au désespoir, pleurant jour et nuit avec sa nourrice. Nios revint à la chasse; elle le vit encore, elle voulut le suivre; dès qu'il l'eut aperçue, il fit comme la première fois, et Mira de pleurer amèrement. Mais sa passion lui donnant des forces, elle courut mieux que lui, elle l'arrêta par ses longs cheveux et le pria de la regarder; elle croyait que cela suffisait pour le toucher. Il jeta les yeux sur elle avec autant d'indifférence que si elle eût été de bois. Jamais fille n'a été si surprise; elle ne voulut point le quitter ; elle vint malgré lui à son château. Dès qu'elle y fut entrée, il l'y laissa et ne parut plus. La pauvre Mira, inconsolable, mourut de douleur, et depuis, l'on dit que l'on entend de longs gémissements qui sortent du château de Nios. Les jeunes filles de la contrée y allaient et lui portaient de petits présents de fruits, de lait et d'œufs, qu'elles posaient à la porte d'une cave où personne ne veut entrer. Elles disaient que c'était pour la consoler; mais cette coutume a été abolie comme une superstition. Bien que je n'aie rien cru de tout ce que l'on me dit à Gargançon de Mira et de Nios, je ne laissai pas de prendre plaisir au récit de ce conte dont j'omets mille particularités, dans la crainte de vous ennuyer par sa longueur.

Ma fille était si aise qu'il ne tint pas à elle que nous ne retournassions sur nos pas, pour mettre à la porte de la cave quelques perdrix rouges que mes gens venaient d'acheter. Elle comprenait que les mânes de la princesse seraient fort consolées de recevoir ce témoignage de notre bonne volonté; mais pour moi je compris que je serais plus contente qu'elle d'avoir ces perdrix à mon souper. Nous passâmes la rivière d'Urola sur un grand pont de pierre; et, après en avoir traversé un autre à gué assez difficilement, à cause des neiges fondues, nous arrivâmes à Miranda d'Ebro. C'est un gros bourg ou une fort petite ville. Il y a une grande place ornée de fontaines. La rivière de l'Èbre, qui est une des plus considérables de l'Espagne, la traverse; l'on voit sur le haut d'une montagne le château avec plu-

sieurs tours. Il paraît être de quelque défense, et
il sort une si grosse fontaine d'un rocher sur lequel
il est bâti, que dès sa source elle fait moudre des
moulins. Du reste, je n'y remarquai rien qui mérite
de vous être écrit. Les trois chevaliers, dont je vous
ai déjà parlé, étaient arrivés avant moi et ils avaient
donné tous les ordres nécessaires pour le souper.
Ainsi nous mangeâmes ensemble, et bien que la nuit
parût avancée, parce que les jours sont courts en
cette saison, il n'était pas tard. De sorte que ces
Messieurs, qui ont beaucoup d'honnêteté et de complaisance pour moi, me demandèrent ce que je voulais faire. Je leur proposai de jouer à l'hombre, et dis
que je me mettrais de moitié avec Don Fernand de
Tolède. Ils acceptèrent la partie. Don Frédéric de
Cardone dit qu'il aimerait mieux m'entretenir que
de jouer. Ainsi les trois autres commencèrent, et je
m'arrêtai quelque temps à les voir avec beaucoup de
plaisir, car leurs manières sont tout à fait différentes
des nôtres. Ils ne prononcent jamais un mot, je ne
dis pas pour se plaindre (cela serait indigne de la
gravité espagnole), mais je dis pour demander un
gano, pour couper de plus haut ou pour faire entendre que l'on peut prendre quelque autre avantage.
Enfin il semble des statues qui agissent par le moyen
d'un ressort, et il est vrai qu'ils se reprocheraient à
eux-mêmes le moindre geste.

Après les avoir examinés, je passai vers le brasier
et Don Frédéric s'y plaça près de moi; il me demanda
en quel état étaient les affaires lorsque j'étais partie
de Paris; qu'il m'avouait que les grandes qualités du

roi de France faisaient bien souvent le sujet de ses plus agréables réflexions; qu'il avait eu l'honneur de le voir, que son idée lui était toujours présente et que, depuis ce temps-là, il en avait parlé comme d'un monarque digne de l'amour de ses sujets et de la vénération de tout le monde. Je lui répliquai que les sentiments qu'il avait pour le Roi me confirmaient la bonne opinion que j'avais déjà de son esprit et de ses lumières; qu'il était certain que nos ennemis et les étrangers ne pouvaient, sans admiration, entendre parler des grandes actions de ce monarque, de sa conduite, de sa bonté pour ses peuples et de sa clémence. Que, quelque temps avant mon départ, on avait reçu les nouvelles de la ratification de la paix avec la Hollande; qu'il savait assez combien la guerre, qui avait commencé en 1672, avait intéressé de princes; que les Hollandais, mieux conseillés que les autres, avaient fait leur paix, et que le traité qui venait d'être conclu à Nimègue était su de toute l'Europe, et lui rendait la tranquillité qu'elle avait perdue.

J'ajoutai à cela que le roi venait de réduire ses compagnies de cavalerie à trente-sept maîtres et celles de dragons à quarante-cinq; que cette réforme allait à quatre mille chevaux, et que celle qu'il avait encore faite de quinze soldats par compagnie d'infanterie, montait à quarante-cinq mille hommes; qu'il avait aussi retranché dix hommes par chaque compagnie de cavalerie, ce qui allait à douze mille chevaux; que tout cela faisait voir ses dispositions pour entretenir les traités de bonne foi.

Il me répondit que le Roi son maître n'y était pas

moins disposé; qu'il l'en avait entendu parler plusieurs fois, et qu'il y avait peu qu'il l'avait quitté; qu'il s'était rendu auprès de lui parce qu'il avait été député par la principauté de Catalogne, avec ceux du royaume de Valence, pour le supplier de faire sortir de leur pays les troupes qui y sont en quartier d'hiver; que bien loin de l'obtenir, ils s'estimaient heureux qu'on ne leur eût pas donné quelques-unes de celles qui étaient venues de Naples et de Sicile; qu'ils avaient paré les coups avec bien de la peine; qu'on les avait envoyées sur les frontières du Portugal et dans les royaumes de Galice et de Léon. Mais, continua-t-il, si on nous avait secondés, ce ne serait pas, à présent, au roi d'Espagne que nous nous adresserions pour être soulagés. Les peuples de Catalogne, accablés de l'oppression et de la violence inouïe des Castillans, cherchèrent, en 1640, les moyens de s'en affranchir. Ils se mirent sous la protection du Roi Très-Chrétien et, pendant l'espace de douze ans, ils s'y trouvèrent fort heureux. Les guerres civiles qui troublèrent le repos dont la France jouissait, lui ôtèrent les moyens de nous secourir contre le roi d'Espagne. Il sut bien profiter de la conjoncture, et il réunit Barcelone, avec la plus grande partie de cette principauté, sous son obéissance [1]. Je lui demandai s'il retournerait bientôt en

---

[1] La licence de la soldatesque fut la cause de ce soulèvement; mais elle ne saurait expliquer à elle seule l'hostilité persistante de la Catalogne, hostilité qu'atteste une longue suite de révoltes. Nous croyons devoir en signaler la cause réelle, car elle ajoute un trait à la physionomie de l'Espagne :

Les couronnes d'Aragon et de Castille se trouvèrent réunies par le

ce pays-là ; il me dit que la duchesse de Medina-Celi, sa proche parente, venait de gagner un grand procès contre la duchesse de Frias, sa belle-mère, femme du connétable de Castille ; qu'il s'agissait du duché de Segorbe, dans le royaume de Valence, et du duché de Cardone, dans la principauté de Catalogne ; que madame de Medina-Celi prétendait à ces deux terres, comme fille aînée et héritière du duc de Cardone ; que la duchesse de Frias, l'ayant épousé en premières noces, en était en possession par le testament de son mari, qui lui en avait laissé la jouissance sa vie durant ; mais qu'enfin madame de Frias avait été condamnée à rendre les terres à la duchesse de Medina-Celi, avec les jouissances de neuf ans, qui montaient à quarante mille écus par an [1] ; qu'elle voulait l'engager d'aller, en son nom,

mariage de Ferdinand et d'Isabelle, mais ce fut là un fait purement politique. Isolés par leurs âpres montagnes, les Aragonais, les Catalans surtout, demeurèrent complétement étrangers aux Castillans. Ils nourrissaient contre eux les mêmes sentiments d'animosité qui signalèrent longtemps les relations des Anglais et des Écossais après l'avénement du roi Jacques au trône d'Angleterre. Bien qu'ils se gouvernassent par eux-mêmes et qu'ils n'eussent ainsi guère à se plaindre de l'autorité royale, ils étaient toujours disposés à entrer en lutte avec elle. L'esprit qui les animait devait se révéler encore une dernière fois, lorsque Philippe V monta sur le trône. Ils ne manquèrent pas de prendre parti contre le souverain qu'ils considéraient comme le souverain des Castillans, et nous ne serions pas étonné qu'on trouvât encore chez eux des traces de cette haine.

[1] Nous avons eu la curiosité de vérifier ce fait, qui en lui-même n'avait pas d'importance, mais qui pouvait nous donner la mesure de la véracité de madame d'Aulnoy. Il s'est trouvé parfaitement exact. En effet, Don Luis d'Aragon Cordova y Cardona, sixième duc de Segorbe et septième duc de Cardona, avait eu de son premier mariage avec Dona Maria de Sandoval y Roxas, duchesse de Lerme, une fille unique, Dona Catarina Antonia, qui épousa le duc de Medina-Celi et lui apporta, par la suite, tous les biens de sa maison. Le duc de Cardona épousa en secondes noces Dona Maria Teresa de Benavides, fille du

prendre possession du duché de Cardone et qu'il ne pensait pas qu'il pût la refuser.

Il me dit ensuite qu'il y avait deux choses assez singulières dans ce duché, dont l'une est une montagne de sel, en partie blanche comme la neige; et l'autre plus claire et plus transparente que du cristal; qu'il y en a de bleu, de vert, de violet, d'incarnat, d'orangé et de mille couleurs différentes, qui ne laisse pas de perdre sa teinture et de devenir tout blanc quand on le lave; il s'y forme et y croît continuellement, et bien qu'il soit salé, et que d'ordinaire les endroits où l'on trouve le sel soient si stériles que l'on n'y voit pas même de l'herbe, il y a dans ce lieu-là des pins d'une grande hauteur et des vignobles excellents. Lorsque le soleil darde ses rayons sur cette montagne, il semble qu'elle soit composée des plus belles pierreries du monde, et le meilleur, c'est qu'elle est d'un revenu considérable [1].

L'autre particularité dont il me parla, c'est d'une fontaine dont l'eau est très-bonne et la couleur pareille à du vin clairet. On ne m'a rien dit de celle-là, interrompis-je; mais un de mes parents, qui a été en Catalogne, m'a assuré qu'il y en a une, près de Balut, dont l'eau est de sa couleur naturelle, et cependant tout ce que l'on y met est comme de l'or.

---

comte de San Estevan, dont il n'eut point d'enfant. Doña Maria Teresa, restée veuve, épousa Don Inigo Melchior de Velasco, duc de Frias, et engagea le procès dont il est question contre la duchesse de Medina-Celi.

[1] Le duché de Cardoña comprend, en effet, le territoire de Solsona, où se trouvent de célèbres carrières de sel.

Je l'ai vue, Madame, continua Don Frédéric, et je me souviens qu'un homme fort avare et encore plus fou y allait tous les jours jeter son argent, parce qu'il croyait qu'il se changerait en or; mais il se ruinait, bien loin de s'enrichir, car quelques paysans plus fins et plus habiles que lui, ayant aperçu ce qu'il faisait, attendaient un peu plus bas, et le coulant de l'eau leur conduisait cet argent. Si vous retourniez en France par la Catalogne, ajouta-t-il, vous verriez cette fontaine. Ce ne serait pas elle qui pourrait m'y attirer, lui dis-je, mais l'envie de passer par le Montserrat me ferait faire un plus long voyage. Il est situé, dit-il, proche de Barcelone, et c'est un lieu d'une grande dévotion : il semble que le rocher est scié par la moitié; l'église est un peu plus haut, petite et obscure. A la clarté de quatre-vingt-six lampes d'argent, on aperçoit l'image de la Vierge qui est fort brune, et que l'on tient pour miraculeuse. L'autel a coûté trente mille écus à Philippe second, et l'on y voit chaque jour des pèlerins de toutes les parties du monde. Ce saint lieu est rempli de plusieurs ermitages, habités par des solitaires d'une grande piété.

Ce sont, pour la plupart, des personnes de naissance, qui n'ont quitté le monde qu'après l'avoir bien connu et qui paraissent charmés des douceurs de leur retraite, bien que le séjour en soit affreux et qu'il eût été impossible d'y aborder si l'on n'avait pas taillé un chemin dans les rochers. On ne laisse pas d'y trouver plusieurs beautés, une vue admirable, des sources de fontaine, des jardins très-

propres, cultivés de la main de ces bons religieux, et
partout un certain air de solitude et de dévotion qui
touche ceux qui s'y rendent. Nous avons encore une
autre dévotion fort renommée, ajouta-t-il : c'est *Nuestra Señora del Pilar*. Elle est à Saragosse, dans une
chapelle, sur un pilier de marbre; elle tient le petit
Jésus entre ses bras. On prétend que la Vierge apparut
sur ce même pilier à saint Jacques, et l'on en vénère
l'image avec beaucoup de respect. On ne peut la remarquer fort bien, parce qu'elle est élevée et dans un
lieu si obscur que, sans les flammes qui l'éclairent,
on ne s'y verrait pas. Il y a toujours plus de cinquante lampes allumées; l'or et les pierreries brillent
de tous côtés, et les pèlerins y viennent en foule [1].
Mais, continua-t-il, je puis dire, sans prétention pour
Saragosse, que c'est une des plus belles villes qu'on
puisse voir. Elle est située le long de l'Èbre, dans
une vaste campagne; elle est ornée de grands bâtiments, de riches églises, d'un pont magnifique, de
belles places et des plus jolies femmes du monde,
agréables, vives, qui aiment la nation française et
qui n'oublieraient rien pour vous obliger à dire du
bien d'elles, si vous y passiez. Je lui dis que j'en
avais déjà entendu parler d'une manière très-avan-

[1] Lors de sa fuite en Espagne, le cardinal de Retz passa par Saragosse, où il arriva accompagné de cinquante mousquetaires montés sur des ânes. Il visita l'église de Notre-Dame del Pilar. Il y vit un homme qui, au su de toute la ville, n'avait jamais eu qu'une jambe et s'en était trouvé deux, grâce à l'intercession de la Vierge et à des onctions répétées faites avec de l'huile des lampes qui brûlaient devant son image. On célébrait à cette occasion une fête qui attirait plus de vingt mille personnes. (*Collection des Mémoires relatifs à l'histoire de France*, t. XXV, p. 450.

tageuse. Mais, continuai-je, ce pays est fort stérile, et les soldats n'y subsistent qu'avec beaucoup de peine. En effet, répliqua-t-il, soit que l'air n'y soit pas sain, ou qu'il leur manque quelque chose, les Flamands et les Allemands n'y peuvent vivre; et s'ils n'y meurent pas tous, ils tâchent de trouver les moyens de déserter. Les Espagnols et les Napolitains sont encore plus portés qu'eux à cet esprit de désertion. Ces derniers passent par la France et retournent en leur pays; les autres côtoient les Pyrénées, le long du Languedoc et rentrent dans la Castille par la Navarre ou par la Biscaye. C'est une route que les vieux soldats ne manquent guère de tenir; pour les nouveaux, ils périssent dans la Catalogne, parce qu'ils n'y sont pas accoutumés, et l'on peut assurer qu'il n'y a pas de lieu où la guerre embarrasse tant le Roi d'Espagne qu'en celui-là. Il ne s'y soutient qu'avec beaucoup de dépense, et les avantages que les ennemis y remportent sur lui ne peuvent être petits. Je sais aussi que l'on est plus sensible à Madrid sur la moindre perte qui se fait en Catalogne, qu'on ne le serait sur la plus grande qui se ferait en Flandre, à Milan ou ailleurs. Mais à présent, continua-t-il, nous allons être plus tranquilles que nous ne l'avons été; l'on espère, à la Cour, que la paix sera de durée, parce que l'on y parle fort d'un mariage qui ferait une nouvelle alliance; et comme le marquis de Los Balbazes, plénipotentiaire à Nimègue, a reçu ordre de se rendre promptement auprès du Roi Très-Chrétien, pour demander Mademoiselle d'Orléans, l'on ne doute point que le mariage ne se fasse, et l'on pense déjà aux charges de sa maison. Il est vrai que l'on est surpris que don Juan d'Autriche consente à ce mariage. Vous me feriez un plaisir singulier, lui dis-je en l'interrompant, de m'apprendre quelques particularités de ce prince; il est naturel d'avoir de la curiosité pour les personnes de son caractère; et quand on se trouve dans une Cour où l'on n'a jamais été, pour n'y paraître pas trop neuve, on a besoin d'être un peu instruite. Il me témoigna que ce serait avec plaisir qu'il me dirait les choses qui étaient venues à sa connaissance, et il commença ainsi :

Vous ne serez peut-être pas fâchée, Madame, que je prenne les choses dès leur source, et que je vous dise que ce prince était fils d'une des plus belles filles qui fût en Espagne, nommée Maria Calderona. Elle était comédienne, et le duc de Medina-de-las-Torres, en devint éperdument amoureux. Ce cavalier avait tant d'avantages au-dessus des autres, que la Calderona ne l'aima pas moins qu'elle en était aimée. Dans la force de cette intrigue, Philippe IV la vit et la préféra à une fille de qualité qui était à la Reine et qui demeura si piquée du changement du Roi, qu'elle aimait de bonne foi et dont elle avait eu un fils, qu'elle se retira à Las Descalzas Reales, où elle prit l'habit de religieuse. Pour la Calderona, comme son inclination se tournait toute du côté du duc de Medina, elle ne voulut point écouter le Roi qu'elle ne sût auparavant si le duc y consentirait. Elle lui en parla et lui offrit de se retirer secrètement en quelque lieu qu'il voudrait; mais le duc craignit d'encourir la disgrâce du Roi, et il lui répondit qu'il était résolu à céder à Sa Majesté un bien qu'il n'était pas en état de lui disputer. Elle lui en fit mille reproches; elle l'appela traître à son amour, ingrat pour sa maîtresse, et elle lui dit encore que s'il était assez heureux pour disposer de son cœur comme il le voulait, elle n'était pas dans les mêmes circonstances, et qu'il fallait absolument qu'il continuât de la voir, ou qu'il se préparât à la voir mourir de désespoir. Le duc, touché d'une si grande passion, lui promit de feindre un voyage en Andalousie et de rester chez elle, caché dans un cabinet. Effectivement, il partit de la Cour et fut ensuite s'enfermer chez elle, comme il en était convenu, quelque risque qu'il y eût à courir par une conduite si imprudente [1]. Le Roi, cependant, en était fort amoureux et fort satisfait. Elle eut dans ce temps-là don Juan d'Autriche, et la ressemblance qu'il avait avec le duc de Medina-de-las-Torres a persuadé qu'il pouvait être son fils; mais, bien que le Roi eût d'autres enfants, et particulièrement l'évêque de Malaga, la bonne fortune décida en sa faveur, et il a été le seul reconnu.

Les partisans de Don Juan disent que c'était en raison de l'échange qui avait été fait du fils de Calderona avec le fils de la reine Élizabeth, et voici comme ils établissent cet échange, qui est un conte

[1] Il existe une *Vie de Maria Calderona*, imprimée à Genève en 1690. Il n'y est nullement fait mention de son aventure avec le duc de Medina-de-las-Torres. Le Roi s'en éprit du jour où elle débuta sur la scène. Elle n'avait point de beauté, mais infiniment de grâce, d'esprit et de charme dans la voix. Néanmoins, la version que donne madame d'Aulnoy était fort accréditée en Espagne.

fait exprès pour imposer aux peuples, et qui, je crois, n'a aucun fondement de vérité. Ils prétendent que le Roi était éperdument amoureux de cette comédienne ; elle devint grosse en même temps que la Reine, et voyant que la passion du monarque était si forte qu'elle en pouvait tout espérer, elle fit si bien, qu'elle l'engagea de lui promettre que si la Reine avait un fils et qu'elle en eût un aussi, il mettrait le sien à sa place. Que risquez-vous, lui disait-elle, Sire? ne sera-ce pas toujours votre fils qui régnera, avec cette différence que, m'aimant comme vous me le dites, vous l'en aimerez aussi davantage [1]? Elle avait de l'esprit, et le Roi avait beaucoup de faiblesse pour elle. Il consentit à ce qu'elle voulait ; et, en effet, l'affaire fut conduite avec tant d'adresse, que la Reine étant accouchée d'un fils et Calderona d'un autre, l'échange s'en fit ; celui qui devait régner et qui portait le nom de Balthazar mourut à l'âge de quatorze ans. L'on dit au Roi que c'était de s'être trop échauffé en jouant à la paume ; mais la vérité est qu'on laissait conduire ce prince par de jeunes libertins qui lui procuraient de fort méchantes fortunes. On prétend même que Don Pedro d'Aragon, son gouverneur et premier gentilhomme de sa chambre, y contribua plus qu'aucun autre, lui laissant la liberté de faire venir dans son appartement une fille qu'il aimait. Après cette visite, il fut pris

---

[1] Cette fable était répandue par les partisans de Don Juan qui aspira, à ce qu'il semble, un instant à la couronne malgré sa bâtardise. Une lettre de Louis XIV au chevalier de Gremonville témoigne que l'opinion générale acceptait le récit dont parle madame d'Aulnoy. (*Négociations relatives à la succession d'Espagne*, t. III, p. 390.)

d'une violente fièvre : il n'en dit point le sujet. Les médecins, qui l'ignoraient, crurent le soulager par de fréquentes saignées qui achevèrent de lui ôter le peu de force qui lui restait, et, par ce moyen, ils avancèrent la fin de sa vie. Le Roi sachant, mais trop tard, ce qui s'était passé, exila Don Pedro pour n'avoir pas empêché cet excès, ou pour ne pas l'avoir découvert assez tôt.

Cependant Don Juan d'Autriche, qui était élevé comme fils naturel, ne changea point d'état, bien que cela eût dû être, si effectivement il avait été fils légitime. Malgré cela, ses créatures soutiennent qu'il ressemble si parfaitement à la reine Elisabeth, que c'est son portrait; et cette opinion ne laisse pas de faire impression dans l'esprit du peuple qui court volontiers après les nouveautés, et qui aimait cette grande Reine si passionnément qu'il la regrette encore comme si elle venait de mourir; très-souvent même, l'on prononce son panégyrique, sans autre engagement que celui de la vénération que l'on conserve pour sa mémoire. Il est vrai que si Don Juan d'Autriche avait voulu profiter des favorables dispositions du peuple, il a trouvé bien des temps propres à pousser sa fortune fort loin. Mais son unique but est de servir le Roi et de tenir ses sujets dans les sentiments de fidélité qu'ils lui doivent.

Pour en revenir à la Calderona, le Roi surprit un jour le duc de Medina-de-las-Torres avec elle, et dans l'excès de sa colère il courut à lui, son poignard à la main. Il allait le tuer, lorsque cette fille se mit entre eux deux, lui disant qu'il pouvait la frapper s'il voulait. Comme il avait la dernière faiblesse pour elle, il ne put s'empêcher de lui pardonner, et il se contenta d'exiler son amant. Mais ayant appris qu'elle continuait à l'aimer et à lui écrire, il ne songea plus qu'à faire une nouvelle passion. Quand il en eut une assez forte pour n'appréhender point les charmes de la Calderona, il lui fit dire de se retirer dans un monastère, ainsi que c'est la coutume, lorsque le Roi quitte sa maîtresse. Celle-ci ne différa point; elle écrivit une lettre au duc pour lui dire adieu, et elle reçut le voile de religieuse de la main du nonce apostolique, qui fut depuis Innocent X[1]. Il y a beaucoup d'apparence que le Roi ne crut pas que Don Juan fût à un autre qu'à lui, puisqu'il l'aima chèrement. Une chose qui vous paraîtra assez singulière, c'est qu'un roi d'Espagne ayant des fils qu'il a reconnus, ne peut les laisser entrer dans Madrid tant qu'il vit. Ainsi, Don Juan a été élevé à Ocaña, qui en est éloigné de quelques lieues. Le roi son père s'y rendait souvent, et il le faisait même venir aux portes de la ville, où il l'allait trouver. Cette coutume vient de ce que les grands d'Espagne disputent le rang que ces princes veulent tenir. Celui-ci, avant qu'il allât en Catalogne, demeurait d'ordinaire au *Buen-Retiro*, qui est une maison royale à l'une des extrémités de Madrid, un peu hors la porte. Il se communiquait si peu, qu'on ne l'a jamais vu à aucune fête publique pendant la vie du feu Roi; mais, de-

---

[1] Les reines d'Espagne, à la mort de leurs époux, se retiraient dans le couvent de las Descalzas Reales et, par un usage bizarre, les maîtresses du Roi étaient obligées d'en faire autant lorsqu'il venait à se séparer d'elles.

puis, les temps ont changé, et sa fortune est sur un pied fort différent.

Pendant que la reine Marie-Anne d'Autriche, sœur de l'Empereur et mère du Roi, gouvernait l'Espagne, et que son fils n'était pas encore en âge de tenir les rênes de l'État, elle voulut toujours que Don Juan fût éloigné de la cour; et d'ailleurs elle se sentait si capable de gouverner, qu'elle avait aussi fort grande envie de soulager longtemps le Roi du soin de ses affaires. Elle n'était point trop fâchée qu'il ignorât tout ce qui donne le désir de régner : mais bien qu'elle apportât les dernières précautions pour l'empêcher de sentir qu'il était dans une tutelle un peu gênante, et qu'elle tâchât de ne laisser approcher de lui que les personnes dont elle pouvait s'assurer, cela n'empêcha pas que quelques-uns des fidèles serviteurs du Roi ne hasardassent tout pour lui faire comprendre ce qu'il pouvait faire pour sa liberté. Il voulut suivre les avis qu'on lui donnait, et enfin, ayant pris des mesures justes, il se déroba une nuit et fut au *Buen-Retiro*. Il envoya aussitôt un ordre à la Reine, sa mère, de ne point sortir du palais.

Don Juan est d'une taille médiocre, bien fait de sa personne; il a tous les traits réguliers, les yeux noirs et vifs, la tête très-belle; il est poli, généreux et fort brave. Il n'ignore rien des choses convenables à sa naissance, et de celles qui regardent toutes les sciences et tous les arts. Il écrit et parle fort bien en cinq sortes de langues, et il en entend encore davantage. Il a étudié longtemps l'astrologie judiciaire. Il sait parfaitement bien l'histoire. Il n'y a pas d'instrument

qu'il ne sache et qu'il ne touche comme les meilleurs maîtres; il travaille au tour, il forge des armes, il peint bien. Il prenait fort grand plaisir aux mathématiques, mais, étant chargé du gouvernement de l'État, il a été obligé de se détacher de toutes ses autres occupations.

Il arriva au Buen-Retiro au commencement de l'année 1677, et aussitôt qu'il y fut, il fit envoyer la reine-mère à Tolède, parce qu'elle s'était déclarée contre lui et qu'elle empêchait son retour auprès du Roi. Don Juan eut une joie extrême de recevoir, par le Roi lui-même, l'ordre de pourvoir à tout et de conduire les affaires du royaume ; et ce n'était pas sans sujet qu'il s'en déchargeait sur lui, puisqu'il ignorait encore l'art de régner. On apportait pour raison d'une éducation si tardive, que le roi son père était mourant quand il lui donna la vie ; que même, lorsqu'il vint au monde, l'on fut obligé de le mettre dans une boîte pleine de coton, car il était si délicat et si petit qu'on ne pouvait l'emmaillotter; qu'il avait été élevé sur les bras et sur les genoux des dames du palais jusqu'à l'âge de dix ans, sans mettre une seule fois les pieds à terre pour marcher [1]; que dans la suite, la reine sa mère, qui était engagée par toutes sortes de raisons à con-

---

[1] A l'âge de quatre ans, le roi Charles II pouvait à peine marcher et parler. Il était debout, dit l'archevêque d'Embrun, appuyé sur les genoux de la señora Miguel de Texada, menine qui le soutenait par les cordons de sa robe. Il porte sur sa tête un petit bonnet à l'anglaise qu'il n'a pas la force d'ôter, ainsi qu'il l'aurait fait autrement lorsque je m'approchai de lui avec M. le marquis de Bellefond. Nous n'en pûmes tirer aucune parole, sinon celle qu'il me dit : *cubrios*, et sa gouvernante, qui était à la droite de la menine, fit quelques réponses à nos compliments. Il est extrêmement faible, le visage blème et la bouche tout ouverte, ce qui marque quelque indisposition de l'estomac, ainsi que

server l'unique héritier de la branche espagnole, appréhendant de le perdre, n'avait osé le faire étudier de peur de lui donner trop d'application et d'altérer sa santé qui, dans la vérité, était fort faible; et l'on a remarqué que ce nombre de femmes avec lesquelles le Roi était toujours et qui le reprenaient trop aigrement des petites fautes qu'il commettait, lui avait inspiré une si grande aversion pour elles que, dès qu'il savait qu'une dame l'attendait en quelque endroit sur son passage, il passait par un degré dérobé, ou se tenait enfermé tout le jour dans sa chambre. La marquise de Los-Velez, qui a été sa gouvernante, m'a dit qu'elle a cherché l'occasion de lui parler six mois de suite fort inutilement. Mais, enfin, quand le hasard faisait qu'elles parvenaient à le joindre, il prenait le placet de leurs mains et tournait la tête, de crainte de les voir. Sa santé s'est si bien affermie, que son mariage avec l'archiduchesse, fille de l'Empereur, ayant été rompu par Don Juan, à cause que c'était l'ouvrage de la reine-mère, il a souhaité d'épouser Mademoiselle d'Orléans. Les circonstances de la paix qui vient d'être conclue à Nimègue lui firent jeter les yeux sur cette princesse, dont les belles qualités, Madame, vous sont encore mieux connues qu'à moi.

Il aurait été difficile de croire qu'ayant des dispositions si éloignées de la galanterie, il fût devenu

les médecins en demeurent d'accord; et quoique l'on dise qu'il marche sur ses pieds et que la menine le tient seulement par les cordons pour l'empêcher de faire un mauvais pas, j'en douterais fort, et je vis qu'il prit la main de sa gouvernante pour s'appuyer en se retirant. Quoi qu'il en soit, les médecins jugent mal de sa longue vie, et il semble que l'on prend ici ce fondement pour règle de toutes les délibérations. (*Négociations relatives à la succession d'Espagne*, t. I.)

tout à coup aussi amoureux de la Reine qu'il le devint sur le seul récit qu'on lui fit de ses bonnes qualités, et sur son portrait en miniature qu'on lui apporta. Il ne veut plus le quitter et le met toujours sur son cœur ; il lui dit des douceurs qui étonnent tous les courtisans, car il parle un langage qu'il n'a jamais parlé ; sa passion pour la princesse lui fournit mille pensées qu'il ne peut confier à personne ; il lui semble que l'on n'entre pas assez dans ses impatiences, et dans le désir qu'il a de la voir ; il lui écrit sans cesse, et il fait partir presque tous les jours des courriers extraordinaires pour lui porter ses lettres, et lui rapporter de ses nouvelles. Lorsque vous serez à Madrid, ajouta Don Frédéric, vous apprendrez, Madame, plusieurs particularités qui, sans doute, se seront passées depuis que j'en suis parti et qui satisferont peut-être plus votre curiosité que ce que je vous ai dit. Je vous suis très-obligée, répliquai-je, de votre complaisance ; mais faites-moi la grâce encore de me dire quel est le véritable caractère des Espagnols. Vous les connaissez, et je suis persuadée que rien n'est échappé à vos lumières ; comme vous m'en parlerez sans passion et sans intérêt, je pourrai m'en tenir à ce que vous m'en direz. Pourquoi croyez-vous, Madame, reprit-il en souriant, que je vous en parle plus sincèrement qu'un autre ? il y a des raisons qui pourraient me rendre suspect ; ils sont mes maîtres, je devrais les ménager, et si je ne suis pas assez politique pour le faire, le chagrin d'être contraint de leur obéir serait propre à me donner sur leur chapitre des idées contraires à la vérité. Quoi qu'il en soit, dis-je en l'interrompant, je vous prie de m'apprendre ce que vous en savez.

Les Espagnols, dit-il, ont toujours passé pour être fiers et glorieux : cette gloire est mêlée de gravité, et ils la poussent si loin, qu'on peut l'appeler un orgueil outré. Ils sont braves sans être téméraires : on les accuse même de n'être pas assez hardis. Ils sont colères, vindicatifs sans faire paraître d'emportement, libéraux sans ostentation, sobres pour le manger, trop présomptueux dans la prospérité, trop rampants dans la mauvaise fortune. Ils adorent les femmes, et ils sont si fort prévenus en leur faveur que l'esprit n'a point assez de part au choix de leurs maîtresses. Ils sont patients avec excès, opiniâtres, paresseux, particuliers, philosophes; du reste, gens d'honneur et tenant leur parole au péril de leur vie. Ils ont beaucoup d'esprit et de vivacité, comprennent facilement, s'expliquent de même et en peu de paroles. Ils sont prudents, jaloux sans mesure, désintéressés, peu économes, cachés, superstitieux, fort catholiques, du moins en apparence. Ils font bien les vers et sans peine. Ils seraient capables des plus belles sciences, s'ils daignaient s'y appliquer. Ils ont de la grandeur d'âme, de l'élévation d'esprit, de la fermeté, un sérieux naturel, et un respect pour les dames qui ne se rencontre point ailleurs. Leurs manières sont composées, pleines d'affectation ; ils sont entêtés de leur propre mérite, et ne rendent presque jamais justice à celui des autres. Leur bravoure consiste à se tenir vaillamment sur la défensive, sans reculer et sans craindre le péril; mais ils n'aiment point à le chercher et ils ne s'y portent pas naturellement, ce qui vient de leur jugement plutôt que de leur timidité. Ils connaissent le péril et ils l'évitent ; leur plus grand défaut, selon moi, c'est la passion de se venger et les moyens qu'ils y emploient. Leurs maximes, là-dessus, sont absolument opposées au christianisme et à l'honneur : lorsqu'ils ont reçu un affront, ils font assassiner celui qui le leur a fait. Ils ne se contentent pas de cela, car ils font assassiner aussi ceux qu'ils ont offensés dans l'appréhension d'être prévenus, sachant bien que s'ils ne tuent ils seront tués. Ils prétendent s'en justifier quand ils disent que leur ennemi ayant pris le premier avantage, ils doivent s'assurer du second ; que s'ils y manquaient, ils feraient tort à leur réputation ; que l'on ne se bat point avec un homme qui vous a insulté ; qu'il se faut mettre en état de l'en punir, sans courre la moitié du danger. Il est vrai que l'impunité autorise cette conduite : car le privilége des Églises et des couvents d'Espagne est de donner une retraite assurée aux criminels, et, tout autant qu'ils le peuvent, ils commettent leurs mauvaises actions près du sanctuaire, pour n'avoir guère de chemin à faire jusqu'à l'autel ; on le voit souvent embrassé par un scélérat, le poignard encore à la main, tout sanglant du meurtre qu'il vient de commettre [1].

[1] Le maréchal de Gramont fait en ces termes le portrait de la nation espagnole : Nation, dit-il, fière, superbe et paresseuse. La valeur lui est assez naturelle, et j'ai souvent ouï dire au grand Condé qu'un Espagnol courageux avait encore une valeur plus fine que les autres hommes. La patience dans les travaux et la constance dans l'adversité sont des vertus que les Espagnols possèdent au dernier point. Les moindres sol-

A l'égard de leur personne, ils sont fort maigres, petits, la taille fine, la tête belle, les traits réguliers, les yeux beaux, les dents assez bien rangées, le teint jaune et basané. Ils veulent que l'on marche légèrement, que l'on ait la jambe grosse et le pied petit, que l'on soit chaussé sans talon, que l'on ne mette point de poudre, qu'on se sépare les cheveux sur le côté de la tête et qu'ils soient coupés tout droits et passés derrière les oreilles, avec un grand chapeau doublé de taffetas noir, une golille plus laide et plus incommode qu'une fraise, un habit toujours noir; au lieu de chemise des manches de taffetas ou de tabis noir, une épée étrangement longue, un manteau de frise noire par là-dessus, des chausses très-étroites, des manches pendantes et un poignard. En vérité, tout cela gâte à tel point un homme, quelque bien fait qu'il puisse être d'ailleurs, qu'il semble qu'ils affectent l'habillement le moins agréable de tous, et les yeux ne peuvent s'y accoutumer.

Don Frédéric aurait continué de parler, et j'avais tant de plaisir à l'entendre que je ne l'aurais point interrompu; mais il s'interrompit lui-même, ayant remarqué que la reprise d'hombre venait de finir, et

---

dats ne s'étonnent que rarement des mauvais événements..... Leur fidélité pour le Roi est extrême et louable au dernier point. Quant à l'esprit, on voit peu d'Espagnols qui ne l'aient vif et agréable dans la conversation, et il s'en trouve dont les saillies (agudezas) sont merveilleuses. Leur vanité est au delà de toute imagination, et, pour dire toute la vérité, ils sont insupportables à la longue à toute autre nation, n'en estimant aucune dans le monde que la leur seule.... Leur paresse et l'ignorance, non-seulement des sciences et des arts, mais quasi-généralement de tout ce qui se passe de l'Espagne, vont presque de pair et sont inconcevables. (*Collection des Mémoires relatifs à l'Histoire de France*, t. XXXI, p. 524.)

comme il eut peur que je ne voulusse me retirer, et
que nous devions partir le lendemain de bonne heure,
il sortit avec les autres messieurs. Je me levai, en
effet, fort matin, parce que nous avions une grande
journée à faire pour aller coucher à Birbiesca. Nous
suivîmes la rivière pour éviter les montagnes, et nous
passâmes, à Oron, un gros ruisseau qui se jette dans
l'Èbre. Nous entrâmes, peu après, dans un chemin
si étroit qu'à peine nos litières pouvaient y passer.
Nous montâmes le long d'une côte fort droite jusqu'à Pancorvo, dont je vis le château sur une éminence voisine. Nous traversâmes une grande plaine,
et c'était une nouveauté pour nous de voir un pays
uni. Celui-ci est environné de plusieurs montagnes,
qui semblent se tenir comme une chaîne, et particulièrement la chaîne d'Occa; il fallut passer encore
une petite rivière avant que d'arriver à Birbiesca.
Ce n'est qu'un bourg qui n'a rien de remarquable
que son collége et quelques jardins assez jolis le long
de l'eau; mais je puis dire que nous nous y rendîmes
par le plus mauvais temps que nous eussions encore
eu. J'en étais si fatiguée, qu'en arrivant je me mis
au lit; ainsi je ne vis Don Fernand de Tolède et les
autres chevaliers que le lendemain à Castel de
Peones; mais il faut bien vous dire, comme l'on est
dans les hôtelleries, et comptez qu'elles sont toutes
semblables. Lorsqu'on y arrive fort las et fort fatigué,
rôti par les ardeurs du soleil ou gelé par les neiges
(car il n'y a guère de milieu entre ces deux extrémités), l'on ne trouve ni pot-au-feu, ni plats lavés;
l'on entre dans l'écurie et de là l'on monte en haut.

Cette écurie est d'ordinaire pleine de mulets et de muletiers qui se font des lits des bâts de leurs mulets pendant la nuit, et le jour ils leur servent de tables. Ils mangent de bonne amitié avec leurs mulets et fraternisent beaucoup ensemble.

L'escalier par où l'on monte est fort étroit et ressemble à une méchante échelle. La Señora de la casa vous reçoit en robe détroussée et en manches abattues; elle a le temps de prendre ses habits du dimanche pendant que l'on descend de la litière, et elle n'y manque jamais, car elles sont toutes pauvres et glorieuses.

L'on vous fait entrer dans une chambre dont les murailles sont assez blanches, couvertes de mille petits tableaux de dévotion fort mal faits; les lits sont sans rideaux, les couvertures de coton à houppes passablement propres, les draps grands comme des serviettes et les serviettes, comme de petits mouchoirs de poche; encore faut-il être dans une grosse ville pour en trouver trois ou quatre, car ailleurs il n'y en a point du tout, non plus que de fourchettes. Il n'y a qu'une tasse dans toute la maison, et si les muletiers la prennent les premiers, ce qui arrive toujours s'ils le veulent (car on les sert avec plus de respect que ceux qu'ils conduisent), il faut attendre patiemment qu'elle ne leur soit plus nécessaire, ou boire dans une cruche. Il est impossible de se chauffer au feu des cuisines sans étouffer; elles n'ont point de cheminée. Il en est de même de toutes les maisons que l'on trouve sur la route. On fait un trou au haut du plancher et la fumée sort par là. Le feu est au milieu de la cuisine. L'on met ce que l'on veut faire rôtir sur des tuiles par terre, et quand cela est bien grillé d'un côté on le tourne de l'autre. Lorsque c'est de la grosse viande, on l'attache au bout d'une corde suspendue sur le feu, et puis on la fait tourner avec la main, de sorte que la fumée la rend si noire, qu'on a peine seulement de la regarder.

Je ne crois pas qu'on puisse mieux représenter l'enfer qu'en représentant ces sortes de cuisines et les gens que l'on trouve dedans; car, sans compter cette fumée horrible, qui aveugle et suffoque, ils sont une douzaine d'hommes et autant de femmes, plus noirs que des diables, puants et sales comme des cochons, et vêtus comme des gueux. Il y en a toujours quelqu'un qui racle impudemment une méchante guitare, et qui chante comme un chat enroué. Les femmes sont tout échevelées : on les prendrait pour des Bacchantes; elles ont des colliers de verre, dont les grains sont aussi gros que des noix; ils font cinq ou six tours à leur col et servent à cacher la plus vilaine peau du monde.

Ils sont tous plus voleurs que des chouettes, et ils ne s'empressent à vous servir que pour vous prendre quelque chose, quoi que ce soit, ne fût-ce qu'une épingle, elle est prise de bonne guerre quand on la prend à un Français.

Avant toutes choses, la maîtresse de la maison nous amène ses petits enfants, qui sont nu-tête au cœur de l'hiver, n'eussent-ils qu'un jour. Elle leur fait toucher vos habits, elle leur en frotte les yeux, les joues, la gorge et les mains. Il semble que l'on soit devenu relique et que l'on guérit tous les maux. Ces cérémonies achevées, l'on vous demande si vous voulez manger, et, fût-il minuit, il faut envoyer à la boucherie, au marché, au cabaret, chez le boulanger, enfin, de tous les côtés de la ville, pour assembler de quoi faire un très-méchant repas. Car, encore que le mouton y soit fort tendre, leur manière de le frire avec de l'huile bouillante n'accommode pas tout le monde; c'est que le beurre y est très-rare. Les perdrix rouges s'y trouvent en quantité et fort grosses; elles sont un peu sèches, et, à cette sécheresse naturelle, l'on y en ajoute une autre qui est bien pire; je veux dire que, pour les rôtir, on les réduit en charbon.

Les pigeons y sont excellents; et, en plusieurs endroits, on trouve de bon poisson, particulièrement des bessugos, qui ont le goût de la truite et dont on fait des pâtés qui seraient fort bons, s'ils n'étaient pas remplis d'ail, de safran et de poivre.

Le pain est fait de blé d'Inde que nous appelons en France blé de Turquie. Il est assez blanc, et l'on croirait qu'il est pétri avec du sucre, tant il est doux; mais il est si mal fait et si peu cuit, que c'est un morceau de plomb que l'on se met sur l'estomac. Il a la forme d'un gâteau tout plat et n'est guère plus épais que d'un doigt; le vin est assez bon, et dans la saison des fruits l'on a tout sujet d'être content, car les muscats sont d'une grosseur et d'un goût admirables; les figues ne sont pas moins excellentes. L'on peut alors se retrancher à coup sûr sur le dessert. L'on y mange encore des salades faites d'une laitue si douce et si rafraîchissante, que nous n'en avons point qui en approche.

Ne pensez pas, ma chère cousine, qu'il suffise de dire : allez quérir telles choses pour les avoir, très-souvent on ne trouve rien du tout. Mais supposez que l'on trouve ce que l'on veut, il faut commencer par donner de l'argent; de manière que, sans avoir encore rien mangé, votre repas est compté et payé, car on ne permet au maître de l'hôtellerie que de vous donner le logement. Ils disent pour raison qu'il n'est pas juste qu'un seul profite de l'arrivée des voyageurs, et qu'il vaut mieux que l'argent se répande en plusieurs endroits [1].

L'on n'entre en aucun lieu pour dîner; l'on porte sa provision, et l'on s'arrête au bord de quelque ruisseau où les muletiers font manger leurs mulets. C'est de l'avoine ou de l'orge avec de la paille hachée qu'ils ont dans de grands sacs; car pour du foin, on ne leur en donne point. Il n'est pas permis à une femme ou à une fille de demeurer plus de deux jours dans une hôtellerie sur les chemins, à moins qu'elle n'ait des raisons très-apparentes. En voilà assez pour que vous soyez informée des hôtelleries, et de la manière dont on y est reçu.

Après le souper, ces messieurs jouèrent à l'hombre,

---

[1] L'incurie espagnole a perpétué jusqu'à nos jours un règlement du dix-septième siècle, qui avait pour but de faciliter les diverses professions. Ce règlement s'appliquait alors avec une telle rigueur, que l'aubergiste du Hollandais Van Aarsen de Sommerdyck fut traduit en justice pour avoir engraissé des volailles qu'il destinait à la table de ses hôtes. La police se mêlait, on le voit, des moindres détails.

et, comme je ne suis pas assez forte pour jouer contre eux, je m'intéressai avec Don Frédéric de Cardone, et Don Fernand de Tolède se mit près du brasier avec moi. Il me dit qu'il aurait bien souhaité que j'eusse eu le temps de passer par Valladolid; que c'est la plus agréable ville de la vieille Castille; qu'elle avait été longtemps la demeure des rois d'Espagne et qu'ils y ont un palais digne de leur grandeur; que, pour lui, il y avait des parentes qui se feraient un plaisir de m'y régaler, et qu'elles n'auraient pas manqué de me faire voir l'église des Dominicains, que les ducs de Lerme ont fondée; qu'elle était fort riche, et le portail d'une singulière beauté, à cause des figures et des bas-reliefs qui l'enrichissent; que, dans le collége du même couvent, les Français y voyaient avec satisfaction toutes les murailles semées de fleurs de lis, et que l'on disait qu'un évêque qui appartenait au roi de France les avait fait peindre. Il ajouta qu'elles m'auraient menée aux religieuses de Sainte-Claire, pour voir, dans le chœur de leur église, le tombeau d'un chevalier castillan, dont on prétend qu'il sort des accents et des plaintes toutes les fois que quelqu'un de sa famille doit mourir. Je souris à cela, comme étant dans le doute d'une chose à laquelle effectivement je ne crois point. Vous n'ajoutez pas foi à ce que je vous dis, continua-t-il, et je ne voudrais pas non plus vous l'assurer comme une vérité incontestable, bien que tout le monde en soit persuadé en ce pays-ci. Mais il est certain qu'il y a une cloche en Aragon, dans un bourg appelé Vililla, sur l'Ebre, laquelle a dix brasses de tour; et il arrive qu'elle sonne quelquefois toute seule, sans que l'on puisse remarquer qu'elle soit agitée par les vents ni par aucun tremblement de terre, en un mot, par rien de visible. Elle tinte d'abord, et ensuite, d'intervalle en intervalle, elle sonne à volée tant le jour que la nuit. Lorsqu'on l'entend, on ne doute point qu'elle n'annonce quelque sinistre accident. C'est ce qui arriva en 1601, le jeudi 13 de juin jusqu'au samedi 15 du même mois. Elle cessa alors de sonner et elle recommença le jour de la Fête-Dieu, comme on était sur le point de faire la procession. Elle sonna aussi quand Alphonse, cinquième Roi d'Aragon, alla en Italie pour prendre possession du royaume de Naples. On l'entendit à la mort de Charles-Quint. Elle marqua le départ pour l'Afrique du Roi de Portugal Don Sébastien, l'extrémité du Roi Philippe second et le trépas de sa dernière femme, la Reine Anne. Vous voulez que je vous croie, Don Fernand, lui dis-je, il semble que je suis trop opiniâtre de ne me pas rendre encore; mais vous conviendrez qu'il est des choses dont il est permis de douter. Avouez plutôt, Madame, reprit-il d'un air enjoué, que c'est manque de foi pour moi; car je ne vous ai rien dit qui ne soit su de tout le monde; mais peut-être croiriez-vous davantage Don Estève de Carvajal, sur une chose aussi extraordinaire qui est en son pays. Il l'appela en même temps, et lui demanda s'il n'était pas vrai qu'il y avait, au couvent des Frères Prêcheurs de Cordoue, une cloche qui ne manquait pas de sonner toutes les fois qu'il doit mourir un religieux, et qu'ainsi l'on en sait le temps à un jour près. Don Estève confirma ce que disait Don Fernand, et si je m'en suis pas demeurée absolument convaincue, j'en ai, tout au moins, fait semblant.

Vous passez si vite dans la Vieille-Castille, continua Don Fernand, que vous n'aurez pas le temps d'y rien voir de remarquable. On y parle partout du portrait de la sainte Vierge qui s'est trouvé miraculeusement empreint sur un rocher[1]. Il est aux religieuses Augustines d'Avila, et beaucoup de personnes s'y rendent par dévotion; mais on n'a guère moins de curiosité pour certaines mines de sel qui sont proches de là, dans un village appelé Mangraville; l'on descend plus de deux cents degrés sous terre, et l'on entre dans une vaste caverne, formée par la nature, dont le haut est soutenu par un seul pilier de sel cristallin d'une grosseur et d'une beauté surprenantes. Assez proche de ce lieu, dans la ville de Soria, on voit un grand pont sans rivière et une

---

[1] Chaque église avait ainsi sa légende. Le conseiller Bertault fut invité à faire ses oraisons devant une cage de poules merveilleuses que l'on conservait dans l'église de San Domingo de la Calzada, près de Najera. Au dire du sacristain, un homme qui avait été pendu et qui, pour le bon exemple, était depuis plusieurs années resté accroché à la potence, appela de toutes ses forces un passant et le pria d'aller chez le corrégidor pour obtenir qu'il fût décroché de sa potence, et qu'il pût aller expliquer par quelle suite d'erreurs il avait été condamné. Le passant trouva le corrégidor fort incrédule; c'était, à ce qu'il semble, un esprit fort frisant l'hérétique. Il répondit qu'il croirait à ce miracle si le poulet rôti qu'on venait de lui servir venait à ressusciter. A l'instant, le poulet se dressa sur ses pattes et se mit à chanter. Le corrégidor, touché cette fois, courut à la potence, délivra son homme dont l'innocence ne tarda pas à être établie. En souvenir de cette intervention de Dieu, le poulet fut précieusement recueilli, placé comme une relique dans l'église, et devint l'auteur de la vénérable famille que le conseiller Bertault avait sous les yeux. (*Journal d'un Voyage en Espagne*, p. 17.)

grande rivière sans pont, parce qu'elle a changé de lit par un tremblement de terre.

Mais si vous veniez jusqu'à Médina-del-Campo, ajouta-t-il, je suis sûr que les habitants vous y feraient une entrée, par la seule raison que vous êtes Française, et qu'ils se piquent d'aimer les Français, pour se distinguer un peu des sentiments des autres Castillans. Leur ville est tellement privilégiée, que le Roi d'Espagne n'a pas le pouvoir d'y créer des officiers, ni le Pape même d'y conférer des bénéfices. Ce droit appartient aux bourgeois, et très-souvent ils se battent pour l'élection des ecclésiastiques et des magistrats.

Une des choses que les étrangers trouvent la plus belle dans ce pays-ci, c'est l'aqueduc de Ségovie, qui est long de cinq lieues; il a plus de deux cents arches d'une hauteur extraordinaire, bien qu'en plusieurs endroits il y en ait deux l'une sur l'autre, et il est tout bâti de pierres de taille, sans que pour les joindre on y ait employé ni mortier ni ciment. On le regarde comme un ouvrage des Romains, ou du moins qui est digne de l'être. La rivière qui est au bout de la ville entoure le château et lui sert de fossé : il est bâti sur le roc. Entre plusieurs choses remarquables, on y voit les portraits des Rois d'Espagne qui ont régné depuis plusieurs siècles et de toutes les villes du royaume. On ne bat monnaie qu'à Séville et à Ségovie ; l'on tient les pièces de huit qu'on y fait pour plus belles que les autres. C'est par le moyen de la rivière que certains moulins tournent, lesquels servent à battre la monnaie. On y trouve aussi des promenades charmantes le long d'une prairie plantée d'ormeaux dont le feuillage est si épais, que les plus grandes ardeurs du soleil ne le peuvent pénétrer. Je ne manque pas de curiosité, lui dis-je, pour toutes les choses qui le méritent, mais je manque à présent de temps pour les voir; je serais néanmoins bien aise d'arriver d'assez bonne heure à Burgos pour me promener dans la ville. C'est-à-dire, Madame, reprit Don Fernand, qu'il faut vous laisser en état de vous retirer. Il en avertit les chevaliers, qui quittèrent le jeu, et nous nous séparâmes.

Je me suis levée ce matin avant le jour et je finis cette lettre à Burgos où je viens d'arriver. Ainsi, ma chère cousine, je ne vous en manderai rien aujourd'hui; mais je profiterai de la première occasion pour vous donner de mes nouvelles.

A Burgos, le 27 février 1679.

QUATRIÈME LETTRE.

Nous eûmes lieu de nous apercevoir, en arrivant à Burgòs, que cette ville est plus froide que toutes celles par où nous avions passé; l'on dit aussi que l'on n'y ressent jamais ces grandes et excessives chaleurs qui tuent dans les autres endroits de l'Espagne. La ville est sur la pente de la montagne et s'étend dans la plaine, jusqu'au bord de la rivière qui mouille le pied des murailles. Les rues sont fort étroites et inégales; le château, qui n'est pas grand, mais assez fort, se voit sur le haut de la montagne; un peu plus bas est l'arc de triomphe de Fernando Gonzalès, que les curieux trouvent extrêmement beau. Cette ville a été la première reconquise sur les Maures, et les Rois d'Espagne y ont demeuré long-temps; c'est la capitale de la Vieille-Castille. Elle tient le premier rang dans les deux États des deux Castilles, bien que Tolède le lui dispute. On y voit de beaux bâtiments, et le palais des Velasco est un des plus magnifiques[1]. L'on trouve, dans tous les carrefours et dans les places publiques, des fontaines jaillissantes, avec des statues dont quelques-unes sont bien faites; mais ce qui est le plus beau, c'est

[1] Les Velasco, ducs de Frias.

l'église cathédrale; elle est tellement grande et vaste, que l'on y chante la messe en cinq chapelles différentes sans s'interrompre les uns les autres; l'architecture en est si délicate et d'un travail si exquis, qu'elle peut passer entre les bâtiments gothiques pour un chef-d'œuvre de l'art; cela est d'autant plus remarquable que l'on bâtit assez mal en Espagne : en quelques endroits c'est par pauvreté, et en quelques autres, manque de pierre et de chaux. On m'a dit qu'à Madrid même on y voyait des maisons de terre, et que les plus belles sont faites de briques liées avec de la terre au lieu de chaux. Pour passer de la ville au faubourg de Béga, on traverse trois ponts de pierre; la porte qui répond à celui de Santa-Maria est fort élevée, avec l'image de la Vierge au-dessus; ce faubourg contient la plus grande partie des couvents et des hôpitaux : on y en voit un fort grand fondé par Philippe II, pour recevoir les pèlerins qui vont à Saint-Jacques, et les garder un jour; l'abbaye de Mille-Flores, dont le bâtiment est très-magnifique, n'en est pas très-éloignée. On voit encore dans ce faubourg plusieurs jardins qui sont arrosés de fontaines et de ruisseaux d'eaux vives; la rivière leur sert de canal, et l'on trouve, dans un grand parc entouré de murailles, des promenoirs en tous temps.

Je voulus voir le saint crucifix qui est au couvent des Augustins; il est placé dans une chapelle du cloître assez grande et si sombre, qu'on ne l'aperçoit qu'à la lueur des lampes, qui sont sans cesse allumées; il y en a plus de cent; les unes sont d'or et les autres d'argent, d'une grosseur si extraordinaire, qu'elles couvrent toute la voûte de cette chapelle; il y a soixante chandeliers d'argent plus hauts que les plus grands hommes, et si lourds, qu'on ne les peut remuer à moins de se mettre deux ou trois ensemble. Ils sont rangés à terre des deux côtés de l'autel; ceux qui sont dessus sont d'or massif. L'on voit, entre deux, des croix de même garnies de pierreries, et des couronnes qui sont suspendues sur l'autel, ornées de diamants et de perles d'une beauté parfaite. La chapelle est tapissée d'un drap d'or fort épais; elle est si chargée de raretés et de vœux, qu'il s'en faut bien qu'il n'y ait assez de place pour les mettre tous; de sorte que l'on en garde une partie dans le trésor.

Le saint crucifix est élevé sur l'autel, à peu près de grandeur naturelle; il est couvert de trois rideaux les uns sur les autres, tous brodés de perles et de pierreries: quand on les ouvre, ce que l'on ne fait qu'après de très-grandes cérémonies, et pour des personnes distinguées, l'on sonne plusieurs cloches; tout le monde est prosterné à genoux, et il faut demeurer d'accord que ce lieu et cette vue inspirent un très-grand respect. Le crucifix est de sculpture et ne peut être mieux fait, sa carnation est très-naturelle; il est couvert, depuis l'estomac jusqu'aux pieds, d'une toile fine fort plissée, qui fait comme une espèce de jupe; ce qui ne lui convient guère, du moins à mon sens.

On tient que c'est Nicodème qui l'a fait; mais ceux qui aiment toujours le merveilleux prétendent qu'il a été apporté du ciel miraculeusement. On m'a conté que de certains religieux de cette ville le volèrent autrefois et l'emportèrent, et qu'il fut retrouvé le lendemain dans sa chapelle ordinaire; qu'alors ces bons moines le remportèrent à force ouverte une autre fois, et qu'il revint encore. Quoi qu'il en soit, il fait plusieurs miracles, et c'est une des plus grandes dévotions de l'Espagne; les religieux disent qu'il sue tous les vendredis [1].

J'allais rentrer dans l'hôtellerie, lorsque nous vîmes le valet de chambre du chevalier de Cardone qui accourait de toute sa force après nous. Il était botté, et trois religieux le suivaient fort échauffés.

[1] Le besoin du vrai, si repoussant qu'il soit, dit un de nos contemporains, est un trait caractéristique de l'art espagnol : l'idéal et la convention ne sont pas dans le génie de ce peuple, dénué complétement d'esthétique. La sculpture n'est pas suffisante pour lui; il lui faut des statues coloriées, des madones fardées et revêtues d'habits véritables. Jamais, à son gré, l'illusion matérielle n'a été portée assez loin, et cet amour effréné du réalisme lui a fait souvent franchir le pas qui sépare la statuaire du cabinet de figures de cire de Curtius.
Le célèbre Christ si révéré de Burgos, que l'on ne peut faire voir qu'après avoir allumé des cierges, est un exemple frappant de ce goût bizarre. Ce n'est plus de la pierre, du bois enluminé : c'est une peau humaine (on le dit, du moins), rembourrée avec beaucoup d'art et de soin. Les cheveux sont de véritables cheveux; les yeux ont des cils, la couronne d'épines est en vraies ronces, aucun détail n'est oublié. Rien n'est plus lugubre et plus inquiétant à voir que ce long fantôme crucifié, avec son faux air de vie et son immobilité morte; la peau, d'un ton rance et bistré, est rayée de longs filets de sang si bien imités, qu'on croirait qu'il ruisselle effectivement. Il ne faut pas un grand effort d'imagination pour ajouter foi à la légende, qui raconte que ce crucifix miraculeux saigne tous les vendredis. Au lieu d'une draperie enroulée et volante, le Christ de Burgos porte un jupon blanc brodé d'or qui lui descend de la ceinture aux genoux; cet ajustement produit un effet singulier, surtout pour nous qui ne sommes pas habitués à voir Notre-Seigneur ainsi costumé. Au bas de la croix sont enchâssés trois œufs d'autruche, ornement symbolique dont le sens m'échappe, à moins que ce ne soit une allusion à la Trinité, principe et germe de tout. (Théophile Gautier, *Voyage en Espagne*, p. 50.)

Je fis dans ce moment un jugement fort téméraire, car je ne pus m'empêcher de croire que c'est qu'il avait volé quelque chose dans cette riche chapelle et qu'on l'avait pris sur le fait. Mais son maître, qui était avec moi, lui ayant demandé ce qui le faisait aller si vite, il lui dit qu'il était entré avec ses éperons dans la chapelle du Saint-Crucifix, qu'il y était demeuré le dernier, et que les religieux l'avaient enfermé pour lui faire donner de l'argent; qu'il s'était échappé de leurs mains après en avoir reçu quelques gourmades, et qu'ils le poursuivaient encore, comme nous venions de voir. C'est la vérité que l'on n'y porte point d'éperons, ou que tout au moins il en coûte quelque chose. La ville n'est pas extrêmement grande; elle est ornée d'une belle place, où il y a de hauts piliers qui soutiennent de fort jolies maisons; l'on y fait souvent des courses de taureaux, car le peuple aime beaucoup cette sorte de divertissement. Il y a aussi un pont très-bien bâti, fort long et fort large. La rivière qui passe dessous arrose une prairie, au bord de laquelle on voit des allées d'arbres qui forment un bocage très-riant; le commerce autrefois y était considérable, mais il est bien diminué. On y parle mieux castillan qu'en aucun autre lieu de l'Espagne, et les hommes y sont naturellement soldats; de manière que lorsque le Roi en a besoin, il en trouve là de plus braves et en plus grand nombre qu'ailleurs.

Après le souper, on se mit au jeu à l'ordinaire; Don Sanche Sarmiento dit qu'il cédait sa place à qui la voudrait, et qu'il lui semblait que c'était à lui de m'entretenir ce soir-là. Je savais qu'il y avait très-peu qu'il était de retour de Sicile. Je lui demandai s'il avait été un de ceux qui avaient aidé à châtier ce peuple rebelle. Hélas! Madame, dit-il, le marquis de Las-Navas [1] suffisait pour les punir au delà de leur crime. J'étais à Naples dans le dessein de passer en Flandre, où j'ai des parents du même nom que moi. Le marquis de Los-Velez, Vice-Roi de Naples, m'engagea à quitter mon premier projet et à m'embarquer avec le marquis de Las-Navas, que le Roi envoyait Vice-Roi en Sicile. Nous fîmes voile sur deux bâtiments de Majorque, et nous nous rendîmes à Messine, le 6 de janvier. Comme il n'avait point fait avertir de sa venue et que personne n'y était préparé, on n'eut pas le temps de le recevoir avec les honneurs que l'on rend d'ordinaire aux Vice-Rois; mais, en vérité, ses intentions étaient si contraires à ces pauvres gens, que son entrée n'aurait été accompagnée que de larmes.

Il fut à peine arrivé qu'il fit mettre en prison deux jurats, nommés Vicenzo Zuffo et Don Diego; il établit deux Espagnols à leur place; il cassa rigoureusement l'Académie des Chevaliers de l'Étoile et commença d'exécuter les ordres que Don Vicenzo

[1] Les historiens, entre autres Dunlope, attribuent la répression des troubles de Sicile, les uns au comte de San Estevan, les autres au marquis de Las-Navas. Il est facile de les mettre d'accord; ces deux titres appartenaient au même personnage, Don Francisco de Benavides de la Cueva Davila y Torella, neuvième comte de San Estevan del Puerto, marquis de Solera et de Las-Navas, comte de Concentaina et de Risco, capitaine général de Sardaigne, puis de Sicile et de Naples. Revenu en Espagne en 1696, il fut nommé conseiller d'État, cavallerizo mayor, puis mayordomo mayor; la même année, il se couvrit devant le Roi.

Gonzaga avait reçus depuis longtemps et qu'il avait éludés par bonté ou par faiblesse. Il fit publier aussitôt un règlement par lequel le Roi changeait toute la forme du gouvernement de Messine, ôtait à la ville les revenus dont elle jouissait, lui défendait de porter à l'avenir le titre glorieux d'*Exemplaire*, cassait le Sénat et mettait à la place des six jurats, six élus, dont deux seraient Espagnols; que ces élus ne pourraient plus à l'avenir aller en public avec leurs habits de magistrats; que les tambours et les trompettes ne marcheraient plus devant eux; qu'ils n'iraient pas ensemble dans un même carrosse à quatre chevaux, comme ils avaient accoutumé; qu'au lieu du *Stratico*, qui demeurait aboli, le Roi nommerait un gouverneur espagnol qu'il pourrait révoquer à sa volonté; qu'ils ne seraient plus assis que sur un banc; qu'on ne les encenserait plus dans les églises; qu'ils seraient habillés à l'espagnole; qu'ils ne pourraient s'assembler pour les affaires publiques que dans une chambre du palais du vice-roi, et qu'ils n'auraient plus de juridiction sur le plat pays [1].

[1] Le Roi d'Espagne n'était représenté à Messine que par le *Stradico*, dont la nomination lui était réservée. Toutes les affaires passaient par les mains des sénateurs élus par la noblesse et le peuple et les jurats qui représentaient les vingt métiers de la bourgeoisie. La ville avait des priviléges considérables qu'elle prétendait remonter au temps d'Arcadius; entre autres, elle déterminait ses impôts et exerçait une juridiction sans appel sur tout le territoire environnant. Restée fidèle au Roi d'Espagne lors de l'insurrection de 1647, elle avait obtenu à cette époque le monopole des soies de Sicile. Ce monopole souleva de telles plaintes, que le Roi Charles II se vit dans la nécessité de l'abolir. La ville de Messine, à son tour, envoya des députés porter ses plaintes à Madrid et eut l'étrange idée de demander pour eux le traitement accordé aux ambassadeurs des têtes couronnées. Charles II repoussa cette préten-

Chacun demeura consterné, comme si les carreaux de la foudre étaient tombés du ciel pour les écraser. Mais leur douleur augmenta bien le cinquième du même mois, lorsque le mestre de camp général fit enlever tous les priviléges en original, et jusqu'aux copies qu'il trouva dans le palais de la ville, et le bourreau brûla publiquement ces papiers. L'on arrêta ensuite le prince de Condro : et la désolation de sa famille, mais particulièrement de la princesse Éléonore, sa sœur, avait quelque chose de si touchant, que l'on ne pouvait se défendre de mêler ses larmes aux siennes. Cette jeune personne n'a pas encore dix-huit ans; sa beauté et son esprit sont de ces miracles qui surprennent toujours. Don Sanche s'attendrit au souvenir de la princesse, et je connus aisément que la pitié n'avait pas toute seule part à ce qu'il m'en disait. Il continua, cependant, à me parler de Messine.

Le Vice-Roi, ajouta-t-il, fit publier une ordonnance par laquelle il était enjoint à tous les bourgeois, sous peine de dix ans de prison et de cinq mille écus d'amende, d'apporter leurs armes dans son palais. Il fit en même temps ôter la grosse cloche de l'hôtel de ville, qui servait à faire prendre les armes aux habitants, et, devant lui, on la brisa en

---

tion et, de plus, il maintint sa décision première. Il en était résulté à Messine un sentiment d'irritation qu'étaient venus aggraver des démêlés avec le Stradico, Don Luis de Hojo. Ce personnage, usant de la politique habituelle aux Espagnols, mit la faction populaire des Merli aux prises avec la faction aristocratique des Malvezzi. Les Malvezzi, poussés à bout, appelèrent à leur aide la flotte française, qui, après avoir occupé quelque temps la ville, dut s'éloigner et abandonna ainsi Messine à la vengeance du Roi d'Espagne.

mille morceaux. Il déclara peu après qu'il allait faire bâtir une citadelle qui contiendrait le quartier appelé *Terra-Nova* jusqu'à la mer. On fondit par son ordre toutes les cloches de l'église cathédrale, pour faire la statue du Roi d'Espagne, et les enfants du prince de Condro furent arrêtés. Mais leur crainte devint extrême, lorsque le Vice-Roi fit couper la tête à Don Vicenzo Zuffo, l'un des jurats. Cet exemple de sévérité alarma tout le monde, et ce qui parut plus terrible, c'est que, dans les derniers troubles, quelques familles de Messinois s'étant retirées en plusieurs endroits, le marquis de Liche, ambassadeur d'Espagne à Rome, leur conseilla de bonne foi de retourner en leur pays; il les assura que tout y était calme et que l'amnistie générale y devait être déjà publiée; et pour leur faciliter le passage, il leur donna des passe-ports. Ces pauvres gens, qui n'avaient pas pris les armes et qui n'étaient pas du nombre des révoltés, ne se reprochaient rien et ne croyaient pas aussi qu'on dût les traiter en coupables; ils se rendirent à Messine. Mais ils avaient à peine pris terre au port, que la joie de se revoir dans leur pays natal et au milieu de leurs amis, fut étrangement troublée lorsqu'on les arrêta; et, sans aucun quartier, dès le lendemain, le Vice-Roi les fit tous pendre, n'ayant point d'égards ni pour l'âge ni pour le sexe [1]. Il envoya

---

[1] Madame d'Aulnoy exagère en cette circonstance les rigueurs de l'Espagne. L'amnistie accordée par le Roi fut respectée; mais, trois mois après l'entrée des troupes espagnoles à Messine, un complot ourdi dans le but de livrer la ville aux Turcs amena une répression infiniment plus violente que la première. Vingt habitants furent condamnés à mort, soixante aux galères, quarante au bannissement. Les biens des fugitifs

renverser la grosse tour de Palerme; et les principaux bourgeois de cette ville ayant voulu s'opposer aux impôts excessifs que le marquis de Las-Navas venait de mettre sur le blé, les soies et les autres marchandises, il les envoya aux galères, sans se laisser toucher par les larmes de leurs femmes et par le besoin que tant de malheureux enfants pouvaient avoir de leurs pères [1].

Je vous avoue, continua Don Sanche, que mon caractère est si opposé aux rigueurs qu'on exerce chaque jour sur ce misérable peuple, qu'il me fut impossible de rester plus longtemps à Messine. Le marquis de Las-Navas voulait envoyer à Madrid pour informer le Roi de ce qu'il avait fait. Je le priai de me charger de cette commission; et, en effet, il me donna ses dépêches que j'ai rendues à Sa Majesté,

---

furent confisqués et les priviléges de la ville modifiés, ainsi que le dit madame d'Aulnoy.

[1] La situation des Vice-Rois en Espagne, il faut le dire, n'était pas facile. En Sicile, de même que dans les autres contrées soumises à la couronne d'Espagne, ils avaient à tenir compte de priviléges qui les arrêtaient à chaque pas. Les provinces, les villes, les corporations, le clergé, la noblesse, avaient les leurs et les défendaient opiniâtrément; il était impossible de leur faire entendre raison. Pour se maintenir pendant quelques années, les Vice-Rois étaient obligés de s'appuyer tour à tour sur Palerme contre Messine, ou sur Messine contre Palerme; de gagner à tout prix les magistrats influents et d'ajourner la solution des questions les plus délicates. Les fonctionnaires révocables leur étaient dévoués; ceux qui étaient inamovibles leur faisaient subir une opposition tracassière, attribuant toutes les mesures utiles à leur influence personnelle, tandis qu'ils imputaient les décisions impopulaires au mépris que l'on faisait de leurs conseils. Les deux partis en appelaient fréquemment au *Conseil d'Italie*, et la lutte qui avait commencé en Sicile se continuait à Madrid. Toujours acharnés contre leur ennemi, les Siciliens appuyaient leurs plaintes par des présents et des menaces, et ils finissaient ordinairement par obtenir une enquête dont le résultat était le rappel du Vice-Roi. (Weiss, t. I, p. 216.)

et, en même temps, je parlai pour le comte de Condro. J'ose croire que mes offices ne lui seront pas tout à fait inutiles. Je suis persuadée, lui dis-je, que ç'a été le principal motif de votre voyage. Je ne suis pas pénétrante, mais il me semble que vous prenez un tendre intérêt dans les affaires de cette famille. Il est vrai, Madame, continua-t-il, que l'injustice que l'on fait à ce malheureux prince me touche sensiblement. S'il n'était pas frère de la princesse Éléonore, lui dis-je, peut-être que vous seriez plus tranquille sur ce qui le regarde; mais n'en parlons plus. Je remarque que ce souvenir vous afflige; veuillez plutôt m'apprendre quelque chose de ce qu'on trouve de plus remarquable dans votre pays. Ah! Madame, s'écria-t-il, vous me voulez insulter, car je ne doute pas que vous sachiez que la Galice est si pauvre et d'une beauté si médiocre, qu'il n'y a pas lieu de la vanter; ce n'est pas que la ville de Saint-Jacques de Compostelle ne soit considérable; elle est capitale de la province, et il n'y en a guère, en Espagne, qui lui puisse être supérieure en grandeur ni en richesses. Son archevêché vaut soixante-dix mille écus de rente, et le chapitre en a autant. Elle est située dans une agréable plaine entourée de coteaux dont la hauteur est médiocre, et il semble que la nature ne les a mis en ce lieu que pour garantir la ville des vents mortels qui viennent des autres montagnes. Il y a une université; on y voit de beaux palais, de grandes églises, des places publiques, et un hôpital des plus considérables et des mieux servis de l'Europe. Il est composé de deux cours, d'une grandeur extraordinaire, bâties chacune de quatre côtés avec des fontaines au milieu; plusieurs chevaliers de Saint-Jacques demeurent dans cette ville; et la métropole, qui est dédiée à ce saint, conserve son corps. Elle est extrêmement belle et prodigieusement riche. On prétend que l'on entend au tombeau de saint Jacques un cliquetis, comme si c'était des armes que l'on frappât les unes contre les autres, et ce bruit ne se fait que lorsque les Espagnols doivent souffrir quelque grande perte. Sa figure est représentée sur l'autel, et les pèlerins la baisent trois fois, et lui mettent leurs chapeaux sur la tête, car cela est de la cérémonie. Ils en font encore une autre assez singulière; ils montent au-dessus de l'église qui est couverte de grandes pierres plates; en ce lieu est une croix de fer où les pèlerins attachent toujours quelques lambeaux de leurs habits [1]. Ils passent sous cette croix par un endroit si petit, qu'il faut qu'ils se glissent sur l'estomac contre le pavé, et ceux qui ne sont pas menus sont prêts à crever. Mais il y en a eu de si simples et de si superstitieux qu'ayant omis de le faire, ils sont revenus exprès de quatre ou cinq cents lieues, car on voit là des pèlerins de toutes les contrées du monde. Il y a la chapelle de France dont on a beaucoup de soin. L'on assure que les Rois de France y font du bien de temps en temps. L'église qui est sous terre est plus belle que celle d'en haut. On y trouve des tombeaux su-

---

[1] Cet usage est un vestige des mœurs arabes. Les pèlerins musulmans laissent de semblables témoignages de leur dévotion dans les lieux saints qu'ils visitent.

perbes et des épitaphes très-anciennes qui exercent la curiosité des voyageurs. Le palais archiépiscopal est grand, vaste, bien bâti, et son antiquité lui donne des beautés au lieu de lui en ôter. Un homme de ma connaissance, grand chercheur d'étymologies, assurait que la ville de Compostelle se nommait ainsi, parce que saint Jacques devait souffrir le martyre dans le lieu où il verrait paraître une étoile à Campo-Stella. Il est vrai, reprit-il, que quelques gens le prétendent ainsi, mais le zèle et la crédulité du peuple vont bien plus loin, et l'on montre à Padion, proche de Compostelle, une pierre creuse, et l'on prétend que c'était le petit bateau dans lequel saint Jacques arriva après avoir passé dedans tant de mers, où, sans un continuel miracle, la pierre aurait bien dû aller au fond. Vous n'avez pas l'air d'y ajouter foi, lui dis-je. Il se prit à sourire, et, continuant son discours : Je ne puis m'empêcher, dit-il, de vous faire la description de nos milices ; on les assemble tous les ans au mois d'octobre, et tous les jeunes hommes, depuis l'âge de quinze ans, sont obligés de se montrer ; car s'il arrivait qu'un père ou qu'un parent celât son fils ou son cousin, et que ceux qui les assemblent le sussent, ils feraient condamner celui qui cache son enfant à demeurer toute sa vie en prison. L'on en a vu quelquefois des exemples ; mais, à la vérité, ils ne sont pas fréquents, et les paysans ont une si grande joie de se voir armer et de se voir traiter de *cavalleros* et de *nobles soldados del Rey*, qu'ils ne voudraient pour rien perdre cette occasion. Il est rare que dans tout un régiment il se trouve deux soldats qui aient plus d'une chemise; leurs habits sont d'une étoffe si épaisse, qu'il semble qu'elle soit faite avec de la ficelle. Leurs souliers sont de corde; les jambes nues; chacun porte quelques plumes de coq ou de paon à son petit chapeau, qui est retroussé par derrière avec une fraise de guenilles au cou; leur épée, bien souvent sans fourreau, ne tient qu'à une corde; le reste de leurs armes n'est guère en meilleur ordre, et, dans cet équipage, ils vont gravement à Tuy où est le rendez-vous général, parce que c'est une place frontière au Portugal [1]. Il y en a trois de cette manière : celle-là, Ciudad-Rodrigo et Badajoz; mais Tuy est la mieux gardée, parce qu'elle est vis-à-vis de Valencia, place considérable du royaume de Portugal et que l'on a fortifiée avec soin. Ces deux villes sont si proches, qu'elles peuvent se battre à coups de canon; et, si les Portugais n'ont rien oublié pour mettre hors d'insulte Valencia, les Espagnols prétendent que Tuy n'est pas moins en état de se défendre. Elle est bâtie sur une montagne, dont la rivière de Minho mouille le pied, avec de bons remparts, de fortes murailles et beaucoup d'artillerie. C'est là, dis-je, que nos Gallegos demandent à combattre les ennemis du Roi et qu'ils assurent, d'un air un peu fanfaron, qu'ils ne les craignent pas. Il en est peut-être quelque chose; car, dans la suite des temps, on en forme d'aussi bonnes troupes qu'il s'en puisse trouver dans toute l'Espagne. Cependant c'est

---

[1] Ainsi que nous l'avons dit, les Basques ne laissaient pas le Roi amener des troupes étrangères dans leur pays et se chargeaient de le défendre eux-mêmes.

un mal pour le royaume que l'on en prenne ainsi toute la jeunesse. Les terres, pour la plupart, y demeurent incultes, et, du côté de Saint-Jacques-de-Compostelle, il semble que ce soit un désert; de celui de l'Océan, le pays étant meilleur et plus peuplé, il y a beaucoup de choses utiles à la vie et même agréables, comme des grenades, des oranges, des citrons, de plusieurs sortes de fruits, d'excellent poisson, et particulièrement des sardines plus délicates que celles qui viennent de Royan à Bordeaux.

Une des choses, à mon gré, les plus singulières de ce royaume, c'est la ville d'Orense, dont une partie jouit toujours des douceurs du printemps et des fruits de l'automne à cause d'une quantité de sources d'eau bouillante qui échauffent l'air par leurs exhalaisons, pendant que l'autre partie de cette même ville éprouve la rigueur des plus longs hivers, parce qu'elle est au pied d'une montagne très-froide; ainsi, l'on y trouve, dans l'espace d'une seule saison, toutes celles qui composent le cours de l'année.

Vous ne me parlez point, interrompis-je, de cette merveilleuse fontaine appelée Louzana. Hé! qui vous en a parlé à vous-même, Madame, dit-il d'un air enjoué? Des personnes qui l'ont vue, ajoutai-je. On vous a donc appris, continua-t-il, que dans la haute montagne de Cebret, on trouve cette fontaine à la source du fleuve Lours, laquelle a son flux et son reflux comme la mer, bien qu'elle en soit éloignée de vingt lieues; que plus les chaleurs sont grandes, plus elle jette d'eau, et que cette eau est quelquefois froide comme de la glace, et quelquefois aussi chaude que si elle bouillait, sans que l'on en puisse alléguer aucune cause naturelle. Vous m'en apprenez des particularités que j'ignorais, lui dis-je, et c'est me faire un grand plaisir, car j'ai assez de curiosité pour les choses qui ne sont pas communes. Je voudrais, reprit-il, qu'il fût moins tard, je vous rendrais compte de plusieurs raretés qui sont en Espagne et que vous seriez bien aise, peut-être, de savoir. Je vous en tiens quitte pour ce soir, lui dis-je, mais j'espère qu'avant que nous soyons arrivés à Madrid nous trouverons le temps d'en parler. Il me le promit fort honnêtement, et le jour étant fini, nous nous dîmes adieu.

Quand je voulus me coucher, l'on me conduisit dans une galerie pleine de lits comme on les voit dans les hôpitaux. Je dis que cela était ridicule et que, n'en ayant besoin que de quatre, il n'était pas nécessaire de m'en donner trente et de me mettre dans une halle où j'allais geler. On me répondit que c'était le lieu le plus propre de la maison, et il fallut en passer par là. Je fis dresser mon lit, mais j'étais à peine couchée que l'on frappa doucement à ma porte. Mes femmes l'ouvrirent et demeurèrent bien surprises de voir le maître et la maîtresse suivis d'une douzaine de misérables si déshabillés qu'ils étaient presque nus. J'ouvris mon rideau au bruit qu'ils faisaient, et j'ouvris encore plus les yeux à la vue de cette noble compagnie. La maîtresse s'approcha de moi et me dit que c'étaient d'honnêtes voyageurs qui allaient coucher dans les lits qui étaient de reste. Comment! coucher ici! lui dis-je; je crois que vous perdez l'esprit? Je le perdrais, en effet, dit-elle, si je laissais tant de lits inutiles. Il faut, Madame, que vous les payiez ou que ces Messieurs y demeurent. Je ne puis vous exprimer ma colère; je fus tentée d'envoyer quérir Don Fernand et mes chevaliers, qui les auraient plutôt fait passer par les fenêtres que par la porte. Mais, au fond, cela aurait été un beau sujet de vacarme pour une douzaine de méchants grabats. Je m'apaisai donc et je tombai d'accord de payer vingt sols pour chacun de ces lits. Ils ne sont guère plus chers à Fontainebleau quand la cour y est. Ces illustres Espagnols, ou, pour parler plus juste, ces marauds, qui avaient eu l'insolence d'entrer dans cette galerie, se retirèrent aussitôt, après m'avoir fait beaucoup de révérences.

Le lendemain, je pensai pâmer de rire, bien que ce fût à mes dépens, quand je connus l'habileté de mes hôtes pour me ruiner; car vous saurez, en premier lieu, que ces prétendus voyageurs étaient leurs voisins et qu'ils sont accoutumés à ce manége lorsqu'ils voient des étrangers; mais quand je voulus compter les lits pour les payer, on les roula tous au milieu de la galerie, et l'on commença de tirer des ais qui étaient le long de la muraille et qui cachaient de certains trous pleins de paille qui auraient pu servir à coucher des chiens; je les payai pourtant aussi chacun vingt sols. Quatre pistoles terminèrent notre petite dispute. Je n'eus pas la force de m'en fâcher, tant je trouvai la chose singulière. Je ne vous raconterais pas ce petit incident, sans qu'il pût servir à vous faire connaître le caractère de cette nation.

Nous ne partîmes de Burgos que bien tard. Le temps était si mauvais, et il était tombé pendant la nuit une si grande abondance de pluie, que j'attendis le plus longtemps que je pus, espérant toujours qu'elle cesserait. Enfin je me déterminai, et je montai dans ma litière. Je n'étais pas encore éloignée de la ville, que je me repentais déjà d'en être partie. On ne voyait aucun chemin, particulièrement celui d'une grande montagne fort haute et fort roide, par laquelle il fallait de nécessité passer. Un de nos muletiers qui allait devant prit trop sur le penchant de cette montagne, et il tomba avec son mulet dans une espèce de précipice où il se cassa la tête et se démit le bras. Comme c'était le fameux Philippe, de Saint-Sébastien, lequel est plus intelligent que tous les autres, et qui conduit d'ordinaire les personnes de qualité à Madrid, il s'attira une compassion générale, et nous demeurâmes très-longtemps à le tirer du très-haut endroit où il était tombé ; Don Fernand de Tolède eut la charité de lui donner sa litière. La nuit vint promptement, et nous nous en serions consolés si nous eussions pu revenir à Burgos, mais il était impossible ; les chemins n'étaient pas moins couverts de neige de ce côté-là que de tous les autres. Ainsi nous nous arrêtâmes à Madrigalesco, qui n'a pas douze maisons, et je puis dire que nous y fûmes assiégés sans avoir des ennemis. Cette aventure ne laissa pas de nous donner quelque inquiétude, bien que nous eussions apporté des provisions pour plusieurs jours.

La plus considérable maison du village était à

demi découverte, et il y avait peu que j'y étais logée lorsqu'un vénérable vieillard me demanda de la part d'une dame qui venait d'arriver. Il me fit un compliment et me dit qu'elle avait appris que c'était le seul lieu où l'on pouvait être moins incommodé; qu'ainsi elle me priait de lui permettre qu'elle s'y retirât avec moi. Il ajouta que c'était une personne de qualité d'Andalousie; qu'elle était veuve depuis peu, et qu'il avait l'honneur d'être à elle.

Un de nos chevaliers nommé Don Estève de Carvajal, qui est du même pays, ne manqua pas de demander son nom au vieux gentilhomme, qui lui dit que c'était la marquise de Los-Rios[1]. A ce nom, il se tourna vers moi et m'en parla comme d'une personne dont le mérite et la naissance étaient également distingués; j'acceptai avec plaisir cette bonne compagnie. Elle vint aussitôt dans sa litière, dont elle n'était pas descendue, parce qu'elle n'avait trouvé aucune maison où l'on pût la recevoir.

Son habit me parut fort singulier. Il fallait être aussi belle qu'elle était pour y conserver des charmes. Elle avait une coiffe d'une étoffe noire, la jupe de même, et par-dessus une manière de surplis de toile de batiste qui lui descendait plus bas que les genoux; les manches étaient longues, serrées au bras, et tombaient jusque sur les mains. Ce surplis s'attachait sur le corps, et comme il n'était pas plissé par devant,

---

[1] La marquise de Los-Rios est l'héroïne de l'histoire romanesque qu'on lira plus loin. Son nom est donc imaginaire; mais les détails que madame d'Aulnoy mentionne à l'occasion de sa rencontre avec cette dame sont parfaitement réels.

il semblait que c'était une bavette. Elle portait sur sa tête un morceau de mousseline qui lui entourait le visage, et l'on aurait cru que c'était une guimpe de religieuse, sauf qu'il était trop chiffonné et trop clair. Il couvrait sa gorge et descendait plus bas que le bord du corps de jupe.

Il ne lui paraissait aucuns cheveux, ils étaient tous cachés sous cette mousseline. Elle portait une grande mante de taffetas noir, qui la couvrait jusqu'aux pieds; et, par-dessus cette mante, elle avait un chapeau dont les bords étaient fort larges, attaché sous le menton avec des rubans de soie. On me dit qu'elles ne portent ce chapeau que lorsqu'elles sont en voyage.

Tel est l'habit des veuves et des dueñas, habit qui n'est pas supportable à mes yeux; et si l'on rencontrait la nuit une femme vêtue ainsi, je suis persuadée que l'on pourrait en avoir peur, sans être trop poltron. Cependant il faut avouer que cette jeune dame était d'une beauté admirable avec ce vilain deuil. On ne le quitte jamais, à moins que l'on ne se remarie, et par toutes les choses qu'il faut que les veuves observent en ce pays-ci, on les contraint de pleurer la mort d'un époux qu'elles n'ont quelquefois guère aimé vivant[1].

J'ai appris qu'elles passent la première année de leur deuil dans une chambre toute tendue de noir,

---

[1] Le duc de Saint-Simon, lorsqu'il alla visiter la Reine douairière d'Espagne, fut frappé de l'aspect lugubre du deuil que portait la duchesse de Liñares. « Son habit m'effraya, dit-il; il était tout fait de veuve et ressemblait en tout à celui d'une religieuse. » (*Mémoires*, t. XVIII, p. 258.)

où l'on ne voit pas un seul rayon de soleil ; elles sont assises les jambes en croix sur un petit matelas de toile de Hollande. Quand cette année est finie, elles se retirent dans une chambre tendue de gris. Elles ne peuvent avoir ni tableaux, ni miroirs, ni cabinets, ni belles tables, ni aucuns meubles d'argent. Elles n'osent porter de pierreries, et moins encore de couleurs. Quelque modestes qu'elles soient, il faut qu'elles vivent si retirées, qu'il semble que leur âme est déjà dans l'autre monde. Cette grande contrainte est cause que plusieurs dames qui sont très-riches, et particulièrement en beaux meubles, se remarient pour avoir le plaisir de s'en servir.

Après les premiers compliments, je m'informai de la belle veuve où elle allait ; elle me dit qu'il y avait longtemps qu'elle n'avait vu une amie de sa mère qui était religieuse à Las Huelgas de Burgos, qui est une abbaye célèbre où il y a cent cinquante religieuses, la plupart filles de princes, de ducs et de titulados [1]. Elle ajouta que l'abbesse est dame de quatorze grosses villes, et de plus de cinquante autres places où elle établit des gouvernements et des magistrats ; qu'elle est supérieure de dix-sept couvents, confère plusieurs bénéfices et dispose de douze commanderies, en faveur de qui il lui plaît. Elle me dit qu'elle avait dessein de passer quelque temps dans un monastère. Pourrez-vous, Madame, lui dis-je, vous accoutumer

---

[1] Ce monastère, le plus noble et le plus riche de l'Espagne, fut dévasté par l'armée française en 1811. Les tombeaux furent ouverts pour y chercher des trésors. Les squelettes et les linceuls jonchaient le pavé de l'église au moment du passage de Napoléon. (*Mémoires du comte Miot de Melito*, t. III, p. 22.)

à une vie aussi retirée que l'est celle d'un couvent? Il ne me sera pas difficile, dit-elle, je crois même que je voyais moins de monde chez moi que je n'en verrai là; et en effet, excepté la clôture, ces religieuses ont beaucoup de liberté. Ce sont d'ordinaire les plus belles filles d'une maison qu'on y met. Ces pauvres enfants y entrent si jeunes, qu'elles ne connaissent, ni ce qu'on leur fait quitter, ni ce qu'on leur fait prendre dès l'âge de six à sept ans, et même plus tôt. On leur fait faire des vœux : bien souvent c'est le père ou la mère, ou quelque proche parente, qui les prononcent pour elles, pendant que la petite victime s'amuse avec des confitures et se laisse habiller comme on veut. Le marché tient néanmoins, il ne faut pas songer à s'en dédire : mais à cela près, elles ont tout ce qu'elles peuvent souhaiter dans leur condition. Il y en a, à Madrid, que l'on appelle les Dames de Saint-Jacques. Ce sont proprement des chanoinesses qui font leurs preuves comme les chevaliers de cet ordre. Elles portent, comme eux, une épée faite en forme de croix, brodée de soie cramoisie; elles en ont sur leurs scapulaires et sur leurs grands manteaux qui sont blancs. La maison de ces Dames est magnifique; toutes celles qui les vont voir y entrent sans difficulté. Leurs appartements sont très-beaux; elles ne sont pas moins bien meublées qu'elles le seraient dans le monde. Elles jouissent de très-grosses pensions, et chacune d'elles a trois ou quatre femmes pour la servir. Il est vrai qu'elles ne sortent jamais, et ne voient leurs plus proches parents qu'au travers de plusieurs grilles. Cela ne plairait peut-être pas dans un autre pays, mais en Espagne on y est accoutumé[1].

Il y a même des couvents où les religieuses voient plus de cavaliers que les femmes qui sont dans le monde. Elles ne sont aussi guère moins galantes. L'on ne peut avoir plus d'esprit et de délicatesse qu'elles en ont : et comme je vous l'ai dit, Madame, la beauté y règne plus qu'ailleurs ; mais il faut convenir qu'il s'en trouve parmi elles qui ressentent bien vivement d'avoir été sacrifiées de si bonne heure. Elles regardent les plaisirs qu'elles n'ont jamais goûtés comme les seuls qui peuvent faire le bonheur de la vie. Elles passent la leur dans un état digne de pitié, disant toujours qu'elles ne sont là que par force, et que les vœux qu'on leur fait prononcer à cinq ou six ans, doivent être regardés comme des jeux d'enfants.

Madame, lui dis-je, il aurait été grand dommage que vos proches vous eussent destinée à vivre ainsi; et l'on peut juger, en vous voyant, que toutes les belles Espagnoles ne sont pas religieuses. Hélas! Madame, dit-elle, en poussant un soupir, je ne sais ce que je voudrais être. Il semble que j'aie l'esprit fort mal tourné de n'être pas contente de ma fortune; mais on a quelquefois des peines que toute la raison ne saurait surmonter. En achevant ces mots, elle attacha ses yeux contre terre, et elle s'abandonna tout à coup à une si profonde rêverie, qu'il me fut aisé de

---

[1] Les Dames de Saint-Jacques se consolaient fort de leur claustration, si nous en jugeons par une bonne fortune scandaleuse que s'attribue le conseiller Bertault lors de son séjour à Burgos.

juger qu'elle avait de grands sujets de déplaisir; quelque curiosité que j'eusse de les apprendre, il y avait si peu que nous étions ensemble, que je n'osai la prier de me donner ce témoignage de sa confiance, et, pour la tirer de la mélancolie où elle était, je la priai de me dire des nouvelles de la cour d'Espagne, puisqu'elle venait de Madrid. Elle fit effort sur elle-même pour se remettre un peu; elle nous dit que l'on avait fait de grandes illuminations et beaucoup de réjouissances à la fête de la Reine mère ; que le Roi avait envoyé un des gentilshommes de sa chambre à Tolède pour lui faire des compliments de sa part; mais que ces belles apparences n'avaient pas empêché que le marquis de Mancera, majordome de la Reine, n'eût reçu ordre de se retirer à vingt lieues de la cour, ce qui avait fort chagriné cette princesse. Elle nous apprit que la flotte qui portait des troupes en Galice avait malheureusement péri sur les côtes du Portugal; que la petite duchesse de Terra-Nova devait épouser Don Nicolo de Pignatelli, prince de Monteleon, son oncle [1]; que le marquis de Leganez avait refusé la vice-royauté de Sardaigne, parce qu'il était amoureux d'une belle personne qu'il ne pouvait se résoudre à quitter; que Don Carlos Omodeï, marquis d'Almonazid, était malade à l'extrémité, de désespoir de ce qu'on lui refusait le traitement de grand d'Espagne qu'il prétend, pour avoir épousé l'héritière de la maison et du grandat

---

[1] Madame d'Aulnoy entre par la suite dans beaucoup de détails sur ce mariage, et nous nous réservons de donner, à ce moment, les détails nécessaires sur ces familles.

de Castel-Rodrigue[1]; et que, ce qui l'affligeait le plus sensiblement, c'est que Don Aniel de Gusman, premier mari de cette dame, avait joui de cet honneur, de manière qu'il regardait les difficultés que l'on faisait comme attachées à sa personne, et que c'était un nouveau sujet de chagrin pour lui. En vérité, Madame, lui dis-je, il m'est difficile de comprendre comme un homme de cœur peut s'abattre si fortement pour des choses de cette nature; tout ce qui n'attaque ni l'homme ni la réputation ne doit point être mortel. L'on n'a pas une ambition si réglée en Espagne, reprit la belle veuve en souriant; et, comme vous voyez, Madame, en voilà une preuve.

Don Frédéric de Cardone, qui s'intéressait beaucoup pour le duc de Medina-Celi, lui en demanda des nouvelles. Le Roi, lui dit-elle, vient de le faire président du Conseil des Indes. La Reine mère a écrit au Roi, sur le bruit qui court qu'il se veut marier, qu'elle est surprise que les choses soient déjà aussi avouées qu'elles le sont, et qu'il ne lui en ait point fait part. Elle ajoute, dans sa lettre, qu'elle lui conseillait, en attendant que tout fût prêt pour cette cérémonie, d'aller faire un voyage en Catalogne et en Aragon : Don Juan d'Autriche en comprend assez la nécessité, et il presse le Roi de partir pour contenter les peuples d'Aragon, en leur promettant, par serment, selon la coutume des nouveaux Rois, de leur conserver leurs anciens priviléges. Est-ce, Ma-

[1] Les Omodeï étaient issus d'une famille de jurisconsultes italiens. A ce double point de vue, ils ne semblaient pas en Espagne dignes des honneurs de la grandesse. Néanmoins, le marquis se couvrit devant le Roi le 20 mars 1679.

dame, lui dis-je en l'interrompant, que les Aragonais ont d'autres priviléges que les Castillans? Oui, reprit-elle, ils en ont d'assez particuliers; et comme vous êtes étrangère, je crois que vous serez bien aise que je vous en informe. Voici ce que j'en ai appris.

La fille du comte Julien, nommée Cava, était une des plus belles personnes du monde. Le roi Don Rodrigue prit une passion si violente pour elle, que son amour n'ayant plus de bornes, son emportement n'en eut point aussi. Le père, qui était alors en Afrique, informé de l'outrage fait à sa fille, qui ne respirait que vengeance, traita avec les Maures, et leur fournit les moyens d'entrer dans l'Espagne (cela arriva en 1714, après la bataille donnée le jour de Saint-Martin, où Don Rodrigue perdit la vie; d'autres disent qu'il s'enfuit en Portugal, et qu'il y mourut dans une ville appelée Viscii)[1], et d'y faire, pendant le cours de plusieurs siècles, tous les désordres dont l'histoire parle amplement.

Les Aragonais furent les premiers qui secouèrent le joug de ces barbares, et ne trouvant plus parmi eux aucun prince de la race des Rois goths, ils convinrent d'en élire un, et jetèrent les yeux sur un seigneur du pays, appelé Garci Ximenès. Mais, comme ils étaient les maîtres de lui imposer des lois, et qu'il se trouvait encore trop heureux de leur commander sous quelque condition qu'ils voulussent lui obéir, ces peuples donnèrent des bornes bien étroites à son pouvoir.

---

[1] Les noms sont parfois tellement altérés dans le texte de madame d'Aulnoy, qu'ils en deviennent méconnaissables; nous les donnons alors tels quels.

Ils convinrent entre eux qu'aussitôt que le monarque dérogerait à quelques-unes des lois, il perdrait absolument son pouvoir, et qu'ils seraient en droit d'en choisir un autre, quand bien même il serait païen; et pour l'empêcher de violer leurs priviléges et les défendre contre lui au péril de la vie, ils établirent un magistrat souverain qu'ils nommèrent le Justicia, lequel devait être commis pour veiller à la conduite du Roi, des juges et du peuple; mais, la puissance d'un souverain étant propre à intimider un simple particulier, ils voulurent, pour affermir le Justicia dans ses fonctions, qu'il ne pût être condamné ni en sa personne, ni en ses biens, que par une assemblée complète des états qu'on nomme les Cortès.

Ils ajoutèrent encore que, si le Roi oppressait quelqu'un de ses sujets, les grands et les notables du royaume pourraient s'assembler pour empêcher qu'on ne lui payât rien de ses domaines, jusqu'à ce que l'innocent fût justifié, ou qu'il fût rentré dans son bien. Le Justicia devait tenir la main à toutes ces choses ; et pour faire sentir de bonne heure à Garci Ximenès le pouvoir que cet homme avait sur lui, ils l'élevèrent sur une espèce de trône et voulurent que le Roi, ayant la tête nue, se mît à genoux devant lui, pour faire serment, entre ses mains, de garder leurs priviléges. Cette cérémonie achevée, ils le reconnurent pour leur souverain, mais d'une manière aussi bizarre que peu respectueuse; car au lieu de lui promettre fidélité et obéissance, ils lui dirent : Nous qui valons autant que vous, nous vous faisons notre Roi et Seigneur, à condition que vous garderez nos priviléges et franchises, autrement nous ne vous reconnaissons point[1].

Le Roi Don Pedro, dans la suite du temps, étant parvenu à la couronne, trouva que cette coutume était indigne de la grandeur royale, et elle lui déplut à tel point que par son autorité, par ses prières et par les offres qu'il fit d'accorder plusieurs beaux priviléges au royaume, il obtint que celui-là serait aboli dans l'assemblée des états. L'on en passa le consentement général, que l'on écrivit, et qui lui fut présenté. Aussitôt qu'il eut le parchemin, il tira son poignard et se perça la main, disant qu'il était bien juste qu'une loi qui donnait aux sujets la liberté d'élire leur souverain s'effaçât avec le sang du souverain. On voit encore aujourd'hui sa statue dans la salle de la Députation de Saragosse. Il tient le poignard d'une main, le privilége de l'autre[2]. Les der-

---

[1] Tel était bien, d'après la tradition, le sens du fuero de Sobrarbe. L'existence de ce fuero ne saurait être contestée en elle-même, car on en retrouve des fragments dans divers documents; mais ces fragments, en réalité, ne disent rien de semblable; néanmoins, personne ne révoquait en doute une tradition qui s'accordait parfaitement avec les sentiments et les idées des Aragonais. Nous voyons le secrétaire d'État, Antonio Perez, lors de ses démêlés avec Philippe II, s'appuyer sur cette donnée pour soulever les passions populaires et citer fort au hasard, mais sans rencontrer de contradicteur, la formule que madame d'Aulnoy répète et que tant d'autres ont répétée après elle.

[2] Il nous faut ici relever une erreur.

De temps immémorial, les Ricoshombres possédaient des priviléges qui, selon l'expression de Don Alonzo III, les égalaient à des souverains. De là des luttes continuelles avec les Rois d'Aragon. Don Pedro II et Don Jayme-el-Conquistador, entre autres, s'efforcèrent de restreindre la puissance de leurs barons. Appuyés sur le clergé et les villes, ils l'emportèrent en diverses circonstances. Mais les barons prirent leur revanche et contraignirent le Roi Don Alonzo III à signer les deux chartes connues dans l'histoire d'Aragon sous le nom de Fueros de la Union. Ces chartes réduisaient à néant l'autorité royale, en donnant

niers Rois n'en ont pas été si religieux observateurs que les premiers.

Mais il y a une loi qui subsiste encore, et qui est fort singulière; c'est la loi de la manifestation : elle porte que, si un Aragonais a été mal jugé, en consignant cinq cents écus, il ne peut faire sa plainte devant le Justicia, lequel est obligé, après une exacte perquisition, de faire punir celui qui n'a pas jugé équitablement; et, s'il manque, l'oppressé a recours aux états du royaume, qui s'assemblent et nomment neuf personnes de leurs corps, c'est-à-dire des grands, des ecclésiastiques, de la petite noblesse, et des communautés. On en prend trois du premier corps et deux de chacun des autres : mais il est à remarquer qu'ils choisissent les plus ignorants pour juger les plus habiles de la robe, soit pour leur faire plus de honte de leur faute, ou, comme ils le disent, que la justice doit être si claire, que les paysans mêmes, et ceux qui en savent le moins, puissent la connaître sans le secours de l'éloquence. On assure aussi que les juges tremblent quand ils prononcent un arrêt, craignant que ce n'en soit un pour eux-mêmes, pour la perte de leur vie ou de leurs biens,

---

aux barons le droit de revendiquer leurs priviléges par la force des armes. Don Pedro IV, surnommé el Ceremonioso, el Cruel, et plus souvent encore el del Punyalete, renouvela la lutte et battit les barons à Epila en 1348. Il réunit ensuite les Cortès à Saragosse et déchira en leur présence les chartes de la Union avec son poignard. S'étant blessé à la main, il laissa couler son sang sur le parchemin, et prononça ces paroles restées célèbres : « Les chartes qui ont coûté tant de sang doivent être biffées avec le sang d'un Roi. Cette particularité, bien qu'elle ne soit pas mentionnée dans les Mémoires du Roi, semble avérée, elle lui valut le surnom bizarre de el del Punyalete. Don Pedro IV ne modifia, du reste, en aucune façon la constitution du royaume d'Aragon.

s'ils y commettent la moindre erreur, soit par malice ou par inapplication. Hélas! que si cette coutume était établie partout, on verrait de changements avantageux!

Cependant, ce qui n'est pas moins singulier, c'est que la justice demeure toujours souveraine, et, bien que l'on punisse rigoureusement le mauvais juge de son arrêt, il ne laisse pas de subsister dans toute sa force et d'être exécuté. S'il s'agit de la mort d'un malheureux, malgré son innocence reconnue, on le fait mourir; les juges sont exécutés à ses yeux. Voilà une faible consolation. Si le juge accusé a bien fait sa charge, celui qui s'en était plaint laisse les cinq cents écus qu'il avait consignés : mais, dût-il perdre cent mille livres de rente par l'arrêt dont il se plaint, l'arrêt, dis-je, demeure pour bon, et l'on ne condamne le juge qu'à lui payer cinq cents écus; le reste du bien de ce juge est confisqué au profit du Roi, ce qui est, à mon avis, une autre injustice ; car, enfin, l'on devrait avant toutes choses récompenser celui qui perd par un méchant arrêt.

Ces mêmes peuples ont la coutume de distinguer par le supplice le crime qu'on a commis. Par exemple, un cavalier qui en a tué un autre en duel (car il est défendu de s'y battre), on lui tranche la tête par devant, et celui qui a assassiné, on la lui tranche par derrière; c'est pour faire connaître celui qui s'est conduit en galant homme ou en traître [1].

---

[1] Ces détails ne donnent qu'une idée vague des priviléges des Aragonais. Nous ne saurions les compléter en quelques lignes et nous nous réservons d'en parler plus loin. (Appendice *B*.)

Elle ajouta qu'à parler en général des Aragonais, ils avaient un orgueil naturel qu'il était difficile de réprimer; mais aussi que, pour leur rendre justice, on devait convenir qu'il se trouvait parmi eux une élévation d'esprit, un bon goût et des sentiments si nobles, qu'ils se distinguaient avec avantage de tous les autres sujets du Roi d'Espagne; qu'ils n'avaient jamais manqué de grands hommes, depuis leur premier Roi jusqu'à Ferdinand, et qu'ils en comptaient un nombre si surprenant, qu'il paraissait y entrer beaucoup d'exagération; qu'il était vrai cependant qu'ils s'étaient rendus fort recommandables par leur valeur et par leur esprit.

Qu'au reste, leur terrain était si peu fertile, qu'excepté quelques vallées qu'on arrosait avec des canaux, dont l'eau venait de l'Èbre, le reste était si sec et si sablonneux, que l'on n'y trouvait que de la bruyère et des rochers; que la ville de Saragosse était grande, les maisons plus belles qu'à Madrid, les places publiques ornées d'arcades; que la rue Sainte, où l'on faisait le cours, était si longue et si large, qu'elle pouvait passer pour une grande et vaste place; que l'on y voyait les palais de plusieurs seigneurs; que celui de Castelmorato était un des plus agréables; que la voûte de l'église de Saint-François surprenait tout le monde, parce qu'étant d'une largeur extraordinaire, elle n'est soutenue d'aucun pilier; que la ville n'était pas forte, mais que les habitants en étaient si braves, qu'ils suffisaient pour la défendre; qu'elle n'a point de fontaine, et que c'est un de ses plus grands défauts; que l'Èbre n'y portait point de bateaux, à cause que cette rivière est remplie de rochers très-dangereux : qu'au reste, l'archevêché valait soixante mille écus de rente; que la vice-royauté n'était d'aucun revenu, et que c'était un poste fort honorable, où il ne fallait que de grands seigneurs en état de faire de la dépense pour soutenir leur rang, et pour soumettre des peuples qui étaient naturellement fiers et impérieux, point affables aux étrangers, et si peu prévenants, qu'ils aimeraient mieux rester seuls toute leur vie dans leurs maisons, que de faire les premières démarches pour s'attirer quelque connaissance nouvelle; qu'il y avait une sévère Inquisition dont le bâtiment était magnifique, et un parlement très-rigide; que cela n'empêche pas qu'il ne sorte de ce royaume des compagnies de voleurs, appelés *bandoleros*[1], qui se répandent par toute l'Espagne et qui

---

[1] L'Espagne entière était infestée de brigands organisés par bandes. Les environs de Madrid, entre autres, étaient parcourus par trois quadrilles de voleurs, qui arrêtaient souvent les courriers d'ambassade. Le désordre était tel qu'ils étaient aidés dans leur besogne par le régiment d'Aytona, qu'on fut obligé d'éloigner pour ce motif; le véritable repaire de ces brigands était la région montagneuse de la Catalogne et de l'Aragon. C'était là que se retiraient tous ceux qui avaient maille à partir avec la justice. Ils nommaient cet exil, dit l'historien Mello, *Andar al Trabajo* (aller au travail). Ils se divisaient en quadrilles ou escouades régulièrement organisés et commandés par des chefs déterminés. Ces chefs s'accoutumaient ainsi à la guerre de partisans, passaient ensuite dans les armées et y obtenaient souvent les grades les plus élevés. Leurs hommes portaient en bandouillère une courte arquebuse, point d'épée, point de chapeau, mais un bonnet dont la couleur indiquait l'escouade à laquelle ils appartenaient. Des espadrilles de corde à leurs pieds, une large cape de serge blanche sur leurs épaules, un pain et une gourde d'eau suspendus à leur ceinture complétaient leur équipement. Il y avait alors peu de Catalans qui, pour une cause ou pour une autre, n'eussent fait partie de ces escouades et n'eussent ainsi détroussé les voyageurs et les officiers du Roi. Nul n'y attachait la moindre honte; loin de là, au

font peu de quartier aux voyageurs; qu'ils enlèvent quelquefois des filles de qualité, qu'ils mettent ensuite à rançon, pour que leurs parents les rachètent; mais que, lorsqu'elles sont belles, ils les gardent, et que c'est le plus grand malheur qui puisse leur arriver, parce qu'elles passent leur vie avec les plus méchantes gens du monde, qui les retiennent dans des cavernes effroyables, ou qui les mènent à cheval avec eux; qu'ils en ont une jalousie si furieuse, qu'un de leurs capitaines, ayant été attaqué depuis peu par des soldats que l'on avait envoyés dans les montagnes pour les prendre, étant blessé à mort, et ayant avec lui sa maîtresse, qui était de la maison du marquis de Camaraza, grand d'Espagne; lorsqu'elle le vit si mal, elle ne songea qu'à profiter de ce moment pour se sauver; mais que, s'en étant aperçu, tout mourant qu'il était, il l'arrêta par les cheveux et lui plongea son poignard dans le sein, ne voulant pas, disait-il, qu'un autre possédât un bien qui lui avait été si cher : c'est ce qu'il avoua lui-même aux soldats qui le trouvèrent et qui virent ce triste spectacle.

La belle marquise de Los-Rios se tut en cet endroit, et je la remerciai autant que je devais, de la bonté qu'elle avait eue de m'apprendre des choses si curieuses, et que j'aurais peut-être ignorées toute ma vie sans elle. « Je ne pensais pas, Madame, me

---

milieu des troubles qui agitaient la province, la sympathie des populations leur était acquise. Cette sympathie se retrouve dans la littérature du temps, et les héros du théâtre de Calderon sont, pour la plupart, des chefs de brigands.

dit-elle, que vous me dussiez des remercîments, et je craignais bien plutôt d'avoir mérité des reproches pour une conversation si longue et si ennuyeuse; mais c'est un défaut dans lequel on tombe, même sans s'en apercevoir, lorsqu'on raconte quelque événement extraordinaire. »

Je ne voulus point souffrir qu'elle me quittât pour manger ailleurs, et je l'obligeai de coucher avec moi, parce qu'elle n'avait pas son lit. Un procédé si franc et si honnête l'engagea de me vouloir du bien. Elle m'en assura en des termes si tendres, que je n'en pus douter; car je dois vous dire que les Espagnoles sont plus caressantes que nous, et qu'elles ont, pour ce qu'il leur plaît, des manières bien plus touchantes et bien plus délicates que les nôtres.

« Enfin, je ne puis m'empêcher de lui dire que si
» elle avait pour moi l'amitié dont elle me flattait,
» elle aurait aussi la complaisance de m'informer de
» ce qui lui faisait de la peine, que je l'avais entendue
» soupirer la nuit; qu'elle était rêveuse et mélan-
» colique, et que si elle pouvait trouver quelque sou-
» lagement à partager ses chagrins avec moi, je
» m'offrais de lui servir de fidèle amie. Elle m'em-
» brassa d'un air fort tendre, et me dit, que sans
» différer d'un moment, elle allait satisfaire ma
» curiosité; c'est ce qu'elle fit en ces termes :

« Puisque vous me voulez connaître, Madame, il
» faut que, sans rien vous déguiser, je vous avoue
» toutes mes faiblesses, et que par ma sincérité je
» mérite une curiosité aussi obligeante qu'est la
» vôtre.

» Je ne suis pas d'une naissance qui me distingue
» dans le monde; mon père se nommait Davila, il
» n'était que banquier; mais il était estimé et il avait
» du bien. Nous sommes de Séville, capitale de
» l'Andalousie, et nous y avons toujours demeuré.
» Ma mère savait le monde, elle voyait beaucoup de
» personnes de qualité, et, comme elle n'avait que
» moi d'enfant, elle m'élevait avec de grands soins;
» on trouvait que j'y répondais assez, et j'avais le
» bonheur que l'on ne me voyait guère sans me vou-
» loir du bien.

» Nous avions deux voisins qui venaient fort sou-
» vent dans notre maison; ils étaient agréablement
» reçus de mon père et de ma mère. Leur condition
» n'avait aucun rapport : l'un était le marquis de
» Los-Rios, homme riche et de grande naissance, il
» était veuf et d'un âge avancé; l'autre était le fils
» d'un gros marchand qui trafiquait aux Indes; il
» était jeune et bien fait; il avait de l'esprit, et toutes
» ses manières le distinguaient avantageusement. Il
» s'appelait Mendez. Il ne fut pas longtemps sans
» s'attacher à moi avec une si forte passion, qu'il
» n'y avait rien qu'il ne fît pour me plaire et pour
» m'engager à quelque retour.

» Il se trouvait dans tous les endroits où j'allais;
» il passait des nuits entières sous mes fenêtres, pour
» y chanter des paroles qu'il avait composées pour
» moi, qu'il accompagnait fort bien de sa harpe, ou
» pour m'y donner des concerts; en un mot, il ne
» négligeait rien de tout ce qui pouvait me faire con-
» naître sa passion.

» Mais voyant que ses empressements n'avaient
» pas tout l'effet qu'il en attendait, et ayant passé un
» assez long temps de cette manière, sans oser me
» parler de sa tendresse, il résolut enfin de profiter
» de la première occasion qu'il pourrait rencontrer
» pour m'en entretenir.

» Je l'évitais depuis une conversation que j'avais
» eue avec une de mes amies, qui avait bien plus
» d'expérience et d'usage du monde que moi. J'avais
» senti que la présence de Mendez me donnait de la
» joie, que mon cœur avait une émotion pour lui
» qu'il n'avait point pour les autres ; que lorsque ses
» affaires ou nos visites l'empêchaient de me voir,
» j'étais inquiète, et comme j'aimais cette belle fille
» tendrement et que je lui étais chère, elle avait
» remarqué que j'étais moins gaie qu'à l'ordinaire, et
» que mes yeux quelquefois s'attachaient avec atten-
» tion sur Mendez. Un jour qu'elle m'en faisait la
» guerre, je lui dis avec une naïveté assez agréable :
« Ne me refusez pas, ma chère Henriette, de me
» définir les sentiments que j'ai pour Mendez. Je ne
» sais encore si je dois les craindre et si je ne dois
» point m'en défendre ; mais je sens bien que j'y
» aurais beaucoup de peine, et qu'ils me font du
» plaisir. » Elle se prit à rire, elle m'embrassa et me
» dit : « Ma chère enfant, n'en doutez point, vous
» aimez. — J'aime, m'écriai-je avec effroi. Ah! vous
» me trompez, je ne veux point aimer, je ne veux
» point aimer. — Cela ne dépend pas toujours de
» nous, continua-t-elle d'un air plus sérieux, notre
» étoile en décide avant notre cœur ; mais au fond,

» qu'est-ce qui vous épouvante si fort? Mendez est
» d'une condition proportionnée à la vôtre, il a du
» mérite, il est bien fait, et si ses affaires continuent
» d'avoir un succès aussi favorable qu'elles ont eu
» jusqu'à présent, vous pouvez espérer d'être heu-
» reuse avec lui. — Et qui m'a dit, repris-je en l'in-
» terrompant, qu'il sera heureux avec moi, et même
» qu'il y pense? — Oh! je vous en réponds, me dit-
» elle; tout ce qu'il fait a ses vues, et l'on ne passe
» pas les nuits sous les fenêtres et les jours à suivre
» une personne indifférente. »

» Après quelque autre discours de cette nature, elle
» me quitta, et je fis dessein, malgré la répugnance
» que j'y sentais, de ne plus donner lieu à Mendez
» de me parler en particulier.

» Mais un soir que je me promenais dans le jardin,
» il vint m'y trouver. Je fus embarrassée de me voir
» seule avec lui, et il eut lieu de le remarquer sur
» mon visage et à la manière dont je le recevais.
» Cela ne put le détourner du dessein qu'il avait fait
» de m'entretenir. « Que je suis heureux, belle Ma-
» rianne, me dit-il, de vous trouver seule : mais que
» dis-je, heureux! Peut-être que je me trompe, et
» que je dois craindre que vous ne vouliez pas ap-
» prendre un secret que je veux vous confier. — Je
» suis encore si jeune, lui dis-je en rougissant, que
» je ne vous conseille pas de me rien dire, à moins
» que vous ne vouliez que j'en fasse part à mes amis.
» — Hé quoi! continua-t-il, si je vous avais dit que
» je vous adore, que tout mon repos dépend des
» dispositions que vous avez pour moi; que je ne

» saurais plus vivre sans quelque certitude que je
» pourrai vous plaire un jour, le diriez-vous à vos
» amies? — Non, lui dis-je avec beaucoup d'embar-
» ras, je regarderais cette confidence comme une
» raillerie, et ne voulant pas la croire, je ne voudrais
» pas hasarder de la laisser croire à d'autres. »

» L'on nous interrompit comme j'achevais ces
» mots; il me parut qu'il n'était guère content de ce
» que je lui avais répondu, et, peu de temps après,
» il trouva l'occasion de m'en faire des reproches.

» Je ne pus les soutenir, et j'écoutai favorable-
» ment le penchant que j'avais pour lui; tout avait à
» mon gré une grâce particulière dans sa bouche, et
» il n'eut guère de peine à me persuader qu'il m'ai-
» mait plus que toutes les choses du monde.

» Cependant le marquis de Los-Rios me trouvait
» si bien élevée, et toutes mes manières lui reve-
» naient si fort, qu'il s'attacha uniquement à me
» plaire. Il avait de la délicatesse et ne pouvait se
» résoudre de ne me devoir qu'à la seule autorité de
» mes parents. Il comprenait assez qu'ils recevraient
» comme un honneur les intentions qu'il avait pour
» moi; mais il voulait que j'y consentisse avant que
» de s'adresser à eux.

» Dans cette pensée, il me parla un jour, et me
» dit tout ce qu'il put imaginer de plus engageant. Je
» lui témoignai que je me ferais toujours un devoir
» indispensable d'obéir à mon père, que cependant
» nos âges étaient si différents, que je lui conseillais
» de ne point songer à moi; que j'aurais une éter-
» nelle reconnaissance des sentiments avantageux

» qu'il avait pour moi; que je lui accorderais toute
» mon estime, mais que je ne pouvais disposer que
» de cela en sa faveur. Après m'avoir entendue, il fut
» quelque temps sans parler, et prenant tout d'un
» coup une résolution fort généreuse : « Aimable
» Marianne, me dit-il, vous auriez pu me rendre le
» plus heureux homme du monde, et si vous aviez
» de l'ambition, je pourrais aussi la satisfaire; cepen-
» dant vous me refusez, vous souhaitez d'être à un
» autre, j'y consens; j'ai trop d'amour pour balancer
» entre votre satisfaction et la mienne; je vous en
» fais donc un entier sacrifice, et je me retire pour
» jamais. » En achevant ces mots, il me quitta, et me
» parut si affligé, que je ne pus m'empêcher d'en
» être touchée.

» Mendez arriva peu après et me trouva triste. Il
» me pressa si fort de lui en apprendre la cause, que
» je ne pus lui refuser cette preuve de ma complai-
» sance. Un autre que lui m'aurait eu une sensible
» obligation de l'exclusion que je venais de donner à
» son rival; mais bien loin de m'en tenir compte, il
» me dit qu'il voyait dans mes yeux que je regrettais
» déjà un amant qui pouvait me mettre dans un rang
» plus élevé que lui, et qu'il y avait bien de la
» cruauté dans mon procédé. J'essayai inutilement
» de lui faire connaître l'injustice du sien; quoi que je
» puisse lui dire, il continua de me reprocher mon
» inconstance. Je restai surprise et chagrine de cette
» manière d'agir, et je demeurai plusieurs jours sans
» vouloir lui parler.

» Il fit enfin réflexion qu'il n'avait pas de sujet de se

» plaindre ; il vint me trouver, il me demanda pardon
» et me témoigna beaucoup de déplaisir de n'avoir
» pas été le maître de sa jalousie. Il s'excusa, comme
» font tous les amants, sur la force de sa passion.
» J'eus tant de faiblesse, que je voulus bien oublier
» la peine qu'il m'avait causée. Nous nous raccommo-
» dâmes, et il continua de me rendre des soins fort
» empressés.

» Son père ayant appris la passion qu'il avait pour
» moi, crut qu'il ne pourrait lui procurer un mariage
» plus convenable ; il lui en parla et vint ensuite trou-
» ver mon père pour lui en faire la proposition. Ils
» étaient amis depuis longtemps, il fut agréablement
» écouté, et il lui accorda avec plaisir ce qu'il sou-
» haitait.

» Mendez vint m'en apprendre la nouvelle avec
» des transports qui auraient semblé ridicules à tout
» autre qu'à une maîtresse. Ma mère m'ordonna d'a-
» voir pour lui des égards ; elle me dit que cette
» affaire m'était avantageuse, et qu'aussitôt que la
» flotte des Indes serait arrivée, où il avait un intérêt
» très-considérable, on conclurait le mariage.

» Pendant que ces choses se passaient, le marquis
» de Los-Rios était retiré dans une de ses terres, où
» il ne voyait presque personne. Il menait une vie
» languissante qui le tuait ; il m'aimait toujours, et
» s'empêchait de me le dire et de se soulager par
» cet innocent remède. Enfin, son corps ne put ré-
» sister à l'accablement de son esprit, il tomba dan-
» gereusement malade ; et sachant des médecins
» qu'il n'y avait pas d'espérance pour lui, il fit un

» effort pour m'écrire la lettre du monde la plus tou-
» chante, et il m'envoya en même temps une dona-
» tion de tout son bien, au cas qu'il mourût. Ma mère
» se trouva dans ma chambre lorsqu'un gentilhomme
» me présenta ce paquet de sa part; elle voulut sa-
» voir ce qu'il contenait.

» Je ne pus donc, à ce moment, m'empêcher de
» lui dire ce qui s'était passé, et nous fûmes l'une et
» l'autre dans la dernière surprise de l'extrême gé-
» nérosité du marquis. Elle lui manda que j'irais, avec
» ma famille, le remercier d'une libéralité que je
» n'avais point méritée, et en particulier elle me
» reprit fortement de lui avoir fait un mystère d'une
» chose que j'aurais dû lui dire sur-le-champ. Je me
» jetai à ses genoux, je m'excusai le moins mal qu'il
» me fut possible, et je lui témoignai tant de douleur
» de lui avoir déplu, qu'elle me pardonna facilement.
» Au sortir de ma chambre, elle fut trouver mon
» père, et lui ayant appris tout ce qui s'était passé,
» ils résolurent d'aller, le lendemain, voir le mar-
» quis, et de m'y mener.

» Je le dis le soir à Mendez, et la crainte que j'a-
» vais qu'enfin mes parents ne me voulussent faire
» épouser ce vieillard, si par hasard il échappait de
» sa maladie; quelque touchée que je lui parusse, il
» s'emporta si fort et il me fit de si grands reproches,
» qu'il fallait l'aimer autant que je l'aimais pour ne
» pas rompre avec lui. Mais il avait un tel ascendant
» sur mes volontés, qu'encore qu'il fût le plus injuste
» de tous les hommes, je croyais qu'il fût le plus
» raisonnable.

» Nous fûmes chez le marquis de Los-Rios ; sa mai-
» son de campagne n'est qu'à deux lieues de Séville.
» Tout mourant qu'il était, il nous reçut avec tant de
» joie, qu'il nous fut aisé de la remarquer. Mon père
» lui témoigna son déplaisir de le trouver dans un
» état si pitoyable ; il lui fit ses remercîments
» pour la donation qu'il m'avait faite et l'assura que
» s'il trouvait quelque prétexte honnête et plausible,
» il romprait avec Mendez, auquel il avait donné sa
» parole ; que s'il pouvait y réussir, il la lui enga-
» geait ; que je ne serais jamais à d'autre qu'à lui.
» Il reçut cette assurance comme il aurait pu recevoir
» sa parfaite félicité ; mais il connut bien la douleur
» que j'en ressentais. Je devins pâle, mes yeux se
» couvrirent de larmes, et lorsque nous le quittâmes,
» il me pria de m'approcher de lui. Il me dit d'une
» voix mourante : « Ne craignez rien, belle Marianne,
» je vous aime trop pour vous déplaire ; vous serez à
» Mendez, puisque Mendez a touché votre cœur. »
» Je lui dis que je n'avais point de penchant particu-
» lier pour lui, que l'on m'avait ordonné de le regar-
» der comme un homme qui devait être mon époux,
» et qu'enfin je le priais de guérir.

» Il me semble que c'était la moindre démarche
» que je pouvais faire pour une personne à qui j'avais
» de si grandes obligations. Il en parut assez satis-
» fait, et faisant un effort pour prendre ma main et
» la baiser : « Souvenez-vous, au moins, me dit-il,
» que vous m'ordonnez de vivre, et que ma vie étant
» votre ouvrage, vous serez obligée de la conser-
» ver. »

» Nous revînmes le soir, et l'impatient Mendez
» nous attendait pour me faire de nouveaux repro-
» ches. Je les pris, à mon ordinaire, comme des
» preuves de sa passion; et après m'être justifiée, je
» lui demandai si l'on n'avait point quelque nouvelle
» de la flotte. «Hélas! me dit-il, mon père en a reçu
» qui me désespèrent; je n'ose vous les apprendre.
» — Avez-vous quelque chose de caché pour moi,
» lui dis-je en le regardant tendrement, et pouvez-
» vous croire que je me démente à votre égard? — Je
» suis trop heureux, reprit-il, que vous ayez des dis-
» positions si favorables, et comme, en effet, je ne
» puis avoir rien de secret pour vous, il faut que je
» vous avoue que le galion dans lequel nous avions
» tout notre bien s'est entr'ouvert et a échoué contre
» la côte.

» La plus grande partie de sa charge est perdue;
» mais j'y serais bien moins sensible, quelque intérêt
» que j'y aie, si je n'envisageais pas la suite des mal-
» heurs que cette perte me prépare. Votre présence
» aura rendu la santé au marquis de Los-Rios; l'on
» sait dans votre famille ses sentiments pour vous: il
» est riche et grand seigneur; je deviens misérable,
» et si vous m'abandonnez, ma chère Marianne, je
» n'aurai plus d'espoir que dans une prompte mort.»
» Je fus pénétrée de douleur à des nouvelles si affli-
» geantes; je pris une de ses mains, et la serrant
» dans les miennes, je lui dis: «Mon cher Mendez,
» ne croyez point que je sois capable de vous aimer
» et de changer par les effets de votre bonne ou de
» votre mauvaise fortune. Si vous êtes capable de

» faire un effort pour lui résister, croyez aussi que
» j'en serai capable. J'en atteste le ciel, continuai-je,
» et pourvu que vous m'aimiez et que vous me soyez
» fidèle, je veux bien qu'il me punisse si jamais je
» change. »

» Il me témoigna toute la sensibilité qu'il devait à
» des assurances si touchantes, et nous résolûmes de
» ne pas divulguer cet accident.

» Je me retirai fort triste, et m'enfermai dans mon
» cabinet, rêvant aux suites que pourrait avoir la
» perte de tant de biens. J'y étais encore, lorsque
» j'entendis frapper doucement contre les jalousies
» qui fermaient ma fenêtre (car j'étais logée dans un
» appartement bas); je m'approchai, et je vis Men-
» dès au clair de la lune. « Que faites-vous ici à
» l'heure qu'il est, lui dis-je? — Hélas! me dit-il,
» je veux essayer de vous parler avant que de m'en
» aller.

» Mon père vient encore de recevoir des nouvelles
» du galion; il veut que je parte tout à l'heure, et
» que j'aille où il est échoué, pour tâcher d'en sauver
» quelque chose; il y a fort loin d'ici, et je vais être
» un temps considérable sans vous voir. Ah! ma
» chère Marianne, pendant tout ce temps, me tien-
» drez-vous ce que vous m'avez promis? Puis-je
» espérer que ma chère maîtresse me sera fidèle? —
» Si vous le pouvez espérer, dis-je en l'interrompant.
» Mendez, que vous ai-je fait pour le mettre en
» doute? Oui, continuai-je, je vous aimerai, fussiez-
» vous le plus infortuné de tous les hommes. »

» Ce serait abuser de votre patience, Madame,

» que de vous raconter tout ce que nous nous dîmes
» dans cette douloureuse séparation; et bien qu'il n'y
» parût aucun danger, nos cœurs se saisirent à tel
» point, que nous avions déjà un pressentiment des
» disgrâces qui nous devaient arriver. Le jour appro-
» chait, et il fallut enfin nous dire adieu; je lui vis
» répandre des larmes, et j'étais toute mouillée des
» miennes.

» Je me jetai sur mon lit, roulant dans mon esprit
» mille tristes pensées, et je parus le lendemain si
» abattue, que mon père et ma mère eurent peur que
» je ne tombasse dangereusement malade.

» Le père de Mendez les vint voir, pour excuser
» son fils de ce qu'il était parti sans prendre congé
» d'eux. Il ajouta qu'il s'agissait d'une affaire si pres-
» sée, qu'elle ne lui avait pas laissé un moment à sa
» disposition. A mon égard, Madame, je n'avais
» plus de joie, je n'étais sensible à rien, et si quelque
» chose pouvait me soulager, c'était la conversation
» de ma chère Henriette, avec qui je me plaignais en
» liberté de la longue absence de Mendez.

» Cependant le marquis de Los-Rios était hors de
» danger, et mon père l'allait voir souvent. Je remar-
» quai un jour beaucoup d'altération sur le visage de
» ma mère: elle et mon père furent longtemps enfermés
» avec des religieux qui les étaient venus trouver, et
» après avoir conféré ensemble, ils me firent appeler,
» sans que je pusse en deviner la cause.

» J'entrai dans leur cabinet si émue, que je ne me
» connaissais pas moi-même. Un de ces bons pères,
» vénérable par son âge et par son habit, me dit plu-

» sieurs choses sur la résignation que nous devons
» aux ordres de Dieu, sur sa providence dans tout ce
» qui nous regarde, et la fin de son discours fut que
» Mendez avait été pris par les Algériens, qu'il était
» esclave, et que par malheur ces corsaires avaient
» su qu'il était fils d'un riche marchand, ce qui avait
» été cause qu'ils l'avaient mis à une furieuse rançon;
» qu'ils étaient à Alger dans le temps qu'il y arriva;
» qu'ils auraient bien voulu le ramener, mais que
» l'argent qu'ils avaient porté pour tous n'aurait pas
» suffi pour lui seul : qu'à leur retour, ils étaient
» allés chez son père pour lui apprendre ces fâ-
» cheuses nouvelles, mais qu'ils avaient su qu'il s'était
» absenté, et que la perte d'un galion sur lequel il
» avait tous ses effets, sans en avoir pu rien sauver,
» l'avait réduit à fuir des créanciers qui le cherchaient
» pour le faire mettre en prison; que les choses
» étant en cet état, ils ne voyaient guère de remède
» aux maux du pauvre Mendez; qu'il était entre les
» mains de Meluza, le plus renommé et le plus inté-
» ressé de tous les corsaires, et que, si je suivais leur
» conseil et celui de mes parents, je songerais à
» prendre un autre parti. J'avais écouté jusque-là ces
» funestes nouvelles si transie, que je n'avais pu les
» interrompre que par de profonds soupirs; mais
» quand il m'eut dit qu'il fallait penser à un autre
» parti, j'éclatai et fis des cris et des regrets si pi-
» toyables, que je touchai de compassion mon père,
» ma mère et ces bons religieux.

» L'on m'emporta dans ma chambre, comme une
» fille plus près de la mort que de la vie; l'on envoya

» quérir Doña Henriette, et ce ne fut pas sans dou-
» leur qu'elle me vit si malheureuse et si affligée. Je
» tombai dans une mélancolie inconcevable; je me
» tourmentais nuit et jour, rien n'était capable de
» m'ôter le souvenir de mon cher Mendez.

» Le marquis de Los-Rios ayant appris ce qui se
» passait, conçut de si fortes espérances, qu'il se
» trouva bientôt en état de venir demander à mon
» père, de même à moi, l'effet des paroles que nous
» lui avions données. Je voulus lui faire entendre que
» la mienne n'était point dégagée à l'égard de Men-
» dez, qu'il était malheureux, mais que je ne lui
» étais pas moins promise. Il m'écouta sans se laisser
» persuader, et me dit que j'avais autant d'envie de
» me perdre que les autres en ont de se sauver; que
» c'était moins son intérêt que le mien qui le faisait
» agir. Et ravi d'avoir un prétexte qui lui semblait
» plausible, il pressa mon père avec tant de chaleur,
» qu'il consentit à tout ce qu'il souhaitait.

» Je ne puis vous représenter, Madame, dans
» quelle douleur j'étais abîmée. Qu'est devenue, Sei-
» gneur, disais-je au marquis, cette scrupuleuse déli-
» catesse qui vous empêchait de vouloir mon cœur
» d'une autre main que de la mienne? Si vous me
» laissiez au moins le loisir d'oublier Mendez, peut-
» être que son absence et ses disgrâces me le ren-
» draient indifférent; mais dans le temps où je suis,
» tout occupée du cruel accident qui me l'arrache,
» vous ajoutez de nouvelles peines à celles que j'ai
» déjà, et vous croyez qu'avec ma main je pourrais
» vous donner ma tendresse!

« Je ne sais ce que je crois, me disait-il, ni ce que
» j'espère, je sais bien que ma complaisance a pensé
» me coûter la vie ; que si vous n'êtes point destinée
» pour moi, un autre vous possédera ; que Mendez,
» par l'état de sa fortune, n'y doit plus prétendre,
» et qu'enfin, puisque l'on veut vous rétablir, vous
» avez bien de la dureté de refuser que ce soit avec
» moi. Vous n'ignorez pas ce que j'ai fait jusqu'ici
» pour vous plaire, mon procédé vous doit être cau-
» tion de mes sentiments ; et qui vous répondra d'un
» autre cœur fait comme le mien? »

» Les jours se passaient ainsi dans les disputes,
» dans les prières et dans une affliction continuelle.

» Le marquis faisait bien plus de progrès sur l'es-
» prit de mon père que sur le mien. Enfin, ma mère
» m'ayant envoyé quérir un jour, elle me dit qu'il
» n'y avait plus à balancer, et que mon père voulait
» absolument que j'obéisse à ses ordres. Ce que je
» pus dire pour m'en dispenser, mes larmes, mes re-
» montrances, ma douleur, mes peines, tout cela fut
» inutile et ne m'attira que des duretés.

» L'on prépara toutes les choses nécessaires à mon
» mariage, le marquis voulut que tout eût un air de
» magnificence convenable à sa qualité ; il m'envoya
» une cassette pleine de bijoux et pour cent mille
» livres de pierreries. Le jour fatal pour notre hymen
» fut arrêté. Me voyant réduite dans cette extrémité,
» je pris une résolution qui vous surprendra, Ma-
» dame, et qui marque une grande passion. J'allai chez
» Doña Henriette, cette amie m'avait toujours été
» fidèle, et je me jetai à ses pieds ; je la surpris par

» une action si extraordinaire. « Ma chère Henriette,
» lui dis-je, fondant en larmes, il n'y a plus de re-
» mèdes à mes maux, si vous n'avez pitié de moi; ne
» m'abandonnez pas, je vous en conjure, dans le
» triste état où je suis; c'est demain que l'on veut
» que j'épouse le marquis de Los-Rios. Il n'est plus
» possible que je l'évite. Si l'amitié que vous m'avez
» promise est à toute épreuve et vous rend capable
» d'une résolution généreuse, vous ne me refuserez
» point de suivre ma fortune et de venir avec moi à
» Alger payer la rançon de Mendez, et le tirer du
» cruel esclavage où il est. Vous me voyez à vos ge-
» noux, continuai-je en les embrassant (car quel-
» ques efforts qu'elle eût pu faire, je n'avais pas
» voulu me lever), je ne les quitterai point que vous
» ne m'ayez donné votre parole de faire ce que je
» souhaite. » Elle me témoigna tant de peine de me
» voir à ses pieds, que je me levai pour l'obliger à
» me répondre. Aussitôt, elle m'embrassa avec de
» grands témoignages de tendresse. « Je ne vous re-
» fuserai jamais rien, ma chère Marianne, me dit-
» elle, fût-ce ma propre vie; mais vous allez vous
» perdre et me perdre avec vous. Comment deux
» filles pourront-elles exécuter ce que vous projetez?
» Votre âge, notre sexe et votre beauté nous expo-
» seront à des aventures dont la seule imagination
» me fait frémir. Ce qu'il y a de bien certain, c'est
» que nous allons combler nos familles de honte; or,
» si vous y aviez fait de sérieuses réflexions, il n'est
» pas possible que vous pussiez vous y résoudre.
» —Ah! barbare, m'écriai-je, plus barbare que celui

» qui retient mon amant, vous m'abandonnez; mais
» bien que je sois seule, je ne laisserai pas de prendre
» mon parti; aussi bien, le secours que vous pourriez
» me donner ne me pourrait être fort utile : restez,
» restez, j'y consens, il est juste que j'aille sans
» aucune consolation affronter tout le péril; j'avoue
» même qu'une telle démarche ne convient qu'à une
» fille désespérée. »

» Mes reproches et mes larmes émurent Hen-
» riette; elle me dit que mon intérêt l'avait obligée,
» autant que le sien propre, de me parler comme
» elle avait fait; mais qu'enfin, puisque je persistais
» dans mon premier sentiment et que rien ne pou-
» vait m'en détourner, elle était résolue de ne me
» point abandonner; que si je l'en voulais croire,
» nous nous travestirions, qu'elle se chargeait d'avoir
» deux habits d'homme, et que c'était à moi de pour-
» voir à tout le reste. Je l'embrassai avec mille témoi-
» gnages de reconnaissance et de tendresse.

» Je lui demandai ensuite si elle avait vu les pier-
» reries que le marquis m'avait envoyées; je les por-
» terai, lui dis-je, pour en payer la rançon de Men-
» dez. Nous résolûmes de profiter de tous les moments,
» parce qu'il n'y en avait aucun à perdre, et nous ne
» manquâmes, ni l'une ni l'autre, à rien de ce que
» nous avions projeté.

» Jamais deux filles n'ont été mieux déguisées
» que nous le fûmes, sous l'habit de deux cavaliers.
» Nous partîmes cette même nuit et nous nous em-
» barquâmes sans avoir trouvé le moindre obstacle;
» mais après quelques jours de navigation, nous

» fûmes surprises d'une tempête si violente, que
» nous crûmes qu'il n'y avait point de salut pour
» nous. Dans tout ce désordre et ce péril, je sentais
» bien moins de crainte pour moi que de douleur de
» n'avoir pu mettre mon cher Mendez en liberté, et
» d'avoir engagé Henriette dans ma mauvaise for-
» tune. C'est moi, lui disais-je en l'embrassant, c'est
» moi, ma chère compagne, qui excite cet orage; si
» je n'étais-pas sur la mer elle serait calme; mon
» malheur me suit en quelque lieu que j'aille, j'y
» entraîne tout ce que j'aime. Enfin, après avoir été
» un jour et deux nuits dans des alarmes continuelles,
» le temps changea et nous arrivâmes à Alger.

» J'étais si aise de me voir en état de délivrer
» Mendez, que je ne comptais pour rien tous les
» dangers que j'avais courus. Mais, ô Dieu! que
» devins-je en débarquant, lorsqu'après toute la
» perquisition que l'on put faire, je connus qu'il
» n'y avait point d'espérance de retrouver la cassette
» où j'avais mis tout ce que j'avais de plus précieux;
» je me sentis pressée d'une si violente douleur que
» je pensai expirer avant de sortir du vaisseau. Sans
» doute cette cassette, qui était petite et dont je pris
» peu de soin pendant la tempête, tomba dans la
» mer ou fut volée; lequel que ce soit des deux, je
» fis une perte considérable, et il ne me restait plus
» que deux mille pistoles de pierreries que j'avais
» gardées à tout événement et que je portais sur moi.

» Je résolus avec cela de faire une tentative près
» du patron de Mendez. Aussitôt que nous fûmes
» dans la ville, nous nous informâmes de sa maison;

» et l'ayant apprise sans peine (car Meluza était
» fort connu), nous nous y fîmes conduire vêtues
» encore en cavaliers.

» Je ne puis vous exprimer, Madame, dans quel
» trouble j'étais en approchant de cette maison où je
» savais que mon cher amant languissait dans les
» fers; quelles tristes réflexions ne faisais-je point!
» Hélas! qu'est-ce que je devins, lorsqu'en entrant
» chez ce corsaire, je vis Mendez enchaîné avec plu-
» sieurs autres que l'on allait mener à la campagne
» pour les faire travailler à polir le marbre? Je serais
» tombée à ses pieds si Henriette ne m'avait sou-
» tenue. Je ne savais plus ni où j'étais, ni ce que je
» faisais; je voulus lui parler, mais la douleur m'avait
» si fort serré le cœur et lié la langue que je ne pus
» proférer une seule parole. Pour lui, il ne me re-
» garda pas; il était si triste et si abattu qu'il n'avait
» des yeux pour personne, et il fallait l'aimer autant
» que je l'aimais pour le pouvoir reconnaître, tant il
» était changé.

» Après avoir été quelque temps à me remettre de
» cette violente agitation, j'entrai dans une salle
» basse, où l'on me dit que Meluza était. Je le saluai
» et je lui dis le sujet de mon voyage, que Mendez
» était mon proche parent, qu'il avait été ruiné par
» la perte d'un galion et par sa captivité, et que
» c'était sur mon propre bien que je prenais de quoi
» payer sa rançon. Le Maure me parut fort indiffé-
» rent à tout ce que je lui disais; et, me regardant
» dédaigneusement, il me dit qu'il ne s'informait
» point où je prendrais cet argent, mais qu'il savait,

» de science certaine, que Mendez était riche; que,
» cependant, pour me marquer qu'il ne voulait pas
» se servir de tous ses avantages, il ne le mettait qu'à
» vingt mille écus.

» Hélas! que ç'aurait été peu si je n'avais pas
» perdu mes pierreries! mais que c'était trop en l'état
» où je me trouvais. Enfin, après avoir longtemps
» disputé inutilement, je pris tout d'un coup une ré-
» solution qui ne pouvait être inspirée que par un
» amour extrême.

« Voilà tout ce que j'ai, dis-je au corsaire en lui
» donnant mes diamants, cela ne vaut pas ce que tu
» demandes; prends-moi pour ton esclave, et sois
» bien persuadé que tu ne me garderas pas long-
» temps. Je suis fille unique d'un riche banquier de
» Séville; retiens-moi pour otage et laisse aller Men-
» dez, il reviendra bientôt pour me retirer. » Le bar-
» bare fut surpris de me trouver capable d'une réso-
» lution si généreuse et si tendre. — Tu es digne, me
» dit-il, d'une meilleure fortune. Va, j'accepte le
» parti que tu m'offres, j'aurai soin de toi et te serai
» bon patron. Il faut que tu quittes l'habit que tu
» portes pour en prendre un convenable à ton sexe;
» tu garderas même tes pierreries si tu veux, j'atten-
» drai aussi bien pour le tout que pour une partie.

» Doña Henriette était si confuse et si éperdue du
» marché que je venais de conclure, qu'elle ne pou-
» vait assez m'exprimer son déplaisir; mais, enfin,
» malgré toutes ses remontrances et ses prières, je
» tins ferme, et Meluza me fit apporter un habit
» d'esclave dont je m'habillai. Il me conduisit dans

» la chambre de sa femme à laquelle il me donna,
» après lui avoir raconté ce que je faisais pour la
» liberté de mon amant.

» Elle en parut touchée et me promit qu'elle
» adoucirait le temps de ma servitude par tous les
» bons traitements qu'elle me pourrait faire.

» Le soir, quand Mendez fut de retour, Meluza le
» fit appeler et lui dit que, comme il était de Séville,
» il lui voulait faire voir une esclave qu'il avait ache-
» tée, parce qu'il la connaîtrait peut-être.

» Aussitôt on me fit entrer. Mendez, à cette vue,
» perdant toute contenance, vint se jeter à mes ge-
» noux, et prenant mes mains qu'il baisait tendre-
» ment et qu'il mouillait de ses larmes, il me dit tout
» ce qui se peut penser de plus touchant et de plus
» tendre. Meluza et sa femme se divertirent de voir
» les différents mouvements de joie et de tristesse,
» d'amour et de peine dont nous étions agités; enfin
» ils apprirent à Mendez les obligations qu'il m'avait,
» qu'il était libre et que je resterais à sa place. Il fit
» tout ce que l'on put faire pour me détourner de
» prendre un tel parti. — Hé quoi! me disait-il,
» vous voulez que je vous charge de mes chaînes,
» ma chère maîtresse, pourrai-je être libre quand
» vous ne le serez pas? Je vais donc faire pour vous
» ce que vous venez de faire pour moi; je me ven-
» drai et je vous rachèterai de cet argent; car, enfin,
» considérez que quand même je serais en état, aus-
» sitôt que j'arriverai à Séville, d'y trouver des se-
» cours et de revenir sur mes pas pour vous ramener,
» je ne pourrais cependant me résoudre de vous

» quitter; jugez donc si je le pourrai dans un temps
» où ma fortune ne me promet rien et que je suis le
» plus malheureux de tous les hommes. — J'opposai
» à toutes ses raisons la tendresse de mon père qui
» ne me laisserait pas esclave aussitôt qu'il le sau-
» rait. Enfin j'employai tout le pouvoir que j'avais
» sur son esprit, pour qu'il profitât de ce que je fai-
» sais en sa faveur.

» Que vous dirai-je, Madame, de notre sépara-
» tion? Elle fut si douloureuse que les paroles ne
» peuvent exprimer ce que nous sentîmes. J'obligeai
» Henriette de partir avec lui, afin qu'elle allât solli-
» citer et presser mes parents de faire leur devoir à
» mon égard.

» Cependant mon père et ma mère étaient dans
» une affliction inconcevable; et, lorsqu'ils s'aper-
» çurent de ma fuite, ils en pensèrent mourir de
» douleur.

» Ils se reprochaient sans cesse ce qu'ils avaient
» fait pour m'obliger à épouser le marquis de Los-
» Rios; il n'était pas, de son côté, dans un moindre
» désespoir; ils me faisaient chercher inutilement
» dans tous les endroits où ils pouvaient s'imaginer
» que je serais cachée.

» Deux années entières s'écoulèrent sans que je
» reçusse ni nouvelles ni secours de Mendez; ce
» qui me fit croire, avec beaucoup d'apparence,
» qu'Henriette et lui étaient péris sur mer. Je leur
» avais donné toutes les pierreries que Meluza
» m'avait laissées; mais ce n'était pas leur perte ni
» celle de ma liberté que je regrettais, c'était mon

» cher amant et ma fidèle amie, dont le souvenir
» m'occupait sans cesse et me causait une affliction
» sans égale. Je n'avais plus de repos ni de santé,
» je pleurais nuit et jour; je refusais de sortir d'es-
» clavage en négligeant d'écrire à mon père ma
» triste destinée. Je ne souhaitais qu'une prompte
» mort et j'aurais voulu la rencontrer pour finir mes
» peines et mes malheurs.

» Meluza et sa femme avaient pitié de moi : ils ne
» doutaient point que Mendez ne fût péri. Ils me
» traitaient moins cruellement que ces gens-là n'ont
» accoutumé de traiter les malheureux qui tombent
» entre leurs mains.

» Un jour que Meluza revenait de course, il
» ramena plusieurs personnes de l'un et l'autre sexe
» qu'il avait prises, mais entre autres une jeune fille de
» condition, qui était de Séville et que je connais-
» sais. Cette vue renouvela toutes mes douleurs ; elle
» fut fort surprise de me trouver dans ce triste lieu.
» Nous nous embrassâmes tendrement, et comme je
» gardais un profond silence : « Comment, belle Ma-
» rianne, me dit-elle, êtes-vous si indifférente pour
» vos proches et pour votre patrie, que vous n'ayez
» aucune curiosité d'en apprendre des nouvelles? » Je
» levai les yeux vers le ciel, et poussant un profond
» soupir, je la priai de me dire si l'on ne savait point
» en quel lieu Mendez et Henriette étaient péris. —
» Qui vous a dit qu'ils soient péris? reprit-elle. Ils sont
» à Séville, où ils mènent une vie fort heureuse.

» Mendez a rétabli ses affaires, et s'est fait un
» plaisir et un honneur de publier partout les

» extrêmes obligations qu'il avait à Henriette. Peut-
» être ignorez-vous, continua-t-elle, que Mendez
» avait été pris et fait esclave par les Algériens? Cette
» généreuse fille se travestit et vint le racheter jus-
» qu'ici; mais il n'en a pas été ingrat, il l'a épousée.
» C'est une union charmante entre eux, l'hymen
» n'en a point banni l'amour. » Comme elle parlait en-
» core, elle s'aperçut tout d'un coup que j'étais si
» changée, qu'il semblait que j'allais mourir. Mes
» forces m'abandonnèrent, mes yeux se fermèrent et
» je tombai évanouie entre ses bras. Elle s'effraya
» extrêmement, elle appela mes compagnes qui me
» mirent au lit, et tâchèrent de me tirer d'un état si
» pitoyable.

» Cette belle fille s'y empressa plus qu'aucune
» autre; et lorsque je fus revenue à moi, je commen-
» çai à me plaindre, je poussai des soupirs et des
» sanglots capables d'émouvoir quelque chose de plus
» barbare qu'un corsaire.

» Meluza, en effet, fut touché du récit d'une
» trahison si inconcevable, et, sans m'en rien dire, il
» s'informa de sa nouvelle esclave du nom de mon
» père; il lui écrivit aussitôt tout ce qu'il savait de
» mes malheurs.

» Ces lettres pensèrent faire mourir ma mère. Elle
» ne pouvait s'imaginer qu'à dix-huit ans je fusse
» dans les fers, sans verser un torrent de larmes;
» mais ce qui augmenta tous ses déplaisirs, c'était le
» désordre des affaires de mon père. Plusieurs ban-
» queroutes considérables l'avaient ruiné; il n'était
» plus dans le commerce, et c'était une chose impos-

» sible de trouver les vingt mille écus que Meluza
» voulait avoir pour ma rançon.

» Le généreux marquis de Los-Rios apprit ces
» nouvelles et vint trouver mon père pour lui offrir
» tout ce qui était à son pouvoir. Je ne le fais point,
» lui dit-il, en vue de violenter les inclinations de
» votre fille lorsqu'elle sera ici; je l'aimerai toujours,
» mais je ne la chagrinerai jamais. Comme mon père
» n'avait point d'autre parti à prendre, il accepta ce
» qui lui était présenté de si bon cœur, et après lui
» avoir témoigné sa reconnaissance pour des obliga-
» tions si peu communes, il s'embarqua et arriva
» heureusement à Alger dans le temps où je ne son-
» geais qu'à mourir.

» Il m'épargna tous les reproches que je méritais;
» il me racheta et racheta, à ma prière, cette
» aimable fille de Séville : la rançon était médiocre.
» Nous retournâmes ensemble, et ma mère me reçut
» avec tant de joie, qu'il ne s'en peut ressentir une
» plus parfaite. J'y répondis autant qu'il me fut pos-
» sible : mais, Madame, je portais toujours dans
» mon cœur le trait fatal qui m'avait blessée. Tout ce
» que ma raison me pouvait représenter n'était pas
» capable d'effacer de mon souvenir l'image du
» traître Mendez.

» Je vis le marquis de Los-Rios; il n'osa me parler
» des sentiments qu'il avait conservés pour moi, mais
» je lui avais des obligations si pressantes, que la
» reconnaissance me fit faire pour lui ce que l'incli-
» nation m'aurait fait faire pour un autre.

» Je lui offris ma main, et il me donna la sienne

» avec autant de passion que s'il n'avait pas eu des
» sujets essentiels de se plaindre de moi.

» Je l'épousai enfin; et comme j'appréhendais de
» revoir Mendez, cet ingrat auquel je devais tant
» d'horreur, et pour lequel j'en avais si peu, je priai
» le marquis que nous demeurassions à la maison de
» campagne qu'il avait près de Séville.

» Il voulait toujours ce que je voulais avec la der-
» nière complaisance. Il souhaita même que mon
» père et ma mère s'y retirassent. Il adoucit le mé-
» chant état de leur fortune par des libéralités essen-
» tielles; et je puis dire qu'il ne s'est jamais trouvé
» une âme plus véritablement grande. Jugez, Ma-
» dame, de tous les reproches que je faisais à mon
» cœur de n'être pas pour lui aussi tendre qu'il le
» devait; mais c'était un crime où mon malheur seul
» avait part; il ne dépendait pas de moi d'oublier
» Mendez, et je sentais toujours de nouveaux déplai-
» sirs, lorsque j'apprenais sa félicité avec l'infidèle
» Henriette.

» Après avoir passé deux ans dans une continuelle
» attention sur moi-même pour ne rien faire qui ne
» fût agréable à mon époux, le ciel me l'ôta, ce géné-
» néreux époux; et il fit pour moi, dans ces derniers
» moments, ce qu'il avait toujours fait jusqu'alors;
» c'est-à-dire qu'il me donna tout son bien avec des
» témoignages d'estime et de tendresse qui relevaient
» beaucoup un don si considérable. Il me rendit la
» plus riche veuve d'Andalousie, mais il ne sut me
» rendre la plus heureuse.

» Je ne voulus point retourner à Séville, où mes

» parents me souhaitaient, et, pour m'en éloigner, je
» pris le prétexte qu'il fallait que j'allasse dans mes
» terres y donner les ordres nécessaires. Je partis ;
» mais comme il y a une fatalité particulière dans tout
» ce qui me regarde, en arrivant à une hôtellerie, le
» premier objet qui frappa ma vue, ce fut l'infidèle
» Mendez. Il était en grand deuil, et il n'avait rien
» perdu de tout ce qui me l'avait fait trouver trop ai-
» mable. Je frissonnai, je pâlis, et voulant m'éloigner
» promptement, je me sentis si faible et si tremblante
» que je tombai à ses pieds. Quoi qu'il ne me connût
» pas encore, il s'empressa pour m'aider à me rele-
» ver; mais la grande mante dans laquelle j'étais
» cachée, s'étant ouverte, que devint-il, en me
» voyant? Il ne resta guère moins éperdu que moi.
» Il voulut s'approcher ; mais jetant un regard fu-
» rieux sur lui : « Oseras-tu, parjure, lui dis-je, oseras-
» tu t'approcher de moi ? Ne crains-tu point la juste
» punition de tes perfidies ? » Il fut quelque temps sans
» répondre, et j'allais le quitter, lorsqu'il s'y opposa.
» — Accablez-moi de reproches, Madame, me dit-il ;
» donnez-moi les noms les plus odieux, je suis digne
» de toute votre haine; mais ma mort va bientôt vous
» venger. Oui, je mourrai de douleur de vous avoir
» trahie et de vous avoir déplu, et si je regrette quel-
» que chose en mourant, c'est de n'avoir qu'une vie
» à perdre, pour expier les crimes dont vous pouvez
» justement m'accuser. » Il me parut fort touché en
» achevant ces mots ; et plût au ciel que l'on pût se
» promettre un véritable repentir d'un traître ! Je ne
» voulus pas hasarder une plus longue conversation

» avec lui. Je le quittai sans daigner lui répondre, et
» cette marque de mépris et d'indifférence lui fut
» sans doute plus sensible que tous les reproches que
» j'aurais pu lui faire.

» Il avait perdu sa femme depuis quelque temps,
» cette infidèle qui lui avait aidé à se révolter contre
» tous les devoirs de l'amour, de l'honneur et de la
» reconnaissance, et, depuis ce jour-là, il me suivit
» partout. Il était comme une ombre plaintive atta-
» chée à mes pas, car il devint si maigre, si pâle et
» si changé, qu'il n'était plus reconnaissable. O Dieu!
» Madame, quelle violence ne me faisais-je point
» pour continuer de le maltraiter? Je sentis enfin que
» je n'avais pas le courage de résister à la faiblesse de
» mon cœur et à l'ascendant que ce malheureux a
» sur moi. Plutôt que de faire une faute si honteuse
» et de lui pardonner, je partis pour Madrid ; j'y ai
» des parents, je cherchai parmi eux un asile contre
» mes propres mouvements.

» Je n'y fus pas longtemps que Mendez ne l'apprit
» et ne m'y vint chercher. Je vous avoue que je
» n'étais point fâchée de ce qu'il faisait encore pour
» me plaire ; mais, malgré le penchant que j'ai pour
» lui, je fis une forte résolution de l'éviter, puisque je
» ne pouvais le haïr ; et sans que personne l'ait su,
» j'ai pris le chemin de Burgos, où je vais m'enfermer
» avec une de mes amies qui y est religieuse.

» Je me flatte, Madame, d'y trouver plus de repos
» que je n'en ai eu jusqu'à présent. La belle mar-
» quise se tut en cet endroit, et je lui témoignai une
» reconnaissance particulière de la grâce qu'elle m'a-

» vait faite. Je l'assurai de la part que je prenais à ses
» déplaisirs; je la conjurai de m'écrire et de me
» donner de ses nouvelles à Madrid, et elle me le
» promit le plus obligeamment du monde. »

Nous apprîmes le lendemain qu'il était impossible de partir, parce qu'il avait neigé toute la nuit et que l'on ne voyait aucun sentier battu dans la campagne; mais nous avions une assez bonne compagnie pour nous consoler, et nous passions une partie du temps à jouer à l'hombre et l'autre en conversation. Après avoir été trois jours avec la marquise de Los-Rios, sans m'être aperçue de la longueur du temps, par le plaisir que j'éprouvais à l'entendre et à la voir (car elle est une des plus aimables femmes du monde), nous nous séparâmes avec une véritable peine, et ce ne fut pas sans nous être encore promis de nous écrire et de nous revoir.

Le temps s'est adouci, j'ai continué mon voyage pour arriver à Lerma. Nous avons trouvé des montagnes effroyables qui portent le nom de Sierra de Cogollos; ce n'a été qu'avec beaucoup de peine que nous nous y sommes rendus. Cette ville est petite; elle a donné son nom au fameux cardinal de Lerma, premier ministre de Philippe III. C'est celui à qui Philippe IV ôta les grands biens qu'il avait reçus du Roi, son maître. Il y a un château que je verrai demain, et dont je vous pourrai parler dans ma première lettre. L'on m'avertit qu'un courrier extraordinaire vient d'arriver et qu'il partira cette nuit. Je profite de cette occasion pour vous donner de mes nouvelles et finir cette longue lettre; car, en vérité, je suis lasse du chemin et lasse d'écrire; mais je ne le serai jamais de vous aimer, ma chère cousine, soyez-en bien persuadée.

Adieu, je suis tout à vous.

De Lerme, ce 5 mars 1679.

CINQUIÈME LETTRE.

Ma dernière lettre était si grande, et j'étais si lasse quand je la finis, qu'il me fut impossible d'y ajouter quelques particularités qui ne vous auraient peut-être pas déplu. Je vais, ma chère cousine, continuer de vous dire celles de mon voyage, puisque vous le souhaitez.

J'arrivai tard à Lerma, et je résolus d'attendre jusqu'au lendemain pour aller voir le château. Les Espagnols l'estiment à tel point, qu'ils le vantent comme une merveille après l'Escurial; et véritablement, c'est un fort beau lieu. Le cardinal de Lerma, favori de Philippe III, l'a fait bâtir. Il est sur le penchant d'un coteau; pour y arriver, on passe sur une grande place entourée d'arcades et de galeries au-dessus. Le château consiste en quatre gros corps de logis, qui composent un carré parfait de deux rangs de portiques en dedans de la cour : ils ne s'élèvent guère moins haut que le toit, et empêchent que les appartements aient des vues de ce côté-là. Ces portiques fournissent les passages nécessaires par les vestibules, les offices et l'entrée des cours. Les fenêtres donnent en dehors et regardent sur la campagne. Mais ce qui déshonore le bâtiment, ce sont des petits pavillons qui sont aux côtés de ces grands corps de logis. Ils sont faits en forme de petites tours, qui se terminent en pointe de clocher, et qui, bien loin de servir d'ornement, servent à gâter tout le reste. C'est la coutume, en ce pays-ci, de mettre partout ces sortes de colifichets. Les salles sont spacieuses, les chambres sont belles et fort dorées. Il y en a un nombre prodigieux, et tout y paraît assez bien entendu. Ce château est accompagné d'un grand parc qui s'étend dans la plaine. Il est traversé d'une rivière et arrosé de plusieurs ruisseaux; de grands arbres, qui forment les allées, bordent la rivière, et l'on y trouve aussi un bois très-agréable. Je crois que c'est un séjour charmant dans la belle saison [1].

Le concierge me demanda si je voulais voir les religieuses dont le couvent est attaché au château. Je lui dis que j'en serais très-aise, de sorte qu'il nous fit passer dans une galerie, au bout de laquelle on trouve une grille, qui prend depuis le haut jusqu'au bas.

---

[1] Ce château, dit le duc de Saint-Simon, est magnifique par toute sa structure, son architecture, par son étendue, la beauté et la suite de ses vastes appartements, la grandeur des pièces, le fer à cheval de son escalier. Il tient au bourg par une belle cour fort ornée et par une magnifique avant-cour, mais fort en pente, qu'il joint, quoiqu'il soit bien plus élevé que le haut de l'amphithéâtre du bourg; le derrière de ce château l'est encore davantage, tellement que le premier étage est de plain-pied à un terrain qui, dans un pays où l'on connaîtrait le prix des jardins, en ferait un très-beau, très-étendu, en aussi jolie vue que ce paysage en peut donner sur la campagne et sur le vallon, avec un bois tout joignant le château, au même plain-pied, dans lesquels on entrerait par les fenêtres ouvertes en portes. Ce bois est vaste, uni, mais clair et rabougri, presque tout de chênes verts, comme ils sont presque tous dans la Castille. (*Mémoires*, t. XVIII, p. 344).

On voit qu'en dépit du proverbe français : Il est des châteaux en Espagne, il en est même plusieurs et magnifiques aux environs de Madrid; seulement, ils sont, en général, bâtis au milieu d'une petite ville; d'autres sont de véritables forteresses, mais abandonnés.

L'abbesse, ayant été avertie, s'y rendit avec plusieurs religieuses plus belles que l'astre du jour, caressantes, enjouées, jeunes et parlant fort juste de toutes choses. Je ne me lassais point d'être avec elle, lorsqu'une petite fille entra; elle vint parler bas à l'abbesse, qui me dit ensuite qu'il y avait dans la maison une dame de grande qualité qui s'y était retirée; que c'était la fille de Don Manrique de Lara, comte de Valence, et fils aîné du duc de Najera; qu'elle était veuve de Don Francisco Fernandez de Castro, comte de Lemos, grand d'Espagne et duc de Tauresano [1]; que lorsqu'elle savait qu'il passait par Lerma des dames françaises ou quelqu'un de cette nation, elle les envoyait prier de la venir voir, et que, si je le trouvais bon, elle m'entretiendrait quelques moments. Je lui dis qu'elle me ferait beaucoup d'honneur. Cette jeune enfant qui s'était fort bien acquittée de la commission, fut lui rendre ma réponse.

Cette dame vint peu après, vêtue comme les Espagnoles étaient il y a cent ans; elle avait des chapins, qui sont des espèces de sandales où l'on passe le soulier, et qui haussent prodigieusement, mais l'on ne peut marcher avec sans s'appuyer sur deux personnes. Elle s'appuyait sur deux filles du marquis del Carpio; l'une est blonde, ce qui est assez rare

---

[1] Il y a là quelque erreur. Les noms du comte de Lemos sont exacts, mais il n'y eut pas d'alliance entre les comtes de Lemos et les ducs de Najera. Les noms et titres de ces derniers sont aussi donnés de la manière la plus incorrecte. Madame d'Aulnoy parle un peu plus loin des deux filles du marquis del Carpio; or, le marquis del Carpio, comte-duc d'Olivarez, n'eut qu'une fille, Dona Catalina de Haro y Sotomayor Guzman de la Paz, qui épousa, en 1688, le duc d'Alva.

dans ce pays-ci, et l'autre a les cheveux noirs comme du jais. En vérité, leur beauté me surprit, et il ne leur manque à mon gré que l'embonpoint. Ce n'est pas un défaut dans ce pays, où ils aiment que l'on soit maigre à n'avoir que la peau et les os. La singularité des habits de la comtesse de Lemos me parut si extraordinaire, que je m'en occupais comme d'une nouveauté. Elle avait une espèce de corset de satin noir, découpé sur du brocart d'or et boutonné par de gros rubis d'une valeur considérable. Ce corset prenait aussi juste au col qu'un pourpoint; ses manches étaient étroites, avec de grands ailerons autour des épaules, et des manches pendantes aussi longues que sa jupe, qui s'attachaient au côté avec des roses de diamants. Un affreux vertugadin, qui l'empêchait de s'asseoir autrement que par terre, soutenait une jupe assez courte de satin noir, tailladée en bâtons rompus sur du brocart d'or. Elle portait une fraise et plusieurs chaînes de grosses perles et de diamants, avec des enseignes attachées qui tombaient par étage devant son corps. Ses cheveux étaient tout blancs; ainsi elle les cachait sous un petit voile avec de la dentelle noire. Toute vieille qu'elle était, car elle a plus de soixante-quinze ans, il me sembla qu'elle devait avoir été extraordinairement belle; son visage n'a pas une ride, ses yeux sont encore brillants, le rouge qu'elle met, et qui ranime son teint, lui sied assez bien, et l'on ne peut avoir plus de délicatesse et de vivacité qu'elle en a; son esprit et sa personne, à ce qu'on m'a dit, ont fait grand bruit dans le monde; je la regardais comme une belle antiquité.

Elle me dit qu'elle avait eu l'honneur d'accompagner l'Infante lorsqu'elle épousa le Roi Louis XIII ; qu'elle était une de ses menines, et des plus jeunes qui fussent auprès d'elle ; mais qu'elle avait conservé une idée si avantageuse de la cour de France, et qu'elle aimait si fort tout ce qui en venait, qu'elle était toujours ravie quand elle en pouvait parler. Elle me pria de lui dire des nouvelles du Roi, de la Reine, de Monseigneur et de Mademoiselle d'Orléans. Nous allons voir cette princesse, ajouta-t-elle avec un air de joie ; elle va devenir la nôtre, et l'on peut dire que la France va enrichir l'Espagne. Je répondis à toutes les choses qui pouvaient satisfaire à sa curiosité, et elle m'en parut contente. Elle me demanda comment se portait la veuve du comte de Fiesque. Je ne la connaissais pas par elle-même, continua-t-elle, mais j'étais amie particulière de son mari, lorsqu'il était à Madrid pour les intérêts du prince de Condé. Il était né galant, je n'ai pas connu de cavalier dont l'esprit fût mieux tourné ; il faisait bien les vers, et je me souviens même qu'il commença, à ma prière, une comédie où des personnes plus capables d'en juger que moi trouvèrent de fort beaux endroits : elle aurait été admirable, s'il eût voulu se donner la peine de la finir ; mais une fièvre lente, une profonde mélancolie et une véritable dévotion, l'arrachèrent tout d'un coup à l'amour et à tous les plaisirs de la vie. Je lui appris que la comtesse de Fiesque était toujours l'une des plus aimables femmes de la cour, et qu'elle n'avait pas moins de mérite que feu son mari.
— Vous dites beaucoup, reprit-elle, et l'estime que le

prince de Condé avait pour lui fait seule son panégyrique. J'ai eu l'honneur de connaître le prince dans le temps qu'il était en Flandre, et que la Reine de Suède y vint. — Vous avez vu cette Reine, dis-je en l'interrompant; eh! Madame, veuillez, de grâce, m'informer de quelques particularités de son humeur. — J'en sais, dit-elle, d'assez singulières, et je me ferai un plaisir de vous les raconter.

Le Roi d'Espagne envoya Don Antonio Pimentel[1] en qualité d'ambassadeur, à Stockholm, pour découvrir les intentions des Suédois, autant que cela lui serait possible. Ils étaient depuis longtemps opposés à la Maison d'Autriche, et l'on ne doutait pas qu'ils ne fissent de nouveaux efforts pour la traverser, dans le dessein de faire élire pour roi des Romains le fils de l'Empereur. On chargea Pimentel de conduire cette affaire délicatement. Il était bien fait, galant, spirituel, et il réussit beaucoup mieux que l'on n'aurait osé se le promettre. Il connut d'abord le génie de la Reine, il entra aisément dans sa confidence. Il démêla que la nouveauté avait des charmes puissants sur elle; que, de cette foule d'étrangers qu'elle attirait à

---

[1] Pimentel, qui est venu en France, dit le conseiller Bertault, et qui a beaucoup d'esprit, n'a pris ce nom qu'à cause que son père a été domestique de la maison des Pimentel, comtes de Benevente, et l'on n'en fait pas grand cas en Espagne, quoiqu'il soit plus habile que la plupart de ceux qui le méprisent. (*Relation de l'État et gouvernement d'Espagne*, p. 48).

On voit également, par la relation de Van Aarsens, que les esprits à Madrid étaient fort intrigués de l'hospitalité fastueuse que le Roi d'Espagne accordait à la Reine Christine et de la présence de Pimentel près de cette princesse. Les mémoires du temps donnent la clef de cette affaire, mais elle n'a pas directement trait à la situation intérieure de l'Espagne.

sa cour, le dernier venu était le plus favorisé. Il se fit un plan pour lui plaire, et il gagna si bien ses bonnes grâces, qu'il était informé par elle-même des choses les plus secrètes et qu'elle devait le moins lui dire; mais on peut prendre tous ces avantages quand une fois on a trouvé le chemin du cœur. Celui de la Reine le prévint à tel point pour lui, qu'il se rendit le souverain arbitre des volontés de cette Princesse, et, par ce moyen, il se mit bientôt en état d'écrire à l'Empereur et aux Électeurs des choses si positives et si agréables, qu'il lui fut aisé de juger que le conseil de la Reine de Suède n'avait aucune part à la déclaration qu'elle faisait en faveur du Roi de Hongrie.

Cette intrigue était consommée; on croyait que le Roi rappellerait Pimentel, parce qu'il ne paraissait aucune affaire qui demandât la présence d'un ambassadeur. Mais s'il était inutile au Roi d'Espagne qu'il demeurât à Stockholm, la chose n'était point égale du côté de la Reine, et elle ne négligea rien pour le conserver auprès d'elle. Il la suivit dans tous les lieux où elle alla depuis, et bien des gens qui sont toujours la dupe des apparences, jugèrent, lorsqu'elle quitta la couronne à son cousin, qu'elle le faisait avec plaisir, parce qu'elle avait les yeux secs, et qu'elle eut le courage de haranguer les états avec beaucoup de force et d'éloquence. Mais le public était dans l'erreur sur les mouvements secrets de cette princesse. Son âme, dans le même moment, était pénétrée de la plus vive douleur; elle était au désespoir de céder au prince Palatin un sceptre qu'elle se trouvait digne de porter toute seule, et dont elle était légitime héritière.

Ce prince eut l'adresse de faire déclarer que, si elle voulait se marier, elle le choisirait pour époux. Aussitôt que cette déclaration fut faite, elle commença à souffrir de l'assujettissement dans lequel on la mettait; d'un autre côté, le peuple ne s'accommodait pas d'être gouverné par une fille. Il étudiait plus ses défauts que ses belles qualités. Le Prince y contribuait sous main; la Reine, qui était pénétrante, s'en aperçut; elle remarqua l'inclination que l'on avait pour lui, et les vœux que l'on faisait pour le voir sur le trône : elle en eut de la jalousie, et de ce premier mouvement, elle passa à ceux d'une haine secrète dont elle ne pouvait arrêter le cours. La présence du Prince lui devint si insupportable que, s'en étant aperçu, il se retira dans une île qu'on lui avait donnée pour son apanage; mais il ne fit cette démarche qu'après avoir laissé de bons mémoires à ses créatures contre la conduite de la Reine.

Lorsqu'elle se vit délivrée d'un objet dont la vue la blessait, elle ne ménagea plus les grands ni les officiers de son royaume. Elle suivit le penchant qu'elle avait pour les belles-lettres. Elle s'appliqua tout entière à l'étude. Son esprit merveilleux faisait des progrès admirables dans les sciences les plus profondes, mais elles lui étaient moins nécessaires qu'une bonne conduite pour ménager sa gloire et ses intérêts. Il arrivait souvent qu'après avoir passé dans son cabinet un certain nombre de jours, elle en paraissait ensuite dégoûtée; qu'elle traitait les auteurs d'ignorants, qui avaient l'esprit gâté, et qui gâtaient celui des autres; et quand les seigneurs de sa cour la voyaient dans cette disposition, ils l'approchaient avec plus de familiarité, et il n'était plus question que de goûter les plaisirs que l'amour, les comédies, le bal, les tournois, la chasse et les promenades fournissent. Elle s'y donnait tout entière; rien ne pouvait plus l'en tirer, mais elle ajoutait à ce défaut celui d'enrichir les étrangers aux dépens de son État.

Les Suédois commencèrent d'en murmurer; la Reine en fut avertie. Leurs plaintes lui parurent injustes et peu respectueuses; elle en eut du dépit contre eux; et elle fut si malhabile qu'on s'en vengea contre elle-même. En effet, à l'heure que l'on s'y attendait le moins, et dans un temps où elle était encore en état de trouver des remèdes moins violents, elle abandonna tout d'un coup sa couronne et son royaume à son cousin; à ce cousin, dis-je, qu'elle n'aimait point, auquel elle souhaitait tant de mal, et auquel elle fit tant de bien. Elle ne croyait point que l'on pût en pénétrer les motifs; elle prétendait, par ce grand trait de générosité, se distinguer entre les héroïnes des premiers siècles; mais, en effet, la conduite qu'elle tint dans la suite ne la distingua qu'à son désavantage.

On la vit partir de Suède, vêtue d'une manière bizarre, avec une espèce de justaucorps, une jupe courte, des bottes, un mouchoir noué au col, un chapeau couvert de plumes, une perruque; et, derrière cette perruque, un rond de cheveux nattés, tels que les dames en portent en France lorsqu'elles sont coiffées, ce qui faisait un effet ridicule. Elle défendit à toutes ses femmes de la suivre; elle ne choisit que des hommes pour la servir et l'accompagner. Elle disait ordinairement qu'elle n'aimait pas les hommes parce qu'ils étaient hommes, mais qu'elle les aimait parce qu'ils n'étaient pas femmes. Il semblait qu'elle avait renoncé à son sexe en abandonnant ses États, quoiqu'elle eut quelquefois des faiblesses qui auraient fait honte aux moindres femmes.

Le fidèle Pimentel passa en Flandre avec elle; et comme j'y étais alors, continua-t-elle, je l'y vis arriver. Il me procura l'honneur de lui baiser la main, et il ne fallait pas moins que son crédit pour y parvenir, car elle fit dire à toutes les dames de Bruxelles et d'Anvers qu'elle ne souhaitait point qu'elles allassent chez elle. Elle ne laissa point de me recevoir fort bien, et le peu qu'elle me dit me parut plein d'esprit et d'une vivacité extraordinaire; mais elle jurait à tous moments comme un soldat; ses paroles et ses actions étaient si libres, pour ne pas dire si peu honnêtes, que si l'on n'avait pas respecté son rang, on ne se serait guère soucié de sa personne.

Elle disait à tout le monde qu'elle souhaitait passionnément de voir le prince de Condé; qu'il était devenu son héros; que ses grandes actions l'avaient charmée; qu'elle avait envie d'aller apprendre le métier de la guerre sous lui. Le prince n'avait pas moins de curiosité de la voir qu'elle en témoignait pour lui. Au milieu de cette commune impatience, la Reine s'arrêta tout d'un coup sur quelques formalités et sur quelques démarches qu'elle refusa de faire, lorsqu'il viendrait la saluer. Ces raisons l'empêchèrent de le voir avec les cérémonies accoutumées; mais un jour que la chambre de la Reine était pleine de courtisans, le prince s'y glissa; soit qu'elle eût vu son portrait, ou que son air martial le distinguât entre tous les autres, elle le démêla et le reconnut : elle voulut aussitôt le lui témoigner par des civilités extraordinaires. Il se retira sur-le-champ; elle le suivit pour le conduire. Alors, il s'arrêta et se contenta de lui dire : « Ou tout, ou rien. » Peu de jours après, on ménagea une entrevue entre eux au Mail, qui est le parc de Bruxelles; ils s'y parlèrent avec beaucoup d'honnêteté et beaucoup de froideur.

A l'égard de Don Antonio Pimentel, les bontés qu'elle a eues pour lui ont fait assez de bruit pour aller jusqu'à vous, et si vous les ignorez, Madame, je crois que je ne dois pas vous en apprendre le détail, dont j'ai peut-être été moi-même mal informée. Elle se tut, et je profitai de ce moment pour la remercier de la complaisance qu'elle avait eue de me parler d'une Reine qui m'avait toujours donné tant de curiosité. Elle me dit civilement que je la remerciais sans avoir lieu de le faire, et elle s'informa ensuite si j'avais vu tout le château de Lerma. Celui qui l'a fait bâtir, dit-elle, était favori de Philippe III, dont les circonspections de la cour d'Espagne causèrent la mort. J'ai toujours dit qu'une telle aventure ne serait jamais arrivée au Roi de France.

Philippe III, dont je vous parle, continua-t-elle, faisait des dépêches dans son cabinet; comme il faisait froid ce jour-là, on avait mis proche de lui un grand brasier, dont la réverbération lui donnait si fort au visage, qu'il était tout en eau, comme si on lui en eût jeté sur la tête : la douceur de son esprit l'empêcha de s'en plaindre, et même d'en parler, car il ne trouvait jamais rien de mal fait. Le marquis de Pobar ayant remarqué l'incommodité que le Roi recevait par cette extrême chaleur, en avertit le duc d'Albe, gentilhomme de la chambre, pour qu'il fît ôter le brasier; celui-ci dit que cela n'était pas de sa charge, qu'il fallait s'adresser au duc d'Uzeda, sommelier du corps. Le marquis de Pobar, inquiet de voir souffrir le Roi et n'osant lui-même le soulager, crainte d'entreprendre trop sur la charge d'un autre, laissa toujours le brasier dans sa place; mais il envoya chercher le duc d'Uzeda, qui était par malheur allé, proche de Madrid, voir une maison magnifique qu'il y faisait bâtir. On vint le redire au marquis de Pobar, qui proposa encore au duc d'Albe d'ôter le brasier. Il le trouva inflexible là-dessus, et il aima mieux envoyer à la campagne quérir le duc d'Uzeda; de sorte qu'avant qu'il fût arrivé, le Roi était presque consommé; et dans la nuit même, son tempérament chaud lui causa une grosse fièvre, avec un érésipèle qui s'enflamma; l'inflammation dégénéra en pourpre, et le pourpre le fit mourir[1].

Je vous avoue, ajouta-t-elle, qu'ayant vu dans mes voyages d'autres cours que la nôtre, je n'ai pu m'empêcher de blâmer ces airs de cérémonie et d'ar-

---

[1] Le maréchal de Bassompierre, qui se trouvait alors en Espagne, rapporte cet événement à peu près dans les mêmes termes.

rangement qui empêchent de faire un pas plus vite que l'autre dans des occasions nécessaires, comme était, par exemple, celle dont je viens de vous entretenir ; et je loue le Ciel de ce que nous aurons une Reine française, qui pourra établir parmi nous des coutumes plus raisonnables. J'ai même quitté mes habits de veuve pour en prendre de *bizarros* et de *gala*, afin d'en témoigner ma joie. Je vous dirai, ma chère cousine, que ces termes de *bizarros* et de *gala*, signifient galants et magnifiques. La vieille comtesse de Lemos aimait à parler, et continua son discours. « Qui pourrait aussi manquer de se réjouir, dit-elle, de l'espérance de voir sur le trône une seconde reine Élisabeth, dont la bonté avait rendu ses sujets dignes de l'envie de toutes les autres nations ? j'avais un proche parent qui connaissait bien la grandeur de son mérite : c'était le comte de Villa-mediana [1]. « Ce nom-là, Madame, ne m'est pas in-

---

[1] Don Juan de Tassis y Peralta, deuxième comte de Villamediana, correo-mayor. Son père, don Juan de Tassis, avait été envoyé par Philippe II en ambassade près du Roi d'Angleterre, Jacques Ier. Il déploya en cette circonstance une si grande magnificence, qu'il y dépensa deux cent mille écus de son bien. En récompense, Philippe II lui accorda la grande maîtrise des postes pour trois générations. Nous le voyons mêlé par cette raison à l'histoire du malheureux Infant Don Carlos, qui lui fit demander des chevaux de poste pour fuir le Roi son père, et se décela ainsi.

Le comte de Villamediana, son fils, était un des plus brillants gentilshommes de son temps. Il avait de l'esprit, des lettres, et, ce qui ne laisse pas de surprendre en Espagne, s'intéressait aux efforts que faisait Don Luis de Gongora pour faire triompher une forme de style analogue à celle que prônaient en France Voiture et Benserade. Grâce à l'influence qu'exerçait le comte de Villamediana, la vieille école, représentée par Lope de Vega, se vit abandonnée, au grand détriment de la littérature espagnole.

Le comte de Villamediana fut tué, ainsi que le dit madame d'Aulnoy, et le titre de correo-mayor passa au fils de sa sœur, le comte d'Oñate.

connu, dis-je en l'interrompant, et j'ai ouï raconter qu'étant un jour dans l'église de Notre-Dame d'Atocha, et y ayant trouvé un religieux qui demandait pour les âmes du Purgatoire, il lui donna une pièce de quatre pistoles. Ah! Seigneur, dit le bon père, vous venez de délivrer une âme. Le comte tira encore une pareille pièce, et la mit dans sa tasse. Voilà, continua le religieux, une autre âme délivrée; il lui en donna de cette manière six de suite, et à chaque pièce, le moine se récriait : l'âme vient de sortir du Purgatoire. — M'en assurez-vous? dit le comte. — Oui, Seigneur, reprit le moine affirmativement, elles sont à présent au Ciel. — Rendez-moi donc mes six pièces de quatre pistoles, dit-il; car il serait inutile qu'elles vous restassent, et puisque les âmes sont au Ciel, il ne faut pas craindre qu'elles retournent au Purgatoire. » — « La chose se passa comme vous venez de le dire, ajouta la comtesse, mais il ne reprit pas son argent, car on s'en ferait un vrai scrupule parmi nous. La dévotion au mérite des messes et aux âmes du Purgatoire nous paraît la plus recommandable; cela est même quelquefois poussé trop loin, et j'ai connu un homme de grande naissance qui, étant fort mal dans ses affaires, ne laissa pas de vouloir en mourant, qu'on lui dît quinze mille messes. Sa dernière volonté fut exécutée, de sorte que l'on prit cet argent préférablement à celui qu'il devait à ses pauvres créanciers; car, quelque légitimes que soient leurs dettes, ils ne sauraient rien recevoir jusqu'à ce que toutes les messes qui sont demandées par le testament soient dites C'est ce qui a donné lieu à cette manière de parler dont on se sert ordinairement : *Fulano a dejado su alma heredera*, ce qui veut dire : Un tel a fait son âme héritière; et l'on entend par là qu'il a laissé son bien à l'Église pour faire prier Dieu pour lui.

« Le Roi Philippe IV ordonna que l'on dît cent mille messes à son intention, voulant que, s'il cessait d'en avoir besoin, elles fussent pour son père et pour sa mère, et que s'ils étaient au Ciel, on les appliquât pour les âmes de ceux qui sont morts dans les guerres d'Espagne.

» Mais ce que je vous ai déjà dit du comte de Villamediana me fait souvenir qu'étant un jour dans l'église avec la Reine Élisabeth, dont je viens de vous parler, il vit beaucoup d'argent sur l'autel, que l'on avait donné pour les âmes du Purgatoire ; il s'en approcha et les prit en disant : « Mon amour sera éternel; mes peines seront aussi éternelles; celles des âmes du Purgatoire finiront; hélas! les miennes ne finiront point; cette espérance les console; pour moi, je suis sans espérance et sans consolation : ainsi, ces aumônes qu'on leur destine me sont mieux dues qu'à elles. » Il n'emporta pourtant rien, et il ne dit ces mots que pour avoir lieu de parler de sa passion devant cette belle Reine qui était présente; car, en effet, il en avait une si violente pour elle, qu'il y a quelque sujet de croire qu'elle en aurait été touchée, si son austère vertu n'avait garanti son cœur contre le mérite du comte. Il était jeune, beau, bien fait, brave, magnifique, galant et spirituel; personne n'ignore qu'il parut, pour son malheur, dans un carrousel qui se fit à Madrid, avec un habit brodé de pièces d'argent toutes neuves, que l'on nommait des réales, et qu'il portait pour devise : *Mis amores son reales*, faisant une allusion au mot de *reales*, qui veut dire royales, avec la passion qu'il avait pour la Reine ; cela est du plus fin espagnol et veut dire : Mes amours sont royales.

« Le comte d'Olivarez, favori du Roi, et l'ennemi secret de la Reine et du comte, fit remarquer à son maître la témérité d'un sujet qui osait jusqu'en sa présence déclarer les sentiments qu'il avait pour la Reine, et dans ce moment même, il persuada au Roi de se venger. On en attendait une occasion qui ne fît point d'éclat; mais voici ce qui avança sa perte : Comme il n'appliquait son esprit qu'à divertir la Reine, il composa une comédie que tout le monde trouva si belle, et la Reine, plus particulièrement que les autres, y découvrit des traits si touchants et si délicats, qu'elle voulut la jouer elle-même le jour qu'on célébrait la naissance du Roi. C'était l'amoureux comte qui conduisait toute cette fête ; il prit soin de faire faire des habits, et il ordonna des machines qui lui coûtèrent plus de trente mille écus. Il avait fait peindre une grande nuée, sous laquelle la Reine était cachée dans une machine. Il en était fort proche ; et à certain signal qu'il fit à un homme qui lui était fidèle, il mit le feu à la toile de la nuée. Toute la maison, qui valait cent mille écus, fut presque brûlée ; mais il s'en trouva consolé, lorsque, profitant d'une occasion si favorable, il prit sa souveraine entre ses bras et l'emporta dans un petit escalier; il lui déroba là quelques faveurs, et ce qu'on remarque beaucoup en ce pays-ci, il toucha même à son pied. Un petit page qui le vit en informa le Comte-Duc, qui n'avait pas douté, quand il aperçut cet incendie, que ce fût là un effet de la passion du Comte. Il en fit une perquisition si exacte, qu'il en donna des preuves certaines au Roi; et ces preuves rallumèrent si fort sa colère, que l'on prétend qu'il le fit tuer d'un coup de pistolet, un soir qu'il était dans son carrosse avec Don Louis de Haro. On peut dire que le comte de Villamediana était le cavalier le plus parfait de corps et d'esprit que l'on ait jamais vu, et sa mémoire est encore en recommandation parmi les amants malheureux [1]. »

Voilà une fin bien funeste, dis-je, en l'interrompant; je ne pensais pas même que les ordres du Roi y eussent contribué, et j'avais entendu dire que ce coup avait été fait par les parents de Doña Francisca de Tavara, Portugaise, laquelle était dame du palais et fort aimée du Comte. « Non, continua la comtesse de Lemos, la chose s'est passée comme je viens de vous le dire et, pendant que je vous parle de Philippe IV, dit-elle, je ne puis m'empêcher de vous conter qu'une des personnes qu'il a aimée avec le plus de passion, c'était la duchesse d'Albuquerque; il ne pouvait trouver un moment favorable pour l'entretenir. Le Duc, son mari, faisait bonne garde sur elle;

---

[1] La passion romanesque du comte de Villamediana pour la Reine laissa de longs souvenirs à Madrid. Le Hollandais Van Aarsens rapporte les mêmes circonstances que madame d'Aulnoy et semble les considérer comme des faits que personne de son temps ne révoquait en doute.

et, plus le Roi rencontrait d'obstacles, plus ses désirs augmentaient; mais un soir qu'il jouait fort gros jeu, il feignit de se souvenir qu'il avait une lettre à écrire de la dernière conséquence. Il appela le duc d'Albuquerque qui était dans sa chambre, et lui dit de tenir son jeu. Aussitôt, il passa dans son cabinet, prit un manteau, sortit par un degré dérobé et fut chez la jeune duchesse avec le Comte-Duc, son favori. Le duc d'Albuquerque, qui songeait à ses intérêts domestiques plus qu'au jeu du Roi, crut aisément qu'il ne lui en aurait pas donné la conduite sans quelque dessein particulier. Il commença donc de se plaindre d'une colique horrible, et faisant des cris et des grimaces à faire peur, il donna les cartes à un autre et sans tarder il courut chez lui. Le Roi ne faisait que d'y arriver, sans aucune suite; il était même encore dans la cour et, voyant venir le Duc, il se cacha; mais il n'y a rien de si clairvoyant qu'un mari jaloux. Celui-ci apercevant le Roi, et ne voulant point qu'on apportât des flambeaux pour n'être pas obligé de le reconnaître, il fut à lui avec une grosse canne qu'il portait ordinairement : Ha! ha! maraud, lui dit-il, tu viens pour voler mes carrosses; et sans autre explication, il le battit de toute sa force. Le Comte-Duc ne fut pas non plus épargné, et celui-ci, craignant qu'il n'arrivât pis, s'écria plusieurs fois que c'était le Roi, afin que le Duc arrêtât sa furie : Bien éloigné, il en redoubla ses coups et sur le Prince et sur le Ministre, s'écriant à son tour, que c'était là un trait de la dernière insolence, d'employer le nom de Sa Majesté et de son favori dans une telle occasion :

qu'il avait envie de les mener au palais, parce qu'assurément le Roi le ferait pendre. A tout ce vacarme, le Roi ne disait pas un mot, et il se sauva enfin demi-désespéré d'avoir reçu tant de coups et de n'avoir eu aucune faveur de sa maîtresse. Cela n'eut pas même de suites fâcheuses pour le duc d'Albuquerque; au contraire, le Roi, n'aimant plus la duchesse, en plaisanta au bout de quelque temps. Je ne sais si je n'abuse point votre patience par la longueur de cette conversation, ajouta la comtesse de Lemos, et je tombe insensiblement dans le défaut des personnes de mon âge, qui s'oublient lorsqu'elles parlent de leur temps. Je vis bien qu'elle voulait se retirer; et après l'avoir remerciée de l'honneur qu'elle m'avait fait, je pris congé d'elle et je retournai dans mon hôtellerie. Le temps se trouva si mauvais, que nous eûmes de la peine à nous mettre en chemin; mais ayant pris une bonne résolution, nous marchâmes tant que la journée dura, tombant et nous relevant comme nous pouvions. On ne voyait pas à quatre pas devant soi. La tempête était si grande, qu'il tombait des quartiers de rocher du haut des montagnes, qui venaient jusque dans le chemin, et qui blessèrent même un de nos gens; il en aurait été tué, s'il n'avait esquivé une partie du coup. Enfin, après avoir fait plus de huit lieues, à notre compte, nous fûmes bien étonnés de nous retrouver aux portes de Lerma, sans avoir avancé ni reculé; nous avions tourné autour de la ville sans l'apercevoir, comme par enchantement, tantôt plus loin, tantôt plus près, et nous pensâmes nous désespérer d'avoir pris tant de peines inutilement.

» L'hôtesse, ravie de nous revoir, elle qui aurait voulu que nous eussions marché ainsi tous les jours de notre vie, pour revenir coucher chez elle toutes les nuits, m'attendait au bout de son petit degré. Elle me dit qu'elle était bien fâchée de ne me pouvoir rendre ma chambre, mais qu'elle m'en donnerait une autre qui me serait aussi commode, et que la mienne était occupée par une señora des plus grandes señoras d'Espagne. Don Fernand lui en demanda le nom ; elle lui dit qu'elle s'appelait Doña Éléonor de Tolède [1] ; il m'apprit aussitôt que c'était sa proche parente. Il ne pouvait comprendre par quel hasard il la trouvait en ce lieu.

» Pour en être promptement éclairci, et pour satisfaire aux devoirs de la proximité, il envoya son gentilhomme lui faire un compliment et savoir s'il ne l'incommoderait point de la voir. Elle répondit qu'elle avait une grande satisfaction de cette heureuse rencontre, et qu'il lui ferait beaucoup d'honneur. Il passa aussitôt dans sa chambre, et il apprit d'elle plusieurs particularités qui la regardaient. Il vint ensuite me trouver, et il me dit fort civilement que si Doña Eléonor n'était pas malade et très-fatiguée, elle me viendrait voir. Je crus que je devais faire les premiers pas à l'égard d'une femme de cette qualité, et si proche parente d'un cavalier dont je recevais tant d'honnêtetés. Ainsi je le priai de me conduire dans sa chambre ; elle me reçut de la manière du monde la plus agréable, et je remarquai dans les premiers

---

[1] Doña Éléonor de Tolède, ainsi que Don Fernand de Tolède sont vraisemblablement des personnages de fantaisie.

moments de notre conversation, qu'elle avait beaucoup d'esprit et de politesse. Elle était dans une négligence magnifique (si cela se peut dire); elle n'avait rien sur sa tête ; ses cheveux, qui sont noirs et lustrés, étaient séparés des deux côtés et faisaient deux grosses nattes qui se rattachaient par derrière à une troisième. Elle avait une camisole de Naples brochée d'or et mêlée de différentes couleurs, fort juste par le corps et par les manches, garnie de boutons d'émeraudes et de diamants ; sa jupe était de velours vert couvert de point d'Espagne. Elle portait sur ses épaules une mantille de velours couleur de feu, doublée d'hermine. C'est de cette manière que les dames espagnoles sont en déshabillé. Ces mantilles font le même effet que nos écharpes de taffetas noir, excepté qu'elles siéent mieux ; elles sont plus larges et plus longues, de sorte que, quand elles veulent, elles les mettent sur leur tête et s'en couvrent le visage. »

» Je la trouvais parfaitement belle ; ses yeux étaient si vifs et si brillants, que l'on n'en soutenait l'éclat qu'avec peine. Don Fernand lui dit qui j'étais, et que j'allais voir une de mes proches parentes à Madrid. Son nom ne lui était pas inconnu non plus que sa personne ; elle me dit même qu'il y avait peu que le Roi l'avait faite *titulada* et marquise de Castille. « Que je vous serais obligée, Madame, dis-je en l'interrompant, de m'apprendre ce que signifie ce titre-là, parce qu'elle m'en a parlé dans ses lettres sans me l'expliquer, non plus que celui de grandat et de majorasque. J'en ai entendu dire à plusieurs personnes; mais soit qu'elles l'ignorassent elles-mêmes ou qu'elles ne voulussent pas se donner la peine de me le dire, je n'en ai jamais été bien instruite. »

« Je vous apprendrai avec plaisir ce que j'en sais, reprit Doña Éléonor; et j'ai toujours entendu dire que, du temps des premiers rois d'Oviédo, de Galice et d'Asturie, ils étaient toujours élus par les prélats du royaume et par les ricos-hombres. Ces seigneurs n'ayant point encore obtenu les titres de ducs, de marquis et de comtes, qui les distinguent d'avec les gentilshommes, on les appelle ricos-hombres, ce qui était comme les grands d'Espagne d'aujourd'hui. C'était l'ordre qu'ils choisissent toujours pour régner les plus proches parents des Rois qui venaient de mourir. Mais cette coutume ne fut observée que depuis Pélage jusqu'à Ramire. En 843, on le déclara successeur d'Alphonse le Chaste, roi d'Asturie, et l'on admit sous son règne la succcession du père au fils en ligne directe, ou du frère au frère, en ligne collatérale, pour la couronne; que ce consentement devint dès lors une loi municipale, qui s'est toujours depuis observée en Espagne. Vous remarquerez que le mot de ricos-hombres n'a pas la même signification que hombres ricos, qui veut dire hommes riches en français. Les ricos-hombres se couvraient devant le Roi, entraient aux états, y avaient leur voix active et passive. Sa Majesté leur accordait toutes ces prérogatives par des actes authentiques, et les titulados d'à présent sont les mêmes que l'on appelait alors ricos-hombres; mais leurs priviléges ne sont pas si étendus, et la plupart de ces honneurs, ainsi que je vous le dirai, ont été réservés aux grands d'Espagne[1]. Les titulados peuvent avoir un dais dans leur chambre, un carrosse dans Madrid à quatre chevaux, avec *los tiros largos;* ce sont de longs traits de soie, qui attachent les derniers chevaux aux premiers. Quand il y a des fêtes de taureaux, on leur donne des balcons dans la grande place, où leurs femmes sont régalées de corbeilles remplies de gants, de rubans, d'éventails, de bas de soie et de pastilles, avec une magnifique collation de la part du Roi ou de la ville, selon que c'est le Roi ou la ville qui donne ces fêtes au public. Ils ont leur banc marqué dans les cérémonies; et quand le Roi fait un titulados marquis de Castille, d'Aragon ou de Grenade, il entre aux États de ces royaumes-là [2].

» A l'égard des grands, il y en a de trois classes différentes; et la manière dont le Roi leur parle en les faisant, les distinguent. Les uns sont ceux à qui il dit

---

[1] Ces assertions ne sont pas toutes parfaitement exactes. Nous consacrons à cette question une note spéciale qu'on trouvera plus loin. (Appendice *C.*)

[2] Depuis l'an 1538, les procuradores des villes siégeaient seuls aux Cortès de Castille. Les titulados en étaient donc réduits à quelques distinctions honorifiques; ils n'en tiraient pas autrement considération. Les Rois d'Espagne, en prodiguant les titres, les avaient fort avilis. « En Espagne comme en France, dit le duc de Saint-Simon, tout est plein de marquis et de comtes. Les uns de qualité grande ou moindre, les autres canailles, ou peu s'en faut, pour la plupart. Ceux d'ici de pure usurpation de titre, ceux d'Espagne, de concession de titre. Mais cette concession ne les mène pas loin; ces titres ne donnent aucun rang, et depuis qu'il n'y a plus d'étiquette et de distinction de pièces chez le Roi, pour y attendre, ces titulados ne jouissent d'aucune distinction. Les marquis et les comtes de qualité sont honorés et considérés de tout le monde, selon leur naissance, leur âge, leur mérite.... Ces autres marquis et comtes en détrempe sont méprisés autant et plus que s'ils ne l'étaient pas. » (*Mémoires*, t. XIX, p. 22.)

de se couvrir, sans y rien ajouter, la grandesse n'est attachée qu'à leur personne et n'est point conservée dans leur maison.

» Les autres que le Roi qualifie du titre d'une de leurs terres, comme par exemple, duc ou marquis d'un tel lieu : *Couvrez-vous pour vous et pour les vôtres*, sont grands d'une manière plus avantageuse que les premiers, parce que la grandesse étant attachée à leur terre passe à leur fils aîné; et s'ils n'en ont point, à leur fille ou à leur héritier. Cela fait que dans une seule maison il peut y avoir plusieurs grandesses, et que l'on voit des héritières qui en portent jusqu'à six ou sept à leurs maris, lesquels sont grands à cause des terres de leurs femmes.

» Les derniers ne se couvrent qu'après avoir parlé au Roi, et l'on fait la différence des uns aux autres en disant : Ils sont grands à vie ou à race. Il faut encore remarquer qu'il y en a que le Roi fait couvrir avant qu'ils lui parlent en leur disant : *Cubrios*, et ils parlent et écoutent parler le Roi toujours couverts. D'autres qui ne se couvrent qu'après lui avoir parlé et qu'il leur a répondu. Et les troisièmes qui ne se couvrent qu'après s'être retirés d'auprès du Roi vers la muraille; mais, lorsqu'ils sont tous ensemble dans des fonctions publiques ou à la chapelle, il n'y a aucune différence entre eux : ils s'assoient et se couvrent devant lui; et, lorsqu'il leur écrit, il les traite comme s'ils étaient princes, ou leur donne le titre d'Excellence. Ce n'est pas que quelques grands seigneurs se contentent de les traiter de Votre Seigneurie; mais cela est moins honnête et très-peu usité. Quand leurs femmes vont chez la Reine, elle les reçoit debout; et, au lieu d'être seulement assises sur le tapis de pied, on leur présente un carreau [1].

« Pour les mayorasques, c'est une espèce de substitution qui se fait de la plupart des grandes terres qui appartiennent à des personnes de naissance; car celui qui ne serait pas noble et qui posséderait une de ces terres ne jouirait pas du privilége du mayorazgo; mais lorsque c'est un homme de qualité, quelques dettes qu'il ait, on ne saurait lui faire vendre ses terres en mayorasque s'il ne le veut bien, et il ne le veut presque jamais, de sorte que ses créanciers n'ont que la voie d'arrêter son revenu; et ce n'est pas encore la plus courte, parce qu'avant qu'ils en touchent un sol, les juges ordonnent une pension convenable, selon le rang de celui sur qui on vient

---

[1] Voici, en ce qui touche les grands d'Espagne, quelques autres détails d'étiquette. « Ils ont aux chapelles un banc couvert de tapis en suite du Roi, et y sont salués autant de fois que le Roi. Ils sont couverts aux audiences solennelles et publiques, et toutes les fois, partout où le Roi l'est sans qu'il le leur dise. Ils sont traités de cousins quand le Roi leur écrit.... Ils ont hors de Madrid, et dans les lieux où le Roi se trouve, un tapis à l'église et doubles carreaux pour les coudes et les genoux. Ils ont tous les honneurs civils et militaires, la première visite du vice-roi et sa main chez lui.... Pareillement à l'armée, une garde et la main chez le général.... Les femmes de grands ont chez la Reine des carreaux de velours en tout temps, et leurs belles filles aînées de damas ou de satin; de même à l'église pour se mettre à genoux, à la comédie pour s'asseoir et maintenant des tabourets au bal, distinction d'aller par la ville à deux et à quatre mules à traits très-longs.... Les grands ne cèdent à personne, excepté ce que j'ai dit, au président du gouverneur de Castille, du majordome-major du Roi, et rarement des cardinaux et des ambassadeurs.... Les grands sont traités d'égaux chez les Électeurs et les autres souverains, comme les souverains d'Italie; chez le Pape et dans Rome, comme les princes de Soglio. » (*Mémoires du duc de Saint-Simon*, t. III, p. 288 à 302.)

de faire la saisie, tant pour ses enfants que pour sa table, ses habits, ses domestiques, ses chevaux et même ses menus plaisirs. D'ordinaire, tout le revenu est employé à cela sans que les créanciers soient en droit de s'en plaindre, bien qu'ils en souffrent beaucoup.

« Voilà, Madame, continua Doña Éléonor, ce que vous avez souhaité de savoir, et je me trouve heureuse d'avoir eu lieu de satisfaire votre curiosité. » Je lui témoignai qu'elle avait ajouté extrêmement au plaisir que je pouvais trouver dans le simple récit des choses dont je m'étais informée, et que je mettrais toujours une grande différence entre ce que j'apprendrais d'elle, ou ce que j'apprendrais d'une autre.

Elle me demanda si je savais celui que le Roi venait de nommer pour être son ambassadeur en Espagne ; je lui dis qu'on ne me l'avait pas encore écrit. « Je n'ai pu apprendre qui c'est, ajouta-t-elle, avant que je sois partie de Madrid ; mais j'ose dire que tout le monde ne nous convient pas. Nous souhaitons que l'on ait de bonnes qualités personnelles et de la naissance. Nous ne souffrons qu'avec peine qu'un homme d'un mérite et d'une condition médiocres soit revêtu d'une dignité qui l'élève si fort au-dessus des autres, lorsqu'il représente un grand monarque et qu'il traite de sa part avec le nôtre. Nous voulons, dis-je, qu'il honore son caractère autant que son caractère l'honore. »

Elle apprit ensuite à Don Fernand de Tolède que la marquise de la Garde, sa tante, était morte il y avait peu, et que le comte de Médelin, frère de cette dame, était mort le lendemain; que, plusieurs personnes croyaient que c'était de douleur de la mort de sa sœur. — « Hé quoi! Madame, dis-je en l'interrompant, les Espagnols ont-ils un si bon naturel? Il me semble que leur gravité s'accorde mal avec la tendresse. » Elle se prit à rire de ma question, et elle me dit que j'étais comme toutes les autres dames françaises qui se préviennent aisément contre les Espagnols; mais qu'elle espérait que lorsque je les connaîtrais, j'en aurais meilleure opinion. Elle eut l'honnêteté de me prier de venir me reposer quelques jours, proche de Lerma, dans une maison dont elle était la maîtresse. Je la remerciai de ses offres obligeantes, et lui dis que j'en aurais profité avec plaisir si j'avais des raisons moins pressantes d'aller à Madrid; mais que je l'assurais que lorsqu'elle y serait, je ne manquerais pas de la voir. Nous demeurâmes le reste du soir ensemble, et l'heure de se retirer étant venue, je lui dis adieu et la priai de m'accorder son amitié.

Je me levai avant le jour parce que nous avions une furieuse journée à faire pour aller coucher à Aranda de Duero. Le temps s'étant adouci, il faisait un grand brouillard mêlé de pluie, et, en arrivant le soir, l'hôte nous dit que nous serions fort bien chez lui, mais que nous n'aurions point du tout de pain. « C'est pourtant une chose dont on se passe difficilement, répondis-je. » Et, en effet, cette nouvelle me chagrina. Je m'informai d'où venait cette disette; Il me fut dit que l'alcalde-mayor de la ville (c'est celui qui ordonne de tout, et qui est tout ensemble le gouverneur et le juge), avait envoyé quérir le pain et la farine qui étaient chez les boulangers et les avait fait apporter dans sa maison, pour en faire une distribution proportionnée aux besoins de chaque particulier; et que, ce qui avait donné lieu à cela, c'était que la rivière de Duero, qui passe autour de la ville, était gelée, et les rivières de Leon, de Suegra, de Burgos, de Tormes et de Salamanque, qui s'y jettent et s'y perdent, avaient aussi cessé leurs cours; qu'ainsi, aucun moulin ne pouvait moudre, ce qui faisait appréhender la famine. Cela nous obligea de nous adresser à lui pour avoir le pain qui nous était nécessaire. Don Fernand lui envoya un gentilhomme de sa part, de celle des trois chevaliers et de la mienne. Aussitôt on nous envoya tant de pain, que nous en eûmes assez pour en donner à notre hôte et à sa famille qui en avait grand besoin.

Nous n'étions pas encore à table, lorsque mes gens apportèrent dans ma chambre plusieurs paquets de lettres qu'ils avaient trouvés sur les degrés de l'hôtellerie. Celui qui les portait, ayant bu plus qu'il ne fallait, s'y était endormi, et tous ses paquets étaient exposés à la curiosité des passants. Il y a, dans ce pays, un très-méchant ordre pour le commerce; et, lorsque le courrier de France arrive à Saint-Sébastien, on donne toutes les lettres qu'il apporte à des hommes qui vont fort bien à pied et qui se relayent les uns les autres. Ils mettent ces paquets dans un sac attaché avec de méchantes cordes sur leurs épaules, de manière qu'il arrive souvent que les secrets de votre cœur et de votre maison sont en proie au premier curieux qui fait boire ce misérable piéton. C'est ce qui arriva dans cette occasion, car Don Frédéric de Cardone, ayant regardé plusieurs dessus de lettres, reconnut l'écriture d'une dame à laquelle il prenait apparemment intérêt; du moins je le jugeai ainsi par l'émotion de son visage et par l'empressement avec lequel il ouvrit le paquet. Il lut la lettre et voulut bien me la montrer, sans vouloir me dire ni de qui elle venait, ni pour qui elle était, mais il me promit de m'en informer à Madrid. Comme je la trouvai bien écrite, il me vint dans l'esprit que vous seriez peut-être bien aise de voir le style d'une Espagnole quand elle écrit à ce qu'elle aime; je priai le chevalier de m'en laisser prendre une copie, mais il est vrai que la traduction ôte beaucoup d'agrément à cette lettre; la voici :

« Tout contribue à m'affliger dans la malheureuse ambassade où vous allez, sans compter que l'éloignement est le poison des plus fortes amitiés. Je ne puis me flatter que quelque rupture entre les souverains ne puisse abréger le temps de votre absence et me rendre un bien sans lequel je ne saurais vivre. De tous les princes de l'Europe, celui à qui l'on vous envoie est le plus uni avec nous; je ne prévois point de guerre contre lui; et ce fléau, dont le ciel punit les coupables, serait pour moi mille fois plus doux que la paix. Oui, je consentirais d'en porter seule tous les désastres, de voir mes terres ruinées, mes maisons en feu, de perdre mon bien et ma liberté, pourvu que nous fussions ensemble, et que, sans vous faire partager mes disgrâces, je puisse jouir du plaisir de vous voir. Vous devez juger, par de telles dispositions, de l'état où je suis, quand je pense qu'effectivement vous allez partir, que je reste à Madrid, que je n'ose vous suivre ; que mon devoir étouffe tout d'un coup les projets que je pourrais faire pour me consoler, et que je vous perds enfin, dans le temps où je vous trouve le plus digne de ma tendresse ; où j'ai plus de sujet d'être perusadée de la vôtre, et où je sens davantage les marques que vous m'en donnez. Je devrais vous cacher ma douleur et ne rien ajouter à la vôtre ; mais quel moyen de pleurer et de pleurer sans vous ! Hélas ! hélas ! je serai bientôt réduite à pleurer toute seule. Ne craignez-vous point qu'une affliction si vive ne me tue, et ne pourriez-vous pas feindre d'être malade pour ne me point quitter ? Songez à tous les biens qui sont renfermés dans cette proposition. Mais je suis folle de vous la faire ; vous préférez les ordres du Roi aux miens, et c'est me vouloir attirer de nouveaux chagrins que de vous mettre à une telle épreuve. Adieu, je ne vous demande rien, parce que j'ai trop à vous demander ; je n'ai jamais été si affligée. »

Comme j'achevais de traduire la lettre que je vous envoie, le fils de l'alcalde vint me voir ; c'était un jeune homme qui avait une bonne opinion de lui-même et qui était un vrai *guap*[1]. Que ce mot ne vous embarrasse pas, ma chère cousine ; *guap* veut dire,

---

[1] Le mot véritablement castillan est *guapo*.

en espagnol, brave, galant et même fanfaron. Ses cheveux étaient séparés sur le milieu de la tête et noués, par derrière, avec un ruban bleu, large de quatre doigts et long de deux aunes, qui tombait de toute sa longueur; il avait des chausses de velours noir qui se boutonnaient de cinq ou six boutons au-dessus du genou, et sans quoi il serait impossible de les ôter sans les déchirer en pièces, tant elles sont étroites en ce pays. Il avait une veste si courte qu'elle ne passait pas la poche, et un pourpoint à longues basques de velours noir ciselé, avec des manches pendantes, larges de quatre doigts; les manches du pourpoint étaient de satin blanc bordées de jais, et au lieu d'avoir des manches de chemise de toile, il en portait de taffetas noir fort bouffantes avec des manchettes de même; son manteau était de drap noir, et comme c'était un *guap*, il l'avait entortillé autour de son bras, parce que cela est plus galant, avec un *broquel* à la main; c'est une espèce de bouclier fort léger et qui a au milieu une pointe d'acier: ils le portent quand ils vont la nuit en bonne ou en mauvaise fortune. Il tenait, de l'autre main, une épée plus longue que demi-pique, et le fer qu'il y avait à la garde aurait pu suffire à faire une petite cuirasse; comme ces épées sont si longues qu'on ne pourrait les tirer du fourreau à moins que l'on ne fût aussi grand qu'un géant, ce fourreau s'ouvre en appuyant le doigt sur un petit ressort. Il avait aussi un poignard dont la lame était étroite; il était attaché à sa ceinture contre son dos; sa gôlille de carton, couverte d'un petit quintin, lui tenait le col si droit, qu'il ne pouvait ni baisser ni tourner la tête ¹. Rien n'est plus ridicule que ce hausse-col; car ce n'est ni une fraise, ni un rabat, ni une cravate; cette golille, enfin, ne ressemble à rien, incommode beaucoup et défigure de même. Son chapeau était d'une grandeur prodigieuse, la forme basse et doublée de taffetas noir avec un gros crêpe autour, comme un mari le porterait pour le deuil de sa femme. L'on m'a dit que ce crêpe est le titre le plus incontestable de la plus fine galanterie. Ceux qui se piquent de se mettre bien ne portent ni chapeaux bordés, ni plumes, ni nœuds de rubans d'or et d'argent; c'est un crêpe bien large et bien épais dont ils se parent, et il n'y a point de Chimène qui puisse tenir contre cette vision. Ses souliers étaient d'un maroquin aussi fin que les peaux dont on fait les gants, et tout découpés, malgré le froid, si justes aux pieds qu'il semblait qu'ils fussent collés dessus, et n'avaient point de talon. Il me fit, en entrant, une révérence à l'espagnole, les deux jambes croisées l'une sur l'autre et se baissant gravement comme font les femmes lorsqu'elles saluent quelqu'un ². Il était fort parfumé, et ils le sont tous beaucoup; sa visite ne fut pas longue; il savait assez son monde; il n'oublia pas de me dire qu'il allait souvent à Ma-

---

¹ La golille était une sorte de collet d'un aspect étrange et qui caractérisait le costume espagnol. Elle avait été adoptée pour la première fois par le Roi Philippe IV. Ce prince avait été même si fort satisfait de cette heureuse idée, qu'il avait institué une fête destinée à en perpétuer le souvenir. Le Roi et la cour se rendaient processionnellement à la chapelle du pont de l'Ange Gardien, pour rendre grâce au Ciel.

² Les grands d'Espagne, lorsqu'ils saluaient le Roi, faisaient encore de notre temps une révérence semblable à celle des femmes.

drid, et qu'il ne se faisait pas de courses de taureaux où il n'exposât sa vie. Comme j'avais sur le cœur le peu de soin qu'on prend des lettres, je lui parlai du courrier que mes gens avaient trouvé endormi sur le degré; il me dit que cela venait de la négligence du grand maître des postes, ou, pour mieux dire, de ce qu'il voulait trop gagner; et que, si le Roi en était informé, il ne le souffrirait pas. Ce nom de grand maître des postes fit que je lui demandai si l'on allait quelquefois en poste en Espagne; il me dit que oui, pourvu qu'on eût la permission du Roi ou du grand maître, qui est toujours un homme d'une naissance distinguée, et qu'à moins d'un ordre bien signé et en bonne forme, on ne donnait point de chevaux. Mais, lui dis-je, un homme qui vient de se battre ou qui a d'autres raisons de vouloir faire diligence, que fait-il? Rien, Madame, me dit-il; s'il a de bons chevaux il s'en sert, et, s'il n'en a pas, il est assez embarrassé; mais lorsque l'on veut aller en poste et que l'on ne part pas directement de Madrid, il suffit de prendre un billet de l'alcalde, qui veut dire gouverneur des villes par où l'on passe. Ma curiosité étant satisfaite sur ce chapitre, le galant Espagnol se retira, et nous soupâmes tous ensemble à notre ordinaire.

Il y avait déjà du temps que j'étais couchée et endormie, quand je fus réveillée par un son de cloches et par un bruit confus de voix effroyables. Je ne savais encore ce qui le causait, lorsque Don Fernand de Tolède et Don Frédéric de Cardone, sans frapper à ma porte, l'enfoncèrent, et m'appelant de toutes leurs forces pour me trouver (car ils n'avaient point de lumière), vinrent l'un et l'autre à mon lit, et jetant ma robe sur moi, ils m'emportèrent avec ma fille au plus vite jusqu'au haut de la maison. Je ne peux vous représenter mon étonnement et ma crainte ; je leur demandai enfin ce qui était arrivé. Ils me dirent que le dégel était venu tout d'un coup avec tant de violence, que les rivières, grossies par les torrents qui tombaient de tous côtés des montagnes dont la ville est entourée, s'étaient débordées et l'inondaient ; qu'au moment qu'ils m'étaient venus prendre, l'eau était déjà dans ma chambre, et que le désordre était horrible. Il n'était pas nécessaire qu'ils m'en dissent davantage, car j'entendais des cris affreux et l'eau ébranlait toute la maison. Je n'ai jamais eu si grand'peur, je regrettais tendrement ma chère patrie. Hélas! disais-je, j'ai bien fait du chemin pour me venir noyer au quatrième étage d'une hôtellerie d'Aranda. Toute mauvaise plaisanterie à part, je croyais mourir, et j'étais si troublée que je fus prête vingt fois de prier MM. de Tolède et de Cardone de m'entendre en confession. Je crois que dans la suite ils en auraient plus ri que moi. Nous fûmes jusqu'au jour dans les alarmes continuelles ; mais l'alcalde et les habitants de la ville travaillèrent si promptement et si utilement à détourner les torrents, et à faire écouler les eaux, que nous n'en eûmes que la peur. Deux de nos mulets furent noyés, mes litières et mes hardes si pénétrées d'eau, que, pour les faire sécher, il a fallu rester un jour tout entier : et ce n'était pas une chose trop facile, car il n'y a pas de cheminée aux hôtelleries. L'on chauffa le four et l'on mit toutes mes hardes dedans. Je vous assure que je n'ai point gagné à cette malheureuse inondation; je me couchai après cela, où pour mieux dire, je me mis dans le bain, mon lit étant aussi mouillé que tout le reste.

Nos voyageurs ont jugé qu'il fallait me laisser un peu en repos; j'ai employé une partie de ma journée à vous écrire. Adieu, ma chère cousine, il est temps de finir. Je suis toujours plus à vous que personne au monde.

A Aranda de Duero, ce 9 de mars.

SIXIÈME LETTRE.

L'exactitude que j'ai à vous apprendre les choses que je crois dignes de votre curiosité m'oblige très-souvent de m'informer de plusieurs particularités que j'aurais négligées, si vous ne m'aviez pas dit qu'elles vous font plaisir, et que vous aimez à voyager sans sortir de votre cabinet.

Nous partîmes d'Aranda par un temps de dégel qui rendait l'air bien plus chaud, mais qui rendait aussi les chemins plus mauvais. Nous trouvâmes peu après la montagne de Somosierra, qui sépare la Vieille-Castille de la nouvelle, et nous ne la traversâmes pas sans peine, tant pour sa hauteur que pour la quantité de neige dont les fonds étaient remplis, et où nous tombions quelquefois comme dans des précipices, croyant le chemin uni. L'on appelle ce passage *Puerto*[1]. Il semble que ce nom ne devrait

[1] Tel est bien, en castillan, le sens du mot *puerto*, que les Français traduisent par celui de port. La ville de Saint-Jean-Pied-de-Port tire ainsi son nom du port des Pyrénées, à l'entrée duquel elle se trouve. Les Espagnols, de même que les Maures, avaient établi des péages et des douanes à ces passages de montagne. Aussi les lois fiscales font-elles mention des dîmes des ports secs, par rapport aux dîmes des ports de mer. En Andalousie, on avait conservé les lignes de douane des cinq royaumes arabes qui avaient été successivement conquis. Les relations de voyage et autres documents du temps parlent souvent des entraves qui en résultaient pour le commerce.

être donné qu'à un port où l'on s'embarque sur la mer ou sur la rivière, mais c'est ainsi qu'on explique le passage d'un royaume dans un autre; et toujours en faisant son chemin il en coûte, car les gardes des douanes, qui font payer les droits du Roi, attendent les voyageurs sur les grands chemins, et ne les laissent point en repos, qu'ils ne leur aient donné quelque chose.

En arrivant à Buitrago, nous étions aussi mouillés que la nuit d'inondation à Aranda, et encore que je fusse en litière, je ne m'apercevais guère moins du mauvais temps que si j'eusse été à pied ou à cheval, parce que les litières sont si mal faites en ce pays, et si mal fermées, que lorsque les mulets passent quelque ruisseau, ils jettent avec leurs pieds une partie de l'eau dans la litière, et quand elle y est une fois, elle y demeure, de sorte que je fus obligée, en arrivant, de changer de linge et d'habits. Ensuite Don Fernand, les trois cavaliers, ma fille et mes femmes, vinrent avec moi au château dont on m'avait beaucoup parlé.

Il me parut aussi régulièrement bâti que celui de Lerma, un peu moins grand, mais plus agréable. Les appartements en sont mieux tournés, et les meubles ont quelque chose de fort riche et même de singulier, tant par leur antiquité que par leur magnificence. Ce château est, comme celui de Lerma, à Don Rodrigo de Silva de Mendoza, duc de Pastrana et de l'Infantado. Sa mère se nomme Doña Catalina de Mendoza et Sandoval, héritière des duchés de l'Infantado et de Lerma. Il vient de père en fils de

Ruy Gomes de Silva, qui fut fait duc de Pastrana et prince d'Eboli par le Roi Philippe II. Cette princesse d'Eboli, dont il a été tant parlé pour sa beauté, était sa femme, et le Roi en était très-amoureux. On me montra son portrait, qui doit avoir été fait par un excellent peintre; elle est représentée toute de sa grandeur, assise sous un pavillon attaché à quelques branches d'arbre ; il semble qu'elle se lève, car elle n'a sur elle qu'un linge fin qui laisse voir une partie de son corps. Si elle l'avait aussi beau qu'il paraît dans son portrait, et si ses traits étaient aussi réguliers, on doit croire qu'elle était la plus charmante de toutes les femmes ; ses yeux sont si vifs et si remplis d'esprit qu'il semble qu'elle va vous parler. Elle a la gorge, les bras, les pieds et les jambes nus; ses cheveux tombent sur son sein, et des petits amours, qui paraissent dans tous les coins du tableau, s'empressent pour la servir : les uns tiennent son pied et lui mettent un brodequin, les autres passent des fleurs dans ses cheveux, il y en a qui soutiennent son miroir. On en voit plus loin qui lui aiguisent des flèches, pendant que les autres en emplissent son carquois et bandent son arc. Un faune la regarde au travers des branches, elle l'aperçoit et elle le montre à un petit Cupidon qui est appuyé sur ses genoux, et qui pleure, comme s'il en avait peur; ce qui la fait sourire. Toute la bordure est d'argent ciselé et doré en beaucoup d'endroits. Je demeurai longtemps à la regarder avec un extrême plaisir, mais on me fit passer dans une autre galerie où je la vis encore. Elle était peinte dans un très-grand tableau, à la suite de la

Reine Élisabeth, fille de Henri II, Roi de France, que Philippe II, Roi d'Espagne, épousa au lieu de la donner au prince Don Carlos son fils, avec qui elle avait été accordée. La Reine faisait son entrée à cheval, comme c'est la coutume, et je trouvai la princesse d'Eboli moins brillante auprès d'elle qu'elle ne m'avait paru étant seule. Il faut juger par là des charmes de cette jeune Reine; elle était vêtue d'une robe de satin bleu, mais du reste tout de même que je vous ai représenté la comtesse de Lemos. Le Roi la regardait passer de dessus un balcon. Il était habillé de noir avec le collier de la Toison; ses cheveux roux et blancs, le visage long, pâle, vieux, ridé et laid. L'infant Don Carlos accompagnait la Reine; il était fort blanc, la tête belle, les cheveux blonds, les yeux bleus, et il regardait la Reine avec une langueur si touchante, qu'il paraît que le peintre a pénétré le secret de son cœur, et qu'il a voulu l'exprimer. Son habit était blanc et brodé de pierreries; il était en pourpoint tailladé, avec un petit chapeau relevé par le côté, couvert de plumes blanches. Je vis dans la même galerie un autre tableau qui me toucha fort : c'était le prince Don Carlos mourant. Il était assis dans un fauteuil, son bras appuyé sur une table qui était devant lui, et sa tête penchée sur sa main; il tenait une plume comme s'il eût voulu écrire, il y avait devant lui un vase où il paraissait quelque reste d'une liqueur brune, et apparemment que c'était un poison. Un peu plus loin, l'on voyait préparer le bain, où l'on devait lui ouvrir les veines; le peintre avait représenté parfaitement bien l'état où l'on se trouve dans une occasion si funeste; et comme j'avais lu son histoire et que j'en avais été attendrie, il me sembla qu'effectivement je le voyais mourir[1]. On me dit que tous ces tableaux étaient de grand prix. On me conduisit dans une chambre dont l'ameublement avait appartenu à l'archiduchesse Marguerite d'Autriche, gouvernante des Pays-Bas, et l'on prétend qu'elle y a travaillé elle-même ; c'est un petit lit de gaze sur lequel on a appliqué des plumes d'oiseaux de toutes les couleurs, et cela forme des grotesques, des plumes, des fleurs, des petits animaux. La tapisserie est pareille, et les différentes nuances des plumes font un effet très-agréable. Voilà ce que je remarquai de plus singulier au château de Buitrago ; et comme il était déjà tard, nous en sortîmes.

Il y avait plusieurs jours que je n'avais eu le plaisir de voir jouer à l'hombre, je fis apporter des cartes. Don Fernand avec deux des chevaliers commencèrent une reprise ; je m'intéressai à mon ordi-

[1] Les contemporains de madame d'Aulnoy étaient persuadés que Don Carlos avait péri victime de la jalousie de Philippe II. Louville, au dire de Saint-Simon, assista à l'ouverture du cercueil de ce prince, et s'assura ainsi par ses yeux que l'infant avait été décapité. Néanmoins, toute cette histoire doit être reléguée au rang des fables. La vérité pure et simple est que Don Carlos avait hérité de la constitution maladive de son aïeule, Jeanne la Folle. Les accès de fureur auxquels il s'abandonna devinrent tels, que Philippe II se vit dans la nécessité de le faire enfermer. Mais ce fut dans le palais même et avec tous les égards dus à son rang. Le malheureux prince ne tarda pas à succomber. Les seigneurs de sa maison assistèrent à ses derniers moments et à ses obsèques; suivant l'usage du temps, le corps fut porté à visage découvert à l'Escurial.

Après avoir lu les savantes recherches de M. Gachard et de M. de Mouy, on est surpris de la crédulité des historiens qui, sans le moindre motif, ont propagé la fable dont parle madame d'Aulnoy.

naire, et Don Estève de Carvajal en fit autant; de sorte qu'après avoir regardé jouer quelques moments, je lui demandai auquel des trois chevaliers était la commanderie, d'où ils revenaient lorsque je les rencontrai. Il me dit qu'elle n'était pas à un d'eux; qu'ils y étaient allés voir un de leurs amis communs, sur un accident très-fâcheux qui lui était arrivé à la chasse. Me trouvant sur le chapitre des commanderies, je le priai de m'apprendre si les ordres de Saint-Jacques, de Calatrava et d'Alcantara étaient anciens. Il me dit qu'il y avait plus de cinq cents ans qu'ils subsistaient; que l'on appelait autrefois l'ordre de Calatrava, le Galant; celui de Saint-Jacques, le Riche; celui d'Alcantara, le Noble. Ce qui les faisait nommer ainsi, c'est que, d'ordinaire, il n'entrait dans Calatrava que des jeunes cavaliers; que Saint-Jacques était plus riche que les deux autres; et que, pour être reçu chevalier d'Alcantara, il fallait faire ses preuves de quatre races; au lieu que pour entrer dans les autres, il ne faut les faire que de deux. Dans les premiers temps que ces ordres furent établis, les chevaliers faisaient des vœux, vivaient très-régulièrement en communauté et ne portaient des armes que pour combattre les Maures; mais, ensuite, il y entra les plus grands seigneurs du royaume, qui obtinrent la liberté de se marier, sous cette condition qu'ils seraient obligés d'en demander une dispense expresse au Saint-Siége. Il faut avoir un brevet du Roi, faire ses preuves de noblesse et prouver aussi que l'on vient de Cristianos Viejos, c'est-à-dire qu'il n'est entré dans la famille du père ni de la mère aucun Juif ni Maure. Le Pape Innocent VIII donna, en 1489, au Roi Ferdinand et à ses successeurs la disposition de toutes les commanderies de ces trois ordres, que l'on nomme militaires. Le Roi d'Espagne en dispose, en effet, sous le titre d'administrateur perpétuel, et il jouit des trois grandes maîtrises, qui lui valent plus de quatre cent mille écus de rente. Lorsqu'il tient chapelle comme grand maître de l'ordre ou qu'il fait quelque assemblée, les chevaliers ont le privilége d'être assis et couverts devant lui. Don Estève ajouta que l'ordre de Calatrava avait trente-quatre commanderies et huit prieurés, qui valaient cent mille ducats de revenu; qu'Alcantara avait trente-trois commanderies, quatre alcaldies et quatre prieurés, qui rapportaient quatre-vingt mille ducats, et que les quatre-vingt-sept commanderies de Saint-Jacques, tant en Castille qu'au royaume de Leon, valaient plus de deux cent soixante-douze mille ducats. Vous pouvez juger par là, Madame, continua-t-il, qu'il y a des ressources pour les pauvres gentilshommes espagnols [1].

Je conviens, lui dis-je, que ce serait une chose très-avantageuse pour eux, s'ils étaient les seuls que l'on voulût admettre dans ces trois ordres; mais il me semble que vous venez de me dire que les plus grands seigneurs en possèdent les plus belles com-

---

[1] Il faut ajouter à ces trois ordres, l'ordre de Monteza, dans le royaume de Valence. Il était infiniment moins considérable que les autres et ne comprenait que treize commanderies, rapportant l'une dans l'autre 2,300 ducats.

manderies. C'est par une règle générale, interrompit-il, qui veut toujours que les biens aillent aux plus riches, quoiqu'il y eût de la justice d'en faire part aux autres; et les aînés de grande qualité auraient encore de quoi se satisfaire en obtenant l'ordre de la Toison, qui distingue extrêmement ceux que le Roi en honore. Cependant, comme c'est une faveur qui n'est accompagnée d'aucun revenu et qu'elle ne se donne pas même aisément, peu de gens la recherchent et l'on ne voit, d'ordinaire, l'ordre de la Toison qu'à des princes. Si vous savez qui l'a instituée, lui dis-je, vous m'obligerez de m'en informer. On prétend, reprit-il, que dans le temps que les Maures possédaient la plus grande et la meilleure partie de l'Espagne, un villageois, qui vivait selon Dieu, le priant avec ferveur de délivrer le royaume de ces infidèles, aperçut un ange qui descendait du ciel, lequel lui donna une toison d'or et lui commanda de s'en servir pour amasser des troupes, parce que, à cette vue, on ne refuserait pas de le suivre et de combattre les ennemis de la foi. Ce saint homme obéit, et plusieurs gentilshommes prirent les armes sur ce qu'il leur dit.

Le succès de cette entreprise répondit à l'espérance que l'on en avait conçue; de manière que Philippe le Bon, duc de Bourgogne, institua l'ordre de la Toison d'or en l'honneur de Dieu, de la Vierge et de saint André, l'an 1429, et le propre jour de ses noces avec Isabeau, fille du roi de Portugal, fut choisi pour cette cérémonie. Elle se fit à Bruges; il ordonna que le duc de Bourgogne serait chef personnel de l'ordre, parce que saint André est patron de la Bourgogne. On appelle ceux qui l'ont *Cavalleros del Tuzon*, c'est-à-dire chevaliers de la Toison, et l'on peut remarquer par là que l'on fait une différence à l'égard de cet ordre, disant, quand on parle des autres : *Fulano es cavallero de la orden de Santiago,* ou *de la orden de Calatrava,* qui veut dire un tel est chevalier de l'ordre de Saint-Jacques ou de l'ordre de Calatrava.

Dans le temps que nous parlions ainsi, nous entendîmes un assez grand bruit, comme d'un équipage qui s'arrêtait. Au bout d'un moment, le valet de chambre de Don Frédéric de Cardone entra dans ma chambre, pour avertir son maître que M. l'archevêque de Burgos venait d'arriver.

C'est une rencontre heureuse pour moi, me dit-il, car j'étais parti de Madrid pour le voir, et, ne l'ayant pas trouvé à Burgos, j'en étais fort chagrin.

La fortune est toujours dans vos intérêts, lui dit Don Sanche en souriant; mais, pour ne pas vous retarder le plaisir de voir cet illustre parent, nous allons quitter notre reprise. Don Frédéric témoigna qu'il l'achèverait volontiers, et que son impatience céderait toujours à leur satisfaction.

Don Fernand et Don Sanche se levèrent. Apparemment, dit Don Estève, que Don Frédéric ne sera pas des nôtres de ce soir. J'en juge d'une autre manière, interrompit Don Fernand; l'archevêque est l'homme du monde le plus honnête; dès qu'il saura qu'il y a ici une dame française, il voudra la venir voir. Il me ferait beaucoup d'honneur, dis-je; mais avec tout cela j'en serais un peu embarrassée, car il faut souper et se coucher de bonne heure. J'achevais à peine ces paroles quand Don Frédéric revint sur ses pas. Dès que M. l'archevêque a su qu'il y avait une dame étrangère à Buitrago, me dit-il, il n'a plus songé à moi; et, si vous le voulez bien, Madame, il viendra vous offrir tout ce qui dépendra de lui en ce pays-ci.

Je répondis à cette civilité comme je le devais, et Don Frédéric, étant retourné vers lui, l'amena un moment après dans ma chambre. Je lui trouvai beaucoup de civilité; il parla peu et garda la gravité convenable à son caractère et à la nation espagnole. Il me plaignit fort de faire un si long voyage dans une saison si rigoureuse; il me pria de lui commander quelque chose en quoi il me pût obéir. C'est le compliment qu'on fait d'ordinaire en ce pays. Il avait par-dessus ses habits une soutanelle en velours violet, avec des hauts de manches tout plissés qui lui allaient jusqu'aux oreilles, et une paire de lunettes sur le nez.

Il fit apporter à ma fille un petit sagouin qu'il voulut lui donner; et, bien que j'en eusse de la peine, il fallut bien y consentir, par les instances qu'il m'en fit et par l'envie que mon enfant avait de l'accepter. Toutes les fois que M. l'archevêque prenait du tabac, ce qu'il faisait assez souvent, le petit singe lui tendait la patte et il en mettait dessus qu'il feignait de prendre. Ce prélat me dit que le Roi d'Espagne attendait avec une extrême impatience la réponse du marquis de Los Balbazes, sur les ordres qu'il lui avait donnés de demander, de sa part, Mademoiselle au Roi Très-Chrétien. S'il ne l'obtenait pas, ajouta-t-il, je ne sais ce qui en arriverait, car il est sensiblement touché de son mérite; mais toutes les apparences veulent que, si l'on considère bien la grandeur du Roi Très-Catholique, on souhaitera ce mariage. Quand le soleil se couche sur une partie de ses royaumes, il se lève sur l'autre; et ce monarque ne jouit pas seul de sa grandeur, il a le plaisir de la partager avec ses sujets; il est en état de les récompenser, de les rendre heureux, de les mettre dans des postes élevés où toute ambition est remplie, où ils reçoivent les mêmes honneurs que des souverains; et n'est-ce pas aussi ce que doit souhaiter un Roi, d'être en état de récompenser magnifiquement les services qu'on lui rend, de prévenir par ses bienfaits, et de forcer un ingrat à devenir reconnaissant? C'est une chose surprenante que le nombre d'emplois dans l'épée, de dignités dans l'Église et de charges de judicature que Sa Majesté donne tous les jours[1].

M. l'archevêque se retira en me priant de permettre qu'il m'envoyât son oille, parce qu'elle était toute prête et que je n'aurais rien de meilleur à mon souper. Je l'en remerciai et je lui dis que la même raison m'engageait à la refuser, puisque, sans elle, il ferait aussi mauvaise chère que nous.

Cependant Don Frédéric de Cardone l'était déjà allé quérir, et il revint chargé d'une grande marmite

---

[1] Madame d'Aulnoy place ici la très-longue liste des vice-royautés, gouvernements, archevêchés et évêchés, que nous renvoyons à l'appendice *D*.

d'argent; mais il fut bien attrapé de la trouver fermée avec une serrure; c'est la coutume en Espagne. Il voulut avoir la clef du cuisinier qui, trouvant mauvais que son maître ne mangeât pas son oille, répondit qu'il en avait malheureusement perdu la clef dans les neiges et qu'il ne savait plus où la prendre. Don Frédéric, fâché, voulut, malgré moi, l'aller dire à l'archevêque qui ordonna à son majordome de la faire trouver; il menaça le cuisinier, et la scène se passait si près de ma chambre, que je l'entendais tout entière. Mais, ce que j'y trouvai de meilleur, c'était les réponses du cuisinier qui disait : *No puedo padecer la riñà, sendo Cristiano viejo, hidalgo como el Rey, y proco mas*, ce qui veut dire : Je ne puis souffrir qu'on me querelle, étant de race de vieux chrétiens, nobles comme le Roi, et même un peu plus [1].

C'est ordinairement de cette manière que les Espagnols se prisent. Celui-ci n'était pas seulement glorieux, il était opiniâtre, et, quoi que l'on pût faire et dire, il ne voulut point donner la clef de la marmite, de sorte que l'oille y demeura sans que nous y eussions goûté. Nous nous couchâmes assez tard; et, comme je n'ai pas été matinale, tout ce que j'ai pu

---

[1] « En Espagne, dit Lope de Vega, tout le monde est si bien né, que la nécessité de servir distingue seule le pauvre du riche. » Le propos de ce cuisinier n'a donc rien qui doive nous surprendre; il pouvait être parfaitement un hidalgo. Le comte de Froberg, voyageant en Espagne et cherchant un domestique, vit entrer chez lui un homme des montagnes du Santander, auquel il dit d'aller chercher ses certificats. Cet homme, ne comprenant pas ce qu'on lui demandait, rapporta les titres les plus authentiques de noblesse depuis le roi Ordono II. (Weiss, t. II, p. 257.)

faire avant de partir a été de finir cette lettre, et, dès demain, j'en recommencerai une autre, où vous serez informée de la suite de mon voyage. Continuez, ma chère cousine, d'y prendre un peu d'intérêt; c'est le moyen de me le rendre heureux et agréable.

A Buitrago, ce 13 mars 1679.

SEPTIÈME LETTRE.

Il est bien aisé de s'apercevoir que nous ne sommes pas loin de Madrid; le temps est beau malgré la saison, et nous n'avons plus besoin de feu. Mais une chose assez surprenante, c'est que, dans les hôtelleries qui sont les plus proches de cette grande ville, on y est traité bien plus mal que dans celles qui en sont éloignées de cent lieues. L'on croirait bien plutôt arriver dans des déserts que d'approcher d'une ville où demeure un puissant roi, et je vous assure, ma chère cousine, que, dans toute notre route, je n'ai pas vu une maison qui plaise ni un beau château. J'en suis étonnée, car je croyais qu'en ce pays-ci, comme au nôtre, je trouverais de belles promenades et des petits palais enchantés; mais l'on y voit à peine quelques arbres qui croissent en dépit du terrain; et à l'heure qu'il est, bien que je ne sois qu'à dix lieues de Madrid, ma chambre est de plain-pied avec l'écurie; c'est un trou où il faut apporter de la lumière, à midi. Mais, bon Dieu! quelle lumière! il vaudrait mieux n'en point avoir du tout; car c'est une lampe qui ôte la joie, par sa triste lueur, et la santé, par sa fumée puante. L'on est allé partout, et même chez le curé, pour avoir une chandelle; il ne s'en est point trouvé, et je doute qu'il y ait des cierges dans son église,

Il règne ici un fort grand air de pauvreté [1]. Don Fernand de Tolède, qui s'aperçoit de ma surprise, m'assure que je verrai de très-belles choses à Madrid; mais je ne puis m'empêcher de lui dire que je n'en suis guère persuadée. Il est vrai que les Espagnols soutiennent leur indigence par un air de gravité qui impose. Il n'est pas jusqu'aux paysans qui ne marchent à pas comptés. Ils sont, avec cela, si curieux de nouvelles, qu'il semble que tout leur bonheur en dépend. Ils sont entrés sans cérémonie dans ma chambre, la plupart sans souliers, et n'ayant sous les pieds qu'un méchant feutre rattaché par des cordes. Ils m'ont priée de leur apprendre ce que je savais de la cour de France. Après que je leur en eus parlé, ils ont examiné ce que je venais de dire, et puis ils ont fait leurs réflexions entre eux, laissant paraître un fonds d'esprit et de vivacité surprenant. Constamment cette nation a quelque chose de supérieur à bien d'autres. Il est venu parmi les autres femmes une manière de bourgeoise assez jolie : elle portait son

---

[1] On s'est persuadé d'âge en âge que l'Espagne avait été riche et prospère à une époque antérieure. En réalité, elle a eu toujours cet aspect misérable qu'on lui voit de nos jours. Nous en trouvons la preuve dans le voyage du Vénitien Navagero, qui écrivait en 1526, époque où le Pérou n'attirait pas encore les commerçants en Amérique, et où les effets si funestes de la domination des rois austro-bourguignons ne se faisaient pas encore sentir. Il nous montre la Catalogne dépeuplée et pauvre en produits agricoles, l'Aragon désert et peu cultivé partout où ce pays n'est pas vivifié par le cours des rivières. Les anciens canaux, si nécessaires à la prospérité publique, tombant en ruine dans les environs des villes peuplées, telles que Tolède; dans le reste de la Castille, plusieurs grandes étendues de déserts, dans lesquels on ne trouvait quelquefois qu'une venta ordinairement inhabitée, ressemblant plus à un caravansérail qu'à une auberge. (Ranke, *l'Espagne* p. 417.)

enfant sur ses bras; il est d'une maigreur affreuse,
et avait plus de cent petites mains, les unes de jais,
les autres de terre ciselée, attachées à son col et sur
lui de tous les côtés [1]. J'ai demandé à la mère ce
que cela signifiait; elle m'a répondu que cela servait
contre le mal des yeux. Comment, lui ai-je dit, est-
ce que ces petites mains empêchent d'y avoir mal?
Assurément, Madame, a-t-elle répliqué, mais ce
n'est pas comme vous l'entendez; car vous saurez,
si cela vous plaît, qu'il y a des gens en ce pays qui
ont un tel poison dans les yeux, qu'en regardant
fixement une personne, et particulièrement un jeune
enfant, ils le font mourir en langueur. J'ai vu un
homme qui avait un œil malin, c'est le nom qu'on
lui donne, et comme il faisait du mal lorsqu'il
regardait de cet œil, on l'obligea de le couvrir
d'une grande emplâtre. Pour son autre œil, il n'avait
aucune malignité, mais il arrivait quelquefois qu'é-
tant avec ses amis, lorsqu'il voyait beaucoup de
poules ensemble, il disait : Choisissez celle que vous
voulez que je tue : on lui en montrait une, il ôtait
son emplâtre, il regardait fixement la poule, et peu
après, elle tournait plusieurs tours, étourdie, et tombait morte. Elle prétend aussi qu'il y a des magiciens,
qui, regardant quelqu'un avec une mauvaise inten-

---

[1] Au dire du duc de Noailles, une des amulettes les plus curieuses de cette époque, était la clochette que les Espagnols portaient pour se garantir des atteintes de la foudre. Surpris en route par un orage, le Roi Philippe V vit les seigneurs qui l'accompagnaient tirer leurs clochettes et les faire tinter. Le fou rire que causa au Roi ce carillon, fut considéré par les Espagnols comme la preuve d'une force d'âme dont ils lui firent grand honneur (*Collection des Mémoires*, t. XXXIV, p. 92.)

tion, leur donnent une langueur qui les fait devenir maigres comme des squelettes; et son enfant, m'at-elle dit, en est frappé. Le remède à cela, ce sont ces petites menottes, qui viennent d'ordinaire du Portugal. Elle m'a dit encore que c'est la coutume, lorsqu'on voit qu'une personne nous regarde attentivement, et qu'elle a assez méchante mine pour craindre qu'elle donne le mal d'*ojos* (on l'appelle ainsi, parce qu'il se fait par les yeux), de leur présenter une de ces petites mains de jais, ou la sienne même fermée, et de lui dire : *toma la mano,* ce qui veut dire, prends cette main. A quoi il faut que celui qu'on soupçonne réponde : *Dios te bendiga,* Dieu te bénisse; et s'il ne le dit pas, l'on juge qu'il est malintentionné, et là-dessus on peut le dénoncer à l'Inquisition, ou, si l'on est plus fort, on le bat jusqu'à ce qu'il ait dit *Dios te bendiga.*

Je ne vous assure pas, comme une chose certaine, que le conte de la poule soit positivement vrai; mais ce qui est de vrai, c'est qu'ici l'on est fortement persuadé qu'il y a des gens qui vous font du mal en vous regardant, et même il y a des églises où l'on va en pèlerinage pour en être guéri. J'ai demandé à cette jeune femme s'il ne paraissait rien d'extraordinaire dans ce qu'ils appellent les yeux malins. Elle m'a dit que non, si ce n'est qu'ils sont remplis d'une vivacité et d'un tel brillant, qu'il semble qu'ils soient tout de feu, et qu'on dirait qu'ils vont vous pénétrer comme un dard. Elle m'a dit encore que, depuis peu, l'Inquisition avait fait arrêter une vieille femme que l'on accusait d'être sorcière, et qu'elle croyait que c'était elle qui avait mis son enfant dans le pitoyable état où je le voyais. Je lui ai demandé ce que l'on ferait de cette femme. Elle m'a dit que, s'il y avait des preuves assez fortes, on la brûlerait infailliblement, ou qu'on la laisserait dans l'Inquisition, et que le meilleur parti pour elle, c'était d'en sortir avec le fouet dans les rues ; qu'on attache ces sorcières à la queue d'un âne, ou qu'on les monte dessus, coiffées d'une mitre de papier peint de toutes les couleurs, avec des écriteaux qui apprennent les crimes qu'elles ont commis ; qu'en ce bel équipage on les promène par la ville, où chacun a la liberté de les frapper ou de leur jeter de la boue. Mais, lui ai-je dit, par où trouvez-vous que si elle restait en prison, leur condition serait pire? Oh ! Madame, m'a-t-elle dit, je vois bien que vous n'êtes pas encore informée de ce que c'est que l'Inquisition. Tout ce que l'on en peut dire n'approche point des rigueurs que l'on y exerce. L'on vous arrête et l'on vous jette dans un cachot, vous y passez deux ou trois mois, quelquefois plus ou moins, sans que l'on vous parle de rien. Au bout de ce temps, on vous mène devant les juges, qui, d'un air sévère, vous demandent pourquoi vous êtes là ; il est assez naturel de répondre que vous n'en savez rien. Ils ne vous en disent pas davantage, et vous renvoient dans cet affreux cachot, où l'on souffre tous les jours des peines mille fois plus cruelles que la mort même. L'on n'en meurt pourtant point et l'on est quelquefois un an en cet état. Au bout de ce temps, on vous ramène devant les mêmes juges, ou devant d'autres, car ils changent et vont en différents pays. Ceux-là vous demandent encore pourquoi vous êtes détenu; vous répondez que l'on vous a fait prendre et que vous en ignorez le sujet. On vous renvoie dans le cachot, sans parler davantage. Enfin l'on y passe quelquefois sa vie. Et comme je lui ai demandé si c'était la coutume qu'on s'accusât soi-même, elle me dit que pour certaines gens, c'était assurément le meilleur et le plus court; mais que les juges ne tenaient cette conduite que contre ceux contre lesquels il n'y avait pas de peines assez fortes, car, d'ordinaire, lorsque quelqu'un accuse une personne de crimes capitaux, il faut que le dénonciateur reste en prison avec le criminel, et cela est cause que l'on y est un peu plus modéré. Elle m'a conté des particularités, des supplices de toutes les manières, dont je ne veux point remplir cette lettre; rien n'est plus effroyable. Elle m'a dit encore qu'elle a connu un Juif, nommé Ismaël, qui fut mis dans la prison de l'Inquisition de Séville, avec son père, qui était un rabbin de leur loi. Il y avait quatre ans qu'ils y étaient, lorsqu'Ismaël, ayant fait un trou, grimpa jusqu'au plus haut d'une tour, et se servant des cordes qu'il avait préparées, il se laissa couler le long du mur avec beaucoup de péril. Mais, lorsqu'il fut descendu, il se reprocha qu'il venait d'abandonner son père, et, sans considérer le risque qu'il courait de plus d'une manière, puisque son père et lui étaient jugés et devaient être conduits dans peu de jours à Madrid avec plusieurs autres, pour y souffrir le dernier supplice, il ne laissa pas de se déterminer; il remonta généreusement sur la tour, descendit dans son cachot, en tira son père, le fit sauver avant lui et se sauva ensuite [1]. J'ai trouvé cette action fort belle, et digne d'être donnée pour exemple aux chrétiens, dans un siècle où le cœur se révolte aisément contre les devoirs les plus indispensables de la nature.

« Je continuais d'entretenir avec plaisir cette bonne
» Espagnole, lorsque Constance, celle de mes femmes
» que vous connaissez, m'est venue dire, avec beau-
» coup d'empressement, qu'elle venait de voir
» M. Daucourt, et que, si je voulais, elle l'irait appe-
» ler. C'est un gentilhomme qui est riche et que j'ai
» connu à Paris. Il est honnête garçon, homme d'esprit
» et bien fait de sa personne. Je sais qu'il a à Madrid
» son frère, lequel est auprès de Don Juan d'Autriche.
» Ayant témoigné que je serais bien aise de lui parler,

---

[1] La religion des Espagnols était fort grossière, leur esprit nullement enclin aux controverses; aussi l'Inquisition avait-elle plus affaire à des Juifs qu'à des hérétiques proprement dits.

« Comme je passais à Logroño, dit le conseiller Bertault, on me dit qu'on y avait mis depuis peu à l'Inquisition un gentilhomme de qualité qui avait parlé et disputé un peu dessus la liberté et dessus la grâce. Mais il est vrai qu'ils n'y en mettent guère de cette nature, à cause que personne ne sait rien, et ainsi ils ne parlent guère de choses de religion. Ils n'y mettent guère souvent que ceux qui sont soupçonnés de morisme et de judaïsme, dont ils en prennent souvent qu'ils mènent par les rues, avec une *coroca*, qui est une espèce de bonnet pointu et fort haut de papier jaune et rouge, pour quoi on les appelle *encorocados*. Le conseil et les officiers de l'Inquisition marchent devant en mules, et les familiers après, et les *encorocados* sont au milieu. On les mène ainsi dans l'église des Dominicains, et on leur fait un grand sermon. Il y en a d'autres qu'on fouette quand ils sont relaps, d'autres à qui l'on ordonne *el sanbenito*. C'est une espèce d'étole qu'on les oblige de porter à leur col, et on les appelle *sanbenitos*. On écrit les noms de tous ceux qui ont été pris ainsi en l'année sur les murailles des églises, avec des croix de Saint-André, et la plupart des églises d'Espagne en sont pleines. » (*Relation de l'État d'Espagne*, p. 89.)

» Constance l'est allée chercher et me l'a amené. Après
» les premières honnêtetés, et m'être informée des
» nouvelles de ma parente, que je croyais bien qu'il
» connaissait, je lui ai demandé de ses nouvelles parti-
» culières et s'il était bien content de son voyage. Ah!
» Madame, ne me parlez pas de mon voyage, s'est-il
» écrié, il n'en a jamais été un plus malheureux, et
» si vous étiez venue quelques jours plus tôt, vous m'au-
» riez vu pendre. Comment, lui ai-je dit, qu'entendez-
» vous par là? J'entends, m'a-t-il dit; que tout au
» moins j'en ai eu la peur entière, et que voici bien le
» pays du monde le plus déplaisant pour les étrangers.
» Mais, Madame, si vous avez assez de loisir, et que
» vous en vouliez savoir davantage, je vous conterai
» mon aventure. Elle est singulière, et vous prouvera
» bien ce que j'ai l'honneur de vous dire. Vous me
» ferez beaucoup de plaisir, lui ai-je dit, nous sommes
» ici dans un lieu où quelque nouvelle, agréablement
» contée, nous sera d'un grand secours. Il la com-
» mença aussitôt de cette manière :

» Quelques affaires qui me regardent et l'envie de
» revoir un frère dont j'étais éloigné depuis plu-
» sieurs années, m'obligèrent, Madame, de faire le
» voyage de Madrid. Je ne savais guère les coutumes
» de cette ville-là; je croyais que l'on allait chez les
» femmes sans façon, que l'on jouait, que l'on man-
» geait avec elles; mais je fus étonné d'apprendre que
» chacune d'elles est plus retirée dans sa maison qu'un
» chartreux ne l'est dans sa cellule, et qu'il y avait des
» gens qui s'aimaient depuis deux ou trois ans, qui
» ne s'étaient encore jamais parlé. Des manières si

» singulières me firent rire ; je dis là-dessus toutes les
» bonnes et les mauvaises plaisanteries qui me vin-
» rent en l'esprit ; mais je traitai la chose plus sérieu-
» sement, lorsque j'appris que ces femmes, si bien
» enfermées, étaient plus aimables que toutes les
» autres femmes ensemble ; qu'elles avaient une déli-
» catesse, une vivacité et des manières que l'on ne
» trouvait que chez elles ; que l'amour y paraissait
» toujours nouveau, et que l'on ne changeait jamais
» une Espagnole que pour une autre Espagnole.
» J'étais au désespoir des difficultés qu'il y avait pour
» les aborder ; un de mes amis, appelé Belleville, qui
» avait fait le voyage avec moi, et qui est un joli garçon,
» n'enrageait guère moins de son côté que je faisais
» du mien. Mon frère, qui craignait qu'il ne nous
» arrivât quelque fâcheux accident, nous disait sans
» cesse que les maris en ce pays-ci étaient très-
» jaloux, grands tueurs de gens, et qui ne faisaient
» pas plus de difficulté de se défaire d'un homme que
» d'une mouche. Cela n'accommodait guère deux
» hommes qui n'étaient pas encore las de vivre.

» Nous allions dans tous les endroits où nous
» croyions voir des dames ; nous en voyions en effet,
» mais ce n'était pas contentement ; toutes les révé-
» rences que nous leur faisions ne nous produisaient
» rien, chacun de nous revenait tous les soirs fort las
» et fort dégoûté de nos inutiles promenades.

» Une nuit que Belleville et moi fûmes veiller au
» Prado (c'est une promenade plantée de grands
» arbres, ornée de plusieurs fontaines jaillissantes,
» dont l'eau, qui tombe à gros bouillons dans des

» bassins, coule, quand on le veut, dans le cours pour
» l'arroser et le rendre plus frais et plus agréable),
» cette nuit-là, dis-je, était la plus belle que l'on
» pouvait souhaiter. Après avoir mis pied à terre et
» renvoyé notre carrosse, nous nous promenâmes
» doucement. Or, nous avions déjà fait quelques
» tours d'allées, lorsque nous nous assîmes sur le
» bord d'une fontaine; nous commençâmes là de
» faire nos plaintes ordinaires. Mon cher Belleville,
» dis-je à mon ami, ne serons-nous jamais assez heu-
» reux pour trouver une Espagnole qui soit de ces
» spirituelles et engageantes tant vantées? Hélas!
» dit-il, je le désire trop pour l'espérer; nous n'avons
» trouvé jusqu'ici que ces laides créatures qui courent
» après les gens pour les faire désespérer, et qui
» sont, sous leurs mantilles blanches, plus jaunes et
» plus dégoûtantes que des bohémiennes; je vous
» avoue que celles-là ne me plaisent point, et que,
» malgré leur vivacité, je ne puis me résoudre à lier
» une conversation avec elles.

» Dans le moment qu'il achevait ces mots, nous
» vîmes sortir d'une porte voisine deux femmes; elles
» avaient quitté leurs jupes de dessus, qui sont tou-
» jours fort unies; et, quand elles entr'ouvraient leurs
» mantes, le clair de la lune nous les faisait voir toutes
» brillantes d'or et de pierreries. Vrai Dieu! s'écria
» Belleville, voici tout au moins deux fées. Parlez
» mieux, lui dis-je, ce sont tout au moins deux anges.
» En les voyant approcher, nous nous levâmes et
» leur fîmes la plus profonde révérence que nous
» eussions jamais faite. Elles passèrent doucement et

» nous regardèrent, tantôt d'un œil et tantôt de l'autre,
» avec les petites minauderies qui siéent si bien aux
» Espagnoles. Elles s'éloignèrent un peu ; nous étions
» en doute si elles reviendraient sur leurs pas, ou si
» nous devions les suivre ; et pendant que nous déli-
» bérions ensemble, nous les vîmes approcher; elles
» s'arrêtèrent quand elles furent proche de nous ;
» une d'elles prit la parole et nous demanda si
» nous savions l'espagnol. Je vois à vos habits,
» continua-t-elle, que vous êtes étrangers ; mais
» dites-moi, je vous prie, de quel pays vous êtes?
» Nous lui répondîmes que nous étions Français, que
» nous savions assez mal l'espagnol, mais que nous
» avions grande envie de le bien apprendre ; que nous
» étions persuadés que, pour y réussir, il fallait aimer
» une Espagnole, et qu'il ne tiendrait pas à nous,
» si nous en trouvions quelqu'une qui voulût être
» aimée. L'affaire est délicate, reprit l'autre dame
» qui n'avait point encore parlé, et je plaindrais celle
» qui s'y embarquerait ; car l'on m'a dit que les Fran-
» çais ne sont pas fidèles. Ha ! Madame, s'écria Bel-
» leville, on a eu dessein de leur rendre un mauvais
» office auprès de vous, mais c'est une médisance qu'il
» est aisé de détruire ; et bien que je donnasse mon
» cœur à une jolie femme, je sens bien que je ne pour-
» rais pas le reprendre de même. Eh quoi ! interrompit
» celle qui m'avait déjà parlé, êtes-vous capable de
» vous engager sans réflexion et à une première vue?
» j'en aurais un peu moins bonne opinion de vous. Ha !
» pourquoi, s'écria-t-il, Madame, perdre un temps qui
» doit être si précieux. S'il est bon d'aimer, il est bon

» de commencer tout le plus tôt que l'on peut; les
» cœurs qui sont nés pour l'amour s'usent et se
» gâtent quand ils n'en ont point. Vos maximes sont
» galantes, dit-elle, mais elles me paraissent dange-
» reuses; il ne faut pas seulement éviter de les suivre,
» je tiens qu'il faut éviter de les entendre. Et, en effet,
» elles voulaient se retirer, lorsque nous les priâmes,
» avec beaucoup d'instance, de rester encore quel-
» ques moments au Prado, et nous leur dîmes tout
» ce qui pouvait les obliger de se faire connaître et
» de nous donner la satisfaction de les voir sans leurs
» mantes. La conversation était assez vive et assez
» agréable; elles avaient infiniment d'esprit; et
» comme elles savaient ménager leurs avantages,
» elles nous montraient leurs mains en raccommo-
» dant sans affectation leurs coiffures; et ces mains
» étaient plus blanches que la neige : malgré le soin
» apparent qu'elles prenaient de se cacher, nous les
» voyions assez pour remarquer qu'elles avaient le
» teint fort beau, les yeux vifs et les traits assez ré-
» guliers. Nous les quittâmes le plus tard que nous
» pûmes, et nous les conjurâmes de revenir à la pro-
» menade, ou de nous accorder la permission d'aller
» chez elles. Elles ne convinrent de rien; et, en effet,
» nous fûmes plusieurs fois de suite au Prado, et tou-
» jours proche de la fontaine où nous les avions vues
» la première fois, sans que nous puissions les aper-
» cevoir. Voilà bien du temps perdu, disions-nous;
» quel moyen de passer sa vie dans cette grande oisi-
» veté! il faut renoncer à des dames d'un accès si
» difficile. C'était bien aussi notre dessein, mais il

» ne dura guère; car, à peine l'avions-nous formé,
» que nous vîmes sortir de la même porte les deux
» inconnues. Nous les abordâmes respectueusement,
» et nos manières honnêtes ne leur déplurent pas.
» Belleville donna la main à la plus petite et moi à la
» plus grande. Je lui fis des reproches auxquels elle
» ne me parut point indifférente, et, devenant plus
» hardi, je lui parlai des sentiments qu'elle m'avait
» inspirés, et je l'assurai qu'il ne tiendrait qu'à elle
» de m'engager pour le reste de ma vie; elle me
» parut fort réservée sur la plus petite marque de
» bonté. Dans la suite de notre conversation, elle me
» dit qu'elle était héritière d'un assez grand bien,
» qu'elle s'appelait Inès, que son père avait été che-
» valier de Saint-Jacques et qu'il était d'une qualité
» distinguée; que celle qui l'accompagnait se nommait
» Isabelle, et qu'elles étaient cousines. Toutes ces par-
» ticularités me firent plaisir, parce que je trouvais
» en elle une personne de naissance, et que cela flat-
» tait ma vanité. Je la priai, en la quittant, de m'ac-
» corder la permission de l'aller voir. Ce que vous
» désirez est en usage dans votre pays, me dit-elle,
» et si j'en étais, je me ferais un plaisir d'en suivre les
» coutumes; mais les nôtres sont différentes, et, bien
» que je ne comprenne aucun crime en ce que vous me
» demandez, je suis obligée de garder des mesures de
» bienséance auxquelles je ne veux point manquer. Je
» chercherai quelque moyen de vous voir sans cela,
» reposez-vous-en sur moi, et ne me sachez pas mau-
» vais gré de vous refuser une chose dont je ne suis
» pas absolument la maîtresse. Adieu, continua-t-elle,

15.

» je penserai à ce que vous souhaitez, et je vous in-
» formerai de ce que je puis. Je lui baisai la main,
» et me retirai fort touché de ses manières, de son
» esprit et de sa conduite.

» Aussitôt que je me trouvai seul avec Belleville,
» je lui demandai s'il était content de la conversa-
» tion qu'il venait d'avoir. Il me dit qu'il avait sujet
» de l'être, et qu'Isabelle lui paraissait douce et
» aimable. Vous êtes bien heureux, lui dis-je de lui
» avoir déjà trouvé de la douceur. Inès ne m'a pas
» donné lieu de croire qu'elle en a, son caractère est
» enjoué, elle tourne tout ce que je lui dis en rail-
» lerie, et je désespère de lier une affaire sérieuse
» avec elle. Nous demeurâmes quelques jours sans les
» voir, ni personne de leur part; mais un matin que
» j'entendais la messe, une vieille femme, cachée sous
» sa mante, s'approcha de moi, et me présenta un
» billet, où je lus ces mots :

» Vous me paraissez trop aimable pour vous voir
» souvent, et je vous avoue que je me défie un peu
» de mon cœur; si le vôtre est véritablement touché
» pour moi, il faut songer à l'hymen. Je vous ai dit
» que je suis riche et je vous ai dit vrai. Le parti que
» je vous offre n'est point mauvais à prendre. Pen-
» sez-y, je me trouverai ce soir aux bords du Mança-
» narez, où vous me pourrez dire vos sentiments.

» Comme je n'étais pas en lieu où j'eusse de quoi
» lui faire réponse, je me contentai de lui écrire sur
» mes tablettes :

» Vous êtes en état de me faire faire le voyage que
» vous voudrez. Je sens bien que je vous aime trop
» pour mon repos, et que je devrais me défier beau-
» coup plus de ma faiblesse que vous n'avez sujet de
» vous défier de la vôtre. Cependant je me trouverai
» au Mançanarez, résolu de vous obéir, quoi que vous
» vouliez de moi.

» Je donnai mes tablettes à cette honnête messa-
» gère, qui avait la mine d'en voler les plaques et les
» fermoirs avant que de les rendre. Je priai Belleville
» de me laisser aller seul à mon rendez-vous. Il me
» dit qu'il en avait de la joie, parce qu'Isabelle l'avait
» fait avertir qu'elle lui voulait parler en particulier à
» la Floride. Nous attendîmes avec impatience l'heure
» marquée, et nous nous séparâmes tous deux, après
» nous être souhaité une heureuse aventure.

» Dès que je fus arrivé au bord de l'eau, je regar-
» dai avec soin tous les carrosses qui passèrent ;
» mais il m'aurait été difficile d'y rien connaître,
» parce qu'ils étaient fermés avec des doubles rideaux.
» Enfin, il en vint un qui s'arrêta, et j'aperçus des
» femmes qui me faisaient signe de m'approcher. Je
» le fis promptement; c'était Inès, qui était encore
» plus cachée qu'à son ordinaire, et que je ne pou-
» vais discerner d'avec les autres qu'au son de sa
» voix. Que vous êtes mystérieuse, lui dis-je; pensez-
» vous, Madame, qu'il n'y ait pas de quoi me faire
» mourir de chagrin de ne vous voir jamais et d'en avoir
» toujours tant d'envie? Si vous voulez venir avec moi,
» me dit-elle, vous me verrez, mais je veux dès ici

» vous bander les yeux. En vérité, lui dis-je, vous
» m'avez paru fort aimable jusqu'à présent; mais ces
» airs mystérieux, qui ne mènent à rien et qui font
» souffrir, ne me conviennent guère. Si je suis assez
» malheureux pour que vous me croyiez un malhon-
» nête homme, vous ne devez jamais vous fier en
» moi; mais, au contraire, si vous m'avez donné votre
» estime, vous me la devez témoigner par un procédé
» plus franc. Vous devez être persuadé, interrompit-
» elle, que j'ai de puissantes raisons d'en user comme
» je fais, puisque, malgré ce que vous venez de me
» dire, je ne change point de résolution : la chose
» cependant dépend de vous; mais à mon égard, je
» ne souffrirai point que vous montiez dans mon car-
» rosse qu'à cette condition. Comme les Espagnoles
» sont naturellement opiniâtres, je choisis plutôt de
» me laisser bander les yeux que de rompre avec
» elle. J'avoue que j'avais quelque sorte de vanité de
» ces apparences de bonne fortune, et je m'imaginais
» être avec quelque princesse qui ne voulait pas que
» je la connusse en ce moment, mais que je trouve-
» rais dans la suite une des plus parfaites et des plus
» riches de l'Espagne. Cette vision m'empêcha de
» m'opposer plus longtemps à ce qu'elle voulait. Je
» lui dis qu'elle était la maîtresse de me bander les
» yeux, et même de me les crever, si elle y trouvait
» quelque plaisir. Elle m'attacha un mouchoir autour
» de la tête, si serré, qu'elle me fit d'abord une dou-
» leur effroyable : je me mis ensuite auprès d'elle; il
» était déjà nuit, je ne savais point où nous allions,
» et je m'abandonnai absolument à sa conduite.

» Inès avait avec elle deux autres filles; le carrosse
» fit tant de tours, que nous courûmes la plus grande
» partie des rues de Madrid. Inès m'entretenait avec
» trop d'esprit pour que je m'aperçusse de la lon-
» gueur du chemin; et j'étais charmé de l'entendre,
» lorsque notre malheureux carrosse, qui était assez
» mal attelé, fut accroché par un autre, et renversé
» tout d'un coup. Ainsi nous nous trouvâmes dans ce
» que l'on appelle la marée, c'est-à-dire dans un des
» plus grands et des plus vilains ruisseaux de la ville.
» Je n'ai jamais été si chagrin que je le fus; les trois
» señoras étaient tombées sur moi, elles m'étouf-
» faient par leur pesanteur et me rendaient sourd
» par leurs cris. Mes yeux étaient toujours bandés,
» et mon visage se trouvait tourné d'une certaine
» manière que je ne pouvais crier à mon tour, sans
» avaler de cette eau puante. C'est là que je fis quel-
» ques réflexions sur les contre-temps de la vie, et
» quoique j'aimasse beaucoup Inès, je sentais que je
» m'aimais encore davantage, et que j'aurais souhaité
» de ne l'avoir jamais vue. Sans que j'aie positivement
» su ce qui se passa, je me sentis délivré du fardeau
» qui m'accablait, et lorsque je me fus relevé à l'aide
» de quelques gens qui me tirèrent de là, je ne trou-
» vai plus Inès ni ses compagnes. Ceux qui étaient
» autour de moi riaient comme des fous de me voir
» les yeux bandés, et si mouillé de cette eau noire,
» qu'il semblait que l'on m'eût trempé dans de
» l'encre. Je demandai au cocher où était sa maî-
» tresse. Il me dit que la dame avec qui j'étais n'était
» point sa maîtresse, et qu'elle s'en était allée en me

» maudissant; qu'elle était fort crottée, qu'il ne la
» connaissait point, et qu'elle lui avait seulement dit
» en partant que c'était moi qui le payerais. Et où
» l'as-tu donc prise, lui dis-je? A la porte de las Del-
» calças Reales, me dit-il; une vieille m'est venue
» quérir et m'a mené prendre celle-là. Je l'obligeai
» pour mon argent de me conduire chez moi. J'atten-
» dis Belleville avec une impatience mêlée de cha-
» grin; il revint fort tard et fort content d'Isabelle, à
» laquelle il trouvait assez de bonté et bien de l'esprit.

» Je lui racontai mon aventure, il ne put s'empê-
» cher d'en rire de tout son cœur; et comme il avait
» un fonds de joie extraordinaire, il me fit cent plai-
» santeries qui achevèrent de me mettre de très-
» mauvaise humeur. Nous ne nous couchâmes qu'au
» jour, et je me levai seulement pour aller faire un
» tour au Prado avec lui. Comme nous passions sous
» des fenêtres assez basses, j'entendis Inès qui me
» dit: Cavalier, n'allez pas si vite, il est bien juste de
» vous demander comment vous vous trouvez de la
» chute d'hier au soir. Mais vous-même, belle Inès,
» lui dis-je en approchant de la fenêtre, que devîntes-
» vous? Et n'étais-je pas déjà assez à plaindre sans avoir
» le malheur de vous perdre? Vous ne m'auriez pas
» perdue, continua-t-elle, sans qu'une dame de mes
» parentes qui passa dans ce moment, reconnût le
» son de ma voix; je fus obligée, malgré moi, de mon-
» ter avec elle dans son carrosse, car je ne voulais
» pas qu'elle vît que nous étions ensemble. Bien que
» le cocher m'en eût parlé d'une autre manière, je
» n'osais entrer dans un plus grand éclaircissement,

» crainte de lui faire quelque peine, et je lui deman-
» dai, avec beaucoup de tendresse, quand je pourrais
» lui dire sans obstacles jusqu'où allaient ma passion et
» mon respect pour elle. Ce sera bientôt, me dit-elle,
» car je commence à croire que vous m'aimez, mais
» il faut que le temps confirme cette opinion. Ah!
» cruelle, lui dis-je, vous ne m'aimez guère, de diffé-
» rer toujours ce que je vous demande avec tant
» d'instance. Avouez la vérité, continua-t-elle, et
» dites-moi si vous me voulez épouser. Je veux vous
» épouser si vous le voulez, lui dis-je; cependant je
» ne vous ai encore jamais bien vue, et je n'ai
» point l'avantage de vous connaître. Je suis riche,
» ajouta-t-elle, j'ai de la naissance, et l'on me flatte
» d'avoir quelque mérite personnel. Vous avez tout
» ce qu'il faut avoir, lui dis-je, pour me plaire plus
» que personne du monde : votre esprit m'a enchanté,
» mais vous me mettez au désespoir, et j'aimerais mieux
» mourir tout d'un coup que de tant souffrir. Elle
» se prit à rire, et depuis ce soir-là, il ne s'en passa
» point que je ne l'entretinsse au Prado, au Mança-
» narez, ou dans des maisons qui m'étaient inconnues,
» et où elle prenait soin de me faire conduire. A la
» vérité, je n'entrais point dans la chambre avec elle,
» et je lui parlais seulement au travers des jalousies,
» où je faisais, pendant quatre heures durant, le plus
» impertinent personnage du monde. J'avoue qu'il
» faut être en Espagne pour s'accommoder de ces
» manières, mais effectivement j'aimais Inès, je lui
» trouvais quelque chose de vif et d'engageant qui
» m'avait surpris et touché.

» Je l'avais été trouver dans un jardin où elle m'a-
» vait mandé de venir, et où elle m'avait fait plus
» d'amitiés qu'à son ordinaire. Comme elle vit qu'il
» était tard, elle m'ordonna de me retirer. Je lui
» obéis avec peine, et je passais dans une rue fort
» étroite, lorsque j'aperçus trois hommes qui, l'épée
» à la main, en attaquaient un tout seul et qui se dé-
» fendait vaillamment. Je ne pus souffrir une partie
» si inégale; je courus pour le seconder; mais, dans
» le moment que je l'abordais, on lui porta un coup
» qui le fit tomber sur moi comme un homme mort.
» Ces assassins prirent la fuite avec une grande dili-
» gence; et le bruit ayant attiré beaucoup de gens
» qui me virent encore l'épée à la main, on ne douta
» point que je ne fusse du nombre des coupables.
» Ils se disposaient à me prendre, mais, m'étant
» aperçu de leurs mauvaises intentions, je cherchai
» plutôt mon salut dans ma fuite que dans mon inno-
» cence. J'étais poursuivi de près, et, de quelque
» côté que je pusse aller, l'on me coupait chemin.
» Dans cette extrémité, j'entrevis une porte entr'ou-
» verte, je me glissai dedans sans que l'on m'eût vu
» entrer, et, tout à tâtons, je montai jusque dans une
» salle fort obscure; j'aperçus de la lumière au tra-
» vers d'une porte, j'étais bien en peine si je devais
» l'ouvrir, et, au cas qu'il y eût du monde, ce que
» j'avais à dire. J'ai l'air effrayé, disais-je en moi-
» même, et l'on me prendra peut-être pour un homme
» qui vient de faire un mauvais coup et qui cherche
» les moyens d'en faire encore un autre. Je consul-
» tai longtemps; j'écoutai avec grande attention si

» l'on ne parlait point, et, n'ayant rien entendu, en-
» fin je me hasardai. J'ouvris doucement la porte,
» je ne vis personne; je regardai promptement où je
» pourrais me cacher, il me sembla que la tapisserie
» avançait en quelques endroits, et, en effet, je me
» mis derrière dans un petit coin. Il y avait peu que
» j'y étais, lorsque je vis entrer Inès et Isabelle. Je
» ne puis vous représenter, Madame, combien je fus
» agréablement surpris de connaître que j'étais dans
» la maison de ma maîtresse; je ne doutai point que
» la fortune ne se fût mise dans mes intérêts, je
» n'appréhendais plus rien de ceux qui pouvaient
» encore me chercher, et j'étais prêt à m'aller jeter
» à ses pieds lorsque j'entendis Isabelle commencer
» la conversation. — Qu'as-tu fait aujourd'hui, dit-
» elle, ma chère Inès? As-tu vu Daucourt? — Oui,
» dit Inès, je l'ai vu et j'ai lieu de croire qu'il m'aime
» éperdument, ou toutes mes règles seraient bien
» fausses; il parle très-sérieusement de m'épouser.
» Ce qui m'embarrasse, c'est qu'il veut me voir et
» me connaître. — Et comment pourras-tu te défen-
» dre de l'un et de l'autre? poursuivit Isabelle. — Je
» ne prétends pas aussi m'en défendre, reprit Inès;
» mais je ménagerai mes avantages autant que je le
» pourrai. Je n'irai pas m'aviser de me mettre au
» grand jour avec tous les rideaux ouverts, je pré-
» tends qu'ils soient bien fermés et que les fenêtres
» ne laissent passer que de faibles rayons du soleil
» qui servent à embellir. A l'égard de ma naissance,
» j'ai fait dresser une généalogie authentique; il n'en
» coûte qu'un peu de parchemin demi-usé et rongé

» des souris, et, pour l'argent comptant, tu sais que
» mon amant, le fidèle Don Diégo, m'en doit prêter.
» Lorsque Daucourt l'aura compté et reçu, il ne s'avi-
» sera pas de soupçonner que des voleurs doivent lui
» enlever la même nuit de notre mariage. J'ai loué
» aujourd'hui un bel appartement tout meublé; ainsi
» tu conviendras que je n'ai rien négligé de tout ce
» qui peut faire réussir une affaire qui m'est si avan-
» tageuse et que je souhaite tant. — Ces précautions
» paraissent justes, dit Isabelle; néanmoins je crains
» le dénoûment de la pièce. — Mais toi-même, ma
» chère, interrompit Inès, que fais-tu? — Bien moins
» de progrès du côté de l'hymen, dit Isabelle; mais,
» à la vérité, ce n'est point mon but. Je trouve que
» Belleville est un honnête homme, je sens que je
» l'aime; je ne souhaite que la possession de son
» cœur, et je crois que je serais fâchée qu'il voulût
» m'épouser. — Ton goût est bizarre, dit Inès, tu
» l'aimes, ta fortune n'est pas des meilleures, tu se-
» rais heureuse avec lui; et, cependant, tu ne serais
» pas bien aise d'être sa femme. — Et qui t'a dit que
» je serais heureuse avec lui? interrompit Isabelle.
» L'amour est si capricieux, qu'à peine les premiers
» moments de l'hymen en sont agréables; l'amour,
» dis-je, veut quelque chose qui le réveille et qui le
» pique. Il se fait un ragoût de la nouveauté, et quel
» moyen qu'une femme soit toujours nouvelle? — Et
» quel moyen aussi, s'écria Inès, qu'une maîtresse
» le soit toujours? Va, mon Isabelle, tes maximes à
» la mode ne sont pas raisonnables. — Ce que tu
» prétends, reprit Isabelle, l'est bien moins à mon

» gré, et, si tu m'en veux croire, tu feras de sérieuses
» réflexions sur ton âge; car, pour te parler naturel-
» lement, tu es vieille et fort vieille; est-il permis, à
» soixante ans, de vouloir tromper un homme de
» trente? Il sera enragé contre toi, il te quittera très-
» assurément, ou bien il te rouera de coups; il arri-
» vera même qu'il ne te laissera qu'après t'avoir
» assommée. Inès était vive et prompte, elle prit
» pour un reproche sanglant ce qu'Isabelle lui disait
» sur son âge, et elle lui donna le plus furieux souf-
» flet qui s'était peut-être jamais donné. L'autre,
» peu patiente de son naturel, lui en rendit deux.
» Inès riposta d'une douzaine de coups de poing qui
» ne lui furent pas dus longtemps. Ainsi nos deux
» championnes entrèrent dans le champ de bataille;
» elles commencèrent un si plaisant combat entre
» elles, que j'en étouffais de rire dans mon coin et
» que j'avais beaucoup de peine à m'empêcher d'é-
» clater, car je n'y prenais plus d'intérêt, comme
» vous le pouvez bien penser, Madame, après ce que
» j'avais entendu de la pièce que l'on me préparait
» avec tant de malice, et il m'était bien naturel de
» ne regarder plus Inès que comme une insigne fri-
» ponne. Isabelle, qui savait les endroits faibles de
» son ennemie, s'en prévalut si à propos, qu'étant
» plus jeune et plus forte, elle lui arracha sa coiffure
» et la laissa toute pelée. Je n'ai, de ma vie, été plus
» surpris que de voir tomber ainsi des cheveux qui
» m'avaient paru si beaux et que je croyais à elle;
» mais ce ne fut qu'un prélude, car, d'un coup de
» poing, elle lui fit sauter quelques dents de la bou-

» che et deux petites boules de liége qui aidaient à
» soutenir ses joues creuses. La noise finit là, parce
» que leurs femmes de chambre, qui avaient entendu
» ce vacarme, accoururent et les séparèrent avec
» beaucoup de peine; elles se dirent les dernières
» duretés, jusqu'à se menacer de révéler à l'Inqui-
» sition des crimes affreux qu'elles se reprochaient.

» Inès, se trouvant seule avec celle qui la servait,
» se regarda longtemps dans un grand miroir, et elle
» protesta qu'il n'y avait point d'outrages qu'elle ne
» fît à Isabelle pour se venger de ceux qu'elle venait
» d'en recevoir. Ensuite elle s'assit et prit un peu de
» repos; on apporta une petite table devant elle sur
» laquelle elle mit un œil d'émail qui remplissait la
» place de celui qui lui manquait; elle s'ôta aussitôt
» tant de blanc et tant de rouge que, sans exagéra-
» tion, on en eût bien fait un masque. Il serait diffi-
» cile, Madame, de vous exprimer la laideur extraor-
» dinaire de cette femme qui m'avait semblé fort
» belle jusqu'à ce moment. Je me frottais les yeux;
» je faisais comme un homme qui croit rêver et faire
» un mauvais songe. Enfin elle se déshabilla et se
» mit presque nue; c'est ici que je ne vous repré-
» senterai rien de cette affreuse carcasse; mais, as-
» surément, il n'a jamais été un pareil remède d'a-
» mour : elle avait des concavités partout où les
» autres ont des élévations. Il semblait que c'était
» un squelette qui courait dans la chambre par le
» moyen de quelque ressort. Elle était en jupe
» avec une mantille blanche sur les épaules, la tête
» chauve, et ses petits bras maigres tout découverts.

» Elle se souvint que, pendant le combat, ses brace-
» lets de perles s'étaient défilés, elle voulut les ra-
» masser et elle eut beaucoup de peine à les retrou-
» ver, sa femme de chambre lui aidait à les chercher;
» elles les comptaient ensemble et elles les avaient
» toutes, à la réserve de deux qui furent bien mau-
» dites pour moi. Inès jura par saint Jacques, patron
» d'Espagne, qu'elle ne se coucherait point avant
» qu'elle ne les eût retrouvées. Sa femme de chambre
» et elle regardèrent partout, tirant les tables, ren-
» versant les chaises, et jetant, deçà et delà, tout ce
» qu'elles rencontraient sous leurs mains, car Inès
» était de fort mauvaise humeur. Comme je la vis
» venir devers mon coin, la crainte d'être trouvé
» par une telle furie m'obligea de me reculer tout
» le plus loin que je pus; mais, par malheur, en re-
» culant, je fis tomber plusieurs bouteilles qui étaient
» là sur des planches et qui firent beaucoup de bruit.
» Inès, qui crut que son chat venait de faire ce dé-
» sordre, cria de toute sa force *gato, gato;* et, levant
» aussitôt la tapisserie pour punir le chat, elle m'aper-
» çut, avec un étonnement et une rage qui faillirent
» à la faire mourir sur-le-champ. Elle se jeta à mes
» cheveux et me les arracha, elle me dit mille injures;
» elle était comme forcenée, les veines de son col
» étaient tellement enflées et ses rides étaient si af-
» freuses, qu'il me semblait voir la tête de Méduse,
» et, dans ma juste frayeur, je méditais ma retraite,
» lorsqu'un grand bruit que j'entendis dans l'escalier
» me causa une nouvelle alarme. Inès me laissa et
» courut pour savoir ce qui se passait; en même

» temps toute la maison fut remplie de cris et de
» pleurs. La justice, qui avait trouvé ce jeune homme
» dont je vous ai parlé, Madame, étendu sur le car-
» reau, et qui avait été cause que l'on m'avait pour-
» suivi avec tant de chaleur, sut, après quelque perqui-
» sition, que c'était le fils d'une dame qui demeurait
» dans ce même lieu; on le lui rapportait percé de
» coups et tout sanglant; elle se désespérait à cette
» triste vue; et, comme j'avais dit quelque chose de
» mon aventure à Inès, pour lui rendre raison de ce
» qui m'avait fait venir dans sa chambre, cette mégère
» ne voulut pas me garder le secret, et, pour se venger
» et me punir de ce que j'avais découvert ses artifices,
» elle s'avisa de me dénoncer. — J'ai le meurtrier en
» mon pouvoir, s'écria-t-elle, venez, venez avec moi,
» je vais le remettre entre vos mains. Aussitôt elle
» ouvre la porte de sa chambre, et, suivie d'une
» troupe d'alguazils, ce sont ceux qui servent de ser-
» gents en ce pays-ci, elle me livra avec tous les té-
» moignages nécessaires pour me faire faire diligem-
» ment mon procès. J'ai vu ce misérable, disait-elle,
» qui tenait encore son épée nue toute sanglante du
» coup qu'il venait de faire; il est entré dans ma
» chambre pour se sauver et il m'a menacée de la
» mort si je le décelais. Tout ce que je pus dire
» pour ma justification ne servit à rien, l'on ne vou-
» lut pas m'entendre; on me lia les mains avec des
» cordes et l'on me traînait en prison comme un
» malheureux criminel pendant que la charitable
» Inès, avec la mère et la sœur du blessé, me char-
» geaient de malédictions et de coups. Elles me

» firent mettre dans un cachot où je demeurai plu-
» sieurs jours sans avoir la liberté d'avertir mon frère
» et mes amis de ce qui se passait; ils étaient, de
» leur côté, dans une peine inconcevable, ne dou-
» tant plus que l'on ne m'eût assassiné dans quelque
» coin de rue ou à quelques-uns de mes rendez-vous
» nocturnes.

» Enfin Belleville, qui continuait de voir Isabelle,
» lui fit part de son déplaisir, et la pria de lui aider
» à découvrir tout au moins ce que l'on aurait fait de
» mon corps; elle fut si soigneuse de s'en informer,
» que la femme de chambre d'Inès, qui avait reçu
» d'assez mauvais traitements de sa maîtresse, lui
» apprit le secret de l'histoire, bien que cette bonne
» dame le lui eût fort défendu. A cette nouvelle, mon
» frère alla supplier le Roi d'avoir pitié de moi et
» d'ordonner que l'on me retirât de ce cachot qui
» ressemblait plutôt à l'enfer qu'à une prison. Je
» m'évanouis aussitôt que j'aperçus le jour, j'étais
» si faible et si exténué que je faisais peur; cepen-
» dant je ne pus sortir de prison de quelque temps à
» cause des formalités, et je vous laisse à penser,
» Madame, ce que je méditais contre la perfide Inès;
» mais j'ignorais encore si je serais en état d'exécuter
» tous les projets de ma juste vengeance, à cause
» que le gentilhomme que l'on avait blessé était tou-
» jours fort mal, et que l'on désespérait de sa vie;
» la mienne en dépendait à un tel point que je faisais
» des vœux ardents pour lui, et je passais bien des
» mauvais quarts d'heure dans une si fâcheuse incer-
» titude; mais mon frère, qui était persuadé de mon

» innocence, n'omettait rien pour découvrir ceux qui
» avaient fait cet assassinat.

» Il apprit enfin que ce jeune cavalier blessé avait
» un rival, et il suivit la chose avec tant de soin qu'il
» sut, de certitude, que c'était de cette part que le
» coup avait été fait; il fut assez heureux pour le
» faire prendre, et cet homme avoua son crime, ce
» qui me tira d'affaire. Je sortis donc et j'en eus une
» si grande joie, qu'elle me rendit malade pendant
» plusieurs jours, ou, pour mieux dire, ce fut l'effet
» du méchant air que j'avais pris dans la prison.

» La méchante Inès, qui n'était pas, de son côté,
» trop en repos sur ce qui pouvait lui arriver d'un
» tour aussi gaillard que celui qu'elle m'avait fait,
» ayant appris que j'étais en liberté et en état de lui
» faire perdre la sienne, plia bagage et partit une nuit
» sans que l'on sût quel chemin elle avait pris, de
» sorte que lorsqu'il fut question de la trouver pour
» en faire, tout au moins, un exemple parmi les fri-
» ponnes, cela me fut impossible. Je m'en consolai
» parce que, naturellement, je n'aime point à faire
» du mal aux femmes; mais la crainte qu'elles ne
» m'en fissent davantage m'a fait partir de Madrid,
» afin d'éviter, tout au moins, celles d'Espagne. Je
» retourne en France, Madame, continua-t-il, où je
» porterai vos ordres si vous me faites l'honneur de
» m'en charger.

» Bien que j'aie eu du chagrin de ce qui est arrivé
» à ce gentilhomme, je n'ai pu m'empêcher de rire
» des circonstances de son aventure, et j'ai cru, ma
» chère cousine, que vous ne seriez point fâchée que

» je vous en fisse part. Je ne vous écrirai plus que je
» ne sois arrivée à Madrid; j'espère y voir des choses
» plus dignes de votre curiosité que celles que je
» vous ai mandées jusqu'ici. »

De Saint-Augustin, ce 15 mars 1679.

» je vous en fisse part. Je ne vous écrirai plus que je
» ne sois arrivée à Madrid; j'espère y voir des choses
» plus dignes de votre curiosité que celles que je
» vous ai mandées jusqu'ici. »

De Saint-Augustin, ce 15 mars 1679.

HUITIÈME LETTRE.

Ne grondez point, s'il vous plaît, ma chère cousine, de n'avoir pas eu de mes nouvelles aussitôt que j'ai été arrivée à Madrid. J'ai cru qu'il valait mieux attendre que je fusse en état de vous dire des choses plus particulières. Je savais que ma parente devait venir au-devant de moi jusqu'à Alcovendas, qui n'est éloigné de Madrid que de six lieues. Comme elle n'y était pas encore, je voulus l'attendre, et Don Frédéric de Cardone me proposa d'aller dîner dans une fort jolie maison, dont il connaissait particulièrement le maître. Ainsi, au lieu de descendre dans la petite ville, nous la traversâmes, et par une assez belle avenue, je me rendis chez Don Augustin Pacheco. Ce gentilhomme est vieux. Il a épousé depuis peu en troisièmes noces Doña Teresa de Figueroa, qui n'a que dix-sept ans, si agréable et si spirituelle que nous demeurâmes charmés de son esprit et de sa personne. Il n'était que dix heures quand nous arrivâmes. Les Espagnoles sont naturellement paresseuses; elles aiment à se lever tard, et celle-ci était encore au lit. Son mari nous reçut avec tant de franchise et de civilité, qu'il marquait assez le plaisir que nous lui avions fait d'aller chez lui. Il se promenait dans ses jardins, dont la propreté ne cède en rien aux nôtres. J'y entrai d'abord, car le temps était fort beau, et les arbres sont aussi avancés en ce pays au mois de mars qu'ils le sont en France à la fin de juin. C'est même la saison la plus charmante pour jouir de ce qu'ils appellent *la Primavera*, c'est-à-dire le commencement du printemps, car lorsque le soleil devient plus fort et plus chaud, il brûle et sèche les feuilles, comme si le feu y passait. Les jardins dont je parle étaient ornés de boulingrins, de fontaines et de statues; Don Augustin ne négligea pas de nous en faire voir toutes les beautés. Il s'y attache beaucoup, et il y fait aisément de la dépense, parce qu'il est fort riche. Il nous fit entrer dans une galerie où il y avait des tablettes de bois de cèdre pleines de livres. Il me conduisit d'abord près de la plus grande, et nous dit qu'elle contenait des trésors d'un prix inestimable, et qu'il y avait ramassé toutes les comédies des meilleurs auteurs. Autrefois, continua-t-il, les personnes vertueuses ne se pouvaient résoudre d'aller à la comédie; on n'y voyait que des actions opposées à la modestie, on y entendait des discours qui blessaient la liberté, les acteurs faisaient honte aux gens de bien, on y flattait le vice, on y condamnait la vertu; les combats ensanglantaient la scène, le plus faible était toujours opprimé par le plus fort, et l'usage autorisait le crime. Mais depuis que Lope de Vega a travaillé avec succès à réformer le théâtre espagnol, il ne s'y passa plus rien de contraire aux bonnes mœurs, et le confident, le valet, ou le villageois, gardant leur simplicité naturelle et la rendant agréable par un enjouement naïf, trouvent le secret de guérir nos princes, et même nos rois, de la maladie de ne point entendre les vérités où leurs défauts peuvent avoir part. C'est lui qui prescrivit les règles à ses élèves et leur enseigna de faire des comédies en trois jornadas, qui veut dire en trois actes. Nous avons vu depuis briller les Montalvanes, Mendozas, Rojas Alarcones, Velez, Mira de Mescuas, Coellos, Villaizanes; mais, enfin, Don Pedro Calderon excella dans le sérieux et dans le comique, et il passa tous ceux qui l'avaient précédé. Je ne pus m'empêcher de lui dire que j'avais vu à Vittoria une comédie qui m'avait semblé assez mauvaise, et que s'il m'était permis de dire mon sentiment, je ne voudrais point que l'on mêlât dans des tragédies saintes qui demandent du respect, et qui par rapport au sujet doivent être traitées dignement, des plaisanteries fades et inutiles. Il répliqua qu'il connaissait, à ce que je lui disais, le génie de mon pays, qu'il n'avait guère vu de Français approuver ce que les Espagnols faisaient; et comme cette pensée le fit passer à des réflexions chagrinantes, je l'assurai que naturellement nous n'avions pas d'antipathie pour aucune nation, que nous nous piquions même de rendre justice à nos ennemis; et qu'à l'égard de la comédie, que je n'avais point trouvée à mon gré, ce n'était point une conséquence pour les autres qui pouvaient être beaucoup meilleures. La manière dont je lui parlai le remit un peu, de sorte qu'il me pria de passer dans l'appartement de sa femme au bout de la galerie.

Don Fernand de Tolède et les trois chevaliers

demeurèrent là, parce que ce n'est pas la coutume en Espagne d'entrer dans la chambre des dames pendant qu'elles sont au lit. Un frère n'a ce privilége que lorsque sa sœur est malade. Doña Teresa me reçut avec un accueil aussi obligeant que si nous avions été amies depuis longtemps. Mais il faut dire, à la louange des Espagnoles, qu'il n'entre point dans leurs caresses un certain air de familiarité qui vient du manque d'éducation, car, avec beaucoup de civilité et même d'empressement, elles savent fort bien observer ce qu'elles doivent aux autres et ce qu'elles se doivent à elles-mêmes. Elle était couchée sans bonnet et sans cornette, ses cheveux séparés sur le milieu de la tête, noués par derrière d'un ruban, et mis dans du taffetas incarnat qui les enveloppait. Sa chemise était fort fine, et d'une si grande largeur, qu'il semblait d'un surplis. Les manches en étaient aussi larges que celles des hommes, boutonnées au poignet avec des boutons de diamants. Au lieu d'arrière-points de fil au col et aux manches, il y en avait de soie bleue et couleur de chair, travaillés en fleurs. Elle avait des manchettes de taffetas blanc découpé, et plusieurs petits oreillers lacés de rubans et garnis de dentelle haute et fine. Un couvre-pied à fleurs de point d'Espagne d'or et de soie, qui me sembla fort beau. Son lit était tout de cuivre doré avec des pommettes d'ivoire et d'ébène; le chevet garni de quatre rangs de petites balustres de cuivre très-bien travaillées.

Elle me demanda permission de se lever; mais quand il fut question de se chausser, elle fit ôter la clef de sa chambre et tirer les verrous. Je m'informai de quoi il s'agissait pour se barricader ainsi; elle me dit qu'elle savait qu'il y avait des gentilshommes espagnols avec moi, et qu'elle aimerait mieux avoir perdu la vie qu'ils eussent vu ses pieds. Je m'éclatai de rire, et je la priai de me les montrer, puisque j'étais sans conséquence. Il est vrai que c'est quelque chose de rare pour la petitesse, et j'ai bien vu des enfants de six ans qui les avaient aussi grands. Dès qu'elle fut levée, elle prit une tasse pleine de rouge avec un gros pinceau, et elle s'en mit non-seulement aux joues, au menton, sous le nez, au-dessus des sourcils et au bout des oreilles, mais elle s'en barbouilla aussi le dedans des mains, les doigts et les épaules. Elle me dit que l'on en mettait tous les soirs en se couchant, et le matin en se levant; qu'elle ne se fardait point et qu'elle aurait assez voulu laisser l'usage du rouge, mais qu'il était si commun, que l'on ne pouvait se dispenser d'en avoir, et que quelques belles couleurs que l'on eût, on paraissait toujours pâle et malade auprès des autres quand on ne mettait point du rouge. Une de ses femmes la parfuma depuis la tête jusqu'aux pieds, avec d'excellentes pastilles, dont elle faisait aller la fumée sur elle; une autre la *roussia*[1], c'est le terme, et cela veut dire qu'elle prit de l'eau de fleur d'orange dans sa bouche, et qu'en serrant les dents, elle la jetait sur elle, comme une pluie; elle me dit que rien au monde ne gâtait tant les dents que cette manière d'ar-

[1] En castillan, *rociar*.

roser, mais que l'eau en sentait bien meilleur : c'est de quoi je doute, et je trouverais bien désagréable qu'une vieille telle qu'était celle que je vis là vînt me jeter au nez l'eau qu'elle aurait dans la bouche.

Don Augustin ayant su par une des *criadas* de sa femme qu'elle était habillée, voulut bien passer par-dessus la coutume, et il amena Don Fernand de Tolède et les chevaliers dans sa chambre. La conversation ne fut pas longtemps générale, chacun se cantonna; pour moi, j'entretins Doña Teresa. Elle m'apprit qu'elle était née à Madrid, mais qu'elle avait été élevée à Lisbonne près de sa grand'mère, qui était sœur de Don Augustin Pacheco, de sorte qu'elle était petite-nièce de son mari, et ces alliances se font souvent en Espagne. Elle me parla fort de la jeune Infante de Portugal dont elle vanta l'esprit; elle ajouta que si je voulais entrer dans son cabinet, je jugerais de sa beauté, parce qu'elle avait son portrait. J'y passai aussitôt; et je demeurai surprise des charmes que je remarquai à cette Princesse. Elle avait ses cheveux coupés et frisés comme une perruque d'abbé, et un guard-infant si grand, qu'il y avait dessus deux corbeilles avec des fleurs, et des petits vases de terre sigillée, dont on mange beaucoup en Portugal et en Espagne, bien que ce soit une terre qui n'a que très-peu de goût. Doña Teresa me montra la peau d'un serpent que son mari, me dit-elle, avait tué dans les Indes, et tout mort qu'il était il ne laissait pas de me faire peur. Ceux de cette espèce sont extrêmement dangereux; mais il semble que la Providence a voulu en garantir les hommes, car ces serpents ont à la tête une espèce de clochette qui sonne quand ils marchent, et c'est un avertissement qui fait retirer les voyageurs.

Cette jeune dame qui aime fort le Portugal, m'en parla très-avantageusement. Elle me dit que la mer qui remonte dans le Tage rend cette rivière capable de porter les plus gros galions et les plus beaux vaisseaux de l'Océan, que la ville de Lisbonne est sur le penchant d'une colline, et qu'elle descend imperceptiblement jusqu'au bord du Tage; qu'ainsi les maisons étant élevées les unes au-dessus des autres, on les voit toutes du premier coup d'œil, et que c'est un objet très-agréable. Les anciens murs dont les Maures l'avaient entourée subsistent encore. Il y en a quatre enceintes, faites en divers temps; la dernière peut avoir six lieues de tour. Le château, qui est sur une montagne, a ses beautés particulières. L'on y trouve des palais, des églises, des fortifications, des jardins, des places d'armes et des rues, il y a toujours bonne garnison avec un gouverneur; cette forteresse commande à la ville, et de ce lieu on pourrait la foudroyer, si elle ne demeurait pas dans le devoir. Le palais où demeure le Roi est plus considérable, si ce n'est pas dans sa force, c'est dans la régularité de ses bâtiments. Tout y est grand et magnifique, les vues qui donnent sur la mer ajoutent beaucoup aux soins que l'on a pris de l'embellir. Elle me parla ensuite des places publiques qui sont ornées d'arcades, avec de grandes maisons autour du couvent des Dominicains, où est l'Inquisition, et devant le portail il y a une fontaine où l'on voit des figures de marbre blanc qui jettent l'eau de tous les côtés. Elle ajouta que la foire du Roucio se tient les mardis de chaque semaine sur une place que l'on pourrait prendre pour un amphithéâtre, parce qu'elle est environnée de petites montagnes sur lesquelles on a bâti plusieurs grands palais. Il y a un autre endroit au bord du Tage, où l'on tient le marché, et l'on y trouve tout ce que le goût saurait désirer de plus exquis, tant en gibier et en poisson qu'en fruits et en légumes. La douane est un peu plus haut, où sont des richesses et des raretés infinies ; on a fait quelques fortifications pour les garder. L'église métropolitaine n'est recommandable que par son ancienneté, elle est dédiée à saint Vincent. On prétend qu'après lui avoir fait souffrir le martyre, on lui dénia la sépulture, et que les corbeaux le gardèrent jusqu'à ce que quelques personnes pieuses l'enlevassent et le portassent à Valence, en Espagne, pour le faire révérer ; de sorte que l'on nourrit des corbeaux dans cette église, et qu'il y a un tronc pour eux, où l'on met des aumônes pour leur avoir de la mangeaille.

Bien que Lisbonne soit un beau séjour, continua-t-elle, nous demeurions à Alcantara ; ce bourg n'est éloigné de la ville que d'un quart de lieue ; il y a une maison royale, moins belle par ses bâtiments que par sa situation. La rivière lui sert de canal, on y voit des jardins admirables tout remplis de grottes, de cascades et de jets d'eau. Belem en est proche : c'est le lieu destiné à la sépulture des rois de Portugal dans l'église des Hiéronymites. Elle est tout incrustée de marbre blanc, les colonnes et les figures en sont aussi. Les tombeaux se trouvent rangés dans trois chapelles différentes, entre lesquelles il y en a de fort bien travaillées. Belem, Feriera, Sacavin, et quelques autres endroits autour de la ville, sont remarquables par le grand nombre d'orangers et de citronniers dont ils sont remplis; l'air qu'on y respire est tout parfumé, l'on est à peine assis au pied des arbres, que l'on se trouve couvert de leurs fleurs. L'on voit couler près de soi mille petits ruisseaux, et l'on peut dire que rien n'est plus agréable pendant la nuit que d'entendre les concerts qui s'y font très-souvent. Il y a de grands magasins à Belem remplis d'oranges douces et aigres, de citrons, de poncirs et de limes. On les charge dans des barques pour les transporter dans la plus grande partie de l'Europe.

Elle me parla des chevaliers *del habito del Cristo*, dont la quantité rendait l'ordre moins considérable, et des comtes du royaume, qui ont les mêmes priviléges que les grands d'Espagne. Ils possèdent *las Comarcas*, ce sont des terres qui appartiennent à la couronne, et divisées en comtés d'un revenu considérable. Elle me dit que, lorsque le Roi devait sortir du palais pour aller en quelque lieu, le peuple en était averti par une trompette qui sonnait dès le matin dans tous les endroits où Sa Majesté devait passer. Pour la Reine, c'étaient un fifre et un tambour, et pour l'Infante, un hautbois. Quand ils sortaient tous ensemble, le trompette, le fifre, le tambour et le hautbois marchaient de compagnie, et, par ce moyen, si quelqu'un ne pouvait entrer au palais pour présenter son placet, il n'avait qu'à attendre le Roi sur son passage. L'on trouve, à huit lieues de Coïmbre, une fontaine dans un lieu appelé Cedima, laquelle attire et engloutit tout ce qui touche son eau. On en fait souvent l'expérience sur de gros troncs d'arbres et, quelquefois, sur des chevaux qu'on en fait approcher et que l'on n'en retire qu'avec beaucoup de difficulté.

Mais ce qui cause plus d'étonnement, ajouta-t-elle, c'est le lac de la montagne de Strella, où l'on trouve quelquefois des débris de navires, de mâts rompus, d'ancres et de voiles, bien que la mer en soit à plus de douze lieues et qu'il soit sur le sommet d'une haute montagne. On ne comprend pas par où ces choses peuvent y entrer. J'écoutais avec un grand plaisir Doña Teresa, lorsque son mari et le reste de la compagnie vinrent nous interrompre. Don Augustin avait de l'esprit, et, malgré sa vieillesse, il l'avait fort agréable. Si ma curiosité n'est pas indiscrète, me dit-il, apprenez-moi, Madame, de quoi cette enfant vous a entretenue. *Mi tio*, reprit-elle (*tio* veut dire oncle), vous pouvez bien croire que c'est du Portugal. Oh! je m'en doutais déjà, s'écria-t-il, c'est toujours là qu'elle prend son champ de bataille. Mon Dieu! dit-elle, nous avons chacun le nôtre; et quand vous êtes une fois à votre Mexique, l'on ne saurait vous en arracher. Vous avez été aux Indes, repris-je, Doña Teresa m'a montré un serpent qu'elle m'a dit que vous y avez tué. Il est vrai, Madame, continua-t-il, et je vous entretiendrais avec plaisir de ce que j'y ai vu, s'il n'était temps de vous faire dîner. Mais, ajouta-t-il, je dois aller à Madrid, et, si vous le permettez, je vous mènerai Doña Teresa. C'est là, en effet, que je prendrai mon champ de bataille, et que je vous apprendrai des choses que vous ne serez pas fâchée de savoir. Je l'assurai qu'il me ferait un sensible plaisir de me donner un témoignage de son souvenir si obligeant, que je serais ravie de voir la belle Doña Teresa, et de l'entendre parler des Indes, lui qui parlait si bien de toutes choses. Il me prit par la main, et me fit descendre dans un salon pavé de marbre, où il n'y avait que des tableaux au lieu de tapisseries et des carreaux rangés autour. Le couvert était mis sur une table pour les hommes, et il y avait à terre, sur le tapis, une nappe étendue avec trois couverts, pour Doña Teresa, moi et ma fille.

Je demeurai surprise de cette mode, car je ne suis pas accoutumée à dîner ainsi : cependant, je n'en témoignai rien, et je voulus y essayer, mais je n'ai jamais été plus incommodée; les jambes me faisaient un mal horrible; tantôt je m'appuyais sur le coude, tantôt sur la main; enfin, je renonçais à dîner, et mon hôtesse ne s'en apercevait point, parce qu'elle croyait que les dames mangent par terre en France comme en Espagne. Mais Don Fernand de Tolède, qui remarqua ma peine, se leva avec Don Frédéric de Cardone, et ils me dirent l'un et l'autre qu'absolument je me mettrais à table. Je le voulais assez, pourvu que Doña Teresa s'y mît; elle ne l'osait à cause qu'il y avait des hommes, et elle ne levait les yeux sur eux qu'à la dérobée.

Don Augustin lui dit de venir sans façon, et qu'il fallait me témoigner qu'ils étaient bien aises de me voir chez eux : mais ce fut quelque chose de plaisant quand cette petite dame fut assise sur un siége, elle n'y était pas moins embarrassée que je l'avais été sur le tapis; elle nous avoua, avec une ingénuité très-agréable, qu'elle ne s'était jamais assise dans une chaise, et que la pensée ne lui en était même pas venue [1]. Le dîner se passa fort gaiement, et je trouvai qu'il ne se pouvait rien ajouter à la manière obligeante dont j'avais été reçue dans cette maison. Je donnai à Doña Teresa des rubans, des épingles et un éventail. Elle était ravie, et elle fit plus de remercîments qu'elle n'aurait dû m'en faire pour un gros présent. Ses remercîments n'étaient pas communs, et l'on n'y remarquait rien de bas ni d'intéressé. En vérité, l'on a bien de l'esprit en ce pays; il paraît jusque dans les moindres bagatelles.

Il n'y avait pas une heure que j'étais partie de cette maison, lorsque je vis venir deux carrosses attelés chacun de six mules, qui allaient au grand galop, et plus vite que les meilleurs chevaux ne pourraient faire. J'aurais eu peine à croire que des mules eussent couru de cette force; mais, ce qui me surprit davantage, c'était la manière dont elles étaient attelées. Ces deux carrosses et leur attirail tenaient presque un quart de lieue de pays. Il y en avait un avec six glaces assez grandes, et fait comme

---

[1] A un grand bal de la cour, donné par Philippe V, le duc de Saint-Simon vit encore les dames assises sur le vaste tapis qui couvrait le salon. (*Mémoires*, t. VIII, p. 310.)

les nôtres, excepté que l'impériale était fort basse, et, par conséquent, incommode. Il y a dedans une corniche de bois doré, si grosse, qu'il semble que ce soit celle d'une chambre. Il était doré par le dehors, ce qui n'est permis qu'aux ambassadeurs et aux étrangers. Leurs rideaux sont de damas et de drap cousus ensemble. Le cocher est monté sur une des mules de devant. Ils ne se mettent point sur le siége, quoiqu'il y en ait un, et, comme j'en demandai la raison à Don Frédéric de Cardone, il me répondit qu'on lui avait assuré que cette coutume était venue depuis que le cocher du comte-duc d'Olivarès, menant son maître, entendit un secret important qu'il disait à un de ses amis ; que ce cocher le révéla, et que la chose ayant fait grand bruit à la cour, parce que le comte accusait son ami d'indiscrétion, bien qu'il fût innocent, l'on a toujours pris la précaution de faire monter les cochers sur la première mule. Leurs traits sont de soie ou de corde, si extraordinairement longs, que, d'une mule à l'autre, il y a plus de trois aunes. Je ne comprends pas comment tout ne se rompt point en courant comme ils font. Il est vrai que, s'ils vont bien vite par la campagne, ils vont bien doucement par la ville : c'est la chose du monde la plus ennuyeuse, que d'aller ainsi à pas comptés. Quoique l'on n'ait que quatre mules dans Madrid, l'on se sert toujours d'un postillon. Ma parente était dans ce premier carrosse avec trois dames espagnoles. Les écuyers et les pages étaient dans l'autre qui n'était pas fait de même. Il avait des portières comme à nos anciens carrosses ; elles se dé-

font, et le cuir en est ouvert par en bas; de telle
sorte que, quand les dames veulent descendre (elles
qui ne veulent pas montrer leurs pieds), on baisse
cette portière jusqu'à terre pour cacher le soulier. Il
y avait des glaces deux fois grandes comme la main,
attachées aux mantelets, avec une autre devant, et
une autre derrière, pour appeler par là les laquais.
Rien ne ressemble mieux à nos petites lucarnes de
grenier. L'impériale du carrosse est couverte d'une
housse de bouracan gris, avec de grands rideaux de
même qui pendent en dehors sur le cuir, tirés tout
autour fort longs et rattachés par de gros boutons
à houppes; cela fait un très-vilain effet, et l'on est
enfermé là dedans comme dans un coffre.

Ma parente était habillée, moitié à la française,
moitié à l'espagnole; elle parut ravie de me voir, et
ma joie ne cédait en rien à la sienne. Je ne la trouvai
point changée quant à sa personne; mais je ne pus
m'empêcher de rire de sa manière de parler; elle ne
sait plus guère le français, quoiqu'elle le parle toujours, et qu'elle l'aime tant, qu'il lui a été impossible
d'apprendre parfaitement aucune autre langue; de
sorte qu'elle mêle l'italien, l'anglais et l'espagnol
avec la sienne naturelle, et cela fait un langage qui
surprend ceux qui savent comme moi qu'elle a possédé la langue française dans toute sa pureté, et
qu'elle pouvait en faire des leçons aux plus habiles.
Elle ne veut pas qu'on lui dise qu'elle l'a oubliée, et,
en effet, elle ne peut le croire, parce qu'elle n'a pas
discontinué de la parler chez elle avec quelques-
unes de ses femmes, ou avec les ambassadeurs et les

étrangers qui la savent presque tous. Cependant elle parle fort mal; car, si l'on n'est pas à la source, l'on ne saurait guère bien parler une langue qui change tous les jours, et dans laquelle il se fait sans cesse de nouveaux progrès.

Je trouvai les dames qui étaient avec elle extrêmement jolies; je vous assure qu'il y en a ici de fort belles et de fort aimables. Nous nous embrassâmes beaucoup, et nous revînmes à Madrid. Avant d'y arriver, nous passâmes par une plaine sablonneuse d'environ quatre lieues, si peu unie que l'on se trouve à tous moments dans de grands creux qui font cahoter le carrosse, et qui l'empêchent de pouvoir aller vite. Ce chemin inégal continue jusqu'à un petit village nommé Mandis, qui n'est éloigné de Madrid que d'une demi-lieue. Tout le pays est sec et fort découvert, vous voyez à peine un arbre de quelque côté que la vue puisse s'étendre. La ville est située au milieu de l'Espagne dans la Nouvelle-Castille. Il y a plus d'un siècle que les Rois d'Espagne la choisirent pour y établir leur cour, à cause de la pureté de l'air et de la bonté des eaux, qui, en effet, sont si bonnes et si légères, que le Cardinal-Infant, étant en Flandre, n'en voulait point boire d'autre, et il en faisait apporter par mer dans des cruches de grès bien bouchées. Les Espagnols prétendent que le fondateur de Madrid était un prince nommé Ogno Biano, fils de Tibérino, roi des Latins, et de Menta, qui était une Reine plus célèbre par la science de l'astrologie, qu'elle possédait merveilleusement, que par son rang. L'on remarque que Madrid doit être au cœur de l'Europe, parce que la petite ville de Pinto, qui n'en est éloignée que de trois lieues, s'appelait en latin *Punctum,* et qu'elle est au centre de l'Europe.

La première chose que je remarquai, c'est que la ville n'est pas entourée de murailles ni de fossés; les portes, pour ainsi dire, se ferment au loquet. J'en ai déjà vu plusieurs toutes rompues. Il n'y a aucun endroit qui parle de défense, ni château, ni rien enfin que l'on ne puisse forcer à coups d'oranges et de citrons. Mais aussi, il serait assez inutile de fortifier cette ville; les montagnes qui l'environnent lui servent de défense, et j'ai traversé, dans les montagnes, des endroits que l'on peut fermer avec un quartier de roche et en défendre avec cent hommes le passage à toute une armée. Les rues sont longues et droites, d'une fort belle largeur, mais il ne se peut rien de plus mal pavé; quelque doucement que l'on aille, l'on est roué de cahots, et il y a des ruisseaux et des boues plus qu'en ville du monde. Les chevaux en ont toujours jusqu'aux sangles; les carrosses vont au milieu, de sorte qu'il en rejaillit partout sur vous, et l'on en est perdu, à moins de hausser les glaces ou de tirer ces grands rideaux dont je vous ai parlé. L'eau entre bien souvent dans les carrosses par le bas des portières qui ne sont pas fermées.

Il n'y a aucune porte cochère, du moins sont-elles bien rares, et les maisons où il y en a ne laissent pas d'être sans cour. Les portes sont assez grandes, et, pour ce qui est des maisons, elles sont fort belles;

spacieuses et commodes, quoiqu'elles ne soient bâties que de terre et de briques. Je les trouve pour le moins aussi chères qu'à Paris. Le premier étage que l'on élève appartient au Roi, et il peut le louer ou le vendre, à moins que le propriétaire de la maison ne l'achète, ce qu'il fait presque toujours, et c'est un revenu considérable pour le Roi.

L'on a ordinairement dans toutes les maisons dix ou douze grandes pièces de plain pied. Il y en a, dans quelques-unes, jusqu'à vingt et même davantage. L'on a son appartement d'été et d'hiver, et souvent celui de l'automne et du printemps. De sorte qu'ayant une prodigieuse quantité de domestiques, il faut nécessairement qu'on les loge dans des maisons voisines qu'on loue exprès pour eux.

Il ne faut pas que vous soyez surprise, ma chère cousine, qu'il y ait un si grand nombre de domestiques. Deux raisons y contribuent. La première est que, pour la nourriture et les gages, les Espagnols ne leur donnent que deux réaux par jour, qui ne valent pas plus de sept sols et demi les deux. Je dis que ce sont les Espagnols, car les étrangers les payent sur le pied de quatre réaux, qui font quinze sous de notre monnaie, et les Espagnols ne donnent à leurs gentilshommes que quinze écus par mois, sur quoi il faut qu'ils s'entretiennent et s'habillent de velours en hiver, et de taffetas en été. Aussi ne vivent-ils que d'oignons, de pois et d'autres viles denrées, ce qui rend les pages plus larrons que des chouettes. Mais je ne dois pas parler des pages plutôt que des autres domestiques; car, là-dessus, ils ont tous la même inclination, quelques gages qu'on leur donne. La chose va si loin, qu'en apportant les plats sur la table, ils mangent la moitié de ce qui est dedans; ils avalent les morceaux si brûlants qu'ils ont les dents toutes gâtées. Je conseillai à ma parente de faire faire une marmite d'argent, fermée à cadenas, comme celle que j'avais vue à l'archevêque de Burgos, et elle n'y manqua pas; de manière qu'après que le cuisinier l'a remplie, il regarde par une petite grille si la soupe se fait bien. Les pages, à présent, n'ont plus que la fumée. Avant cet expédient, il arrivait cent fois que lorsqu'on voulait tremper le potage, l'on ne trouvait ni viande ni bouillon; car il faut que vous sachiez que si les Espagnols sont sobres quand ils font leurs dépenses, ils ne le sont point quand ils vivent chez autrui. J'ai vu des personnes de première qualité manger avec nous comme des loups, tant ils étaient affamés; ils y faisaient réflexion eux-mêmes et nous priaient de n'en être point surprises, que cela venait de ce qu'ils trouvaient les ragoûts, à la mode de France, excellents.

Il y a des cuisines publiques presqu'à tous les coins de rues. Ce sont de grands chaudrons qui bouillent sur des trépieds. L'on y va acheter toutes sortes de méchantes choses, des fèves, de l'ail, de la ciboule et un peu de bouillon dans lequel ils trempent leur pain. Les gentilshommes d'une maison et les demoiselles y vont comme les autres, car on ne fait point d'ordinaire que pour le maître, la maîtresse et les enfants. Ils sont d'une retenue surprenante sur le vin.

Les femmes n'en boivent jamais, et les hommes en usent si peu, que la moitié d'un demi-setier leur suffit pour un jour. L'on ne saurait leur faire un plus sensible outrage que de les accuser d'être ivres. En voilà beaucoup pour une des raisons qui engage d'avoir tant de domestiques. Voici l'autre :

Lorsqu'un grand seigneur meurt, s'il a cent domestiques, son fils les garde sans diminuer le nombre de ceux qu'il avait déjà dans sa maison. Si la mère vient à mourir, ses femmes, tout de même, entrent au service de sa fille ou de sa bru, et cela s'étend jusqu'à la quatrième génération; car on ne les renvoie jamais. On les met dans ces maisons voisines dont je vous ai parlé et on leur paye ration. Ils viennent de temps en temps se montrer, plutôt pour faire voir qu'ils ne sont pas morts que pour rendre aucun service [1]. J'ai été chez la duchesse d'Ossone (c'est une très-grande dame). Je demeurai surprise de la quantité de filles et de dueñas, dont toutes les salles et les chambres étaient pleines. Je lui demandai combien elle en avait. Je n'en ai plus que trois cents, me dit-elle, mais il y a peu que j'en avais encore cinq cents. Si les particulières ont la coutume de garder ainsi tant de monde, le Roi, qui en use de

---

[1] L'usage d'avoir tant de domestiques était une conséquence des majorats. « Il ne faut pas oublier que les héritiers de ces majorats héritent
» de tous les domestiques, femmes et enfants, de ceux dont ils héritent,
» de manière que, par eux-mêmes et par succession, ils s'en trouvent
» infiniment chargés. Outre le logement, ils leur donnent une ration
» par jour, et à tous ceux qui peuvent loger chez eux, deux tasses de
» chocolat. Du temps que j'étais en Espagne, le duc de Medina-Celi,
» qui, à force de successions accumulées dont il avait hérité, était onze
» fois grand, avait sept cents de ces rations à payer. C'est aussi ce qui
» les consume. » (*Mémoires du duc de Saint-Simon*, t. III, p. 248.)

même, doit en avoir infiniment davantage. Cela lui coûte extrêmement et même incommode fort les affaires. L'on m'a dit que, dans Madrid seulement, il donnait ration à plus de dix mille personnes, en comptant les pensions qu'il paye.

Il y a chez le Roi des dépenses où l'on va querir chaque jour une certaine provision qui est réglée selon la qualité des personnes. L'on distribue là de la viande, de la volaille, du gibier, du poisson, du chocolat, des fruits, de la glace, du charbon, de la bougie, de l'huile, du pain; en un mot, de tout ce qui est nécessaire pour la vie.

Les ambassadeurs ont des dépenses, et quelques grands d'Espagne aussi. Ils ont certaines personnes qui vendent, chez eux, tout ce que je viens de nommer, sans payer aucun droit. Cela leur rapporte un revenu considérable, car les droits d'entrée sont excessifs.

Il n'y a que les ambassadeurs et les étrangers qui puissent avoir un grand nombre de pages et de laquais à leur suite; car, par la Pragmatique (c'est ainsi qu'ils appellent les édits de réformation), il est défendu de mener plus de deux laquais. Ainsi ils nourrissent quatre et cinq cents personnes chez eux pour n'être accompagnés que de trois. La troisième est un palefrenier qui va à pied, et qui se tient auprès des chevaux pour empêcher qu'ils ne s'embarrassent les pieds dans leurs longs traits. Il ne porte point d'épée comme les laquais, mais il faut avouer que ces trois hommes-là sont assez vieux pour se rendre au moins recommandables par leur âge. J'ai vu des laquais de cinquante ans, et je n'en ai pas vu qui en eussent moins de trente. Ils sont désagréables, la couleur jaune, l'air malpropre. Ils se coupent les cheveux sur le haut de la tête et n'en gardent qu'un petit tour, un peu longs, bien gras et rarement peignés. Les cheveux qu'ils coupent leur font une espèce de hure de sanglier sur le haut de la tête. Ils portent de grandes épées avec des baudriers et un manteau par-dessus. Ils sont tous vêtus de bleu ou de vert, et souvent leurs manteaux de drap vert sont doublés de velours bleu ciselé; leurs manches sont de velours, de satin ou de damas. Il semble que cela devrait faire de beaux habits; et, cependant, rien n'est plus mal entendu, et leur mauvaise mine déshonore la livrée qu'ils portent. Ils mettent des rabats sans collet de pourpoint, ce qui est ridicule. Ils ne portent, sur leurs habits, ni galons, ni boutonnières houppées; ils n'ont aucune chamarrure.

Les gentilhommes et les pages vont toujours dans le carrosse de suite, et sont habillés de noir en toutes saisons. Ils ont, en hiver, du velours avec des manteaux de drap assez longs, mais qui traînent à terre quand ils sont en deuil. Ils ne portent point d'épée tant qu'ils sont pages; la plupart ont un petit poignard caché sous leurs vestes. Ils sont vêtus de damas ou de taffetas pour l'été, avec des manteaux d'une étoffe de laine fort légère.

Il n'y a que les grands seigneurs et les titulados qui puissent aller dans la ville avec quatre mules attelées de ces longs traits de soie ou de corde. Si une personne qui n'est pas distinguée voulait aller de même, quelque riche qu'elle fût, on lui ferait l'insulte, en pleine rue, de lui couper ses traits et de lui faire payer une grosse amende. Il ne suffit pas ici d'être riche, il faut aussi être de qualité. Le Roi seul peut avoir six mules à son carrosse et six à ses carrosses de suite [1]. Ils ne sont pas semblables aux autres, et on les distingue parce qu'ils sont couverts d'une toile cirée verte, et ronds par-dessus comme nos grands coches de voiture, excepté qu'ils ne sont pas d'osier; mais la sculpture en est grossière et mal faite; ils ont des portières qui s'abaissent, et cela est extrêmement laid. Je ne sais comment un si grand Roi peut s'en servir. On m'a dit que cette manière de faire des carrosses était en usage, en Espagne, avant Charles-Quint; que les siens étaient pareils, et qu'à l'imitation d'un si grand empereur, tous les Rois qui ont régné depuis n'en veulent pas avoir d'autres. Il faut bien qu'il y ait quelques raisons très-fortes; car il ne laisse pas d'avoir les carrosses les plus beaux du monde, les uns faits en France, les autres en Italie et ailleurs. Les grands seigneurs en ont aussi de magnifiques; mais, à l'exemple du Roi,

---

[1] C'est uniquement à la qualité de l'attelage que l'on reconnaît la qualité des personnes que l'on rencontre dans les rues, et cela s'aperçoit très-distinctement. Le Roi seul va à six chevaux; les grands et les titulados à quatre chevaux, avec un postillon; les personnes d'un rang inférieur, à quatre chevaux sans postillon; celles du commun, à deux chevaux. Rien n'est plus réglé que ces manières d'aller. Le grand nombre de personnes qui ont des postillons a peut-être été cause d'une autre sorte de distinction. C'est d'avoir des traits de corde, très-vilains, pour toutes conditions, mais qui sont courts, longs, très-longs, suivant le rang des personnes.... Les cochers sont d'une adresse qui me surprenait toujours à tourner court et dans les lieux les plus étroits, sans jamais empêtrer ni embarrasser les traits les plus longs. (*Mémoires du duc de Saint-Simon;* t. III, p. 276.)

ils ne les font pas sortir quatre fois l'année. Tous les carrosses se mettent dans de grandes cours où il y a des remises fermées. L'on en voit ainsi jusqu'à deux cents dans un seul endroit. Il y a plusieurs de ces cours en chaque quartier. Ce qui fait que l'on envoie les carrosses hors de chez soi, c'est qu'il n'y a pas où les mettre et que les maisons comme je viens de vous le dire, n'ont ni cours, ni portes cochères. Le mode est venue, depuis quelque temps, de se servir de chevaux au lieu de mules. On peut dire qu'ils sont d'une beauté admirable. Rien ne leur manque, et il semble que les meilleurs peintres n'en sauraient peindre de plus parfaits. C'est un meurtre de les atteler à ces grands carrosses qui sont lourds comme des maisons, et le pavé est si méchant qu'ils s'usent les pieds en moins de deux ans. Ils coûtent très-cher et ne sont pas assez forts pour le carrosse; mais j'en ai vu à de petites calèches très-jolies, toutes peintes et dorées, et à des soufflets comme on les fait en Hollande. Rien n'est plus agréable à voir, on dirait des cerfs, tant ils vont vite et portent bien leur tête. Dès que l'on est sorti de la ville, on peut mettre six chevaux à son carrosse. Leurs harnais sont fort propres, et l'on attache leurs crins, qui traînent à terre, avec des rubans de différentes couleurs, et quelquefois on leur fait tomber du col plusieurs bouillons de gaze d'argent, ce qui fait un très-bon effet. Pour les harnais de mules, ce sont des bandes de cuir toutes plates, fort larges, et dont elles sont presque couvertes.

Il y a deux jours que j'allai, avec ma parente, me

promener hors la porte Sainte-Bernardine, c'est où l'on va l'hiver. Don Antoine de Tolède, fils du duc d'Albe, y était avec le duc d'Uzeda et le comte d'Altamire. Il avait un attelage isabelle qui me parut si beau, que je ne pus m'empêcher de lui en parler lorsque son carrosse approcha du nôtre. Il me dit, selon la coutume, qu'il les mettait à mes pieds ; et, le soir, quand nous fûmes revenues, l'on vint me dire qu'un gentilhomme me demandait de sa part. Il me fit un compliment, et me dit que les six chevaux de son maître étaient dans mon écurie. Ma parente se prit à rire, et lui répondit, pour moi, que j'étais si nouvelle débarquée à Madrid, que je ne savais pas encore qu'il ne fallait rien louer de ce qui était à un cavalier aussi galant que Don Antoine ; mais que ce n'était pas la mode de recevoir des présents de cette conséquence, et qu'elle le priait de les ramener. C'est ce qu'il ne voulut point faire ; on les renvoya sur-le-champ, il les renvoya encore. Enfin je vis l'heure que l'on passerait la nuit en allées et en venues. Après tout cela, il fallut lui écrire et même se fâcher, pour lui faire trouver bon qu'on ne les acceptât point [1].

[1] Le duc d'Havré racontait une aventure à peu près semblable qui lui était arrivée en émigration. Fort complimenteur, ainsi qu'il était d'usage à Versailles, il s'avisa de louer la chaîne d'or que portait une dame de la cour de Madrid. La dame s'empressa de l'ôter et de la lui remettre, en ajoutant le compliment usité en pareille circonstance : « Es a la disposicion de V. M. » Le duc d'Havré prend la chaîne, s'extasie de nouveau sur sa beauté et se dispose à la rendre. La dame se recule en faisant une révérence et lui répète ces mêmes paroles : « Es a la disposicion de V. M. » Le duc était fort embarrassé et ne savait que faire, lorsqu'un des assistants l'avertit qu'il ne pouvait plus s'en dédire, qu'il devait garder la chaîne, sauf à faire à la dame, quelque temps après, un présent de même valeur ou même plus considérable, s'il le voulait.

L'on m'a dit que lorsque le Roi s'est servi d'un cheval, personne par respect ne le monte jamais. Il arriva que le duc de Medina-de-las-Torres avait acheté un cheval de vingt-cinq mille écus, qui était le plus beau et le plus noble que l'on eût jamais vu. Il le fit peindre; le Roi Philippe IV vit le tableau, et voulut voir le cheval. Le duc le supplia de l'agréer; mais le Roi refusa, parce qu'il l'exercerait peu, dit-il, et que, comme personne ne s'en servirait après lui, ce cheval perdrait toute sa vigueur.

L'on met des jeunes filles de bonne maison et fort jolies auprès des dames. Elles s'occupent d'ordinaire à faire de la broderie d'or et d'argent, ou de soie de différentes couleurs au bord du col et des manches de leurs chemises. Mais si on leur laisse suivre leur inclination naturelle, elles travaillent fort peu et parlent beaucoup. L'on a aussi des nains et des naines qui sont très-désagréables. Les naines particulièrement sont d'une laideur affreuse; leur tête est plus grosse que tout leur corps; elles ont toujours leurs cheveux épars qui tombent jusqu'à terre. On ne sait d'abord ce que l'on voit, quand ces petites figures se présentent aux yeux. Elles portent des habits magnifiques; elles sont les confidentes de leurs maîtresses, et, par cette raison, elles en obtiennent tout ce qu'elles veulent [1].

---

[1] Ces nains étaient considérés comme un des ornements indispensables à une grande maison. Aussi, n'en manquait-on pas à la cour. Ils y jouissaient de priviléges singuliers, entre autres celui de monter dans les carrosses du Roi avant les gentilshommes de la chambre, et se croyaient le droit de dire tout ce qui leur passait par l'esprit. Ils profitaient du peu d'attention qu'on leur prêtait pour observer ce qui se

Dans chaque maison, à certaines heures marquées, toutes les femmes se rendent avec la dame du logis dans la chapelle, pour y réciter le rosaire tout haut. Elles ne se servent point de livres pour prier Dieu, ou si elles en ont, cela est fort rare. Le comte de Charny [1], qui est Français, bien fait, homme de mérite et général de la cavalerie en Catalogne pour le Roi d'Espagne, m'a conté qu'étant l'autre jour à la messe, il lisait dans ses Heures, lorsqu'une vieille Espagnole les lui arracha, et les jetant à terre avec beaucoup d'indignation : Laissez cela, lui dit-elle, et prenez votre chapelet. C'est une chose à voir que l'usage continuel qu'elles font de ce chapelet. Toutes les dames en ont un attaché à leur ceinture, si long, qu'il ne s'en faut guère qu'il ne traîne à terre. Elles le disent sans fin, dans les rues, en jouant à l'hombre, en parlant, et même en faisant l'amour, des mensonges ou des médisances, car elles marmottent toujours sur ce chapelet, et quand elles sont en grande compagnie cela n'empêche qu'il n'aille son train. Je vous laisse à penser comme il est dévotement dit ; mais l'habitude a beaucoup de force en ce pays [2].

---

passait, et se faisaient fort bien payer leur espionnage. Ce ne fut pas pour Philippe V, dit le maréchal de Noailles, une petite affaire de se débarrasser de cette « vermine de cour ». (*Collection des Mémoires relatifs à l'histoire de France*, t. XXXIV, p. 83.)

[1] Le comte de Charny était fils naturel de Gaston, duc d'Orléans. La grande Mademoiselle s'était intéressée à lui, ainsi qu'on peut le voir dans ses Mémoires.

[2] Le duc de Saint-Simon mentionne ainsi la camarera-mayor qui, à un bal de la cour, tenait un grand chapelet découvert, causant et devisant sur le bal et les danses, tout en marmottant ses patenôtres qu'elle laissait tomber à mesure. (*Mémoires*, t. XVIII, p. 310.)

Les femmes portaient, il y a quelques années, des guard-infants d'une grandeur prodigieuse; cela les incommodait et incommodait les autres. Il n'y avait point de portes assez grandes par où elles pussent passer. Elles les ont quittés, et ne les portent plus que lorsqu'elles vont chez la Reine ou chez le Roi, mais ordinairement, dans la ville, elles mettent des sacristains, qui sont, à proprement parler, les enfants des vertugadins. Ils sont faits de gros fils d'archal, qui forment un rond autour de la ceinture; il y a des rubans qui y tiennent, et qui attachent un autre rond de même, qui touche plus bas et qui est plus large. L'on a ainsi cinq ou six cerceaux qui descendent jusqu'à terre et qui soutiennent les jupes. L'on en porte une quantité surprenante, et l'on aurait peine à croire que des créatures aussi petites que sont les Espagnoles, pussent être si chargées. La jupe de dessus est toujours de gros taffetas noir, ou de poil de chèvre gris tout uni, avec un grand troussis, un peu plus haut que le genou, autour de la jupe; et quand on leur demande à quoi cela sert, elles disent que c'est pour la rallonger à mesure qu'elle s'use. La Reine mère en a comme les autres à toutes ses jupes, et les carmélites mêmes en portent aussi bien en France qu'en Espagne. Mais, à l'égard des dames, c'est plutôt une mode qu'elles suivent qu'une épargne qu'elles veulent faire, car elles ne sont ni avares ni ménagères, et elles en font faire deux ou trois fois la semaine de neuves. Ces jupes sont si longues par devant et par les côtés, qu'elles traînent beaucoup, et elles ne traînent jamais par derrière.

Elles les portent à fleur de terre; mais elles veulent marcher dessus, afin qu'on ne puisse voir leurs pieds, qui sont la partie de leur corps qu'elles cachent le plus soigneusement [1]. J'ai entendu dire qu'après qu'une dame a eu toutes les complaisances possibles pour un cavalier, c'est en lui montrant son pied qu'elle lui confirme sa tendresse, et c'est ce qu'on appelle ici la dernière faveur. Il faut convenir aussi que rien n'est plus joli en son espèce. Je vous l'ai déjà dit, elles ont les pieds si petits que leurs souliers sont comme ceux de nos poupées. Elles les portent en maroquin noir, découpé sur du taffetas de couleur, sans talons et aussi justes qu'un gant. Quand elles marchent, il semble qu'elles volent. En cent ans nous n'apprendrions pas cette manière d'aller. Elles serrent leurs coudes contre leurs corps, et vont sans lever les pieds comme lorsqu'on glisse. Mais pour revenir à leur habillement, sous cette jupe unie elles en ont une douzaine plus belles les unes que les autres, d'étoffes fort riches, et chamarrées de galons, de dentelles d'or et d'argent jusqu'à la ceinture. Quand je vous dis une douzaine, ne

---

[1] Il s'agit ici du tantillo. Cet ajustement eut l'honneur de figurer dans la correspondance de France avec Louis XIV. La Reine Louise de Savoie, première femme de Philippe V, avait désiré que les dames du palais fussent, comme elle, sans tantillo, parce qu'en le traînant, on soulevait beaucoup de poussière. C'était du moins la raison que donnait la princesse des Ursins. Cette innovation devint une affaire d'État. Quelques maris poussaient l'extravagance jusqu'à dire qu'ils aimeraient mieux voir leurs femmes mortes que de souffrir qu'on leur vît les pieds. L'ambassadeur Blécourt écrivait gravement qu'une descente des Anglais sur toutes les côtes d'Espagne causerait moins de trouble. Néanmoins, la Reine finit par l'emporter, et les dames se trouvèrent si bien de la mode nouvelle, qu'elles en arrivèrent par la suite à raccourcir outrageusement leurs jupes. (*Mémoires du maréchal de Noailles*, t. XXXIV, p. 118.)

croyez pas au moins que j'exagère ; pendant les excessives chaleurs de l'été, elles n'en mettent que sept ou huit, parmi lesquelles il y en a de velours et de gros satin. Elles ont en tout temps une jupe blanche sous toutes les autres, qu'elles nomment *sabenagua*; elle est de ces belles dentelles d'Angleterre, ou de mousseline brodée d'or passé, et si amples qu'elles ont quatre aunes de tour. J'en ai vu de cinq ou six cents écus. Elles ne portent point de sacristain chez elles, ni de chapins. Ce sont des espèces de petites sandales de brocart ou de velours, garnies d'une plaque d'or qui les hausse d'un demi-pied. Quand elles les ont, elles marchent fort mal et sont toujours prêtes à tomber. Il n'y a guère de baleines dans leurs corps, les plus larges sont d'un tiers. On ne voit point ailleurs de femmes si menues. Le corps est assez haut par devant, mais par derrière on leur voit jusqu'à la moitié du dos, tant il est découvert, et ce n'est pas une chose trop charmante, car elles sont toutes d'une maigreur effroyable, et elles seraient bien fâchées d'être grasses ; c'est un défaut essentiel parmi elles. Avec cela elles sont fort brunes, de sorte que cette petite peau noire, collée sur des os, déplaît naturellement à ceux qui n'y sont pas accoutumés. Elles mettent du rouge à leurs épaules comme à leurs joues qui en sont toutes couvertes. Le blanc n'y manque pas, et, quoi qu'il soit fort beau, il y en a peu qui le sachent bien mettre. On le découvre du premier coup d'œil. J'en ai vu quelques-unes dont le teint est très-vif et très-naturel. Elles ont presque toutes les traits délicats et réguliers; leur air et leurs

manières ont une petite affectation de coquetterie
que leur humeur ne dément point. C'est une beauté
parmi elles, de n'avoir point de gorge, et elles prennent des précautions de bonne heure pour l'empêcher de venir. Lorsque le sein commence à paraître,
elles mettent dessus de petites plaques de plomb et
se bandent comme les enfants qu'on emmaillotte.
Il est vrai qu'il s'en faut peu qu'elles n'aient la gorge
aussi unie qu'une feuille de papier, à la réserve des
trous que la maigreur y creuse, et ils sont toujours
en grand nombre. Leurs mains n'ont point de défaut,
elles sont petites, blanches et bien faites. Leurs
grandes manches, qu'elles attachent juste au poignet,
contribuent encore à les faire paraître plus petites.
Ces manches sont de taffetas de toutes couleurs,
comme celles des Égyptiennes, avec des manchettes
d'une dentelle fort haute. Le corps est d'ordinaire
d'étoffe d'or et d'argent, mêlée de couleurs vives ;
les manches en sont étroites, et celles de taffetas
paraissent au lieu de la chemise. Les personnes de
qualité ont cependant de fort beau linge, mais toutes
les autres n'en ont presque point. Il est cher et rare ;
avec cela les Espagnols ont la sotte gloire de le vouloir fin, et tel qui pourrait avoir six chemises un peu
grosses, aime mieux n'en acheter qu'une fort belle,
et rester au lit pendant qu'on la blanchit, ou s'habiller quelquefois à cru, ce qui arrive assez souvent.
Ce linge fin est bien mal traité, quand on le blanchit.
Les femmes le mettent sur des pierres pointues et le
battent à grands coups de bâton, de sorte que les
pierres le coupent en cent morceaux. Il n'y a pas de

choix à faire entre la plus habile blanchisseuse et celle qui l'est le moins; toutes sont également maladroites.

Je reviens à l'habillement des dames, que j'ai quitté plusieurs fois, pour faire des digressions sur diverses choses dont je me suis souvenue. Je vous dirai qu'elles ont autour de la gorge une dentelle de fil rebrodée de soie rouge ou verte, d'or ou d'argent. Elles portent des ceintures entières de médailles et de reliquaires. Il y a bien des églises où il n'y en a pas tant. Elles ont aussi le cordon de quelque ordre, soit de saint François, des Carmélites ou d'autres. C'est un petit cordon de laine noire, blanche ou brune, qui est par-dessus leurs corps, et tombe devant jusqu'au bord de la jupe. Il y a plusieurs nœuds, et d'ordinaire ces nœuds sont marqués par des boutons de pierreries. Ce sont des vœux qu'elles font aux saints de porter leur cordon, mais bien souvent quel est le sujet de ces vœux?

Elles ont beaucoup de pierreries, des plus belles que l'on puisse voir. Ce n'est pas pour une garniture, comme en ont la plupart de nos dames de France. Celles-ci vont jusqu'à huit ou dix; les unes de diamants, les autres de rubis, d'émeraudes, de perles, de turquoises, enfin de toutes les manières. On les met très-mal en œuvre: on couvre presque tous les diamants, l'on n'en voit qu'une petite partie. Je leur en ai demandé la raison, et elles m'ont dit que l'or leur semblait aussi beau que les pierreries. Mais, pour moi, je pense que c'est que leurs lapidaires ne les savent pas mieux mettre en œuvre. J'en excepte

Verbec, qui le ferait fort bien s'il voulait s'en donner la peine.

Les dames portent de grandes enseignes de pierreries au haut de leurs corps, d'où il tombe une chaîne de perles, ou dix ou douze nœuds de diamants qui se rattachent sur un des côtés du corps. Elles ne mettent jamais de collier, mais elles portent des bracelets, des bagues et des pendants d'oreilles qui sont bien plus longs que la main, et si pesants, que je ne comprends pas comment elles peuvent les porter sans s'arracher le bout de l'oreille. Elles y attachent tout ce qui leur semble de joli. J'en ai vu qui y mettaient des montres assez grandes; d'autres, des cadenas de pierres précieuses, et jusqu'à des clefs d'Angleterre fort bien travaillées, ou des sonnettes. Elles mettent des agnus et des petites images sur leurs manches, sur leurs épaules et partout. Elles ont la tête toute chargée de poinçons, les uns faits en petites mouches de diamants, et les autres en papillons dont les pierreries marquent les couleurs. Elles se coiffent de différentes manières, mais c'est toujours la tête nue. Elles séparent leurs cheveux sur le côté de la tête, et les couchent de travers sur le front; ils sont si luisants que, sans exagération, l'on s'y pourrait mirer. D'autres fois, elles mettent une tresse de faux cheveux, la plus mal faite que l'on saurait voir; ils tombent épars sur leurs épaules, et c'est de peur de mêler les leurs qui sont admirablement beaux. Elles se font d'ordinaire cinq nattes auxquelles elles attachent des nœuds de ruban, ou qu'elles cordonnent de perles. Elles les nouent toutes ensemble à la ceinture, et l'été, lorsqu'elles sont chez elles, elles les enveloppent dans un morceau de taffetas de couleur, garni de dentelle de fil. Elles ne portent point de bonnet, ni le jour, ni la nuit. J'en ai vu qui avaient des plumes couchées sur la tête comme les petits enfants. Ces plumes sont fort fines et mouchetées de différentes couleurs, ce qui les rend beaucoup plus belles. Je ne sais pourquoi l'on n'en fait pas de même en France.

Les jeunes filles ou les nouvelles mariées ont des habits très-magnifiques, et, leurs jupes de dessus sont de couleur, brodées d'or. J'ai été voir la princesse de Monteleon. C'est une petite personne qui n'a pas treize ans; on vient de la marier à son cousin germain nommé Don Nicolo Pignatelli. Sa mère est fille de la duchesse de Terranova, nommée pour être la camareria-major de la nouvelle Reine. Elles demeurent toutes ensemble, c'est-à-dire les duchesses de Terranova, d'Hijar et de Monteleon, avec la jeune princesse de ce nom et ses petites sœurs [1]. La duchesse de Terranova peut avoir soixante ans; ma parente est fort de ses amies, et elle nous reçut avec une honnêteté qui ne lui est pas ordinaire, car elle est la plus fière personne du monde, et elle en a bien l'air. Le son de sa voix est rude;

---

[1] En cette circonstance, madame d'Aulnoy ne se méprend ni sur les familles, ni sur leurs alliances; ce qui ne lui arrive pas toujours.

La duchesse de Terranova, héritière des biens immenses de son bisaïeul Fernand Cortez, avait épousé Andrea Pignatelli, septième duc de Monteleone. Elle en avait eu une fille, mariée au duc d'Hijar, et un fils, le huitième duc de Monteleone. Ce dernier était mort du temps de madame d'Aulnoy et avait laissé, entre autres enfants, une fille qui allait épouser son grand-oncle Nicolo Pignatelli.

elle parle peu, elle affecte quelque bonté. Mais si ce que l'on dit est vrai, elle n'en a point du tout dans le cœur. On ne peut avoir plus d'esprit et plus de pénétration qu'elle en a. Elle nous parla fort de la charge qu'elle allait remplir dans la maison de la Reine. Je n'oublierai rien, disait-elle, pour lui être agréable, j'entrerai dans tout ce qui pourra lui faire quelque plaisir. Je sais qu'une jeune princesse, qui est née Française, doit avoir un peu plus de liberté que n'en aurait une infante d'Espagne élevée à Madrid. Ainsi il ne tiendra pas à moi qu'elle ne trouve aucune différence entre son pays et celui-ci. Elle me donna un chapelet de *Palo d'Aguila;* c'est un bois rare qui vient des Indes. En vérité, quand je le tiens, il tombe jusqu'à terre. Il y a deux touffes de petits rubans de taffetas vert, et à chacune environ trois cents aunes. Elle me donna aussi des *bucaros* de Portugal, ce sont des vases de terre sigillée, garnis de filigrane, et elle me régala encore de plusieurs petits bijoux fort jolis.

Il serait difficile de rien voir de plus somptueux que leur maison. Elles occupent des appartements hauts qui sont tendus de tapisseries toutes relevées d'or. On voit, dans une grande chambre plus longue que large, des portes vitrées qui entrent dans des cabinets ou cellules. Il y a d'abord celle de la duchesse de Terranova, tapissée de gris avec un lit de même et le reste fort uni. A côté, était couchée sa fille, la duchesse de Monteleon, laquelle est veuve, et meublée comme la mère. Ensuite, on trouve la chambre de la princesse de Monteleon, qui n'est pas plus grande que les autres, mais dont le lit est de damas or et vert, doublé de brocart d'argent avec du point d'Espagne. Il y avait, autour des draps, un passement d'Angleterre d'une demi-aune de hauteur. Vis-à-vis étaient les chambres des petites de Monteleon et d'Hijar, toutes meublées de damas blanc. Elles sont nommées pour être ménines de la Reine. Ensuite était la petite chambre de la duchesse d'Hijar, meublée de velours cramoisi à fond d'or. Elles n'étaient toutes séparées les unes des autres que par des cloisons de bois de senteur, et elles me dirent que six de leurs femmes couchaient dans la chambre sur des lits qu'elles y mettaient le soir.

Les dames étaient dans une grande galerie couverte de tapis de pied très-riches. Il y a, tout autour, des carreaux de velours cramoisi en broderie d'or; ils sont tous plus longs que larges. On voit encore de grands cabinets de pièces de rapport enrichis de pierreries, lesquels ne sont pas faits en Espagne; des tables d'argent entre-deux et des miroirs admirables, tant par leur grandeur que par leurs riches bordures, dont les moins belles sont d'argent. Ce que j'ai trouvé de plus beau, ce sont des *escaparates*. C'est une espèce de petit cabinet fermé d'une grande glace et rempli de tout ce qu'on peut se figurer de plus rare, soit en ambre gris, porcelaines, cristal de roche, pierre de bézoard, branches de corail, nacre de perle, filigrane d'or, et mille autres choses de prix. J'y vis la tête d'un poisson sur laquelle il y avait un petit arbre; il n'est ni de bois, ni de mousse. Il tient au crâne du poisson qui est assez petit; cela me parut fort curieux.

Nous étions plus de soixante dames dans cette galerie, et pas un pauvre chapeau. Elles étaient toutes assises par terre, les jambes en croix sous elles. C'est une ancienne habitude qu'elles ont gardée des Maures. Il n'y avait qu'un fauteuil de maroquin piqué de soie et fort mal fait. Je demandai à qui il était destiné. On me dit que c'était pour le prince de Monteleon, qui n'entrait qu'après que toutes les dames étaient retirées. Je ne pouvais demeurer assise à leur mode, et je me mis sur les carreaux. Elles étaient cinq ou six ensemble, ayant au milieu d'elles un petit brasier d'argent plein de noyaux d'olives pour ne pas entêter. Quand il arrivait quelque dame, la naine ou le nain le venait dire, mettant un genou en terre. Aussitôt elles se levaient toutes, et la petite princesse allait la première, jusqu'à la porte, recevoir celle qui venait la voir sur son mariage [1]. Elles ne se baisent

---

[1] La marquise de Villars, dans une de ses lettres, raconte à peu près dans les mêmes termes le cérémonial qu'elle dut observer lorsqu'elle reçut pour la première fois des visites. Ce fut la marquise d'Assera, veuve du duc de Lerme, qui fit les honneurs de sa maison. « Je ne vous dirai pas, dit la marquise, les pas comptés que l'on fait pour aller recevoir les dames, les unes à la première estrade, les autres à la seconde ou à la troisième; on les conduit dans une chambre couverte de tapis de pied, un grand brasier d'argent au milieu. Toutes ces femmes causent comme des pies dénichées, très-parées en beaux habits et pierreries, hormis celles qui ont leurs maris en voyage. Une des plus jolies, sans comparaison, était vêtue de gris pour cette raison. Pendant l'absence de leurs maris, elles se vouent à quelque saint et portent avec leurs habits gris ou blancs de petites ceintures de corde ou de cuir. Nous étions toutes assises sur nos jambes sur ces tapis; car, quoiqu'il y ait quantité d'almohadas ou carreaux, elles n'en veulent point. Dès qu'il y a cinq ou six dames, on apporte la collation, qui recommence une infinité de fois. (*Lettres de madame de Villars*, p. 95.)

point en se saluant. Je crois que c'est pour ne pas emporter le plâtre qu'elles ont sur le visage; mais elles se présentent la main dégantée; et, en se parlant, elles se disent tu et toi, et elles ne s'appellent ni madame, ni mademoiselle, ni Altesse, ni Excellence, mais seulement, Doña Maria, Doña Clara, Doña Teresa. Je me suis informée d'où vient qu'elles en usent si familièrement, et j'ai appris que c'est pour n'avoir aucun sujet de se fâcher entre elles; et que, comme il y a beaucoup de manières de se parler qui marquent, quand elles veulent, une entière différence de qualité et de rang, et que toutes ces différences ne sont pas aisées à faire sans se chagriner quelquefois, pour l'éviter, elles ont pris le parti de se parler sans cérémonie [1]. Il faut ajouter à cela qu'elles ne se mésallient point, et qu'ainsi ce sont toujours des personnes de condition. Les femmes de la robe ne vont pas même chez les femmes de la cour, et un homme de naissance épouse toujours une fille de naissance. On ne voit pas là de roture entée sur la noblesse comme en France; ainsi elles ne risquent guère quand elles se familiarisent ensemble. S'il vient cent dames de suite, on se lève autant de fois, et l'on marche comme à une procession pour les aller recevoir jusque dans l'antichambre. J'en fus si fatiguée ce jour-là, que j'en étais d'assez méchante humeur.

---

[1] Cet usage, qui ne laisse pas que de surprendre une étrangère, s'explique par les alliances continuelles des grandes familles d'Espagne entre elles. Les Bourbons créèrent par la suite des grandesses en faveur de personnages qui n'appartenaient pas à cette ancienne noblesse; le duc de Losada, favori de Charles IV, était du nombre. Les grands d'Espagne ne le tutoyaient pas, à son grand désappointement.

Elles étaient toutes fort parées ; et, comme je vous l'ai déjà dit, elles ont des habits magnifiques et des pierreries d'une grande beauté. Il y avait deux tables d'hombre où l'on jouait gros jeu sans bruit. Je ne connais rien à leurs cartes ; elles sont aussi minces que du papier, et peintes tout autrement que les nôtres. Il semble que l'on ne tient qu'une lettre pliée quand on a un jeu dans la main. Il serait bien aisé à un filou d'escamoter plusieurs cartes, ou un jeu tout entier.

L'on parlait de toutes les nouvelles de la cour et de la ville. Leur conversation est libre et agréable. Il faut convenir qu'elles ont une vivacité dont nous ne pouvons approcher. Elles sont caressantes, elles aiment à louer, elles louent d'une manière noble, pleine d'esprit et de discernement. Je suis surprise qu'elles aient tant de mémoire avec un si grand feu d'esprit. Leur cœur est tendre de même, et, beaucoup plus qu'il ne le faudrait. Elles lisent peu, elles n'écrivent guère ; cependant le peu qu'elles lisent leur profite, et le peu qu'elles écrivent est juste et concis.

Leurs traits sont fort réguliers et délicats, mais leur grande maigreur choque ceux qui n'y sont point accoutumés. Elles sont brunes, leur teint est fort uni. Il faut que la petite vérole ne les gâte pas tant ici qu'elle gâte ailleurs, car je n'en ai guère vu qui soient marquées.

Leurs cheveux sont plus noirs que l'ébène et fort lustrés, bien qu'il y ait quelque apparence qu'elles se peignent longtemps avec le même peigne. En effet, je vis l'autre jour chez la marquise d'Alcanizas[1] (c'est la sœur du connétable de Castille qui avait épousé en premières noces le comte duc d'Olivares), sa toilette mise, et, bien que cette dame soit une des plus propres et des plus riches, cette toilette était sur une petite table d'argent, et consistant en un monceau de toile des Indes, un miroir de la grandeur de la main, deux peignes avec une pelote, et dans une tasse de porcelaine, du blanc d'œuf battu avec du sucre candi. Je demandai à une de ses femmes ce qu'elle en faisait. Elle me dit que c'était pour se décrasser et se rendre le visage luisant. J'en ai vu qui avaient le front si lustré que cela surprenait. L'on dirait qu'elles ont un vernis passé sur le visage, et, la peau en est tendue et tirée d'une telle manière, que je ne doute pas qu'elle ne leur fasse mal. La plupart des femmes se font les sourcils, elles n'en laissent qu'un filet. Rien n'est plus vilain, à mon gré, mais ce qui l'est bien davantage, c'est qu'elles se peignent le milieu du front afin que leurs sourcils paraissent joints, c'est, à leur gré, une beauté incomparable.

Il y en a beaucoup cependant qui n'ont pas cette inclination, et j'ai trouvé des Espagnoles plus régulièrement belles que nos Françaises, malgré leur coiffure de travers et le peu d'accompagnement qu'elles donnent à leur visage. L'on peut dire qu'il est comme hors-d'œuvre, sans aucuns cheveux dessus, ni cor-

---

[1] Madame d'Aulnoy cite ce nom fort mal à propos. L'héritière du marquisat d'Alcanizas était mariée au duc de Medina-de-Rioseco, amirante de Castille.

nettes ni rubans, mais aussi en quel pays y a-t-il des yeux semblables aux leurs? Ils sont si vifs, si spirituels; ils parlent un langage si tendre et si intelligible, que, quand elles n'auraient que cette seule beauté, elles pourraient passer pour belles et dérober les cœurs. Leurs dents sont bien rangées et seraient assez blanches si elles en prenaient soin; mais elles les négligent, outre que le sucre et le chocolat les leur gâtent. Elles ont la mauvaise habitude, et les hommes aussi, de les nettoyer avec un cure-dents, en quelque compagnie qu'ils soient. C'est une de leurs contenances ordinaires. On ne sait ce que c'est ici que de les faire accommoder par des gens du métier; il n'y en a point, et, quand il en faut arracher, les chirurgiens le font comme ils peuvent.

Je demeurai surprise, en entrant chez la princesse de Monteleon, de voir plusieurs dames fort jeunes avec une grande paire de lunettes sur le nez, attachées aux oreilles, et, ce qui m'étonnait encore davantage, c'est qu'elles ne faisaient rien où des lunettes leur soient nécessaires. Elles causaient et ne les ôtaient point. L'inquiétude m'en prit, et j'en demandai la raison à la marquise de la Rosa, avec qui j'ai lié une grande amitié. C'est une jolie personne, qui sait vivre et dont l'esprit est bien tourné; elle est Napolitaine. Elle se prit à rire de ma question, et elle me dit que c'était pour la gravité, et qu'on ne les mettait pas par besoin, mais seulement pour s'attirer du respect. « Voyez-vous cette dame », me dit-elle, en m'en montrant une qui était assez proche de nous, « je ne crois pas que depuis dix ans elle ne les ait quittées que pour se coucher. Sans exagération, elles mangent avec, et vous rencontrerez, dans les rues et dans les compagnies, beaucoup de femmes et d'hommes qui ont toujours leurs lunettes [1] ». Il faut à ce propos, continua-t-elle, que je vous dise qu'il y a quelque temps que les Jacobins avaient un procès de la dernière conséquence; ils en craignaient assez l'événement pour n'y rien négliger. Un jeune Père de leur couvent avait des parents de la première qualité, qui, à sa prière, sollicitèrent très-fortement. Le prieur l'avait assuré qu'il n'y avait rien qu'il ne dût se promettre de sa reconnaissance, si, par son crédit, le procès se gagnait. Enfin, le procès se gagna. Le jeune Père, transporté de joie, courut lui en dire la nouvelle, et se préparait en même temps à lui demander une grâce qu'il avait envie d'obtenir; mais le prieur, après l'avoir embrassé, lui dit d'un ton grave : *Hermano, ponga las ojalas;* cela veut dire : mon Frère, mettez des lunettes. Cette permission combla le jeune moine d'honneur et de joie. Il se trouva trop bien payé de ses soins et il ne demanda rien davantage. Le marquis d'Astorga, ajouta-t-elle, étant Vice-Roi de Naples, fit tirer son buste en marbre, et il ne manqua pas d'y faire mettre ses belles lunettes. Il est si commun d'en porter, que j'ai entendu dire qu'il y a des différences dans les lunettes comme dans les rangs; à proportion que l'on élève sa fortune, l'on fait grandir le

---

[1] Le conseiller Bertault fait également mention de cette étrange mode.

verre de sa lunette et on la hausse sur son nez. Les grands d'Espagne en portent de larges comme la main, que l'on appelle *ojalas*, pour les distinguer. Ils se les font attacher derrière les oreilles, et les quittent aussi peu que leur golille. Ils en faisaient autrefois venir les verres de Venise; mais, depuis que le marquis de la Cueva [1] fit cette entreprise qui fut nommée le triumvirat, parce qu'ils étaient trois qui voulaient mettre le feu dans l'arsenal de Venise avec des miroirs ardents, afin de rendre, par ce moyen, le Roi d'Espagne maître de cette ville; les Vénitiens, à leur tour, firent faire un grand nombre d'ojalas qu'ils envoyèrent à leur ambassadeur à Madrid. Il en régala toute la cour, et tous ceux qui les mirent pensèrent devenir aveugles. C'étaient des miroirs ardents très-bien travaillés et enchâssés dans une matière si combustible, que les moindres rayons de soleil mettaient tout en feu. Il arriva qu'un jour de conseil, on avait laissé une fenêtre ouverte dans le lieu où ils étaient assemblés, de manière que le soleil, tombant d'aplomb sur les lunettes, il se fit tout à coup une espèce de feu d'artifice fort dangereux pour les sourcils et les cheveux. Tout fut brûlé, et on ne peut s'imaginer jusqu'où alla l'épouvante de ces vénéra-

---

[1] Madame d'Aulnoy cite par erreur le nom du marquis de la Cueva. Ce fut le marquis de Bedmar, ambassadeur de Philippe III à Venise, le marquis de Villafranca, gouverneur de Milan, et le duc d'Osuna, Vice-Roi de Naples, qui ourdirent ce complot d'autant plus extraordinaire que le roi d'Espagne paraît n'en avoir pas été instruit, et que la république de Venise se borna à arrêter les agents du marquis de Bedmar et ne se plaignit pas à l'Europe de cet attentat. Cet événement appartient surtout à l'histoire d'Italie. Nous nous bornons donc à la rapporter en termes généraux et à faire remarquer la crédulité de madame d'Aulnoy en ce qui touche les verres ardents de ces lunettes.

bles vieillards. Je voudrais bien, dis-je à la marquise, pouvoir croire à cette aventure, car elle me paraît fort plaisante. Comme je ne l'ai pas vue, reprit-elle en souriant, je ne veux pas vous assurer positivement qu'elle soit vraie, mais ce que j'ai d'original, c'est l'affaire des Jacobins que je vous ai racontée. J'ai remarqué depuis des personnes de qualité dans leurs carrosses, quelquefois seules, quelquefois plusieurs ensemble, le nez chargé de ces lunettes qui font peur à mon gré.

Nous fîmes collation chez la princesse; les femmes vinrent, au nombre de dix-huit, tenant chacune de grands bassins d'argent remplis de confitures sèches, tout enveloppées de papier coupé exprès et doré. Il y a une prune dans l'un, une cerise ou un abricot dans l'autre, et ainsi du reste. Cela me parut fort propre, car au moins on peut en prendre et en emporter sans salir ses mains ni sa poche. Il y a de vieilles dames qui, après s'être crevées d'en manger, ont cinq ou six mouchoirs qu'elles apportent exprès, et elles les remplissent de confitures. Bien qu'on les voie, on n'en fait pas semblant. On a l'honnêteté de leur en laisser prendre tant qu'elles veulent, et même d'en aller encore quérir. Elles attachent ces mouchoirs avec des cordons tout autour de leur sacristain. Cela ressemble au crochet d'un garde-manger où l'on pend du gibier. L'on présenta ensuite le chocolat, chaque tasse de porcelaine sur une petite soucoupe d'agate garnie d'or, avec du sucre dans une boîte de même. Il y avait du chocolat à la glace, d'autre chaud, et d'autre avec du lait et des œufs. On le prend avec du biscuit, ou du petit pain aussi sec que s'il était rôti et que l'on fait exprès. Il y a des femmes qui en prennent jusqu'à six tasses de suite, et c'est souvent deux et trois fois par jour. Il ne faut pas s'étonner si elles sont si sèches, puisque rien n'est plus chaud. Outre cela, elles mangent tout si poivré et si épicé, qu'il est impossible qu'elles n'en soient point brûlées. Il y en avait plusieurs qui mangeaient des morceaux de terre sigillée. Je vous ai dit qu'elles ont une grande passion pour cette terre, qui leur cause ordinairement une opilation ; l'estomac et le ventre leur enflent et deviennent durs comme une pierre, et elles sont jaunes comme des coings. J'ai voulu tâter de ce ragoût, tant estimé et si peu estimable ; j'aimerais mieux manger du grès. Si on veut leur plaire, il faut leur donner de ces *bucaros* qu'elles nomment *barros ;* et souvent leurs confesseurs ne leur imposent pas d'autre pénitence que d'être un jour sans en manger. On dit qu'elle a beaucoup de propriétés. Elle ne souffre point le poison, et elle guérit de plusieurs maladies. J'en ai une grande tasse qui tient une pinte, le vin n'y vaut rien, l'eau y est excellente. Il semble qu'elle bouille quand elle est dedans, au moins on la voit agitée et qui frissonne (je ne sais si cela se peut dire), mais quand on l'y laisse un peu de temps, la tasse se vide toute, tant cette terre est poreuse ; elle sent fort bon[1]. On

---

[1] Les *bucaros* sont des espèces de pots de terre rouge d'Amérique, assez semblable à celle dont sont faites les cheminées des pipes turques ; il y en a de toutes formes, de toutes grandeurs ; quelques-uns sont relevés de filets, de dorure et semés de fleurs grossièrement peintes. Comme on n'en fabrique plus en Amérique, les bucaros commencent à devenir

nous donna des eaux très-bien faites. L'on peut dire qu'il n'y a point de lieux où l'on boive plus frais. Ils ne se servent que de la neige, et tiennent qu'elle rafraîchit bien mieux que la glace. C'est la coutume ici, avant de prendre du chocolat, de boire de l'eau fort fraîche; on tient qu'il est malsain autrement.

Après que la collation fut finie, on apporta des flambeaux. Il entra un petit bonhomme tout blanc, qui était le gouverneur des pages. Il avait une grande chaîne d'or au col avec une médaille. C'était le présent qu'il eut aux noces du prince de Monteleon. Il mit un genou en terre au milieu de la galerie, et dit tout haut : Loué soit le Très-Saint Sacrement; à quoi tout le monde répondit : A jamais. On a cette coutume quand on apporte de la lumière. Ensuite vingt-quatre pages entrèrent deux à deux, et vinrent, les uns après les autres, mettre de même un genou en terre; ils portaient chacun deux grands flambeaux

---

rares, et dans quelques années seront introuvables et fabuleux comme le vieux sèvres; alors tout le monde en aura.

Quand on veut se servir des bucaros, on en place sept ou huit sur le marbre des guéridons ou des encoignures, on les remplit d'eau et on va s'asseoir sur un canapé pour attendre qu'ils produisent leur effet et pour en savourer le plaisir avec le recueillement convenable. L'argile prend alors une teinte plus foncée, l'eau pénètre ses pores, et les bucaros ne tardent pas à entrer en sueur et à répandre un parfum qui ressemble à l'odeur du plâtre mouillé ou d'une cave humide qu'on n'aurait pas ouverte depuis longtemps. Cette transpiration des bucaros est tellement abondante, qu'au bout d'une heure, la moitié de l'eau s'est évaporée; celle qui reste dans le vase est froide comme la glace et a contracté un goût de puits et de citerne assez nauséabond, mais qui est trouvé délicieux par les aficionados. Une demi-douzaine de bucaros suffit pour imprégner l'air d'un boudoir d'une telle humidité, qu'elle vous saisit en entrant; c'est une espèce de bain de vapeur à froid. Non contentes d'en humer le parfum, d'en boire l'eau, quelques personnes mâchent de petits fragments de bucaros, les réduisent en poudre et finissent par les avaler. (T. Gautier, *Voyage en Espagne.*)

ou un *belon*, et quand ils les eurent posés sur les
tables et sur les escaparates, ils se retirèrent avec la
même cérémonie. Alors, toutes les dames se firent
les unes aux autres une grande révérence, l'accom-
pagnant d'un souhait, comme quand on éternue. Il
faut vous dire que ces belons sont des lampes élevées
sur une colonne d'argent, qui a son pied fort large.
Il y a huit ou douze canaux à la lampe, quelquefois
moins, par lesquels la mèche passe, de sorte que
cela fait une clarté surprenante. Pour qu'elle soit
encore plus grande, on y attache une plaque d'argent
sur laquelle elle réfléchit. On n'est point incommodé
de la fumée, et l'huile qu'on y brûle vaut l'huile de
Provence que l'on mange en salade. J'ai trouvé cette
mode fort jolie [1]. Lorsque tous les flambeaux eurent
été posés dans la galerie où ils devaient être, la
jeune princesse de Monteleon dit à ses femmes d'apporter ses habits de noces pour que je les visse.
Elles allèrent quérir trente corbeilles d'argent, aussi
grandes et aussi profondes que celles que nous appelons des mannes, dans lesquelles on porte le couvert.
Elles étaient si lourdes, qu'elles se mirent quatre à
chacune. Il y avait dedans tout ce qui se peut voir
de plus beau et de plus riche, selon la mode du pays.
Entre autres, six justaucorps de brocart d'or et
d'argent, faits en petites vestes pour s'habiller le
matin, avec des boutons, les uns de diamants, les
autres d'émeraudes, et ainsi chacun en avait six
douzaines. Le linge et les dentelles n'étaient pas

[1] Ces belons ne sont autres que des lampes romaines montées sur
un pied plus ou moins élevé. On en retrouve encore dans les ventas.

moins propres que tout le reste. Elle me montra ses pierreries, qui sont admirables, mais si mal mises en œuvre, que les plus gros diamants ne paraissaient pas tant qu'un de trente louis que l'on aurait mis en œuvre à Paris.

Je ne vous écrirai pas souvent, parce que je veux avoir toujours une provision de nouvelles à vous mander. C'est une récolte qu'on ne fait pas ici tout d'un coup. Pardonnez-moi la longueur de cette lettre, et le peu d'ordre que j'y ai gardé. Je vous dis les choses à mesure qu'elles me viennent dans l'esprit, et je les dis toutes fort mal; mais comme vous m'aimez, ma chère cousine, cela me rassure contre mes fautes.

De Madrid, ce 29 mars 1679.

NEUVIÈME LETTRE.

J'appréhende que vous ne soyez fâchée de ce que j'ai laissé passer un ordinaire sans vous écrire; mais, ma chère cousine, je voulais être informée de plusieurs choses dont je vais vous rendre compte.

Je vous parlerai d'abord des églises de Madrid. Je les trouve fort belles et très-propres. Les femmes de qualité n'y vont guère, parce qu'elles ont toutes des chapelles dans leurs maisons; mais il y a certains jours de l'année où elles ne manquent pas d'y aller. Ceux de la semaine sainte en sont; elles y font leurs stations et quelquefois elles vont s'y confesser.

L'église de Notre-Dame d'Atocha, c'est-à-dire Notre-Dame du Buisson, est fort belle. Elle est dans l'enceinte d'un vaste couvent, où il y a un grand nombre de religieux qui ne sortent presque jamais; c'est une de leurs observances. Leur vie est fort austère. L'on y vient en dévotion de toutes parts. Lorsque les rois d'Espagne ont quelque heureux événement, c'est le lieu où ils font chanter le *Te Deum*. Il y a une Vierge qui tient le petit Jésus. On la dit miraculeuse. Elle est noire; on l'habille souvent en veuve, mais aux grandes fêtes, elle est richement vêtue et si couverte de pierreries, qu'il ne se peut rien voir de plus magnifique. Elle a particulièrement un soleil autour de la tête, dont les rayons jettent un éclat admirable. Elle a toujours un grand chapelet dans sa main ou à sa ceinture. Cette chapelle est à côté de la nef de l'église, dans un lieu qui semblerait fort sombre, s'il n'y avait plus de cent grosses lampes d'or et d'argent toujours allumées. Le Roi y a son balcon avec une jalousie devant. L'on se sert dans toutes les églises de certains ronds de jonc fort propres, que l'on met sous ses genoux, et lorsqu'il arrive une personne de qualité ou une dame étrangère, le sacristain apporte un grand tapis devant elle, sur lequel il met un prie-Dieu et des carreaux, ou bien, il la fait entrer dans de petits cabinets tout peints et dorés, avec des vitres autour, où l'on est fort commodément. Il n'est pas de dimanche que l'autel ne soit éclairé de plus de cent cierges. Il est paré d'une prodigieuse quantité d'argenterie, et cela est ainsi dans toutes les églises de Madrid. L'on y fait des parterres de gazon ornés de fleurs; on les embellit de fontaines dont l'eau retombe dans des bassins, les uns d'argent, les autres de marbre ou de porphyre. L'on met autour un grand nombre de gros orangers aussi hauts que des hommes et qui sont dans de fort belles caisses. On y laisse aller des petits oiseaux qui font des manières de petits concerts. Cela est presque toute l'année, comme je viens de vous le représenter, et les églises ne sont jamais sans orangers et sans jasmins, qui les parfument bien plus agréablement que l'encens [1].

[1] Le Roi, dit le duc de Saint-Simon, n'entreprend jamais de vrais voyages, et cela depuis un temps immémorial, qu'il n'aille en cérémonie

On voit dans la chapelle de Nuestra Señora de Alucinada, une Vierge que l'on dit que saint Jacques apporta de Jérusalem et qu'il cacha dans une tour, laquelle était dans l'enceinte de Madrid. Les Maures ayant assiégé la ville, les habitants se trouvèrent réduits à une grande famine : de sorte qu'ils délibéraient pour se rendre, lorsqu'on trouva cette tour pleine de blé. Une telle abondance ne pouvait qu'être l'effet d'un miracle; le peuple ravi prit courage, et se défendit si bien, que les Maures, fatigués de la longueur du siége, se retirèrent. On trouva ensuite l'image de la Vierge, et en reconnaissance on lui bâtit une chapelle où l'on peignit cette histoire à fresque sur les tours. L'autel, le balustre et toutes les lampes sont d'argent massif.

Les Minimes ont une église proche de là dans laquelle est la chapelle de Nuestra Señora de la Soledad, où l'on dit le salut tous les soirs. C'est un lieu de grande dévotion, j'entends pour les véritables

faire ses prières devant cette image, ce qui ne s'appelle point autrement qu'aller prendre congé de Notre-Dame d'Atocha. Les richesses de cette image en or, en pierreries, en dentelles, en étoffes somptueuses, sont prodigieuses. C'est toujours une des plus grandes et des plus riches dames qui a le titre de sa dame d'atours, et c'est un honneur fort recherché, quoique très-cher, car il lui en coûte quarante mille et quelquefois cinquante mille francs, pour la fournir de dentelles et d'étoffes qui reviennent au couvent.

Je ne vis jamais moines si gros, si grands, si grossiers et si rogues. L'orgueil leur sortait par les yeux et toute leur contenance; la présence de Leurs Majestés ne l'affaiblissait point. Ce qui me surprit à n'en pas croire mes yeux, fut l'arrogance et l'effronterie avec lesquelles ces maîtres moines poussaient leurs coudes dans le nez des dames et dans celui de la camarera-mayor comme des autres, qui toutes à ce signal baisaient leurs manches, redoublaient après leurs révérences, sans que le moine branlât le moins du monde. (*Mémoires du duc de Saint-Simon*, t. XIX, p. 90.)

dévots, car il y a bien des personnes qui s'y donnent rendez-vous.

La chapelle de Saint-Isidore passe toutes les autres en beauté. C'est le patron de Madrid, qui n'était qu'un pauvre laboureur. Les murailles de la chapelle sont tout incrustées de marbre de plusieurs couleurs, avec des colonnes de même, et des figures de quelques saints. Son tombeau est au milieu et quatre colonnes de porphyre soutiennent au-dessus une couronne de marbre qui représente des fleurs avec les couleurs qui leur sont naturelles. Rien ne peut être mieux travaillé, et l'on peut dire que l'art a surpassé la nature. Les figures des douze apôtres ornent au dehors le dôme de la chapelle.

J'ai vu à Saint-Sébastien (qui est à présent une paroisse) une chaise que la Reine mère a fait faire, pour porter le Saint-Sacrement aux malades quand il fait mauvais temps. Elle est de velours cramoisi en broderie d'or, couverte de chagrin et garnie de clous d'or. Le tour est orné de grandes glaces, et du milieu de son impériale il s'élève une manière de petit clocher rempli de plusieurs clochettes d'or. Quatre prêtres la portent, lorsque quelque personne de qualité est malade et demande à recevoir Notre-Seigneur. Il est suivi de tous les gens de la Cour. Plus de mille flambeaux de cire blanche éclairent, avec divers instruments, et l'on s'arrête dans les grandes places qui sont sur le chemin, pendant que le peuple, à genoux, reçoit la bénédiction et que les musiciens chantent et jouent de la harpe et de la guitare.

C'est ordinairement le soir qu'on le porte ainsi avec beaucoup de cérémonie et de respect.

Lorsqu'on doit célébrer quelque fête dans une église, dès la veille l'on fiche de grandes perches en terre au haut desquelles sont des espèces de réchauds assez profonds, que l'on emplit de copeaux de bois avec du soufre et de l'huile. Cela brûle très-longtemps et rend une fort grande clarté. On forme des allées avec ces perches; c'est une sorte d'illumination très-agréable. L'on s'en sert aussi dans toutes les réjouissances publiques.

Les femmes qui vont à la messe, hors de chez elles, en entendent une douzaine et marquent tant de distractions, que l'on voit bien qu'elles sont occupées d'autre chose que de leurs prières. Elles portent des manchons qui ont plus d'une grande demi-aune de long. Ils sont de la plus belle martre zibeline que l'on puisse voir et valent jusqu'à quatre et cinq cents écus. Il faut qu'elles étendent leurs bras autant qu'elles peuvent pour mettre seulement le bout de leurs doigts à l'entrée de leurs manchons. Il me semble que je vous ai déjà dit qu'elles sont extrêmement petites, et ces manchons ne sont guère moins grands qu'elles. Elles portent toujours un éventail, et, soit l'hiver ou l'été, tant que la messe dure, elles s'éventent sans cesse. Elles sont assises, dans l'église, sur leurs jambes et prennent du tabac à tous moments, sans se barbouiller comme on fait d'ordinaire, car elles ont pour cela, aussi bien qu'en toute autre chose, des petites manières propres et adroites. Lorsqu'on lève Notre-Seïgneur, les femmes et les hommes se donnent chacun une vingtaine de coups de poing dans la poitrine, ce qui fait un tel bruit que la première fois que je l'entendis, j'eus une grande frayeur, et je crus que l'on se battait.

Quant aux cavaliers (je veux parler de ceux qui sont galants de profession et qui portent un crêpe autour de leur chapeau), lorsque la messe était finie, ils allaient se ranger autour du bénitier; toutes les dames s'y rendaient, ils leur présentaient de l'eau bénite et leur disaient en même temps des douceurs. Elles y répondaient fort juste en peu de mots, car il faut convenir qu'elles disent précisément ce qu'il faut, et elles n'ont pas la peine de le chercher, leur esprit y fournit sur-le-champ. Mais M. le nonce a défendu, sous peine d'excommunication, que les hommes présentent de l'eau bénite aux femmes. On dit que cette défense est intervenue à la prière de quelques maris jaloux. Quoi qu'il en soit, on l'observe, et même elle porte que les cavaliers ne se donneront point d'eau bénite entre eux [1].

---

[1] L'indévotion de quelques Espagnols et leur mascarade de religion est une chose qui ne se peut comprendre, dit le maréchal de Gramont. Rien n'est plus risible que de les voir à la messe, avec de grands chapelets pendus à leurs bras, dont ils marmottent les patenôtres en entretenant tout ce qui est autour d'eux, et songeant par conséquent médiocrement à Dieu et à son Saint-Sacrifice. Ils se mettent rarement à genoux à l'élévation; leur religion est toute des plus commodes, et ils sont exacts à observer tout ce qui ne leur donne point de peine. On punirait sévèrement un blasphémateur du nom de Dieu et une personne qui parlerait contre les saints et les mystères de la foi, parce qu'il faut être fou, disent-ils, pour commettre un crime qui ne donne point de plaisir; mais pour ne bouger des lieux les plus infâmes, manger de la viande tous les vendredis, entretenir publiquement une trentaine de courtisanes et les avoir jour et nuit à ses côtés, ce n'est pas seulement matière de scrupule pour eux. (*Collection des mémoires relatifs à l'histoire de France*, t. XXXI, p. 324.)

De quelque qualité que soient les Espagnoles, elles n'ont jamais de carreau dans l'église, et l'on ne leur porte point la robe. Pour nous, quand nous y entrons avec nos habits à la française, tout le monde s'assemble et nous environne; mais ce qui m'incommode fort, ce sont les femmes grosses qui sont beaucoup plus curieuses que les autres, et pour lesquelles on a ici les dernières complaisances, parce que l'on prétend que lorsqu'elles veulent quelque chose et qu'on leur refuse, il leur prend aussitôt un certain mal qui les fait accoucher d'un enfant mort. De sorte qu'elles sont en droit de tirailler, de déganter et de faire tourner les gens comme il leur plaît.

Les premiers jours que cela m'arriva, je n'y entendais point raillerie, et je leur parlai si sèchement qu'il y en eut qui se mirent à pleurer et qui n'osèrent y revenir. Mais il y en avait d'autres qui ne se rebutaient point; elles voulaient voir mes souliers, mes jarretières, ce que j'avais dans mes poches; et, sur ce que je ne le souffrais point, ma parente me dit que si le peuple voyait cela, il vous jetterait des pierres, et qu'il fallait que je les laissasse faire. Les filles qui me servent en sont encore plus tourmentées que moi. Je n'oserais vous dire jusqu'où va la curiosité de ces femmes grosses.

L'on m'a conté qu'un jeune homme de la Cour étant éperdument amoureux d'une fort belle dame que son mari gardait à vue, et ne pouvant trouver moyen de lui parler, se déguisa en femme grosse et fut chez elle. Il s'adressa au jaloux et lui dit qu'il avait *l'antojo* (c'est le terme) d'entretenir sa femme en particulier. Le mari, déçu par la figure, ne mit point en doute que ce ne fût une jeune femme grosse, et aussitôt il lui fit donner par son épouse une longue et très-agréable audience.

Quand il prend envie à ces femmes grosses de voir le Roi, elles le lui font dire, et il a la bonté de venir sur un grand balcon qui donne sur la cour du palais, et s'y tient autant qu'elles le veulent.

Il y a quelque temps qu'une Espagnole, nouvellement arrivée de Naples, fit prier le Roi qu'elle pût le voir, et quand elle l'eut assez regardé, transportée de son zèle, elle lui dit en joignant les mains : *Je prie Dieu, Sire, qu'il vous fasse la grâce de devenir un jour Vice-Roi de Naples.* L'on prétend que l'on fit jouer cette pièce pour informer le Roi que la magnificence du Vice-Roi d'alors, qui n'était pas aimé, passait de beaucoup la sienne. Il vient très-souvent des dames au logis que nous ne connaissons point, et auxquelles ma parente fait beaucoup d'honnêtetés, parce qu'elles sont grosses et qu'il ne faut pas les fâcher.

Grâces au ciel, le carême est passé, et bien que je n'aie fait maigre que la semaine sainte, ce temps-là m'a paru plus long que tout le carême n'aurait fait à Paris, parce qu'il n'y a point de beurre ici. Celui que l'on y trouve vient de plus de trente lieues, enveloppé comme des petites saucisses dans des vessies de cochon. Il est plein de vers et plus cher que celui de Vanvre. On peut se retrancher sur l'huile, car elle est excellente; mais tout le monde ne l'aime pas, et moi, par exemple; je n'en mange point sans m'en trouver fort mal.

Ajoutez à cela que le poisson est très-rare ; il est impossible d'en avoir de frais qui vienne de la mer, car elle est éloignée de Madrid de plus de quatre-vingts lieues. Quelquefois on apporte des saumons dont on fait des pâtés qui se mangent à la faveur de l'épice et du safran. Il y a peu de poisson d'eau douce, et, l'on ne s'embarrasse guère de tout cela, puisque personne ne fait carême, ni maîtres, ni valets, à cause de la difficulté qu'il y a de trouver de quoi le faire. On prend la bulle chez M. le nonce ; elle coûte quinze sous de notre monnaie [1]. Elle permet de manger du beurre et du fromage pendant le carême, et les issues les samedis de toute l'année. Je trouve assez singulier que l'on mange, ce jour-là, les pieds, la tête, les gésiers, et que l'on n'ose pas manger autre chose du même animal.

La boucherie est ouverte le carême comme le carnaval. C'est quelque chose de bien incommode que la manière dont on y vend la viande. Elle est enfermée chez le boucher, à qui on parle au travers d'une

---

[1] Il s'agit ici de la bulle de la croisade. Cette bulle fut accordée par les Papes aux Espagnols, lors de leurs guerres contre les Arabes. Elle fut renouvelée à diverses époques, entre autres sous le pontificat de Pie II, en 1459. C'est même le premier titre que l'on en connaisse. Lorsque les Arabes furent expulsés d'Espagne, les Papes continuèrent à accorder les mêmes indulgences, notamment celle de manger le samedi les issues des animaux. On en trouve la raison dans l'extrême difficulté de se procurer du poisson. La dispense devait être achetée par une aumône calculée sur la richesse des trois classes : des Excellences, des Illustres et des personnages du commun. Le produit total de ces aumônes devait être employé à des usages pieux, entre autres à la guerre contre les infidèles. Les Rois d'Espagne étant toujours aux prises avec les Turcs, les papes leur concédèrent la moitié des fonds provenant de la bulle. Charles-Quint organisa même un conseil (*Consejo de la Santa Cruzada*) pour en surveiller le recouvrement.

petite fenêtre; on lui demande la moitié d'un veau, et le reste à proportion; il ne daigne ni vous répondre, ni vous donner quoi que ce soit; vous vous retranchez à une longe de veau; il vous fait payer d'avance et puis vous donne, par sa lucarne, un gigot de mouton; vous le lui rendez, en disant que ce n'est point cela que vous voulez; il le reprend et vous donne à la place un aloyau de bœuf. On crie encore plus fort pour avoir la longe, il ne s'en émeut pas davantage, jette votre argent et vous ferme la fenêtre au nez. On s'impatiente, on va chez un autre qui en fait tout autant et quelquefois pis. De sorte que le meilleur est de leur demander la quantité de viande que l'on veut et de les laisser faire à leur tête. Cette viande fait mal au cœur, tant elle est maigre, sèche et noire; mais, telle qu'elle est, il en faut moins qu'en France pour faire une bonne soupe. Tout est si nourrissant ici, qu'un œuf vous profite plus qu'un pigeon ailleurs. Je crois que c'est un effet du climat.

Quant au vin, il ne me semble point bon. Ce n'est pas de ce pays-ci que l'on boit l'excellent vin d'Espagne. Il vient de l'Andalousie et des îles Canaries, encore faut-il qu'il passe la mer pour prendre cette force et cette douceur qui le rendent bon. A Madrid, il est assez fort et même un peu trop, mais il n'a point le goût agréable. Ajoutez à cela qu'on le met dans des peaux de bouc qui sont apprêtées, et il sent toujours la poix ou le brûlé. Je ne suis pas surprise que les hommes fassent si peu de débauche avec une telle liqueur. On en vend pour si peu d'argent que l'on en veut, pour un double ou pour deux; mais celui qui se débite ainsi aux pauvres gens devient encore plus mauvais, parce qu'on le laisse dans de grandes terrines de terre, tout le jour à l'air, et l'on en prend là pour ceux qui en veulent. Il s'aigrit et sent si fort, qu'en passant devant ces sortes de cabarets, l'odeur en fait mal à la tête.

Le carême ne change rien aux plaisirs; ils sont toujours si modérés, ou, du moins, ceux que l'on prend font si peu de bruit, qu'ils sont de toutes les saisons.

Personne ne se dispense, pendant la semaine sainte, d'aller en station; particulièrement depuis le mercredi jusqu'au vendredi. Il se passe, ces trois jours-là, des choses bien différentes entre les véritables pénitents, les amants et les hypocrites. Il y a des dames qui ne manquent point d'aller, sous prétexte de dévotion, en de certaines églises où elles savent, depuis un an entier, que celui qu'elles aiment se trouvera; et, bien qu'elles soient accompagnées d'un grand nombre de dueñas, comme la presse est toujours grande, l'amour leur donne tant d'adresse, qu'elles se dérobent en dépit des argus et vont dans une maison prochaine, qu'elles connaissent à quelque enseigne et qui est louée exprès sans servir à personne que dans ce seul moment. Elles retournent ensuite à la même église où elles trouvent leurs femmes occupées à les chercher. Elles les querellent de leur peu de soin pour les suivre; et le mari, qui a gardé pendant toute l'année sa chère épouse, la perd dans le temps où elle lui devrait être la plus fidèle. La grande contrainte où elles vivent leur inspire le désir de s'affranchir, et leur esprit, soutenu de beaucoup de tendresse, leur donne le moyen de l'exécuter [1].

C'est une chose bien désagréable de voir les disciplinants. Le premier que je rencontrai pensa me faire évanouir. Je ne m'attendais point à ce beau spectacle, qui n'est capable que d'effrayer; car, enfin, figurez-vous un homme qui s'approche si près qu'il vous couvre toute de son sang : c'est là un de leurs tours de galanterie. Il y a des règles pour se donner la discipline de bonne grâce, et les maîtres en enseignent l'art comme on montre à danser et à faire des armes. Ils ont une espèce de jupe de toile de batiste fort fine qui descend jusque sur le soulier; elle est plissée à petits plis et si prodigieusement ample qu'ils y emploient jusqu'à cinquante aunes de toile. Ils portent sur la tête un bonnet trois fois plus haut qu'un pain de sucre et fait de même; il est couvert de toile de Hollande; il tombe de ce bonnet un grand morceau de toile qui couvre tout le visage et le devant du corps; il y a deux petits trous par lesquels ils voient; ils ont derrière leur camisole deux grands trous sur leurs épaules; ils portent des gants et des souliers blancs, et beaucoup de rubans qui attachent les manches de la camisole et qui pendent sans être noués. Ils en mettent aussi un à leur discipline; c'est d'ordinaire leur maîtresse qui les honore de cette

[1] Toutes les femmes sont parées et courent d'église en église toute la nuit, hors celles qui ont trouvé dans la première où elles ont été ce qu'elles y cherchaient, car il y en a plusieurs qui, de toute l'année, ne parlent à leurs amants que ces trois jours-là. (*Lettres de madame de Villars*, p. 123.)

faveur. Il faut, pour s'attirer l'admiration publique, ne point gesticuler des bras, mais seulement que ce soit du poignet et de la main ; que les coups se donnent sans précipitation, et le sang qui en sort ne doit point gâter leurs habits. Ils se font des écorchures effroyables sur les épaules, d'où coulent deux ruisseaux de sang ; ils marchent à pas comptés dans les rues ; ils vont devant les fenêtres de leurs maîtresses où ils se fustigent avec une merveilleuse patience. La dame regarde cette jolie scène au travers des jalousies de sa chambre, et, par quelque signe, elle l'encourage à s'écorcher tout vif, et elle lui fait comprendre le gré qu'elle lui sait de cette sotte galanterie. Quand ils rencontrent une femme bien faite, ils se frappent d'une certaine manière qui fait ruisseler le sang sur elle. C'est là une fort grande honnêteté, et la dame reconnaissante les en remercie. Quand ils ont commencé de se donner la discipline, ils sont obligés, pour la conservation de leur santé, de la prendre tous les ans, et, s'ils y manquent, ils tombent malades. Ils ont aussi de petites aiguilles dans des éponges, et ils s'en piquent les épaules et les côtés avec autant d'acharnement que s'ils ne se faisaient point de mal [1]. Mais voici bien autre chose : c'est que le soir, les personnes de la Cour vont aussi

---

[1] Sous le règne de Ferdinand VII, les pénitents se donnaient la discipline dans une crypte obscure de l'église de San-Blas, à Madrid. Le comte de Laporterie, vieil émigré français, resté au service d'Espagne, eut la malencontreuse idée de se glisser dans cette crypte pour assister à ce spectacle. Il fut découvert et chassé après avoir reçu bon nombre de coups de discipline. Cette macération involontaire le rendit la fable de tout Madrid.

faire cette promenade. Ce sont, d'ordinaire, de jeunes fous qui font avertir tous leurs amis du dessein qu'ils ont. Aussitôt on va les trouver, fort bien armés. Le marquis de Villahermosa [1] en a été cette année, et le duc de Vejar a été l'autre. Ce duc sortit de la maison sur les neuf heures du soir; il avait cent flambeaux de cire blanche que l'on portait deux à deux devant lui. Il était précédé de soixante de ses amis, et suivi de cent autres qui avaient tous leurs pages et leurs laquais. Cela faisait une fort belle procession. On sait quand il doit y avoir des gens de cette qualité. Toutes les dames sont aux fenêtres avec des tapis sur des balcons et des flambeaux attachés aux côtés, pour mieux voir et pour être mieux vues. Le chevalier de la discipline passe avec son escorte et salue la bonne compagnie; mais, ce qui fait souvent le fracas, c'est que l'autre disciplinant qui se pique de bravoure et de bon air, passe par la même rue avec grand monde. Cela est arrivé de cette manière à ceux que je viens de vous nommer. Chacun d'eux voulut avoir le haut du pavé, et aucun ne le voulut céder. Les valets qui tenaient les flambeaux se les portèrent au visage et se grillèrent la barbe et les cheveux. Les amis de l'un tirèrent l'épée contre les amis de l'autre. Nos deux héros qui n'avaient point d'autres armes que cet instrument de pénitence, se cherchèrent; et s'étant trouvés, ils commencèrent entre eux un combat singulier. Après avoir usé leurs disciplines sur les oreilles l'un de

---

[1] Il existait un duc, et non pas un marquis de Villahermosa.

l'autre, et couvert la terre de petits bouts de corde dont elles étaient faites, ils s'entre-donnèrent des coups de poing comme auraient pu faire deux crocheteurs. Cependant il n'y a pas toujours de quoi rire à cette momerie-là, car l'on s'y bat fort bien, l'on s'y blesse, l'on s'y tue, et les anciennes inimitiés trouvent lieu de se renouveler et de se satisfaire. Enfin le duc de Vejar céda au marquis de Villahermosa. On ramassa les disciplines rompues que l'on raccommoda comme on put; le bonnet qui était tombé dans le ruisseau fut décrotté et remis sur la tête du pénitent; on emporta les blessés chez eux. La procession commença de marcher plus gravement que jamais et parcourut la moitié de la ville.

Le duc avait bien envie le lendemain de reprendre sa revanche, mais le Roi lui envoya défendre, ainsi qu'au marquis, de sortir de leurs maisons. Pour revenir à ce que l'on fait dans ces occasions, vous saurez que lorsque ces grands serviteurs de Dieu sont de retour chez eux, il y a un repas magnifique préparé avec toutes sortes de viandes; vous remarquerez que c'est un des derniers jours de la semaine sainte. Mais après une si bonne œuvre, ils croient qu'il leur est permis de faire un peu de mal. D'abord, le pénitent se fait frotter fort longtemps les épaules avec des éponges trempées dans du sel et du vinaigre, de peur qu'il n'y reste du sang meurtri; ensuite il se met à table avec ses amis et reçoit d'eux les louanges et les applaudissements qu'il croit avoir bien mérités. Chacun lui dit, à son tour, que de mémoire d'homme on n'a vu prendre la discipline de si bonne grâce. On exagère toutes les actions qu'il a faites ; et surtout le bonheur de la dame pour laquelle il a fait cette galanterie. La nuit entière s'écoule en ces sortes de contes, et quelquefois celui qui s'est si bien étrillé en est tellement malade, que le jour de Pâques il ne peut pas aller à la messe. Ne croyez pas, au moins, que je m'avise d'embellir l'histoire pour vous réjouir. Tout cela est vrai à la lettre et je ne vous mande rien que vous ne puissiez vérifier par toutes les personnes qui ont été à Madrid.

Mais il y a de véritables pénitents qui font une extrême peine à voir. Ils sont vêtus tout de même que ceux qui se disciplinent, excepté qu'ils sont nus depuis les épaules jusqu'à la ceinture et qu'une natte étroite les emmaillotte et les serre à tel point, que ce qu'on voit de leur peau est tout bleu et tout meurtri, leurs bras sont entortillés dans la même natte et tout étendus. Ils portent jusqu'à sept épées passées dans leur dos et dans leurs bras [1]. Ces épées leur font des blessures dès qu'ils se remuent trop fort ou qu'ils viennent à tomber, ce qui leur arrive souvent, car ils vont nu-pieds, et le pavé est si pointu que l'on ne peut se soutenir dessus sans se couper les pieds. Il y en a d'autres qui, au lieu de ces épées, portent des croix si pesantes qu'ils en sont accablés. Ne pensez pas que ce soit des personnes du commun, il y

---

[1] Il n'y a là rien d'impossible. Les Turcs en faisaient autant par simple bravade. Le Baile vénitien, G. B. Donado, parle, dans la relation de son ambassade (1688), d'un cavalier de son escorte qui, nu jusqu'à la ceinture et couvert de sang, portait sa masse d'arme enfilée dans la peau de son dos. Rien, au dire des Turcs, n'égalait une telle galanterie.

en a de la première qualité. Ils sont obligés de se faire accompagner par plusieurs de leurs domestiques qui sont déguisés et dont le visage est couvert, de peur qu'on ne les reconnaisse. Ces gens portent du vin, du vinaigre et d'autres choses pour en donner, de temps en temps, à leur maître, qui tombe bien souvent comme mort de la peine et de la fatigue qu'il souffre. Ce sont, d'ordinaire, les confesseurs qui enjoignent ces pénitences, et l'on tient qu'elles sont si rudes que celui qui les fait ne passe point l'année. M. le nonce m'a dit qu'il avait fait défense à tous les confesseurs de les ordonner. Cependant j'en ai vu plusieurs; apparemment cela venait de leur propre dévotion.

Depuis les premiers jours de la semaine sainte jusqu'à la Quasimodo, on ne peut sortir sans trouver un nombre infini de pénitents de toutes les sortes, et le vendredi saint, ils se rendent tous à la procession. Il n'y en a qu'une générale dans la ville, composée de toutes les paroisses et de tous les religieux. Ce jour-là, les dames sont plus parées qu'à celui de leurs noces. Elles se mettent sur leurs balcons, qui sont ornés de riches tapis et de beaux carreaux; elles sont quelquefois cent dans une seule maison. La procession se fait sur les quatre heures du soir, et à huit, elle n'est pas finie, car je ne vous puis dire la quantité innombrable de monde que j'y ai vu, à compter depuis le Roi, Don Juan, les cardinaux, les ambassadeurs, les grands, les courtisans et toutes les personnes de la Cour et de la ville. Chacun tient un cierge, et chacun a ses domestiques en très-grand nombre, qui portent des torches ou des flambeaux. On voit à cette procession toutes les bannières et les croix couvertes de crêpe. Il y a un très-grand nombre de tambours qui en sont couverts de même et qui battent comme à la mort d'un général. Les trompettes sonnent des airs tristes. La garde du Roi, composée de quatre compagnies de différentes nations, savoir : de Bourguignons, d'Espagnols, d'Allemands et de la Lancilla, porte ses armes couvertes de deuil, et les traîne par terre. Il y a de certaines machines qui sont élevées sur des théâtres, et qui représentent les mystères de la vie et de la mort de Notre-Seigneur. Les figures sont de grandeur naturelle, très-mal faites et très-mal habillées. Il y en a de si pesantes, qu'il faut cent hommes pour les porter, et il en passe un nombre surprenant, car chaque paroisse a les siennes. Je remarquai la Sainte Vierge qui fuyait en Égypte. Elle était montée sur un âne très-bien caparaçonné. La housse était toute brodée de belles perles; la machine était grande et fort lourde [1].

L'on appréhende ici qu'on ne manque quelquefois

[1] Après le dîner, dit le maréchal de Bassompierre, je fus en une maison de la Calle-mayor que l'on m'avait préparée pour voir passer la procession de las Cruces, qui est certes très-belle. Il y avait plus de cinq cents pénitents qui traînaient de grosses croix, pieds nus, à la ressemblance de celle de Notre-Seigneur, et de vingt croix en vingt croix, il y avait, sur des théâtres portatifs, des représentations diverses au naturel de la Passion.

Le jeudi saint, on fit, l'après-dîner, la grande procession des pénitents, où il y eut plus de deux mille hommes qui se fouettèrent. J'approuvai fort qu'avec les cloches qui cessent, les carrosses cessent d'aller par la ville; on ne va plus à cheval, ni les dames en chaises. On ne porte plus d'épée et aucun ne s'accompagne de sa livrée. Il se fait aussi cette nuit-là beaucoup de désordres que je n'approuvai pas. (*Collection des mémoires relatifs à l'histoire de France*, t. XX, p. 156.)

à faire ses dévotions à Pâques; c'est pourquoi un prêtre de chaque paroisse va dans les maisons savoir du maître combien il y a de communiants chez lui. Lorsqu'il en est informé, il l'écrit sur son registre. Quand on a communié, l'on vous donne un billet qui en fait foi. A la Quasimodo, on va dans toutes les maisons querir les billets que l'on doit avoir, suivant le premier mémoire, et si l'on ne peut les fournir, on fait une exacte perquisition de celui ou de celle qui n'a pas communié. En ce temps-là, les pauvres qui sont malades mettent un tapis à leurs portes et on leur apporte la communion avec une procession fort belle et fort dévote.

Depuis que je suis à Madrid, je n'ai guère vu d'enterrements magnifiques, excepté celui d'une fille du duc de Medina-Celi. Son cercueil était d'un bois rare des Indes, mis dans un sac de velours bleu, croisé de bandes d'argent, et les glands de même attachaient le sac par les deux bouts, comme une valise faite d'étoffe. Le cercueil était dans un chariot couvert de velours blanc, avec des festons et des couronnes de fleurs artificielles tout autour. On la portait ainsi à Medina-Celi, ville capitale du duché de ce nom.

Ordinairement, on habille les morts des habits de quelque ordre religieux, et on les porte le visage découvert jusque dans l'église où ils doivent être inhumés. Si ce sont des femmes, on leur met l'habit de carmélite. Cet ordre est en grande vénération ici; les princesses du sang s'y retirent. Les Reines même, lorsqu'elles deviennent veuves, sont obligées d'y passer le reste de leur vie, à moins que le Roi en ait ordonné autrement avant sa mort, comme fit Philippe IV en faveur de la Reine Marie-Anne d'Autriche, sa femme. Et à l'égard d'une Reine répudiée, il faut aussi qu'elle se mette en religion, car, répudiées ou non, elles n'ont pas la liberté de se remarier.

Les Rois d'Espagne se tiennent si fort au-dessus des autres rois, qu'ils ne veulent pas qu'une princesse qui a été leur épouse le devienne jamais d'un autre, en eût-elle la plus grande passion du monde.

Don Juan a une fille naturelle, religieuse carmélite de Madrid. Elle est d'une beauté admirable, et l'on dit qu'elle n'avait aucune envie de prendre le voile; mais c'était sa destinée, et c'est celle de bien d'autres de sa qualité qui n'en sont guère plus contentes qu'elle.

On les nomme les Descalzas Reales, ce qui veut dire les demoiselles royales. Cela s'étend même jusqu'aux maîtresses du Roi, soit qu'elles soient filles ou veuves. Quand il cesse de les aimer, il faut qu'elles se fassent religieuses.

J'ai vu quelques-unes des œuvres de sainte Thérèse, écrites de sa propre main; son caractère est lisible, grand et médiocrement beau. Doña Béatrix Carillo, qui est sa petite-nièce, les garde fort précieusement. C'est elle qui me les a montrées. Ce sont des lettres dont on a fait un recueil; je ne crois pas qu'on les ait jamais imprimées. Elles sont parfaitement belles, et on voit dans toutes un certain air de gaieté et de douceur qui marque beaucoup le caractère de cette grande sainte.

Pendant le Carême et même dans les autres temps,

on trouve des prédicateurs à chaque coin de rue, qui font là des sermons fort mal étudiés et qui font aussi fort peu de fruit; mais, du moins, ils contentent et leur zèle et leur désir de prêcher. Leurs plus fidèles auditeurs sont les aveugles, qui tiennent lieu ici de nos chanteurs du Pont-Neuf. Chacun d'eux, conduit par un petit chien, qui les mène fort bien, va chantant des romances et des jacara (ce sont de vieilles histoires, ou des événements modernes que le peuple est bien aise de savoir); ils ont un petit tambour et une flûte dont ils jouent. Ils disent souvent la chanson du *Roi François I*[er] : Quand le Roi partit de France, à malheur il en partit..... Vous la savez assurément, ma chère cousine, car qui ne la sait pas? Cette chanson est chantée en fort mauvais français par des gens qui n'en entendent pas un seul mot; tout ce qu'ils en savent, c'est que le Roi fut pris par les Espagnols, et, comme cette prise est fort à leur gloire, ils en veulent faire passer le souvenir à leurs enfants.

Il y a une fleur de lis toute dorée sur le haut de la chambre où ce Roi était prisonnier, et je ne dois pas oublier de vous dire que la prison est un des plus beaux bâtiments de Madrid; les fenêtres en sont aussi larges que celles des autres maisons. A la vérité, il y a des barreaux de fer, mais ils sont tous dorés et d'une distance assez éloignée pour ne pas faire soupçonner qu'on les a mis là pour empêcher qu'on ne se sauve [1]. Je demeurai surprise de la pro-

---

[1] François Ier fut, en effet, enfermé dans une maison, au centre de Madrid. Mais soit qu'on ne l'y trouvât pas en sûreté, soit qu'on voulût ébranler sa constance en le resserrant plus étroitement, on le transféra

preté apparente d'un lieu si désagréable en effet, et je pensai que l'on voulait démentir en Espagne le proverbe français qui dit : « Qu'il n'y a pas de belles prisons, ni de laides amours. » Pardonnez-moi ce proverbe, je ne les aime pas assez pour vous en étourdir souvent.

Tous les meubles que l'on voit ici sont extrêmement beaux, mais ils ne sont pas faits si proprement que les nôtres, et il s'en faut du tout qu'ils ne soient si bien entendus. Ils consistent en tapisseries, cabinets, peintures, miroirs et argenteries. Les vice-rois de Naples et les gouverneurs de Milan ont rapporté d'Italie de très-excellents tableaux; les gouverneurs des Pays-Bas ont eu des tapisseries admirables; les vice-rois de Sicile et de Sardaigne

---

au palais. Le duc de Saint-Simon parvint à voir sa prison. « La porte en était prise dans l'épaisseur de la muraille et si bien cachée, qu'il était impossible de l'apercevoir. Cette porte donnait accès sur une espèce d'échelle de pierre d'une soixantaine de marches fort hautes, au haut desquelles on trouvait un petit palier qui, du côté du Mançanares, avait une fort petite fenêtre bien grillée et vitrée; de l'autre côté, une petite porte à hauteur d'homme et une pièce assez petite, avec une cheminée, qui pouvait contenir quelque peu de coffres et de chaises, une table et un lit. Continuant tout droit, on trouvait au bout de ce palier quatre ou cinq autres marches, aussi de pierre, et une double porte très-forte, avec un passage étroit entre deux, long de l'épaisseur du mur d'une fort grosse tour. La seconde porte donnait dans la chambre de François Ier, qui n'avait point d'autre entrée et de sortie. Cette chambre n'était pas grande, mais accrue par un enfoncement sur la droite en entrant, vis-à-vis de la fenêtre assez grande pour donner du jour suffisamment, vitrée, qui pouvait s'ouvrir pour avoir de l'air, mais à double grille de fer, bien forte et bien ferme, scellée dans la muraille des quatre côtés. Elle était fort haute du côté de la chambre, donnait sur le Mançanares et sur la campagne au delà. A côté de la chambre, il y avait un recoin qui pouvait servir de garde-robe. De la fenêtre de cette chambre, au pied de la tour, il y a plus de cent pieds, et tant que François Ier y fut, deux bataillons furent nuit et jour de garde, sous les armes, au pied de la tour. » (*Mémoires du duc de Saint-Simon*, t. XIX, p. 207.)

des broderies et des statues; ceux des Indes des pierreries et de la vaisselle d'or et d'argent. Ainsi, chacun revenant de temps en temps chargé des richesses d'un royaume, ils ne peuvent pas manquer d'avoir enrichi cette ville de quantité de choses précieuses.

On change de meubles plusieurs fois l'année. Les lits d'hiver sont de velours chamarrés de gros galons d'or; mais ils sont si bas et les pentes si hautes, que l'on est comme enseveli dedans. On n'a l'été ni rideau, ni quoi que ce soit autour de son lit; cela est de fort méchante grâce. L'on y met quelquefois de la gaze de couleur pour garantir des moucherons.

On passe l'hiver dans les appartements hauts, et l'on monte quelquefois jusqu'au quatrième étage, selon le froid qu'il fait, pour s'en garantir. On occupe à présent les appartements d'été qui sont bas et fort incommodes. Toutes les maisons ont beaucoup de plain-pied, on traverse douze ou quinze salles ou chambres tout de suite. Ceux qui sont les moins bien logés en ont six ou sept. Les pièces sont d'ordinaire plus longues que larges; les plafonds ne sont ni peints ni dorés, ils sont de plâtre et tout unis, mais d'une blancheur à éblouir, car tous les ans on les gratte et on les reblanchit aussi bien que les murailles, qui semblent être de marbre, tant elles sont polies. Le carreau des appartements d'été est fait d'une certaine matière qui, après que l'on a jeté dessus dix seaux d'eau, sèche au bout d'une demi-heure et laisse une fraîcheur agréable, de sorte que le matin on arrose tout, et peu après on étend des tapis d'un jonc fort fin, mêlé de différentes couleurs, qui couvrent le pavé. L'appartement est tapissé de ce même jonc, de la hauteur d'une aune, pour empêcher que la fraîcheur des murailles n'incommode ceux qui s'y appuient. Il y a au-dessus de ce jonc des tableaux et des miroirs. Les carreaux de brocart d'or et d'argent sont placés sur les tapis avec des tables et des cabinets très-beaux, et d'espace en espace, des caisses d'argent remplies d'orangers et de jasmins. L'on met des paillassons aux fenêtres, qui garantissent du soleil, et l'on se promène sur le soir dans les jardins. Il y a plusieurs maisons qui en ont de fort beaux où l'on trouve des grottes et des fontaines en grande quantité, car les eaux sont ici en abondance et fort bonnes. On compte dans le nombre de ces belles maisons celles du duc d'Ossone, de l'amirante de Castille, de la comtesse d'Oñate et du connétable de Castille. Mais j'ai tort de vouloir vous les spécifier, car il est constant qu'il y en a une quantité considérable [1].

[1] Cette magnificence, dont il ne reste plus le moindre vestige, est attestée par les auteurs espagnols aussi bien que par les étrangers qui visitèrent l'Espagne à cette époque. « Il fallait aux grands, dit Navarrete, les meubles les plus somptueux, des lambris dorés, des cheminées en jaspe, des colonnes de porphyre, des cabinets remplis d'objets rares et coûteux, des tables d'ébène incrustées de pierres précieuses. Les pots de fleurs en argile furent remplacés par des vases d'argent. Ils ne voulurent plus des tapis qui naguère suffisaient à des princes, ils dédaignèrent les cuirs dorés et les taffetas d'Espagne qui étaient recherchés dans tous les pays d'Europe. Au lieu des tentures grossières dont se contentaient leurs ancêtres, ils faisaient venir à grands frais des tapisseries de Bruxelles. Ils faisaient peindre à fresque les murs de leurs appartements qui n'étaient pas ornés des tapisseries les plus précieuses. La plupart de leurs vêtements étaient tirés de l'étranger. Ils avaient apporté des manteaux anglais, des bonnets de Lombardie, des chaussures d'Allemagne. Ils achetaient des lins de Hollande, des toiles de Florence ou de Milan. » (Weiss, t. II, p. 128).

Il faut observer que Navarrette écrivait son livre de la *Conservacion*

Au reste, il me semble qu'après toutes les précautions que je vois prendre, la chaleur, quelque excessive qu'elle soit, ne peut incommoder, nous le verrons. Ne pensez pas, s'il vous plaît, qu'il n'y ait que les grands seigneurs qui occupent des appartements bas, chacun veut avoir le sien, à la vérité selon son pouvoir ; mais ne fût-ce qu'une petite cave, ils y demeurent de bon cœur.

Il y a peu de menu peuple dans Madrid, et l'on n'y voit guère que des personnes de qualité. Si l'on en excepte sept ou huit rues pleines de marchands, vous ne trouvez aucune boutique dans cette ville, si ce ne sont celles où se vendent les confitures et les liqueurs, les eaux glacées et la pâtisserie.

Je ne veux pas omettre de vous dire que mille gens ont des dais ici ; car, sans compter les princes et les ducs, les titrés (qui sont en grand nombre) en ont aussi. Les titrés sont ce qu'on appelle les grands d'Espagne : les vrais marquis, les vrais comtes. S'il y a trente chambres de plain-pied chez eux, vous y trouverez trente dais. Ma parente en a vingt chez elle. Le Roi l'a faite marquise de Castille. Vous ne

de la Monarquias, vers le commencement du seizième siècle. L'affluence des métaux précieux avait extraordinairement enrichi l'Espagne. Mais les trésors de l'Amérique ne tardèrent pas à s'épuiser. Les dépenses prodigieuses qu'entraînait la politique de Philippe II ruinèrent la monarchie à ce point, qu'au temps de madame d'Aulnoy, on en était réduit à falsifier les monnaies. Éblouie par ces restes de luxe qu'elle voyait dans les demeures de Madrid, cette personne, assez frivole, ne se doutait pas de la pauvreté réelle qui se cachait sous ses dehors. Meilleur observateur, le marquis de Villars écrivait à la même époque que les gens de qualité vendaient à bas prix leurs effets les plus précieux, ne trouvant personne qui voulût leur avancer de l'argent. A voir, ajoute-t-il, les riches meubles qui sortent de Madrid tous les ans pour être transportés en pays étranger, on eût dit une ville livrée au pillage.

sauriez croire, comme je tiens bien ma gravité sous un dais, particulièrement quand on m'apporte mon chocolat ; car trois ou quatre pages vêtus de noir, comme de vrais notaires, me servent à genoux. C'est une coutume à laquelle j'ai peine à m'accoutumer, parce qu'il me semble que ce respect ne devrait être rendu qu'à Dieu. Mais cela est tellement d'usage ici, que si un apprenti savetier présentait une savate à son maître, il mettrait un genou en terre. Cette qualité de titulos donne beaucoup de priviléges, dont je vous ai déjà parlé, et particulièrement celui d'avoir un dais. On ne met point de balustres autour du lit.

Je vous l'ai déjà dit, ma chère cousine, il s'en faut beaucoup que nous ne soyons si bien meublés en France que les personnes de qualité le sont ici, principalement en vaisselle d'argent. C'est une différence si notable, qu'on ne la croirait pas si on ne la voyait. L'on ne se sert point de vaisselle d'étain, celle d'argent ou de terre sont les seules qui soient en usage ; et vous saurez que les assiettes ici ne sont guère moins pesantes que les plats en France ; car tout est d'une pesanteur surprenante.

Le duc d'Alburquerque est mort il y a déjà quelque temps. On m'a dit qu'on avait employé six semaines à écrire sa vaisselle d'or et d'argent et à la peser ; pendant ce temps, on y passait chaque jour deux heures entières ; cela ne se faisait qu'à gros frais. Il y avait, entre autres choses, quatorze cents douzaines d'assiettes, cinquante grands plats et sept cents petits. Tout le reste à proportion, et quarante échelles d'argent pour monter jusqu'au haut de son buffet, qui était par gradins comme un autel, placé dans une grande salle. Quand on me dit cette opulence d'un particulier, je crus qu'on se moquait de moi; j'en demandai la confirmation à Don Antoine de Tolède, fils du duc d'Albe, qui était au logis. Il m'assura que c'était la vérité, et que son frère, qui ne s'estimait pas riche en vaisselle d'argent, avait six cents douzaines d'assiettes d'argent et huit cents plats. C'est une chose qui ne leur est guère nécessaire pour les grands repas qu'ils font, à moins que l'on ne soit aux mariages où tout est fort magnifique. Mais ce qui cause cette abondance de vaisselle, c'est qu'on l'apporte toute faite des Indes, et qu'elle ne paye point de droits au Roi. Il est vrai qu'elle n'est guère mieux faite que les pièces de quatre pistoles, que l'on frappe dans les galions, en revenant de ce pays-là [1].

C'est une chose digne de compassion que le mauvais ménage des grands seigneurs. Il y en a beaucoup qui ne veulent point aller dans leurs États (c'est ainsi qu'ils nomment leurs terres, leurs villes et leurs châteaux). Ils passent leur vie à Madrid, et se

---

[1] Il semble étrange qu'au milieu de leur détresse, les grands ne songeassent pas à fondre ces masses d'argenterie; mais le fait s'explique par cette circonstance, que les objets mobiliers tels que : argenterie, tableaux, tapisseries, et autres objets de grande valeur, étaient substitués et ne pouvaient pas plus être aliénés que les terres de majorats. Ces meubles étaient désignés en ce cas sous le nom de *alhagas vinculadas*. Madame d'Aulnoy, du reste, n'a pas exagéré ces masses d'argenterie, et son dire est confirmé par celui du duc de Saint-Simon. Il mentionne, entre autres, le palais du duc d'Albuquerque, l'un des plus beaux et des plus vastes de Madrid, magnifiquement meublé avec force argenterie, et jusqu'à beaucoup de bois de meubles qui, au lieu d'être en bois, étaient en argent. (*Mémoires du duc de Saint-Simon*, t. XVIII, p. 369.)

rapportent de tout à un intendant qui leur fait croire ce qu'il juge le plus à propos pour son profit. Ils ne daignent pas seulement s'informer s'il dit vrai ou s'il ment; cela serait trop exact et, par conséquent, au-dessous d'eux. Voilà déjà une faute bien considérable; cette profusion de vaisselle pour mettre deux œufs et un pigeon en est une autre.

Mais ce n'est pas seulement sur ces choses-là qu'ils manquent, c'est aussi sur la dépense journalière de leur maison. On ne sait ce que c'est que de faire des provisions de quoi que ce puisse être. On va querir chaque jour ce qu'il faut, et le tout à crédit, chez le boulanger, le rôtisseur, le boucher, et ainsi des autres. On ignore même ce qu'ils écrivent sur leurs livres; et ce qu'ils donnent, ils le mettent au prix qu'ils veulent; cela n'est ni examiné, ni contrarié. Il y a souvent cinquante chevaux dans une écurie qui n'ont ni paille, ni avoine; ils périssent de faim. Et lorsque le maître est couché, s'il se trouvait mal la nuit, on y serait bien empêché, car il ne reste chez lui ni vin, ni eau, ni pain, ni viande, ni charbon, ni bougie; en un mot, rien du tout, parce que encore on ne prend les choses si justes qu'il n'en demeure. Les domestiques ont la coutume d'emporter ces choses chez eux, et le lendemain on recommence la même provision.

On ne tient pas une meilleure conduite avec les marchands. Un homme ou une femme de qualité aimerait mieux mourir que de marchander une étoffe, des dentelles ou des bijoux, ni de reprendre le reste d'une pièce d'or; ils le donnent encore au marchand pour la peine de leur avoir vendu dix pistoles ce qui n'en vaut pas cinq. S'ils ont un prix raisonnable, c'est que celui qui leur vend a la conscience assez bonne pour ne se prévaloir pas de leur facilité à donner tout ce qu'on leur demande, et comme ils ont crédit des dix années de suite, sans penser à payer, ils se trouvent à la fin accablés de leurs dettes.

Il est fort rare qu'ils s'embarquent dans de longs procès, et qu'ils laissent décréter leurs biens; ils s'exécutent eux-mêmes. Ils assemblent leurs créanciers, et ils leur donnent une certaine quantité de terres, dont ils jouissent pendant un temps. Quelquefois ils cèdent tout, et gardent une pension viagère, qui ne peut être arrêtée par les créanciers qui pourraient dans la suite leur prêter quelque chose. Mais afin qu'ils n'y soient pas trompés, on affiche les conventions du seigneur et de ses créanciers.

Tout le papier de chicane est marqué et coûte plus que le commun. Il y a un certain temps où l'on fait la distribution des procès. On les instruit à Madrid, et l'on n'y en juge guère. On met toutes les pièces d'une partie dans un sac; celles de l'autre dans un autre; l'instruction dans un troisième. Et quand le temps de distribuer un procès est venu, on les envoie aux parlements éloignés, de manière qu'on est bien souvent jugé sans en savoir rien. On écrit sur un registre où le procès a été envoyé, et on le tient fort secret. Quand l'arrêt est prononcé, on le renvoie à Madrid, et on le signifie aux parties. Cela épargne bien des peines et des sollicitations, qui devraient être toujours défendues. Quant aux affaires que l'on a ici, elles sont d'une longueur mortelle, soit à la cour, soit à la ville, et ruinent en peu de temps. Les praticiens espagnols sont grands fripons de leur métier.

Il y a plusieurs conseils différents, tous composés de personnes de qualité, et la plupart sont conseillers d'épée. Le premier est le conseil d'État, les autres s'appellent conseil suprême de guerre, conseil royal de Castille, alcaldes de cour, conseil de la Sainte-Inquisition, conseil des ordres, conseil sacré suprême et royal d'Aragon, conseil royal des Indes, conseil de la chambre de Castille, conseil d'Italie, conseil des Finances, conseil de la Croisade, conseil de Flandre, chambres pour le droit des maisons, chambres pour les bois de Sa Majesté, chambre des millions.

On a si peu d'économie ici, que lorsqu'un père meurt et qu'il laisse de l'argent comptant et des pupilles, l'on enferme l'argent dans un bon coffre sans le faire profiter. Par exemple, le duc de Frias, dont la veuve est remariée au connétable de Castille[1], a laissé trois filles, et six cent mille écus comptants. On les a mis dans trois coffres, avec le nom de chacune des petites filles. L'aînée n'avait pas sept ans; elle est mariée à présent, en Flandre, au comte de Ligne. Les tuteurs ont toujours gardé les clefs de ces coffres, et n'ont ouvert celui de l'aînée que pour en compter l'argent à son mari. Voyez quelle perte d'intérêts; mais ils disent que ce serait bien pis s'ils

---

[1] Il y a ici quelque méprise. Les ducs de Frias étaient connétables héréditaires de Castille.

venaient à perdre le principal; qu'on croit quelquefois l'avoir bien placé, et qu'il l'est fort mal; qu'une banqueroute fait tout perdre, et qu'ainsi il vaut mieux ne rien gagner que de hasarder le bien des pupilles.

Il est temps que je finisse, ma chère cousine, je craindrais de vous fatiguer par une plus longue lettre. Je vous supplie de faire rendre toutes celles que je vons envoie et de me pardonner la liberté que je prends. Adieu, je vous embrasse et je vous aime toujours de tout mon cœur.

A Madrid, ce 17 avril 1679.

DIXIÈME LETTRE.

Vous m'avez fait un grand plaisir de m'apprendre que vous recevez toutes mes lettres, car j'étais en peine des deux dernières. Et puisque vous le voulez, ma chère cousine, je continuerai de vous informer de tout ce qui se passe ici et de tout ce que j'y vois.

Le palais royal est situé sur une éminence dont la pente va jusqu'aux bords de la rivière nommée Mançanarez. Ses vues s'étendent sur la campagne qui, en ce lieu-là, est assez agréable. L'on y va par la Calle Mayor, c'est-à-dire par la Grand'Rue. En effet, elle est fort longue et fort large. Plusieurs maisons considérables en augmentent la beauté. Une place spacieuse est devant le palais. Les personnes, de quelque qualité qu'elles soient, n'entrent point en carrosse dans la cour. On arrête sous la grande voûte de la porte, à moins qu'on y fasse des feux de joie ou quelque course de masques, car alors les carrosses y entrent. Un fort petit nombre de hallebardiers se tiennent à la porte. Lorsque je demandai pourquoi un si grand Roi avait si peu de monde à le garder : Comment, Madame, me dit un Espagnol, ne sommes-nous pas tous ses gardes? Il règne trop bien dans le cœur de ses sujets pour en devoir rien craindre, et pour s'en défier. Le palais est à l'extrémité de la ville, vers le midi. Il est bâti de pierres fort blanches. Deux pavillons de briques terminent la façade; le reste n'est point régulier. Il y a derrière deux cours carrées, bâties chacune des quatre côtés. La première est ornée de deux grandes terrasses qui règnent tout du long. Elles sont élevées sur de hautes arcades; des balustres de marbre bordent ces terrasses, et des bustes de la même matière ornent la balustrade. Ce que j'y ai trouvé d'assez singulier, c'est que les statues des femmes ont du rouge aux joues et aux épaules. On entre par de beaux portiques qui conduisent au degré, lequel est extrêmement large. On trouve des appartements remplis d'excellents tableaux, de tapisseries admirables, de statues très-rares, de meubles magnifiques, en un mot de toutes les choses qui conviennent à un palais royal[1]. Mais il y a plusieurs chambres qui sont

[1] Il n'y a nul ornement dans les appartements, dit le duc de Gramont, excepté le salon où le Roi reçoit les ambassadeurs. Mais ce qui est admirable, ce sont les tableaux dont toutes les chambres sont pleines, et les tapisseries superbes et beaucoup plus belles que celles de la couronne de France, dont Sa Majesté Catholique a huit cents tentures dans son garde-meuble; ce qui m'obligea de dire une fois à Philippe V, lorsque depuis j'étais ambassadeur auprès de lui, qu'il en fallait vendre quatre cents pour payer ses troupes, et qu'il lui en resterait encore suffisamment de quoi meubler quatre palais comme les siens. (*Collection des Mémoires relatifs à l'histoire de France*, t. XXXI, p. 317.)

Madame de Villars, dans une de ses lettres, nous décrit avec admiration une de ces tapisseries : Le fond en est de perles, dit-elle; ce ne sont point des personnages; on ne peut pas dire que l'or y soit massif, mais il est employé d'une manière et d'une abondance extraordinaires. Il y a quelques fleurs. Ce sont des bandes de compartiment; mais il faudrait être plus habile que je le suis pour vous faire comprendre la beauté que compose le corail employé dans cet ouvrage. Ce n'est point une matière assez précieuse pour en vanter la quantité, mais la couleur et l'or qui paraît dans cette broderie sont assurément ce qu'on aurait peine à vous décrire. (*Lettres de madame de Villars*, p. 116.)

obscures. J'en ai vu qui ne reçoivent de jour que par la porte, et auxquelles l'on n'a pas fait de fenêtres. Celles qui en ont ne sont guère plus claires, parce que les ouvertures sont fort petites. Ils disent que les chaleurs sont si grandes, qu'il faut éviter, tant que l'on peut, de laisser entrer le soleil. Il est encore vrai que le verre est rare et fort cher, de sorte qu'à l'égard des autres maisons, il y a beaucoup de fenêtres sans vitres, et lorsqu'on vient à parler d'une maison où il ne manque rien, l'on dit : En un mot, elle est vitrée. Ce défaut de vitre ne paraît point au dehors à cause des jalousies. Le palais est orné de plusieurs balcons dorés qui font un très-bel effet. Tous les conseils s'y tiennent, et lorsque le Roi y veut aller, il passe par des galeries et des corridors sans être aperçu [1].

[1] De la cour du palais, on voit des portes à rez-de-chaussée. On y descend plusieurs marches, au bas desquelles on entre en des lieux spacieux, bas, voûtés, dont la plupart n'ont pas de fenêtres. Ces lieux sont remplis de longues tables et d'autres petites, autour desquelles un grand nombre de commis écrivent et travaillent sans se dire un seul mot. Les petites sont pour les commis principaux, chacun travaille seul sur sa table. Ces tables ont des lumières d'espace en espace, assez pour éclairer dessus, mais qui laissent ces lieux fort obscurs. Au bout de ces espèces de caves est une manière de cabinet un peu orné, qui a des fenêtres sur le Mançanarez et sur la campagne, avec un bureau pour travailler, des armoiries, quelques tables et quelques sièges. C'est la *cavachuela* particulière du secrétaire d'État, où il se tient toute la journée et où on le trouve toujours.... Si on proposait de mener cette vie à nos secrétaires d'État, même à leurs commis, ils seraient bien étonnés, et je pense même indignés. (*Mémoires du duc de Saint-Simon*, t. XIX, p. 96.)
Le conseil d'État, de même que les divers conseils de l'administration, réglaient les affaires de leur compétence et se tenaient également au palais, selon l'usage introduit par Philippe II; le Roi n'assistait jamais aux délibérations. Il était en mesure d'entendre tout ce qui se disait, grâce à une fenêtre grillée où il pouvait se rendre de son appartement, « ce qui tient un peu les ministres la croupe dans la volte, dit le maréchal de Gramont, et les fait cheminer droit. » (*Collection des Mémoires*, t. XXXI, p. 321.)

Il y a bien du monde persuadé que le château de Madrid, que François Ier fit bâtir proche du bois de Boulogne, a été pris sur le modèle du palais du Roi d'Espagne ; mais c'est une erreur, rien n'est moins ressemblant. Les jardins ne répondent pas à la dignité de ce lieu. Ils ne sont ni aussi étendus ni aussi bien cultivés qu'ils devraient être. Le terrain, comme je l'ai marqué, s'étend jusqu'au bord du Mançanarez. Tout est enclos de murailles, et si ces jardins ont quelque beauté, elle vient toute de la nature. On travaille avec application à mettre l'appartement de la jeune Reine en état de la recevoir. Tous ses officiers ont été nommés, et le Roi l'attend avec la dernière impatience.

Le Buen-Retiro est une maison royale à l'une des portes de la ville. Le comte-duc y fit faire d'abord une petite maison qu'il nomma Galinera, pour mettre des poules fort rares qu'on lui avait données, et comme il allait les voir assez souvent, la situation de ce lieu, qui est sur le penchant d'une colline et dont la vue est très-agréable, l'engagea d'entreprendre un bâtiment considérable. Quatre gros corps de logis et quatre gros pavillons font un carré parfait. On trouve au milieu un parterre rempli de fleurs et une fontaine dont la statue, qui jette beaucoup d'eau, arrose, quand on veut, les fleurs et les contre-allées par lesquelles on passe d'un corps de logis à l'autre. Ce bâtiment a le défaut d'être trop bas. Les appartements en sont vastes, magnifiques et embellis de bonne peinture. Tout y brille d'or et de couleurs vives dont les plafonds et les lambris sont ornés [1]. Je remarquai dans une grande galerie l'entrée de la Reine Élisabeth, mère de la feue Reine. Elle est à cheval, vêtue de blanc, avec une fraise au cou et un guard infant. Elle a un petit chapeau garni de pierreries avec des plumes et une aigrette. Elle était grasse, blanche et très-agréable; les yeux beaux, l'air doux et spirituel. La salle pour les comédies est d'un beau dessin, fort grande, tout ornée de sculpture et de dorure. L'on peut être quinze dans chaque loge sans s'incommoder. Elles ont toutes des jalousies, et celle où se met le Roi est fort dorée. Il n'y a ni orchestre ni amphithéâtre; on s'assoit dans le parterre sur des bancs. On voit, au bord de la terrasse, la statue de Philippe II, sur un cheval de bronze. Cette pièce est d'un prix considérable. Les curieux se font un plaisir de dessiner le cheval. Le parc a plus d'une grande lieue de tour. On y trouve plusieurs pavillons détachés fort jolis et dans lesquels il y a assez de logement. Ce n'a pas été sans beaucoup de frais, que l'on a fait venir des sources d'eau vive dans un canal et dans un carré d'eau sur lequel le Roi a de petites gondoles peintes et dorées. Il y va pendant les grandes chaleurs de l'été, parce que les fontaines, les arbres et les prairies rendent cet endroit plus frais et plus agréable que les autres. Il y a des

---

[1] Les appartements, dit le maréchal de Gramont, sont passablement commodes, mais mal tournés et de mauvais goût, car les Espagnols n'en ont aucun pour tout ce qui s'appelle meubles, jardins et bâtiments. Il y avait trois ou quatre grandes salles pleines des plus beaux tableaux du Titien et de Raphaël, d'un prix inestimable; mais, depuis la mort de Philippe IV, la Reine, sa femme, prit en gré de les convertir en copies et de faire passer en Allemagne tous les originaux qu'elle vendit quasi pour rien. (*Collection des Mémoires relatifs à l'histoire de France*, t. III, p. 317.)

grottes, des cascades, des étangs, du couvert, et même quelque chose de champêtre en certains endroits, qui conserve la simplicité de la campagne et qui plaît infiniment.

La Casa del Campo sert de ménagerie. Elle n'est pas grande, mais sa situation est belle, étant au bord du Mançanarez. Les arbres y sont fort hauts, et fournissent de l'ombre en tout temps. Je parle des arbres de ce pays-ci, parce que l'on n'y en trouve que très-peu. Il y a de l'eau en divers endroits, particulièrement un étang qui est entouré de grands chênes. La statue de Philippe IV est dans le jardin. Ce lieu est un peu négligé. J'y ai vu des lions, des ours, des tigres et d'autres animaux féroces, lesquels vivent longtemps en Espagne, parce que le climat n'est guère différent de celui d'où ils viennent. Bien des gens y vont rêver, et les dames choisissent ordinairement cet endroit pour s'y promener, parce qu'il est moins fréquenté que les autres. Mais j'en reviens au Mançanarez. C'est une rivière qui n'entre point dans la ville. En de certains temps, ce n'est ni une rivière ni un ruisseau, quoiqu'elle devienne quelquefois si grosse et si rapide, qu'elle entraîne tout ce qu'elle trouve sur son passage. Pendant l'été, on s'y promène en carrosse. Les eaux en sont tellement basses dans cette saison, qu'à peine pourrait-on s'y mouiller le pied, et cependant en hiver elle inonde tout d'un coup les campagnes voisines[1]. Cela tient de

---

[1] A la suite d'un de ces débordements du Mançanarez, la duchesse de la Mirandole, sœur du marquis de Los Balbazes, fut trouvée noyée dans son oratoire. Cette assertion du duc de Saint-Simon ne laisse pas

ce que les neiges qui couvrent les montagnes, venant à se fondre, les torrents d'eau entrent avec abondance dans le Mançanarez. Philippe II fit bâtir un pont dessus, que l'on nomme le pont de Ségovie. Il est superbe, et pour le moins aussi beau que le Pont-Neuf, qui traverse la Seine à Paris. Quand les étrangers le voient, ils s'éclatent de rire. Ils trouvent qu'il est ridicule d'avoir fait un tel pont dans un lieu où il n'y a point d'eau. Il y en eut un qui dit plaisamment là-dessus, qu'il conseillerait de vendre le pont pour acheter de l'eau.

La Floride est une maison très-agréable et dont les jardins plaisent infiniment. Des statues d'Italie, et de la main des meilleurs maîtres, y sont en grand nombre. Les eaux y font un doux murmure qui charme avec l'odeur des fleurs, dont on a pris soin de rassembler les plus rares et les plus odoriférantes. On descend de là au Prado Nuevo, où il y a des fontaines jaillissantes, et les arbres y sont extrêmement hauts. C'est une promenade qui, pour n'être pas unie, n'en est guère moins agréable, sa pente étant si douce que l'on ne s'aperçoit guère de l'inégalité de ce lieu.

Il y a encore la Carzuela, qui n'a que des beautés champêtres, et quelques salles assez fraîches, où le Roi passe et se repose au retour de la chasse. Mais la vue en fait le plaisir, et l'on aurait pu y ménager de grandes beautés.

Pour vous parler d'autre chose que des maisons du Roi, je vous dirai, ma chère cousine, que le premier

que de surprendre, nous devons le dire, car la ville de Madrid est fort élevée au-dessus du lit du torrent.

jour de mai, l'on fait le cours hors la porte de Tolède.
Cela se nomme *el sotillo,* et personne ne se dispense
d'y aller. J'y ai donc été, bien plus pour y voir que
pour être vue, quoique mes habits à la française me
rendent assez remarquable et m'attirent bien des regards. Les femmes de grande qualité ne se vont promener en toute leur vie que la première année de
leur mariage, j'entends aux promenades publiques,
et encore c'est tête-à-tête, avec leur époux, la dame
au fond, le mari au-devant, les rideaux tout ouverts,
et elle est fort parée. Mais c'est une sotte chose à
voir que ces deux figures droites comme des cierges,
qui se regardent sans se dire en une heure un seul
mot. Il y a de certains jours destinés à la promenade; tout Madrid y va, le Roi s'y trouve rarement[1]; mais excepté Sa Majesté et un petit nombre
de gens qui font leur cour, tout le reste du monde
n'y manque jamais. Ce qui incommode fort, ce sont
ces longs traits qui tiennent un si grand espace de
pays, que tous les chevaux s'y embarrassent. Il y a
beaucoup de dames qui ne sont pas de celles du
premier rang, qui vont à ces promenades, leurs rideaux tout fermés. Elles ne voient que par de petites
vitres qui sont attachées aux mantelets du carrosse.
Le soir, il y vient aussi de grandes dames *incognito.*
Elles se font même un plaisir d'aller au Prado à pied
quand la nuit est venue. Elles mettent des mantilles

---

[1] L'étiquette voulait, néanmoins, que le Roi se rendit parfois à cette promenade, et la rigueur de l'étiquette était telle, que Philippe IV s'y fit porter mourant. (*Négociations relatives à la succession d'Espagne*, t. I er, p. 367.)

blanches sur leur tête. Ce sont des espèces de capes d'une étoffe de laine, qui les couvrent. Elles les bordent de soie noire. Il n'y a que les femmes du commun et celles qui cherchent des aventures qui en portent; mais quelquefois, comme je vous le dis, il y a des dames de la cour qui vont en cet équipage. Les cavaliers, de leur côté, mettent pied à terre et leur disent des mots nouveaux; mais à bien attaqué, bien défendu.

Le comte de Berka, envoyé d'Allemagne, m'a conté que, comme il soupait l'autre jour, ses fenêtres fermées à cause du froid, l'on frappa assez fort contre les jalousies de la salle. Il envoya voir qui c'était : on trouva trois femmes en mantilles blanches qui prièrent qu'on leur ouvrît les fenêtres afin qu'elles pussent le voir. Il leur manda qu'elles seraient plus commodément dans la salle. Elles entrèrent toutes cachées et se mirent dans un coin, se tenant debout tant qu'il fut à table. Il les pria inutilement de s'asseoir et de manger des confitures, elles ne voulurent faire ni l'un ni l'autre, et, après lui avoir dit beaucoup de plaisanteries où la vivacité de leur esprit parut tout entière, elles sortirent. Il avait reconnu que c'étaient les duchesses de Medina-Celi, d'Ossone et d'Uzeda (il les avait vues chez elles, car les ambassadeurs ont la liberté d'aller quelquefois chez les grandes dames en visite d'audience); mais il en voulut avoir une plus forte certitude et il les fit suivre. On les vit rentrer chez elles par une fausse porte où quelques-unes de leurs femmes les attendaient. Ces petits déguisements ne se passent pas toujours avec autant d'innocence.

Pour les hommes, lorsqu'il est nuit, ils se promènent à pied dans le Prado. Ils abordent les carrosses où ils voient des dames, s'appuyant sur la portière, et jetant des fleurs et des eaux parfumées sur elles. Quand on le leur permet, ils entrent dans le carrosse avec elles.

A l'égard de la promenade du premier de mai ; c'est un vrai plaisir de voir les bourgeois et le peuple assis, les uns dans les blés, les autres sur le bord du Mançanarez ; quelques-uns à l'ombre, quelques autres au soleil, avec leurs femmes, leurs enfants, leurs amis ou leurs maîtresses. Les uns mangent une salade d'ail et d'oignons ; les autres, des œufs durs ; quelques-uns du jambon et même des *Galinas de leche* (ce sont des poulardes excellentes). Tous buvant de l'eau comme des canes, et jouant de la guitare ou de la harpe [1]. Le Roi y vint avec Don Juan, le duc de Medina-Celi, le connétable de Castille et le duc de Pastrane. Je vis seulement son carrosse de toile cirée verte, tiré par six chevaux pies, les plus beaux de l'univers, tout chargés de petites papillotes

---

[1] La galanterie de cette fête consiste principalement en l'ajustement des femmes qui s'étudient d'y paraître avec éclat. Aussi mettent-elles leurs plus beaux habits, et n'oublient ni leur vermillon ni leur céruse. On les voit en diverses façons dans les carrosses de leurs amants. Les unes ne s'y montrent qu'à demi et y sont, ou à moitié, ou à rideaux tirés, ou s'y montrent à découvert et font parade de leurs habits et de leur beauté. Celles qui ont des galants qui ne peuvent ou ne veulent pas leur donner des carrosses, se tiennent sur les avenues du cours.... C'est ici une partie de leur liberté, de demander indifféremment à ceux qu'il leur plaît qu'ils leur payent des limons, des oublies, des pastilles de bouche ou autres friandises. On voit de plus, dans cette fête, quantité de beaux chevaux qui font parade de leurs selles et des rubans dont ce jour-là on leur a paré le dos et le crin. (*Voyage d'Espagne*, de Van Aarsens, p. 84.)

d'or et de nœuds de ruban couleur de rose. Les rideaux du carrosse étaient de damas vert avec une frange d'or; mais si bien fermés que l'on ne pouvait rien remarquer que par les petites glaces des mantelets. C'est la coutume que lorsque le Roi passe on s'arrête, et, par respect, on tire les rideaux; mais nous en usâmes à la mode française, et nous laissâmes les nôtres ouverts, nous contentant de faire une profonde révérence. Le Roi remarqua que j'avais sur moi une épagneule que la marquise d'Alhuye, qui est une fort aimable dame, m'avait priée de porter à la connétable Colonne, et, comme je l'aimais fort, elle me l'envoyait de temps en temps. Le Roi me la fit demander par le comte de Los Arcos, capitaine de la garde espagnole, lequel marchait à cheval à côté de la portière. Je la donnai aussitôt, et elle eut l'honneur d'être caressée par Sa Majesté, qui trouva les petites sonnettes qu'elle avait au cou et les boucles de ses oreilles fort à son gré. Il a une chienne qu'il aime fort, et il envoya savoir si je voulais bien qu'il les prît pour Daraxa; c'est ainsi qu'elle s'appelle.

Vous jugez bien, ma chère cousine, ce que je répondis. Il me renvoya l'épagneule sans collier et sans boucles, et il chargea le comte de Los Arcos de me donner une boîte d'or tout unie, pleine de pastilles qu'il avait sur lui, souhaitant que je la gardasse. Elle est d'un prix fort médiocre, mais je l'estime infiniment venant d'une telle main.

Ce fut Don Juan, qui est un des amis de ma parente, qui m'attira cette marque de la bonté du Roi;

car il savait que j'étais à Madrid, bien que je n'eusse pas encore eu l'honneur de le voir.

Deux jours après, comme j'étais seule dans mon appartement, occupée à peindre un petit ouvrage, je vis entrer un homme que je ne connaissais point, mais qui me parut d'assez bonne mine, pour juger à sa physionomie qu'il était de qualité. Il me dit que, n'ayant pas trouvé ma parente, il avait résolu de l'attendre, parce qu'il avait une lettre à lui donner. Après quelques moments de conversation, il la fit tomber sur Don Juan, et il me dit qu'il ne doutait point que je ne le visse souvent. Je répliquai qu'il était bien vrai que depuis que j'étais arrivée, ce prince était venu voir ma parente, mais qu'il ne m'avait pas demandée. C'est, peut-être, ajouta-t-il, que vous étiez malade ce jour-là. Je n'ai point été malade, répliquai-je, et j'aurais été bien aise de le voir et de l'entendre, parce qu'on m'en a dit du bien et du mal, et que je voudrais démêler si on lui fait tort ou justice. Ma parente, à qui je l'ai témoigné, m'a dit qu'il n'y avait pas moyen, et qu'il est si dévot qu'il ne veut parler à aucune dame. Serait-il possible, dit-il en souriant, que la dévotion lui eût si fort renversé l'esprit? Pour moi, je me persuade qu'il vous a demandée, et qu'on lui a assuré que vous aviez la fièvre. La fièvre, repris-je, voilà qui me paraît bien positif. Hé! de grâce, comment le savez vous? Ma parente arriva dans ce moment. Elle demeura fort surprise de trouver Don Juan avec moi, et je ne le fus pas moins qu'elle, car je ne savais point que ce fût lui. Il lui dit plusieurs fois qu'il ne lui pouvait pardonner l'idée qu'elle m'avait donnée de lui; qu'il n'était point un bigot, et qu'il était persuadé que la dévotion ne rendait personne sauvage.

Je le trouvai fort bien fait, l'air galant, les manières polies et civiles, extrêmement d'esprit et de vivacité. Comme ma parente en a beaucoup, elle se défendit fort bien du reproche qu'il lui faisait; mais lorsqu'il fut parti, elle me pensa manger de lui avoir dit que je n'avais point la fièvre. Je voulus m'excuser sur ce que j'ignorais qu'elle lui eût dit elle-même, et que je ne savais point deviner. Elle me répliqua qu'il fallait deviner à la cour, et que, à moins de cela, l'on y faisait le personnage d'une bête.

Elle demanda au prince s'il était vrai que la Reine-mère eût écrit au Roi pour le prier qu'elle pût le voir et qu'il l'eût refusé. Il en convint, et que c'était aussi la seule raison qui empêchait Sa Majesté d'aller à Aranjuez, de peur qu'elle vînt l'y trouver malgré la défense qui lui était faite de sortir de Tolède. Quoi! seigneur, m'écriai-je, le Roi ne veut pas voir la Reine sa mère? Dites plutôt, reprit-il, que c'est la politique de l'État qui défend aux souverains de suivre leurs inclinations quand elles ne s'accordent pas avec le bien public. Nous avons pour maxime, dans le conseil d'État, de consulter toujours l'esprit du grand Charles-Quint dans toutes les affaires difficiles; nous examinons ce qu'il aurait fait dans telle ou telle rencontre, et nous tâchons de le faire à notre tour. Pour moi, j'ai trouvé, avec bien d'autres, qu'il n'aurait pas vu sa mère, après avoir eu lieu de l'exiler; et, le Roi en est si persuadé, qu'il lui a répondu que cela ne se pouvait. Il ne me fut pas malaisé de connaître que Don Juan accommodait le génie de Charles-Quint au sien propre.

Le Roi est allé au Buen-Retiro, où j'ai eu l'honneur de le voir pour la première fois à la comédie, car il ouvrit les jalousies de sa loge pour nous regarder dans la nôtre, parce que nous étions vêtues à la française. L'ambassadrice de Danemark y était habillée de même, et si belle, qu'il dit au prince de Monteleon que nous étions toutes à son gré, mais que c'était dommage que nous ne fussions coiffées et mises à l'espagnole; que plus il regardait l'habit des dames françaises, plus il lui semblait choquant; que celui des hommes ne l'était pas tant. On jouait devant lui l'opéra d'Alcine; j'y eus peu d'attention, parce que je regardais toujours le Roi pour vous le dépeindre. Je vous dirai qu'il a le teint délicat et blanc, le front grand, les yeux beaux et doux, le visage fort long et étroit, les lèvres très-grosses comme tous ceux de la maison d'Autriche, et la bouche grande, le nez extrêmement aquilin, le menton pointu et relevé, les cheveux blonds en quantité, tout plats et passés derrière les oreilles; la taille assez haute, droite et déliée, les jambes menues et presque tout unies [1]. Il a naturellement beaucoup de bonté, il est enclin à la clémence, et, de plusieurs conseils qu'on lui donne, il prend celui qu'il croit le plus utile pour ses peuples; car il les aime fort. Il n'est point vindicatif; il est sobre, il aime à donner,

---

[1] « Laid à faire peur et de mauvaise grâce », écrit le marquis de Villars à Louis XIV.

il est pieux; ses inclinations sont portées au bien, son humeur égale et d'un accès facile. Il n'a pas eu toute l'éducation qui sert à former l'esprit. Il n'en manque pourtant point. Je vais vous en marquer quelques traits que l'on m'a racontés, et encore qu'ils ne soient pas importants, cela fait toujours plaisir à savoir.

Il n'y a pas longtemps que madame la connétable Colonne, qui était en religion à San-Domingo, étant sortie de cette abbaye où elle était rentrée et sortie plusieurs fois, les religieuses, fatiguées de son procédé, résolurent de ne la plus recevoir; et, en effet, la dernière fois qu'elle y voulut rentrer, elles lui dirent nettement qu'elle pouvait rester dans le monde, ou choisir une autre retraite que leur maison. Elle se sentit fort offensée de ce refus, qui ne convenait point à une personne de sa qualité et de son mérite. Elle fit agir ses amis auprès du Roi, et il envoya dire à l'abbesse qu'elle eût à ouvrir sa porte à la connétable. L'abbesse et toutes les religieuses, s'obstinant dans leur refus, dirent qu'elles voulaient représenter leurs raisons à Sa Majesté, et qu'elles l'iraient trouver. Lorsqu'on rapporta au Roi la réponse de ces religieuses, il s'éclata de rire et dit : J'aurai bien du plaisir de voir cette procession de nonnes, qui viendront en chantant : *Libera nos, Domine, de la condestabile.*

Elles n'y allèrent pourtant pas, et elles prirent le parti de l'obéissance, qui est toujours le meilleur [1].

---

[1] Marie de Mancini était une de ces folles qui semblent plus encore à plaindre qu'à blâmer. Elle inspira, on le sait, un innocent et roma-

Il pleuvait, il y a quelques jours, le tonnerre était effroyable; le Roi, qui se divertit quelquefois à faire des petites malices à ses courtisans, commanda au marquis d'Astorga d'aller l'attendre sur la terrasse du palais. Le bon vieillard lui dit en riant : Sire, serez-vous longtemps à venir? Pourquoi, dit le Roi? C'est, répliqua-t-il, que Votre Majesté n'aura qu'à faire apporter un cercueil pour me mettre dedans, car il n'y a pas d'apparence que je résiste à un temps comme celui-ci. Allez, allez, marquis, dit le Roi, j'irai vous trouver. Le marquis sortit, et, sans balancer, il monta dans son carrosse et s'en alla chez lui. Au bout de deux heures, le Roi dit : Assuré-

---

nesque attachement au Roi Louis XIV, elle fut délaissée, s'éloigna tout en larmes; arrivée en Italie, se trouva consolée, épousa le connétable Colonne, jeune, aimable, magnifique, fait à peindre. Elle mena à Rome une vie enchantée. Bals, comédies, cavalcades, parties bruyantes, le connétable ne lui refusa rien, en dépit des usages sérieux de la société romaine. Mais les frasques de Marie de Mancini finirent par scandaliser; elle devint le point de mire des pasquinades; se brouilla avec son époux, échappa par fortune aux galères du connétable et aux corsaires turcs, arriva ainsi en France; fut invitée par le Roi à se retirer dans un couvent, en sortit pour aller en Savoie, puis aux Pays-Bas, où elle fut arrêtée, à la requête du connétable. Elle demanda alors à être ramenée à Madrid. Elle se rencontra ainsi avec madame d'Aulnoy et la marquise de Villars. Elle avait alors quarante ans, mais n'en était pas plus raisonnable. « Elle s'est avisée, dit la marquise de Villars, de prendre un amant qui est horrible, et il ne se soucie pas d'elle. Elle veut me faire avouer qu'il est agréable et qu'il a quelque chose de fin et de fripon dans les yeux. » Sur ces entrefaites, le connétable la fit enfermer au château de Ségovie. Elle s'en échappa, se réfugia chez sa belle-sœur, la marquise de Los Balbazes; puis, craignant d'être livrée à son mari, elle alla demander un asile à l'ambassade de France, fut chapitrée par la marquise de Villars et ramenée chez la marquise de Los Balbazes. Elle demanda alors à entrer dans un couvent; elle en sortit, puis y rentra pour en sortir de nouveau, et finit par lasser ainsi la patience de ses meilleurs amis. Elle disparut enfin et mourut en 1715, si fort ignorée, que le président de Brosses apprit avec surprise que cette « *sempiternelle* » avait encore vécu de son temps.

ment, le bonhomme est pénétré jusqu'aux os; qu'on le fasse descendre, je veux le voir en cet état. On dit au Roi qu'il ne s'y était pas exposé; sur quoi il dit, qu'il n'était pas seulement vieux, mais qu'il était fort sage.

On prit, il y a peu, une des plus belles courtisanes de Madrid, déguisée en homme auprès du palais; elle avait attaqué son amant, dont elle croyait avoir sujet de se plaindre. Celui-ci, l'ayant reconnue au son de sa voix et à la manière dont elle se servait de son épée, ne voulut point employer la sienne pour se défendre; bien loin de là, il ouvrit son *jubon,* qui est une veste, et lui laissa l'entière liberté de le frapper. Il croyait peut-être qu'elle n'aurait pas assez de colère ou de courage pour le faire; mais il se trompa, et elle lui porta un coup de toute sa force qui le fit tomber très-blessé. A peine eut-elle vu couler son sang, qu'elle se jeta par terre et fit des cris effroyables; elle se déchira le visage avec ses ongles et s'arracha les cheveux. Le peuple, s'étant amassé autour d'elle, vit bien, à son air et à ses longs cheveux, que c'était une femme. Ainsi la justice l'arrêta, et quelques seigneurs qui passaient dans ce même moment, l'ayant vue, contèrent au Roi ce qui venait d'arriver. Il voulut lui parler, on l'amena devant lui. Est-ce toi, lui dit-il, qui a blessé un homme près du palais? Oui, Sire, répondit-elle, j'ai voulu me venger d'un ingrat. Il m'avait promis de me garder son cœur, j'ai su qu'il l'a donné à une autre. Et pourquoi donc, reprit-il, es-tu si affligée puisque tu t'es vengée? Ah! Sire, continua-t-elle, je me suis punie en cherchant à me venger. Je suis au désespoir, je supplie Votre Majesté d'ordonner qu'on me fasse mourir, car je mérite le dernier châtiment. Le Roi en eut compassion, et se tournant vers ceux qui l'environnaient : En vérité, dit-il, j'ai peine à croire qu'il y ait au monde un état plus malheureux que celui d'aimer sans être aimé. Va, continua-t-il, tu as trop d'amour pour avoir de la raison. Tâche d'être plus sage que tu ne l'as été et n'abuse point de la liberté que je te fais rendre. Elle se retira, sans être menée, dans le lieu où l'on enferme les misérables qui ont une mauvaise conduite [1].

Tout ce que je vous ai dit du Roi m'a éloignée de l'opéra d'Alcine. Je le vis le premier jour avec tant de distraction que lorsque j'y retournai il me parut tout nouveau. Il n'a jamais été de si pitoyables machines. On faisait descendre les dieux à cheval sur une poutre qui tenait d'un bout du théâtre à l'autre. Le soleil était brillant par le moyen d'une douzaine de lanternes de papier huilé, dans chacune desquelles il y avait une lampe. Lorsque Alcine faisait des enchantements et qu'elle invoquait les démons, ils sortaient commodément des enfers avec

---

[1] Ces personnes étaient, à ce qu'il paraît, d'un caractère fort violent. Madame d'Aulnoy, suivant la pente de son caractère, les voit sous un jour romanesque. Le Hollandais Van Aarsens les juge tout autrement. « Elles contrefont, dit-il, et empruntent les transports d'un amour véritable. » Le comte de Fiesque, qui, à son arrivée à Madrid, donna fort sur le sexe, raconte comme une galanterie un trait que lui joua une de ces bonnes pièces qui, en plein cours, lui sauta au poil, se plaignant de son infidélité et le nommant *traydor* et *picaro*, parce qu'elle avait appris qu'il avait de nouvelles amours. M. de Mogeron, son ami, éprouva la même aventure. (*Voyage d'Espagne*, p. 141.)

des échelles; le *gracioso*, c'est-à-dire le bouffon, dit cent impertinences. Les musiciens ont la voix assez belle, mais ils chantent trop de la gorge. On avait autrefois l'indulgence de laisser entrer beaucoup de gens dans la salle, quoique le Roi y fût. Cette coutume est changée, il n'y entre plus que de grands seigneurs, et, tout au moins, des titrés ou des chevaliers des trois ordres militaires. Cette salle est assurément fort belle, elle est toute peinte et dorée; les loges, ainsi que je vous l'ai marqué, sont toujours grillées de jalousies comme celles que nous avons à l'Opéra; mais elles tiennent depuis le haut jusqu'en bas, et il semble que ce soient des chambres. Le côté où le Roi se met est magnifique. Au reste, la plus belle comédie du monde, j'entends de celles que l'on joue dans la ville, est bien souvent approuvée ou blâmée selon le caprice de quelque misérable. Il y a, entre autres, un cordonnier qui en décide, et qui s'est acquis un pouvoir si absolu de le faire, que lorsque les auteurs les ont achevées, ils vont chez lui pour briguer son suffrage. Ils lui lisent leurs pièces; le cordonnier prend son air grave, dit cent impertinences qu'il faut pourtant essuyer. Au bout de tout cela, quand il se trouve à la première représentation, tout le monde a les yeux attachés sur le geste et les actions de ce faquin. Les jeunes gens, de quelque qualité qu'ils soient, l'imitent. S'il bâille, ils bâillent; s'il rit, ils rient. Enfin l'impatience le prend quelquefois, il a un petit sifflet, il se met à siffler En même temps, cent autres sifflets font retentir la salle d'un ton si aigu, qu'il rompt la tête aux spectateurs. Voilà mon pauvre auteur au désespoir, et toutes ses veilles et ses peines à la merci de la bonne ou de la méchante humeur d'un maraud[1].

Il y a, dans la salle de ces comédiens, un certain endroit que l'on nomme la *casuela* (c'est comme l'amphithéâtre); toutes les dames d'une médiocre vertu s'y mettent, et tous les grands seigneurs y vont pour causer avec elles. Il s'y fait quelquefois tant de bruit, que l'on n'entendrait point le tonnerre, et elles disent des choses si plaisantes, qu'elles font mourir de rire, car leur vivacité n'est arrêtée par aucune bienséance. Elles savent, de plus, les aventures de tout le monde; et, s'il y avait un bon mot à dire sur Leurs Majestés, elles aimeraient mieux être pendues un quart d'heure après que d'avoir manqué à le dire.

On peut dire que les comédiennes sont adorées dans cette cour. Il n'y en a aucune qui ne soit la maîtresse d'un fort grand seigneur, et pour laquelle il ne se soit fait plusieurs combats, où il y a eu bien des gens tués. Je ne sais pas ce qu'elles disent de si joli; mais, en vérité, ce sont les plus vilaines car-

[1] Il y a deux salles qui s'appellent *corales* à Madrid et qui sont toujours pleines de tous les marchands et artisans qui quittent leurs boutiques, s'en vont là avec la cape, l'épée et le poignard, et qui s'appellent tous cavalieros, jusqu'aux savetiers, et ce sont ceux-là qui décident si la comédie est bonne ou non, et, à cause qu'ils la sifflent ou qu'ils l'applaudissent, qu'ils sont d'un côté et d'un autre en rang, et que c'est comme une espèce de salve, on les appelle *mosqueteros*, et la bonne fortune des auteurs dépend d'eux. On m'a conté d'un qui alla trouver un de ces mosqueteros et lui offrit cent reales pour être favorable à sa pièce. Mais il répondit fièrement que l'on verrait si la pièce serait bonne ou non, et elle fut sifflée. (*Relation de l'État d'Espagne*, p. 60.)

casses du monde. Elles font une dépense effroyable, et on laisserait plutôt périr toute sa maison de faim et de soif que de souffrir qu'une gueuse de comédienne manquât des choses les plus superflues [1].

Nous sommes dans une saison assez incommode, parce que c'est l'usage de faire prendre le vert aux mules, et presque tout le monde est à pied. On ne voit, dans ce temps, que de l'herbe qu'on porte de tous les côtés, et les plus grands seigneurs gardent à peine deux mules pour les mener; ils prennent, à cause de cela, le parti d'aller souvent à cheval.

Les chevaux qui ont paru aux courses de taureaux, et qui sont adroits pour ces sortes de fêtes, augmentent beaucoup de prix, et sont fort recherchés. Le Roi, se voulant divertir, en ordonna une pour le 22

---

[1] Tous ceux qui ont été à Madrid assurent que ce sont les femmes qui ruinent la plupart des maisons. Il n'y a personne qui n'entretienne sa dame et qui ne donne dans l'amour de quelques courtisanes, et comme il n'y en a point de plus spirituelles dans l'Europe et de plus effrontées, dès qu'il y a quelqu'un qui tombe dans leurs rêts, elles le plument d'une belle façon. Il leur faut des jupes de trente pistoles, qu'on nomme des garde-pieds, des habits de prix, des pierreries, des carrosses et des meubles. Et c'est un défaut de générosité, parmi cette nation, de rien épargner pour le sexe.... On a quatre fêtes ici, ou processions hors de la ville, qui sont comme autant de rendez-vous où elles essayent de paraître. Alors, il faut que tous leurs galants leur fassent des présents, et s'ils s'y oublient, tout est perdu et ils ne sont point gens d'honneur. (*Voyage d'Espagne*, Van Aarsens, p. 50.)

Les mémoires du temps font mention de l'incroyable dissolution des mœurs; de la dépense que les grands seigneurs faisaient pour les comédiennes; de l'influence de la richesse et de la liberté de propos de ces femmes. Elles se trouvaient en foule au palais lorsque le maréchal de Gramont vint demander la main de l'infante, et ne lui permettaient pas d'avancer. « Quant à moi, dit son fils, qui était fort beau, fort jeune et fort paré, et qui marchait à ses côtés, je fus enlevé comme un corps saint par les tapadas, lesquelles me prenaient à force après m'avoir pillé tous mes rubans; peu s'en fallut qu'elles me violassent publiquement. » (*Collection des Mémoires*, t. XXXI, p. 315.)

de ce mois. J'en eus de la joie, parce qu'encore que j'en eusse entendu parler, je n'en avais point vu jusqu'à présent, et le jeune comte de Kœnigsmarck, qui est Suédois, voulut tauriser pour une fille de mes amies, de sorte que je fus encore plus empressée à me rendre à la Plaza Major, où ma parente, en qualité de titulada de Castille, avait son balcon marqué et paré d'un dais, avec des tapis et des carreaux du garde-meuble de la couronne. Pour vous informer bien de tout ce qui se passe à ces sortes de fêtes, je dois vous dire que lorsque le Roi ordonne que l'on en fasse, l'on mène dans les montagnes et dans les forêts de l'Andalousie, des vaches que l'on nomme des *mandarines*. On sait que les plus furieux taureaux sont dans ces endroits-là. Et comme elles sont faites au badinage (s'il m'est permis de parler ainsi), elles s'enfoncent dans la montagne, les taureaux les voient et s'empressent de leur faire la cour. Elles fuient, ils les suivent; et elles les engagent dans certaines palissades que l'on met exprès le long des chemins, qui sont quelquefois de trente à quarante lieues. Plusieurs hommes armés de demi-piques et bien montés, chassent ces taureaux et les empêchent de retourner sur leurs pas; mais quelquefois ils sont obligés de les combattre dans ces barrières, et souvent l'on y est tué ou blessé.

Des gens qui sont postés exprès sur les chemins, viennent donner avis du jour que les taureaux arrivent à Madrid; et l'on met de même des palissades dans la ville, afin qu'ils ne puissent faire du mal à personne. Les mandarines, qui sont de vraies traîtresses,

marchent toujours devant, et ces pauvres taureaux
les suivent bonnement jusqu'à la place destinée pour
la course, où l'on dresse exprès une grande écurie
avec des ais propres à les enfermer. Il y en a quelquefois trente, quarante et jusqu'à cinquante. Cette écurie a deux portes, les mandarines entrent par l'une
et se sauvent par l'autre, et quand les taureaux veulent continuer de les suivre, l'on baisse une trappe,
et ils se trouvent pris.

Après qu'ils se sont reposés quelques heures, on
les fait sortir de l'écurie, les uns après les autres,
dans la grande place, où il vient quantité de jeunes
paysans, forts et robustes, dont les uns prennent le
taureau par les cornes, les autres l'arrêtent par la
queue; parce qu'ils le marquent à la cuisse d'un fer
chaud, et qu'ils lui fendent les oreilles, on les nomme
herradores. Ceci ne se passe pas si paisiblement qu'il
n'y ait quelquefois plusieurs personnes tuées, et c'est
un prélude de la fête qui fait toujours beaucoup de
plaisir au peuple, soit qu'il aime à voir répandre du
sang, ou qu'il aime seulement les choses extraordinaires, qui le surprennent d'abord et qui lui donnent
lieu de faire ensuite de longues réflexions. Mais s'il
en fait sur ce qui arrive de fâcheux dans cette fête,
il ne paraît pas qu'il en profite, car il est toujours
prêt à s'exposer dans toutes les courses que l'on
fait.

On donne à manger aux taureaux; on choisit les
meilleurs pour la course, et même on les connaît
pour les fils ou les frères de ceux qui ont bien fait du
carnage aux fêtes précédentes. On attache à leurs

cornes un long ruban; à la couleur du ruban tout le monde les reconnaît et cite l'histoire de leurs ancêtres : que l'aïeul ou le trisaïeul de ces taureaux tuèrent courageusement tels et tels, et l'on ne se promet pas moins de ceux qui paraissent.

Quand ils sont suffisamment reposés, on sable la Plaza Major, et l'on met tout autour des barrières de la hauteur d'un homme, qui sont peintes des armes du Roi et de celles de ses royaumes. Cette place est, ce me semble, plus grande que la place Royale. Elle est plus longue que large, avec des portiques, sur lesquels les maisons sont bâties, et sont toutes semblables, faites en manière de pavillons, à cinq étages, et à chacun un rang de balcon sur lequel on entre par de grandes portes vitrées. Celui du Roi est plus avancé que celui des autres, plus spacieux et tout doré. Il est au milieu d'un des côtés avec un dais au-dessus. Vis-à-vis, sont les balcons des ambassadeurs qui ont séance quand il tient chapelle, c'est-à-dire M. le nonce, l'ambassadeur de l'Empereur, l'ambassadeur de France, et ceux de Pologne, de Venise et de Savoie : ceux d'Angleterre, de Hollande, de Suède, de Danemark, et des autres princes protestants, ne tiennent pas de rang là. Les conseils de Castille, d'Aragon, de l'Inquisition, d'Italie, de Flandre, des Indes, des Ordres, de Guerre, de la Croisade et des Finances, sont à la droite du Roi.

On les reconnaît aux armes qui sont sur leurs tapis de velours cramoisi tout brodés d'or. Ensuite le corps de ville, les juges, les grands et les titulados, sont placés chacun son rang, et aux dépens du Roi ou de la ville, qui louent les balcons de divers particuliers qui demeurent là.

On donne de la part du Roi, à tous ceux que je viens de marquer, une collation dans des corbeilles fort propres, et l'on apporte aux dames avec cette collation, qui consiste en fruits, confitures sèches et des eaux glacées, des gants, des rubans, des éventails, des pastilles, des bas de soie et des jarretières. De sorte que ces fêtes-là coûtent toujours plus de cent mille écus. Cette dépense se prend sur les amendes qui sont adjugées au Roi ou à la ville. C'est un fonds auquel on ne toucherait pas pour tirer le royaume du plus grand péril, et, si on le faisait, il en pourrait arriver une sédition, tant le peuple est enchanté de cette sorte de plaisir.

Depuis le niveau du pavé jusqu'au premier balcon, l'on fait des échafauds, pour placer tout le monde. On loue un balcon jusqu'à quinze et vingt pistoles, et il n'y en a aucun qui ne soit occupé et paré de riches tapis et de beaux dais. Le peuple ne se met point sous le balcon du Roi, cet endroit est rempli par ses gardes. Il y a seulement trois portes ouvertes, par lesquelles les personnes de qualité viennent dans leurs plus beaux carrosses, particulièrement les ambassadeurs; et l'on y fait plusieurs tours quelque temps avant que le Roi arrive. Les cavaliers saluent les dames qui sont sur les balcons, sans être couvertes de leurs mantes. Elles sont parées de toutes leurs pierreries et de ce qu'elles ont de plus beau. On ne voit que des étoffes magnifiques, des tapisseries, des carreaux et des tapis tout relevés d'or. Je n'ai jamais rien vu de plus éblouissant. Le balcon du Roi est entouré de rideaux vert et or, qu'il tire quand il ne veut pas qu'on le voie.

Le Roi vint sur les quatre heures, et aussitôt tous les carrosses sortirent de la place. C'est ordinairement l'ambassadeur de France qu'on y remarque le plus, parce que lui et tout son train sont habillés à la française, et c'est le seul ambassadeur qui ait ici ce privilége, car les autres se mettent à l'espagnole. Mais le marquis de Villars n'est pas encore arrivé. Le carrosse du Roi est précédé de cinq ou six autres où sont les officiers, les menins et les pages de la chambre, et le carrosse de respect, où il n'y a personne dedans, marche immédiatement devant celui de Sa Majesté, dont le cocher et le postillon vont toujours tête nue, et un valet de pied porte leur chapeau. Le carrosse est entouré de gardes à pied. Ceux que l'on nomme gardes du corps ont des pertuisanes et marchent fort près du carrosse. Aux portières sont en grand nombre les pages du Roi, habillés de noir, et sans épée, qui est la seule marque qui les fasse connaître pour être des pages. Comme les dames destinées à être près de la jeune Reine ont déjà été nommées, elles venaient toutes sous la conduite de la duchesse de Terranova, dans les carrosses du Roi; et des hommes de la première qualité marchaient à la portière, les uns à pied pour en être plus proche, et les autres montés sur les plus beaux chevaux du monde, qui sont dressés exprès, et que l'on appelle chevaux de mouvement. Pour faire cette galanterie, il faut en avoir obtenu permission de sa maîtresse;

autrement on s'en attirerait de grands reproches, et même une affaire avec les parents de la dame, qui prendraient cette liberté au point d'honneur. Lorsqu'elle le trouve bon, on peut faire toutes les galanteries dont ces sortes de fêtes fournissent l'occasion. Mais bien qu'ils n'aient rien à craindre de la part des dames qu'ils servent, ni de leurs familles, toutes les difficultés ne sont pas levées pour cela : car les *dueñas de honor,* dont il y a une provision incommode dans chaque carrosse, et les *guardadamas* qui vont à cheval, sont de fâcheux surveillants. A peine a-t-on commencé un peu de conversation, que les vieilles tirent le rideau, et les *guardadamas* vous disent que l'amour le plus respectueux est le plus discret. Ainsi, il faut bien souvent se contenter de se parler avec les yeux et de faire des soupirs si hauts qu'ils s'entendent de fort loin.

Toutes les choses étant ainsi disposées, les capitaines des gardes et les autres officiers entrent dans la place, montés sur de très-beaux chevaux et suivis des gardes espagnole, allemande et bourguignonne. Ils sont vêtus de velours ou de satin jaune, qui sont les livrées du Roi, avec des galons veloutés cramoisi, or et argent. Les archers de la garde, que je nomme gardes du corps, ont seulement un petit manteau de la même livrée sur des habits noirs. Les Espagnols ont des chausses retroussées à l'antique, les Allemands, appelés Tudesques, en ont comme les Suisses. Ils se rangent l'un auprès de l'autre, du côté du balcon du Roi, pendant que les deux capitaines et les deux lieutenants, ayant chacun un bâton de commandement à la main, et suivis d'une nombreuse livrée, marchent tous quatre de front à la tête des gardes, et font plusieurs tours dans la place pour donner les ordres nécessaires, et pour saluer les dames de leur connaissance. Leurs chevaux font cent courbettes et cent bonds. Ils sont couverts de nœuds de ruban et de housses en broderie. On les nomme *picadores* pour les distinguer. Chacun de ces seigneurs affecte de porter ces jours-là les couleurs que sa maîtresse aime davantage.

Après que le peuple est sorti des barrières et s'est rangé sur les échafauds, on arrose la place avec quarante ou cinquante tonneaux d'eau qui sont tirés chacun par une charrette. Les capitaines des gardes reviennent alors prendre leurs postes sous le balcon du Roi, où tous les gardes se mettent aussi, et font une espèce de haie, se tenant fort serrés; et quoique les taureaux soient quelquefois prêts à les tuer, il ne leur est pas permis de reculer ni de sortir de leur place. Ils leur présentent seulement la pointe de leurs hallebardes, et se défendent avec beaucoup de péril de leur part. Lorsqu'ils en tuent un, il est à eux.

Je vous assure que cette foule innombrable de peuple (car tout en est plein, et les toits des maisons comme tout le reste), ces balcons si bien parés, avec tant de belles dames, cette grande cour, ces gardes et enfin toute cette place, donnent un des plus beaux spectacles que j'aie jamais vus.

Aussitôt que les gardes occupent le quartier du Roi, il entre dans la place six alguazils ou huissiers de ville, tenant chacun une grande baguette blanche.

Leurs chevaux sont excellents, harnachés à la morisque, chargés de petites sonnettes. L'habit des alguazils est noir. Ils ont des plumes et tiennent la meilleure contenance qu'ils peuvent dans l'extrême crainte dont ils sont saisis, à cause qu'il ne leur est pas permis de sortir de la lice; et ce sont eux qui vont querir les cavaliers qui doivent combattre.

Je dois vous dire, avant de continuer cette petite description, qu'il y a des lois établies pour cette sorte de course, que l'on nomme *Duelo*, c'est-à-dire duel, parce qu'un cavalier attaque le taureau et le combat en combat singulier. Voici quelques-unes des choses que l'on y observe. Il faut être né gentilhomme et connu pour tel pour combattre à cheval [1]. Il n'est pas permis de tirer l'épée contre le taureau, qu'il ne vous ait fait insulte. On appelle insulte, quand il vous arrache de la main le *garrochon*, c'est-à-dire la lance, ou qu'il a fait tomber votre chapeau, ou votre manteau; ou qu'il vous a blessé vous ou votre cheval, ou quelqu'un de ceux qui vous accompagnent. En ce cas, le cavalier est obligé de pousser son che-

---

[1] Les combats de taureaux sont abandonnés maintenant à des gens qui font leur profession de ce genre d'exercice; mais alors les plus grands seigneurs se faisaient honneur de descendre dans l'arène. Madame de Villars assista quelque temps après à un combat de taureaux, où figurèrent six grands ou fils de grands d'Espagne. « C'est une terrible beauté que cette fête, dit-elle, la bravoure des toréadors est grande, aucuns taureaux épouvantables éprouvèrent bien celle des plus hardis et des meilleurs. Ils crevèrent de leurs cornes plusieurs beaux chevaux, et quand les chevaux sont tués, il faut que les seigneurs combattent à pied, l'épée à la main, contre ces bêtes furieuses.... Ces seigneurs ont chacun cent hommes vêtus de leurs livrées. » (*Lettres de madame de Villars*, p. 112.)

Le duc de Saint-Simon cite parmi les toréadors les plus renommés de son temps, le comte, puis duc de Los Arcos, grand écuyer de Philippe V.

val droit au taureau, car c'est un *empeño*, cela veut dire un affront qui engage à le venger ou à mourir; et il faut lui donner *una cuchillada*, c'est-à-dire un coup du revers de son épée à la tête ou au cou. Mais si le cheval sur lequel le cavalier est monté résiste à avancer, l'on met aussitôt pied à terre, et l'on marche courageusement contre ce fier animal. On est armé d'un épieu fort court et large de trois doigts. Il faut que les autres cavaliers qui sont là pour combattre descendent aussi de cheval, et accompagnent celui qui est dans l'empeño : mais ils ne le secondent point pour lui procurer aucun avantage contre son ennemi. Lorsqu'ils vont tous de cette manière vers le taureau, s'il s'enfuit à l'autre bout de la place, au lieu de les attendre ou de venir à eux; après l'avoir poursuivi quelque temps, ils ont satisfait aux lois du duel.

Lorsqu'il y a dans la ville des chevaux qui ont servi à tauriser, et qui sont adroits, bien que l'on ne connaisse point celui à qui ils sont, on les lui emprunte, soit qu'il ne souhaite pas les vendre, soit qu'on ne soit pas en état de les acheter; et l'on n'en est jamais refusé. Si par malheur le cheval est tué, et qu'on le veuille payer, on ne le souffre pas, et ce serait manquer à la générosité espagnole que de recevoir de l'argent en telle rencontre. Il est, cependant, assez désagréable d'avoir un cheval que l'on a bien pris de la peine à dresser, et que le premier inconnu vous fait tuer sans qu'il en soit autre chose. Cette sorte de combat est jugée si périlleuse, qu'il y a des indulgences ouvertes en beaucoup d'églises pour ces jours-là, à cause du massacre qui s'y fait. Plusieurs Papes ont voulu abolir tout à fait des spectacles si barbares, mais les Espagnols ont fait de si grandes instances envers la cour de Rome, pour qu'on les laissât, qu'elle s'est accommodée à leur humeur, et jusqu'ici elle les a tolérés.

Le premier jour que j'y fus, les alguazils vinrent à la porte qui est au bout de la lice, quérir les six chevaliers, dont le comte de Kœnigsmarck était un, qui se présentaient pour combattre. Leurs chevaux étaient admirablement beaux et magnifiquement harnachés. Sans compter ceux qu'ils montaient, ils en avaient chacun douze, que les palefreniers menaient en main, et chacun six mulets chargés de *rejones* ou garrochons [1], qui sont, comme je vous l'ai déjà dit, des lances de bois de sapin fort sec, longues de quatre ou cinq pieds, toutes peintes et dorées avec le fer très-poli, et par-dessus, les mulets avaient des couvertures de velours, aux couleurs de ceux qui devaient combattre. Leurs armes y étaient en broderies d'or. Cela ne se pratique pas à toutes les fêtes. Quand c'est la ville qui les donne, il y a bien moins de magnificence; mais comme c'était le Roi qui avait ordonné celle-ci, et qu'elle se faisait à cause de son mariage, rien n'y était oublié.

Les cavaliers étaient vêtus de noir brodé d'or et d'argent, de soie ou de jais. Ils avaient des plumes blanches mouchetées de différentes couleurs, qui

---

[1] Les *rejones* n'étaient autres que les *dscherids* des Arabes, javelines qu'on lançait de cheval et qui étaient, à ce qu'il paraît, une arme redoutable. Les Espagnols les avaient empruntées aux Arabes et s'en servaient encore à la guerre, du temps de Charles-Quint.

s'élevaient toutes sur le côté du chapeau, avec une riche enseigne de diamants et un cordon de même. Ils portaient des écharpes, les unes blanches, les autres cramoisies, bleues et jaunes brodées d'or passé : quelques-uns les avaient autour d'eux, d'autres, mises comme un baudrier, et d'autres au bras. Celles-ci étaient étroites et courtes. C'étaient sans doute des présents de leurs maîtresses; car, d'ordinaire, ils courent pour leur plaire et pour leur témoigner qu'il n'y a point de péril auquel ils ne s'exposassent pour contribuer à leur divertissement. Ils avaient par-dessus un manteau noir qui les enveloppait, dont les bouts étant jetés par derrière, les bras n'en étaient point embarrassés. Ils portaient de petites bottines blanches avec de longs éperons dorés, qui n'ont qu'une pointe, à la mode des Maures. Ils sont aussi à cheval comme eux, les jambes raccourcies, ce qui s'appelle *cavalgar à la gineta*.

Ces cavaliers étaient fort bien à cheval, et mis de bon air pour le pays. Leur naissance était illustre. Chacun d'eux avait quarante laquais, les uns vêtus de moire d'or, garnie de dentelle; les autres de brocart incarnat rayé d'or et d'argent; et les autres d'une autre façon. Chacun était habillé à l'étrangère, soit en Turc, Hongrois, Maure, Indien ou sauvage. Plusieurs laquais portaient des faisceaux de ces garrochons dont je vous ai parlé, et cela avait beaucoup de grâce autour d'eux. Ils traversèrent la Plaza Mayor, avec tout leur cortége, conduits par les six alguazils, et aux fanfares des trompettes. Ils vinrent devant le balcon du Roi, auquel ils firent une profonde révérence, et lui demandèrent la permission de combattre les taureaux; ce qu'il leur accorda en leur souhaitant la victoire. En même temps, les trompettes recommencèrent à sonner de toutes parts, c'est comme le défi que l'on fait aux taureaux. Il s'éleva de grands cris de tout le peuple qui répétait : *Viva, viva los bravos cavalleros!* Ils se séparèrent ensuite et furent saluer les dames de leur connaissance. Les laquais sortent de la lice, et il n'en resta que deux à chacun, chargés de rejones. Ils se tenaient aux côtés de leurs maîtres et ne quittèrent guère la croupe de leurs chevaux.

Il entre dans la place beaucoup de jeunes hommes, qui viennent exprès de bien loin pour combattre ces jours-là. Ceux dont je vous parle sont à pied; et comme ils ne sont pas nobles, on ne leur fait aucune cérémonie. Pendant qu'un cavalier combat, les autres se retirent sans cependant sortir des barrières; et ils n'attaquent point le taureau qu'un autre a commencé à combattre, à moins qu'il ne vienne à eux. Le premier auquel il s'adresse, quand ils sont tous ensemble, c'est celui qui le combat. Lorsqu'il a blessé le cavalier, on crie : *Fulano es empeño,* comme qui dirait c'est un engagement à un tel de venger l'insulte qu'il a reçue du taureau. En effet, il est engagé d'honneur d'aller à cheval, ou de mettre pied à terre pour attaquer le taureau et lui donner un coup d'épée, comme je viens de dire, à la tête ou à la gorge, sans le frapper ailleurs. Il peut ensuite le combattre de telle manière qu'il veut; et le frapper où il peut, mais c'est une chose qui ne se fait pas sans hasarder mille fois de perdre la vie. Lorsque ce premier coup est donné, si les cavaliers sont à pied, ils peuvent remonter à cheval.

Quand le Roi jugea qu'il était temps de commencer la fête, deux alguazils vinrent sous son balcon, et il donna à Don Juan la clef de l'écurie où les taureaux sont enfermés; car le Roi la garde, et quand il faut la jeter, il la remet entre les mains du *privado*, ou premier ministre, comme une faveur. Aussitôt les trompettes sonnèrent, les timbales et les tambours, les fifres et les hautbois, les flûtes et les musettes, se firent entendre tour à tour; et les alguazils, qui sont naturellement de grands poltrons, allèrent tout tremblants ouvrir la porte où les taureaux étaient enfermés. Il y avait un homme qui était caché derrière, qui la referma vite, et grimpa par une échelle sur l'écurie : car c'est l'ordinaire que le taureau en sortant cherche derrière la porte, et commence son expédition par tuer, s'il peut, l'homme qui est là. Ensuite, il se met à courir de toute sa force après les alguazils, qui pressent leurs chevaux pour se sauver, parce qu'il ne leur est point permis de se mettre en défense, et toute leur ressource est dans la fuite. Ces hommes, qui sont à pied, lui lancent des flèches et de petits dards plus pointus que les alênes, et tout garnis de papier découpé. Ces dards s'attachent sur lui de telle sorte, que la douleur l'obligeant de s'agiter, le fer entre encore plus avant, et le papier, qui fait du bruit lorsqu'il court, et auquel on met le feu, l'irrite extrêmement. Son haleine forme un brouillard épais autour de lui, le feu lui sort par les yeux et par les narines; il court plus vite qu'un cheval léger à la course, et il se tient même beaucoup plus ferme. En vérité, cela donne de la terreur. Le cavalier qui le doit combattre s'approche, prend un rejon, le tient comme un poignard; le taureau vient à lui, il gauchit, et lui appuie le fer du garrochon; il le repousse ainsi, et le bois, qui est faible, se casse. Aussitôt les laquais qui en tiennent dix ou douze douzaines, en présentent un autre, et le cavalier le lui lance encore dans le corps; de sorte que le taureau mugit, s'anime, court, bondit, et malheur à celui qui se trouvera sur son passage. Lorsqu'il est sur le point de joindre un homme, on lui jette un chapeau ou un manteau, ce qui l'arrête; ou bien on se couche par terre, et le taureau, en courant, passe sur lui. L'on a des bilboquets (ce sont des figures assez grandes faites de carton) avec quoi on l'amuse pour avoir le temps de se sauver. Ce qui garantit encore, c'est que le taureau ferme toujours les yeux avant de frapper de ses cornes, et dans cet instant les combattants ont l'adresse d'esquiver le coup; mais ce n'est pas une chose si sûre qu'il n'y en périsse plusieurs.

Je vis un Maure qui, tenant un poignard fort court, alla droit au taureau dans le temps qu'il était au plus fort de sa furie, et lui enfonça son poignard entre les deux cornes, dans la suture des os, en un endroit très-délicat, aisé à percer, mais moins grand qu'une pièce de quinze sols. Ce fut le coup le plus téméraire et le plus adroit que l'on puisse imaginer. Le taureau tomba mort sur-le-champ. Aussitôt les trompettes sonnèrent, et plusieurs Espagnols accoururent l'épée à la main, pour mettre en pièce la bête qui ne pouvait plus leur faire de mal. Quand un taureau est tué, quatre alguazils sortent et vont querir quatre mules que des palefreniers, vêtus de satin jaune mêlé d'incarnat, conduisent. Elles sont couvertes de plumes et de sonnettes d'argent; elles ont des traits de soie, avec quoi l'on attache le taureau qu'elles entraînent. Dans ce moment-là, les trompettes et le peuple font un grand bruit. L'on en courut vingt le premier jour; il en sortit un furieux qui blessa très-dangereusement à la jambe le comte de Kœnigsmarck; encore ne reçut-il pas tout le coup, son cheval en fut crevé. Il sauta promptement à terre, et bien qu'il ne soit pas Espagnol, il ne voulut pas se dispenser d'aucune des lois. C'était un spectacle digne de pitié de voir le plus beau cheval du monde en cet état. Il courait de toute sa force autour de la lice, faisant feu avec ses pieds, et il tua un homme en le frappant de la tête et du poitrail. On lui ouvrit la grande barrière et il sortit. Pour le comte, aussitôt qu'il fut blessé, une fort belle dame espagnole, qui croyait qu'il combattait pour elle, s'avança sur son balcon et lui fit signe plusieurs fois avec son mouchoir, apparemment pour lui donner du courage; mais il ne parut pas avoir besoin de ce secours-là. Il s'avança fièrement l'épée à la main, quoiqu'il perdît un ruisseau de sang et qu'il fût obligé de s'appuyer sur un de ses laquais qui le soutenait, il ne laissa pas de faire une grande blessure à la tête du taureau; et aussitôt s'étant tourné du côté où était cette belle fille pour laquelle il combattait, il se laissa aller sur ses gens qui l'emportèrent demi-mort.

Mais il ne faut pas penser que ces sortes d'accidents interrompent la fête ; il est dit qu'elle ne cessera que par l'ordre du Roi, de manière que lorsqu'il y a un des cavaliers blessé, les autres l'accompagnent jusqu'à la barrière, et sur-le-champ ils reviennent combattre. Il y eut un Biscayen si hardi, qu'il se jeta à cheval sur le dos d'un taureau, le prit par les cornes, et, quelques efforts que pût faire l'animal pour le renverser par terre, le Biscayen y resta plus d'un quart d'heure, et rompit une des cornes du taureau [1]. Quand ils se défendent trop longtemps, et que le Roi en veut faire sortir d'autres (car les nouveaux sont agréables, parce que chacun a sa manière particulière de combattre), l'on amène les dogues d'Angleterre. Ils ne sont pas si grands que ceux que l'on voit d'ordinaire ; c'est une race semblable à ceux que les Espagnols menaient aux Indes, lorsqu'ils en firent la conquête. Ils sont petits et bassets, mais si forts que, quand une fois ils tiennent une goulée, ils ne lâchent point, et ils se laisseraient plutôt couper par morceaux. Il y en a toujours quelques-uns de tués. Le taureau les met sur ses cornes, et les fait sauter en l'air comme si c'étaient des ballons. Quelquefois on lui coupe les jarrets avec de certains fers faits en croissants ; on les met au bout d'une grande perche, et cela s'appelle des *jaretar el toro*.

Un autre cavalier fut empeño, parce qu'en com-

---

[1] Il se passait à ces combats des scènes grotesques, résultant de la liberté qu'on laissait à tous les amateurs de se présenter dans l'arène. Le Hollandais Van Aarsens vit ainsi un paysan monté sur un âne, qui fut d'abord renversé par le taureau et finit cependant par le tuer. (*Voyage d'Espagne*, p. 115.)

battant son chapeau tomba. Il ne mit pas pied à terre, il tira son épieu, et poussant son cheval droit au taureau qui l'attendait, il lui donna un coup dans le cou, dont il ne demeura que légèrement blessé, de manière que la douleur ne servait qu'à l'animer davantage. Il grattait la terre de ses pieds, il mugissait, il sautait comme un cerf. Je ne saurais vous bien décrire ce combat, non plus que les acclamations de tout le monde, les battements de mains, la quantité de mouchoirs que l'on élevait en l'air, et que l'on montrait en signe d'admiration, les uns criant : *Victor, Victor !* et les autres, *ha toro, ha toro !* pour exciter ensuite sa furie. Je ne saurais non plus vous dire mes alarmes particulières, et comme le cœur me palpitait, lorsque que je voyais ces terribles animaux prêts à tuer ces braves cavaliers : tout cela m'est également impossible.

Un Tolédan, jeune et bien fait, ne put éviter le coup de corne d'un taureau ; il fut élevé bien haut et mourut sur-le-champ. Il y en eut deux autres mortellement blessés, et quatre chevaux tués ou blessés à mort. Cependant ils disaient tous que la course n'avait pas été fort belle, parce qu'il n'y avait guère eu de sang répandu ; que, pour une telle fête, il y aurait dû avoir au moins dix hommes tués sur la place. L'on ne peut bien exprimer l'adresse des cavaliers à combattre, et celle des chevaux pour éviter le coup. Ils tournent quelquefois une heure autour du taureau sans en être plus loin que d'un pied, et sans qu'il puisse les approcher ; mais lorsqu'il les touche, il les blesse cruellement. Le Roi jeta quinze pistoles au

Maure qui avait tué le taureau avec son poignard ; il en donna autant à celui qui en avait dompté un autre, et dit qu'il se souviendrait des cavaliers qui avaient combattu. Je remarquai un Castillan qui, ne sachant comment se garantir, sauta par-dessus le taureau aussi légèrement qu'aurait fait un oiseau.

Ces fêtes sont belles, grandes et magnifiques ; c'est un spectacle fort noble et qui coûte beaucoup. L'on ne peut en faire une peinture juste ; il faut les voir pour se les bien représenter. Mais je vous avoue que tout cela ne me plaît point, quand je pense qu'un homme, dont la conservation vous est chère, a la témérité de s'aller exposer contre un taureau furieux, et que, pour l'amour de vous (car c'en est d'ordinaire le motif), vous le voyez revenir tout sanglant et demi-mort. Peut-on seulement approuver aucune de ces coutumes ? Et supposé même qu'on n'y eût pas un intérêt particulier, peut-on souhaiter de se trouver à des fêtes qui, presque toujours, coûtent la vie à plusieurs personnes ? Pour moi, je suis surprise que, dans un royaume où les Rois portent le nom de catholiques, l'on souffre un divertissement si barbare. Je sais bien qu'il est fort ancien, puisqu'il vient des Maures ; mais il me semble qu'il devrait être tout à fait aboli, aussi bien que plusieurs autres coutumes qu'ils tiennent de ces infidèles.

Don Fernand de Tolède, me voyant fort émue et fort inquiète pendant la course, et remarquant que je devenais quelquefois aussi pâle qu'un mort, tant je craignais de voir tuer quelques-uns de ceux qui combattaient, me dit en souriant : Qu'auriez-vous fait, Madame, si vous aviez vu ce qui se passa ici il y a quelques années? Un cavalier de mérite aimait passionnément une jeune fille qui n'était que la fille d'un lapidaire; mais elle était parfaitement belle, et devait avoir de fort grands biens. Ce cavalier ayant appris que les plus fiers taureaux des montagnes avaient été pris, et croyant qu'il y aurait beaucoup de gloire de les vaincre, résolut de tauriser, et il en demanda la permission à sa maîtresse. Elle fut si saisie de la simple proposition qu'il lui en fit, qu'elle s'en évanouit, et elle lui défendit, par tout le pouvoir qu'il lui avait donné sur son esprit, d'y penser de sa vie. Mais, malgré cette défense, il crut ne pouvoir lui donner une plus grande preuve de son amour, et il fit travailler secrètement à toutes les choses qui lui étaient nécessaires. Quelque soin qu'il apportât à cacher son dessein à sa maîtresse, elle en fut avertie, et elle n'omit rien pour le détourner. Enfin, le jour de cette fête étant venu, il la conjura de s'y trouver, et il lui dit que sa présence suffirait pour le faire vaincre et pour lui acquérir une gloire qui le rendrait encore plus digne d'elle. Votre amour, lui dit-elle, est plus ambitieux qu'il n'est tendre, et le mien est plus tendre qu'ambitieux. Allez où la gloire vous appelle, vous voulez que j'y sois, vous voulez combattre devant moi; oui, j'y serai, je vous le promets, et peut-être que ma présence vous troublera plus qu'elle ne vous donnera d'émulation. Il la quitta enfin et fut sur la Plaza mayor, où tout le monde était déjà assemblé. Mais à peine commençait-il de se défendre contre un fier taureau qui l'avait attaqué, qu'un jeune villageois jette un dard à ce redoutable animal qui le perce et lui fait sentir beaucoup de douleur. Il quitte aussitôt le cavalier qui le combattait, et en mugissant il prend sa course vers celui qui venait de le frapper. Ce jeune homme, interdit, voulut se sauver : alors le bonnet dont sa tête était couverte vint à tomber, et en même temps les plus beaux cheveux du monde, et les plus longs, se déployèrent sur ses épaules et firent reconnaître que c'était une fille de quinze à seize ans. La peur lui avait causé un tel tremblement, qu'elle ne pouvait plus ni courir ni éviter le taureau. Il lui avait porté un coup effroyable dans le côté, au même moment que son amant, qui était le toréador, et qui l'avait reconnue, avait couru vers elle pour la secourir. O Dieu ! quelle douleur fut la sienne, lorsqu'il vit sa chère maîtresse dans ce funeste état ! Il devint transporté, il ne ménagea plus sa vie, et, plus furieux que le taureau, il fit des choses incroyables. Il fut mortellement blessé en plusieurs endroits. Ce fut bien ce jour-là qu'on trouva la fête belle. On porta les deux infortunés amants chez le malheureux père de la fille. Ils voulurent être en même chambre, et demandèrent en grâce que, pour le peu d'heures qui leur restaient à vivre, on les mariât, et que, puisqu'ils ne pouvaient vivre ensemble, ils n'eussent au moins qu'un même tombeau après leur mort. Cette histoire a beaucoup ajouté à l'aversion que j'avais pour ces sortes de fêtes. Je le dis à Don Fernand, après l'avoir remercié de la peine qu'il avait prise de me la raconter.

Je ne vous ai rien dit jusqu'ici de la langue espagnole, dans laquelle je tâche de faire quelques progrès. Je la trouve tout à fait à mon gré, elle est expressive, noble et grave. L'amour ne laisse pas d'y trouver son langage et d'y badiner agréablement. Les personnes de la cour parlent plus concis que les autres. Elles ont de certaines comparaisons et des métaphores si abstraites, qu'à moins d'être accoutumé à les entendre, l'on perd la moitié de leurs conceptions. J'ai appris plusieurs langues, du moins j'en ai eu les premiers principes; mais, de toutes, il n'y a que la nôtre qui me paraisse plus belle que l'espagnole.

Je viens de voir arriver dix galères, cela est assez surprenant dans une ville qui est à quatre-vingts lieues de la mer; mais ce sont des galères de terre; car, s'il y a bien des chevaux et des chiens marins, pourquoi n'y aurait-il pas des galères terrestres? Elles ont la forme d'un chariot, elles sont quatre fois plus longues; chacune a six roues, trois de chaque côté; cela ne va guère plus doucement qu'une charrette. Le dessous en est rond et assez semblable à celui des galères. On les couvre de toile. On y peut tenir quarante personnes. On s'y couche, on y fait sa cuisine; enfin, c'est une maison roulante. L'on met dix-huit ou vingt chevaux pour la traîner. La machine est si longue, qu'elle ne peut tourner que dans un grand champ. Elles viennent de Galice et de la Manche, pays du brave Don Quichotte. Il en part huit, dix ou douze ensemble, pour s'entre-secourir au besoin; car, lorsqu'une galère verse, c'est un grand fracas, et le mieux qu'il puisse vous arriver c'est de vous rompre un bras ou une jambe. Il faut être plus de cent à la relever. L'on porte là-dedans toutes sortes de provisions, parce que le pays par lequel on passe est si ingrat que sur des montagnes de quatre-vingts lieues de long, le plus grand arbre que l'on trouve est un peu de serpolet et de thym sauvage. Il n'y a là ni hôte, ni hôtellerie ; l'on couche dans la galère, et c'est un misérable pays pour les voyageurs.

M. Mellini, nonce apostolique, sacra le patriarche des Indes le jour de la Trinité, et le Roi y vint. Je le vis entrer. Il était habillé de noir avec une broderie de soie aurore et de petites perles autour des fleurs. Son chapeau était si grand, que les bords, qu'on ne relève jamais ici, tombaient des deux côtés et ne faisaient pas un bon effet. Je remarquai, pendant la cérémonie, qu'il mangeait quelque chose qu'on lui tenait sur un papier ; je demandai ce que c'était. On me dit que ce devait être de l'ail ou des petites échalotes, parce qu'il en mange assez souvent. J'étais trop éloignée pour le bien voir. Il ne retourna point au Buen-Retiro, à cause de la fête du Saint-Sacrement, à laquelle il voulait assister. Lorsque je sortis de l'église, je reconnus un gentilhomme français nommé Du Juncas, qui est de Bordeaux et que j'y avais vu. Je lui demandai depuis quand il était en cette ville. Il me dit qu'il y avait peu, et que son premier soin aurait été de me venir voir, sans qu'il s'était engagé à Bayonne de ne perdre pas un moment à la recherche d'un scélérat que l'on croyait caché à Madrid ; que ce n'était pas la curiosité de voir sacrer le patriarche des Indes qui l'avait obligé de venir aux Jéronimites (autrement les filles de la Conception); mais, qu'ayant demandé à parler à une religieuse, on lui avait répondu qu'on ne pouvait la voir que le Roi ne fût sorti. C'est, ajouta-t-il, une des plus belles filles du monde, et elle a causé un grand malheur, à Bayonne, dans la famille de M. de la Lande. Je me souvins de l'avoir vue en passant, et je le priai de m'apprendre ce que c'était. C'est une trop longue et funeste aventure, me dit-il, pour vous la raconter en un moment; mais, si vous voulez voir la jeune religieuse dont je vous parle, je suis persuadé qu'elle ne vous déplairait pas. Je pris volontiers le parti qu'il me proposait, parce que j'ai toujours entendu dire qu'elles ont encore plus d'esprit dans les monastères que dans le monde. Nous montâmes au parloir, dont trois affreuses grilles, les unes sur les autres, tout hérissées de pointes de fer me surprirent. Comment! dis-je, on m'avait assurée que les religieuses étaient, en ce pays, fort galantes; mais je suis persuadée que l'amour n'est pas assez hardi pour hasarder d'entrer au travers de ces longues pointes et de ces petits trous, où il périrait indubitablement. Vous êtes la dupe des apparences, Madame, s'écria Du Juncas, et, si la dame qui va venir pouvait m'en laisser le temps, vous sauriez, dès aujourd'hui, ce que j'appris d'un Espagnol de mes amis, au premier voyage que je fis ici. Doña Isidore entra en ce moment au parloir. Je la trouvai encore plus belle que je ne me l'étais figuré. M. Du Juncas lui dit que j'étais une dame française qui avait eu envie de la connaître sur le récit qu'il m'avait fait de son mérite. Elle me remercia avec beaucoup de modestie, et elle nous dit ensuite qu'il était bien vrai que ce misérable dont on voulait savoir des nouvelles avait été à Madrid depuis peu; mais, qu'elle était certaine qu'il n'y était plus, et qu'il avait même eu la hardiesse de lui écrire par un homme chez lequel il logeait; qu'on lui avait apporté la lettre après son départ et qu'elle n'avait pas voulu la recevoir. Il me semble, dis-je en l'interrompant, que l'on ne pourrait pas le prendre, supposé qu'il fût encore ici. On en obtient quelquefois la permission du Roi, dit Doña Isidore; il est de certains crimes qui ne doivent point trouver d'asile, et celui-là en est un. Elle se prit à pleurer, quelque violence qu'elle se fît pour retenir ses larmes; et elle ajouta que, grâce au ciel, elle n'avait rien à se reprocher sur ce qui s'était passé; mais que cela n'empêchait pas qu'elle ne s'affligeât extrêmement d'en avoir été la cause. Nous parlâmes encore quelque temps ensemble; je demeurai aussi charmée de son esprit que de sa beauté, et je me retirai ensuite [1].

Je suis absolument à vous, ma très-chère cousine, soyez-en bien persuadée.

A Madrid, ce 29 de mai 1679.

---

[1] Madame d'Aulnoy ne dit rien de plus des aventures de cette intéressante personne. Elle se proposait sans doute de les narrer; et nous devons croire qu'ayant renoncé à son idée, elle a, par inadvertance, laissé subsister ce passage, qui dès lors n'a aucun sens.

ONZIÈME LETTRE.

Il faut vous aimer autant que je vous aime, ma chère cousine, pour me pouvoir résoudre à vous écrire dans un temps où la chaleur est excessive. Tout ce que l'on m'en avait dit, et tout ce que je m'en étais pu imaginer, n'est rien en comparaison de ce que je trouve. Pour m'en garantir, je laisse mes fenêtres ouvertes tant que la nuit dure, sans appréhender le vent de Galice qui estropie. Je couche nu-tête, je mets mes mains et mes pieds dans de la neige; une autre en mourrait, mais je tiens qu'il vaudrait autant mourir que d'étouffer comme on fait ici. Minuit sonne sans que l'on ait senti le plus petit air du zéphire. Pour moi, je pense qu'il ne fait pas plus chaud sous la ligne.

Quand on va à la promenade, l'on est assez embarrassé, car, si l'on baisse les glaces du carrosse, l'on est suffoqué de la poudre dont les rues sont si remplies qu'à peine s'y peut-on voir; et bien que les fenêtres des maisons soient fermées, elle passe au travers et gâte tous les meubles; de sorte que les méchantes odeurs de l'hiver et la poudre de l'été noircissent l'argenterie et toutes choses, à tel point que rien ne peut se conserver longtemps beau. Quelque soin que l'on prenne à présent, l'on a toujours le visage couvert de sueur et de poudre, semblables à ces athlètes que l'on représente dans la lice.

Je dois vous dire que j'ai vu la fête du Saint-Sacrement, qui est fort solennelle ici. L'on y fait une procession générale, composée de toutes les paroisses et de tous les religieux, qui sont en très-grand nombre. L'on tapisse les rues, par où elle doit passer, des plus belles tapisseries de l'univers; car je ne vous parle pas seulement de celles de la couronne que l'on y voit. Il y a mille particuliers, et même davantage, qui en ont d'admirables. Tous les balcons sont sans jalousies, couverts de tapis remplis de riches carreaux, avec des dais. Il y a du coutil tendu qui passe d'un côté de la rue à l'autre et empêche que le soleil incommode. On jette de l'eau sur ce coutil afin qu'il soit plus frais; les rues sont toutes sablées, fort arrosées et remplies d'une si grande quantité de fleurs, que l'on ne saurait marcher sur autre chose. Les reposoirs sont extraordinairement grands, et parés de la dernière magnificence.

Il ne va point de femmes à la procession. Le Roi y était avec un habit de taffetas noir lustré, une broderie de soie bleue et blanche marquait les tailles. Les manches étaient de taffetas blanc, bordées de soie bleue et de jais; elles étaient fort longues et ouvertes par devant. Il avait de petites manches pendantes qui tombaient jusqu'à la ceinture; son manteau autour de son bras; son grand collier d'or et de pierreries, d'où pendait un petit mouton de diamant. Il avait aussi des boucles de diamant à ses souliers et à ses jarretières; un gros cordon à son chapeau, qui brillait presque autant que le soleil, avec une enseigne qui retroussait son chapeau, et au bas de cette enseigne une perle que l'on nomme la *peregrine;* elle est aussi grosse qu'une poire de rousselet et de la même forme [1]. L'on prétend que c'est la plus belle qui soit en Europe, et que l'eau et la qualité en sont parfaites. Toute la cour, sans exception, était à la suite du Saint-Sacrement. Les conseils y marchaient sans ordre de préséance comme ils se trouvaient, tenant des cierges de cire blanche. Le Roi en portait un, et allait le premier après le tabernacle où était le Corpus. C'est, assurément, une des plus belles cérémonies que l'on puisse voir. J'y remarquai que tous les gentilshommes de la Chambre avaient chacun une grande clef d'or à leur côté. C'est celle de la chambre du Roi, où ils peuvent entrer quand ils veulent. Elle est aussi grande que la clef d'une cave. J'y vis plusieurs chevaliers de Malte, qui portent tous une croix de Malte de toile de Hollande, brodée sur leur manteau. Il était près de deux heures après minuit que la procession n'était pas encore rentrée. Lorsqu'elle passa devant le palais l'on tira des boîtes et beaucoup de fusées.

[1] Cette perle, de la plus belle eau qu'on ait jamais vue, est précisément faite et évasée comme ces petites poires qui sont musquées, qu'on appelle des sept-en-gueule et qui paraissent dans leur maturité vers la fin des fraises. Leur nom marque leur grosseur, quoiqu'il n'y ait point de bouche qui en pût contenir quatre à la fois, sans péril de s'étouffer. La perle est grosse et longue comme les moins grosses de cette espèce, et sans comparaison plus qu'aucune autre perle que ce soit. Aussi est-elle unique. On la dit la pareille et l'autre pendant d'oreilles de celle qu'on prétend que la folie de magnificence et d'amour fit dissoudre par Marc-Antoine dans du vinaigre, qu'il fit avaler à Cléopâtre. (*Mémoires du duc de Saint-Simon*, t. XIX, p. 197.)

Le Roi était allé trouver la procession à Santa-Maria ; c'est une église qui est proche du palais [1]. Toutes les dames prennent ce jour-là leurs habits d'été. Elles sont très-parées sur leurs balcons ; elles y trouvent des corbeilles pleines de fleurs, ou des bouteilles remplies d'eau de senteur, et elles en jettent lorsque la procession passe. Pour l'ordinaire, les trois compagnies qui gardent le Roi sont vêtues de neuf. Quand le Saint-Sacrement est rentré dans l'église, chacun va manger chez soi pour se trouver aux *autos*. Ce sont des tragédies dont les sujets sont pieux et l'exécution assez bizarre. On les représente dans la cour ou dans la rue du président de chaque conseil à qui cela est dû. Le Roi y vient, et toutes les personnes de qualité reçoivent des billets dès la veille pour s'y trouver. Ainsi nous y fûmes conviées, et je demeurai surprise qu'on allumât un nombre extraordinaire de flambeaux pendant que le soleil donnait à plomb sur les comédiens, et qu'il faisait fondre les bougies comme du beurre. Ils jouèrent la plus impertinente pièce que j'aie vue de mes jours. En voici le sujet.

Les chevaliers de Saint-Jacques sont assemblés, et Notre-Seigneur les vient prier de le recevoir dans leur ordre. Il y en a plusieurs qui le veulent bien, mais les anciens représentent aux autres le tort qu'ils se feraient d'admettre parmi eux une personne née dans la roture ; que saint Joseph, son père, est un

---

[1] L'abbé de Vayrac cite cette église de Sainte-Marie qui le frappa par une étrange représentation de la Vierge et de saint Joseph. Saint Joseph était habillé en Arlequin, et la Vierge en mère Gigogne. (*État présent de l'Espagne*, p. 81.)

pauvre menuisier, et que la Sainte Vierge travaille en couture. Notre-Seigneur attend avec beaucoup d'inquiétude la résolution que l'on prendra. L'on détermine, avec quelque peine, de le refuser. Mais là-dessus on ouvre un avis qui est d'instituer exprès pour lui l'ordre del Cristo, et par cet expédient tout le monde est satisfait [1]. Cet ordre est celui du Portugal. Cependant ils ne font pas ces choses dans un esprit de malice, et ils aimeraient mieux mourir que de manquer au respect qu'ils doivent à la religion.

[1] Le baron de Gleichen assista à des autos semblables vers la fin du dix-huitième siècle.
La première de ces pièces, à laquelle je me suis trouvé, était une pièce allégorique qui représentait une foire. Jésus-Christ et la Sainte Vierge y tenaient boutique en rivalité avec la Mort et le Péché, et les âmes y venaient faire des emplettes. La boutique de Notre-Seigneur était sur le devant du théâtre, au milieu de celles de ses ennemis, et avait pour enseigne une hostie et un calice environnés de rayons transparents. Tout le jargon marchand était prodigué par la Mort et le Péché pour s'attirer des chalands, pour les séduire et les tromper, tandis que des morceaux de la plus belle éloquence étaient récités par Jésus-Christ et la Sainte Vierge, pour détourner et détromper ces âmes égarées. Mais malgré cela ils vendaient moins que les autres, ce qui produisit à la fin de la pièce le sujet d'un pas de quatre qui exprimait leur jalousie et qui se termina à l'avantage de Notre-Seigneur et de sa Mère, lesquels chassèrent la Mort et le Péché à grands coups d'étrivières.
Une autre pièce, assez plaisante et fort spirituelle, est la comédie du Pape Pie V. C'est une critique très-bien faite des mœurs espagnoles. Dans la dernière scène, on voit le Pape, qui est un saint, sur un trône au milieu de ses cardinaux, et deux avocats pour plaider devant ce consistoire pour et contre les belles qualités et les défauts des Espagnols; l'avocat contre finit par dénoncer le fandango comme une danse scandaleuse et licencieuse, et digne de la censure apostolique. Alors, l'avocat tire une guitare de dessous son manteau, et dit qu'il faut avant tout avoir entendu un fandango avant que de pouvoir en juger. Il le joue, et bientôt le plus jeune des cardinaux ne peut plus y tenir : il se trémousse, descend de son siége et remue les jambes; le second en fait autant; la même envie passe au troisième et les gagne l'un après l'autre, jusqu'au Saint-Père qui résiste longtemps, mais qui, enfin, se mêle parmi eux; et tous finissent par danser et rendre justice au fandango. (*Souvenirs du baron de Gleichen*, p. 15.)

Les autos durent un mois. Je suis si lasse d'y aller que je m'en dispense tout autant que je le puis. On y sert beaucoup de confitures et d'eau glacée, dont on a bien besoin, car l'on y meurt de chaud et l'on y étouffe de la poudre. Je fus ravie de trouver à l'hôtel du président de la Hazienda, Don Augustin Pacheco et sa femme, dont je vous ai déjà parlé. Ils s'y étaient rendus, parce qu'ils sont alliés au président. Nous étions placés proche les uns des autres, et après que la fête fut finie, nous allâmes nous promener au Prado à la française, c'est-à-dire des hommes et des femmes dans un même carrosse. Don Frédéric de Cordone en était : nos rideaux demeurèrent fermés tant qu'il y eut grand monde, à cause de la belle petite Espagnole. Mais comme nous restâmes plus tard que les autres, M. le nonce et Frédéric Cornano, ambassadeur de Venise, ayant fait approcher leur carrosse du nôtre, causaient avec nous, lorsque nous vîmes tout à coup une grande illumination le long de l'allée, et en même temps il parut soixante cardinaux montés sur des mules, avec leurs habits et leurs chapeaux rouges. Le pape vint ensuite, on le portait sur une machine entourée de grands tapis de pied ; il était sous un dais assis dans un fauteuil, la tiare et les clefs de saint Pierre sur un carreau, avec un bénitier plein d'eau de fleur d'orange qu'il jetait à tout le monde. La cavalcade marchait gravement. Quand ils furent arrivés au bout du Prado, MM. les cardinaux commencèrent à faire mille tours de souplesse pour réjouir Sa Sainteté : les uns jetaient leurs chapeaux par-dessus les arbres, et chacun se trouvait assez juste dessous pour que son chapeau lui retombât sur la tête. Les autres se mettaient debout sur la selle de leurs mules et les faisaient courir tant qu'elles pouvaient. Il y avait un grand concours de peuple qui faisait le cortége. Nous demandâmes à M. le nonce ce que cela voulait dire, et il nous assura qu'il ne savait point, et qu'il ne trouvait rien de bon dans cette plaisanterie. Il envoya s'informer d'où venait ainsi le Sacré Collége. Nous apprîmes que c'était la fête des boulangers, et que, tous les ans, ils avaient accoutumé de faire cette belle cérémonie[1]. Le nonce avait grande envie de la troubler par une salve de coups de bâton. Il avait déjà commandé à ses estafiers de commencer la noise ; mais nous intercédâmes pour ces pauvres gens qui n'avaient d'autre intention que de fêter leur saint. Cependant quelqu'un qui avait entendu donner les ordres perturbateurs du repos public en avertit le pape et les cardinaux. Il n'en fallut pas davantage pour mettre la fête en désordre. Chacun se sauva comme il put, et leur crainte fut cause que notre plaisir finit bientôt. L'on ne souffrirait point en France de telles mascarades ; mais il y a bien des choses qui sont innocentes dans un pays, qui ne le seraient peut-être pas dans un autre.

[1] « Ces badineries de carême-prenant » s'accommodaient avec la dévotion des Espagnols. Le conseiller Bertault vit aussi les moines de Valladolid célébrer le plus sérieusement du monde la naissance du Christ par une mascarade. Ils avaient de faux nez et de fausses barbes, les accoutrements les plus étranges, et simulaient ainsi l'arrivée des Rois Mages. Ils s'avançaient en jouant du tambourin et exécutaient des danses grotesques dans l'église, tandis que l'orgue jouait une chacone.

Ma parente sachant la manière honnête dont j'avais été reçue par Don Augustin Pacheco, le convia à souper chez elle. Je le priai de se souvenir qu'il m'avait promis un entretien sur ce qu'il savait des Indes. Je vais, me dit-il aussitôt, vous parler de celles que l'on distingue par Indes occidentales, dans lesquelles une partie de l'Amérique est comprise.

Sous le règne de Ferdinand, roi de Castille et d'Aragon, Christophe Colomb, Génois, découvrit cette partie du monde en 1492. Comme les Espagnols furent les premiers qui trouvèrent cette heureuse terre inconnue aux Européens, le roi Ferdinand et la reine Isabelle en eurent la propriété par une bulle d'Alexandre VI. Il établit eux et leurs successeurs, vicaires perpétuels du Saint-Siége dans tout le vaste pays. De sorte que les rois d'Espagne en sont seigneurs spirituels et temporels; qu'ils nomment aux évêchés et autres bénéfices; et qu'ils reçoivent les dîmes. Leur pouvoir est plus étendu là qu'en Espagne; car il faut remarquer que l'Amérique seule forme une des quatre parties du monde, et que nous y possédons beaucoup plus de pays que toutes les autres nations ensemble. Le conseil des Indes, qui est établi à Madrid, est un des plus considérables du royaume, et, dans la nécessité où l'on est d'entretenir une correspondance très-fréquente entre l'Espagne et les Indes, d'envoyer des ordres et de maintenir toute l'autorité du côté de la cour, l'on a été obligé d'établir une Chambre particulière, composée de quatre des plus anciens conseillers du conseil des Indes, lesquels prennent connaissance des affaires de finance, et font faire les expéditions par les secrétaires du conseil.

Outre cette Chambre qui est à Madrid, il y en a une à Séville, appelée la maison de *contratacion*. Elle est composée d'un président et de plusieurs conseillers de robe et d'épée, avec les autres officiers nécessaires. Les conseillers d'épée prennent connaissance des choses qui concernent la flotte et les galions. Les autres conseillers rendent la justice. Les appellations de ce tribunal vont au conseil des Indes de Madrid. On tient des registres dans la maison de contratacion de Séville, où l'on écrit toutes les marchandises que l'on envoie aux Indes, et toutes celles qu'on en rapporte, pour empêcher que le Roi ne soit fraudé de ses droits; mais cela sert de peu; les marchands sont si adroits et ceux qui leur font rendre compte prennent si volontiers le parti de partager avec eux, que le Roi n'en est assurément pas mieux servi; et son droit, qui n'est qu'un cinquième, est si mal payé, qu'il ne reçoit pas la quatrième partie de ce qui lui appartient[1].

C'est le conseil de Madrid qui propose au Roi des sujets pour remplir les vice-royautés de la Nouvelle-Espagne et du Pérou[2]. Il faut remarquer que tous les emplois s'y donnent de trois ans en trois ans, ou de cinq ans en cinq ans, afin qu'un seul homme ne

[1] La Casa de contratacion exerça une influence désastreuse sur les finances de l'Espagne. Nous nous sommes efforcés d'en donner la raison dans la note que nous avons insérée plus loin. (Appendice *E*.)

[2] Nous renvoyons à l'appendice *F* la très-longue et très-fastidieuse liste que donne madame d'Aulnoy des vice-royautés et gouvernements d'Amérique.

puisse pas s'enrichir pendant qu'il y en a tant d'autres qui ont besoin d'une part aux bienfaits du prince.

Dans les endroits des Indes où il n'y a pas de vice-roi, celui qui est président est aussi gouverneur. Lorsqu'un vice-roi meurt, le président en charge dans la vice-royauté prend le gouvernement en main, jusqu'à ce qu'on ait envoyé d'Espagne un autre vice-roi. C'est Sa Majesté Catholique qui donne ces grands postes-là, et les gouvernements les plus considérables. Les vice-rois pourvoient aux petits gouvernements, et ces vice-rois rapportent sans peine; en cinq ans, cinq et six cent mille écus. On n'y va point sans s'y enrichir; et cela est si vrai, que jusqu'aux religieux qu'on y envoie pour prêcher la foi et convertir les Indiens, rapportent chacun de leur mission trente ou quarante mille écus. Le Roi dispose de plusieurs pensions qui sont sur les villages des Indes. On en tire depuis deux jusqu'à six mille écus de rente, et c'est encore un moyen de gratifier ses sujets.

Les îles Philippines, qui sont proches du royaume de la Chine, dépendent du Roi d'Espagne. Le commerce qui s'y fait consiste en soie. Elles lui coûtent plus à garder qu'elles ne lui rapportent.

Les Castillans ont eu leurs raisons pour ne vouloir pas qu'il y eût aucune sorte de manufacture aux Indes, ni que l'on y fît des étoffes, ni pas une des autres choses qui sont indispensablement nécessaires. Cette politique est cause que tout vient d'Europe, et que les Indiens, qui aiment passionnément leurs commodités et ce qui les pare, sacrifient volontiers leur argent à leur satisfaction. De cette manière, on les met hors d'état de rien amasser, parce qu'ils sont obligés d'acheter bien cher les moindres bagatelles qu'on leur porte, et dont on les amuse [1].

La flotte consiste en plusieurs vaisseaux chargés de marchandises que l'on envoie aux Indes, et il y a d'autres grands navires de guerre qu'ils appellent galions, par lesquels le Roi les fait escorter. Ces navires ne devraient porter aucune marchandise, mais l'avidité du gain l'emporte sur les défenses expresses du Roi, et ils sont quelquefois si chargés, que si l'on venait à les attaquer, ils ne pourraient se défendre. Lorsque les navires partent, l'expédition que les marchands obtiennent au conseil des Indes de Madrid, afin de les envoyer, coûte pour chacun depuis trois jusqu'à six mille écus, selon que les vaisseaux sont grands. Il est aisé de juger, que puisque l'on donne tout, l'on est assuré de gagner bien davantage.

---

[1] Les choses ne se passaient pas aussi simplement que semble le dire madame d'Aulnoy. Ces ventes étaient devenues un des moyens d'extorsion que les Espagnols employaient pour arracher aux Indiens leurs dernières ressources. En effet, les marchandises espagnoles étaient remises aux corrégidors qui en faisaient la répartition (*repartimento*). Ces magistrats parcouraient aussitôt les districts auxquels ils étaient préposés et fixaient arbitrairement la qualité et le prix de la marchandise que chaque Indien devait recevoir. Ils donnaient des miroirs à un sauvage dont la cabane n'avait pas de plancher, des cadenas à un autre dont la chaumière était suffisamment gardée par une porte de jonc, des plumes et du papier à un malheureux qui ne savait pas écrire.... Cette première répartition, qui suivait régulièrement l'arrivée de la flotte et des galions, ne suffisait point à l'avidité des corrégidors. Le plus souvent, ils revenaient au bout de quelques jours offrir aux Indiens quelques marchandises qu'ils avaient tenues en réserve afin d'en assurer le débit; ils ne distribuaient la première fois que des objets inutiles à ces malheureux et gardaient soigneusement pour cette nouvelle répartition les objets de première nécessité. (*Notizia secreta*, citée par Ch. Weiss, t. II, p. 213.)

Les galions ne vont que jusqu'à Porto-Velo, où l'on apporte tout l'argent du Pérou. La flotte les quitte en cet endroit, et continue le voyage jusqu'à la Nouvelle-Espagne. Pour les galions, ils vont de San Lucar à Carthagène des Indes, en six semaines ou deux mois au plus. Ils y demeurent peu, et en cinq ou six jours ils se rendent à Porto-Velo. C'est un bourg situé sur la côte de l'Amérique. L'air en est très-malsain, et il y fait des chaleurs excessives. De l'autre côté de l'isthme, à dix-huit lieues seulement de distance, on trouve la ville de Panama où l'on apporte du Pérou une grande quantité d'argent en barre, et des marchandises que l'on voiture toutes par terre jusqu'à Porto-Velo où sont les galions, et où il se tient une des plus grandes foires de l'univers; car en moins de quarante ou cinquante jours, il s'y débite au moins pour vingt millions d'écus de toutes sortes de marchandises d'Europe, que l'on paye comptant. Après que la foire est finie, les galions retournent à Carthagène, où il se fait un assez gros commerce de marchandises des Indes et de celles du royaume de Sainte-Foy, aussi bien que de la Morigenta. Ensuite il vont à la Havane prendre les choses nécessaires pour leur voyage, et de ce lieu à Cadix, ils reviennent d'ordinaire en deux mois.

Mais à l'égard de la flotte, elle s'arrête à Porto-Rico, pour se rafraîchir. Elle se rend à la Vera-Cruz en cinq semaines. Elle y décharge ses marchandises que l'on porte par terre à quatre-vingts lieues de là, dans la grande ville de Mexico. La vente en est bientôt faite, et la flotte part ensuite pour venir à la Havane. Mais il faut que ce passage ne se fasse que dans les mois d'avril ou de septembre, à cause des vents du nord. Le voyage des galions au Pérou est ordinairement de neuf mois, celui de la flotte est de treize ou de quatorze ; quelques particuliers y vont aussi à leurs frais, après en avoir obtenu une permission du Roi, et s'être fait enregistrer à la contratacion de Séville. Ceux-là vont aux côtes de San-Domingo, Honduras, Caracas et Buenos-Ayres[1].

Il faut toujours que l'argent qui vient des Indes, directement pour le Roi, soit apporté par un galion. On donne cet argent à un maître de la monnaie, lequel paye au Roi six mille écus toutes les fois qu'il fait le voyage, et il retient un pour cent de l'argent qui lui passe par les mains, ce qui va fort loin. A l'égard de l'argent des particuliers, il vient dans les vaisseaux qu'ils veulent choisir. C'est le capitaine qui doit en rendre compte.

Il y a un certain droit appelé avarie, c'est-à-dire qu'on le prend sur les marchandises enregistrées et sur l'argent que l'on rapporte des Indes. Ce droit est

---

[1] Les galions fournissaient les marchés du Pérou et du Chili. C'étaient dix vaisseaux de guerre, dont huit portaient de quarante-quatre à cinquante-deux canons. Les deux autres étaient de simples pataches, dont la plus grande était armée de vingt-quatre canons et la plus petite de six ou huit. La flotte était destinée à faire le commerce avec la Nouvelle-Espagne. Elle se composait de deux vaisseaux de cinquante-deux à cinquante-cinq canons. Les deux escadres étaient accompagnées de vaisseaux marchands qui avaient chacun de trente à trente-quatre canons et cent vingt hommes d'équipage. Au temps de Philippe II, soixante-dix vaisseaux de huit cents tonneaux approvisionnaient la Nouvelle-Espagne, et quarante autres le Pérou. Toute cette flotte marchande se trouvait réduite, sous le règne de Charles II, à une vingtaine de vaisseaux. (Weiss, t. II, p. 209.)

si considérable, qu'il fournit à ce qu'il faut pour mettre les galions et la flotte en état de faire le voyage, bien que la dépense monte à neuf cent mille écus. Celle de la flotte n'est pas si grande.

Celui que le Roi choisit pour être général des galions lui avance quatre-vingts ou cent mille écus, qu'on lui rend aux Indes avec un gros intérêt. Chaque capitaine avance aussi de l'argent au Roi, à proportion de la grandeur du vaisseau qu'il commande. Il y a, de plus, une patache qui va avec les galions et s'en sépare au golfe de Las Jeguas. Elle va aux îles de la Marguerite prendre les perles que l'on paye au Roi pour le droit du cinquième, c'est-à-dire le cinquième de tout ce que l'on pêche de perles, et ensuite elle se rend à Carthagène.

L'on a découvert, il y a peu d'années, à soixante-dix lieues de Lerma, des mines qui sont d'un grand revenu. Celles du Pérou et de tout le reste des Indes occidentales rendent le cinquième au Roi, tant de l'or que de l'argent et des émeraudes. Il y a, au Potosi, des mines plus abondantes que partout ailleurs. On porte tout l'argent que l'on tire au port d'Arica, on l'envoie de là à Callao. C'est un des ports de Lima où les galions viennent le recevoir. Le royaume du Pérou rend, chaque année, en or et en argent, la valeur de onze millions d'écus [1]. On tire de la

---

[1] Les chiffres donnés par madame d'Aulnoy doivent se rapprocher de la vérité, car ils s'accordent avec les curieuses recherches faites par M. de Humbolt. S'appuyant sur des données positives et des conjectures, ce savant démontre que les importations de l'or d'Amérique en Espagne eurent lieu dans la progression suivante : deux cent cinquante mille piastres (un million trois cent mille francs), année moyenne, de 1492 à

nouvelle Espagne cinq millions d'écus et des marchandises qui sont ordinairement des émeraudes, de l'or, de l'argent, de la cochenille, du tabac, des laines de vigogne, du bois de Campêche, du bejouar et des cuirs.

On a été longtemps, dans la nouvelle Espagne, sans y vouloir souffrir des ouvriers qui travaillassent en soie et en laine. Il y en a présentement, et cela pourra faire tort aux étoffes que l'on apporte d'Europe. On ne permet pas d'y planter des oliviers ni des vignes, afin que le vin et l'huile qu'on y apporte se vendent aisément. Le Roi a dans les Indes, aussi bien qu'en Espagne, le droit de vendre la bulle de la Cruzada, pour manger de la viande tous les samedis, et pour jouir du bénéfice des indulgences.

Les Indiens idolâtres ne sont point soumis à l'Inquisition des Indes; elle n'est établie que contre les hérétiques et les Juifs. On ne souffre point que les étrangers aillent aux Indes; et, s'il y en va quelqu'un, il faut qu'il ait une permission expresse, que l'on n'accorde que très-rarement.

Comment vous exprimerai-je, continua Don Augustin, les beautés de la ville de Méxique, les églises, les palais, les places publiques, les richesses, la profusion, la magnificence et les délices; une ville si heureusement située, qu'elle jouit, dans toutes les saisons, d'un printemps continuel, où les cha-

---

1500; trois millions de piastres (quinze millions six cent mille francs), de 1500 à 1545; onze millions de piastres (cinquante-sept millions deux cent mille francs), de 1545 à 1600; seize millions (quatre-vingt-trois millions deux cent mille francs), de 1600 à 1700. (Weiss, t. II, p. 115.)

Il est fort probable, du reste, que le hasard ait seul servi madame d'Aulnoy, car, quelques pages plus loin, elle donne un chiffre tout différent.

leurs n'ont rien d'excessif, et où l'on ne ressent jamais la rigueur de l'hiver! La campagne n'est pas moins charmante; les fleurs et les fruits en toute saison chargent également les arbres. La récolte se renouvelle plus d'une fois pendant le cours de l'année; les lacs sont pleins de poisson, les prairies chargées de bétail; les forêts, d'excellent gibier et de bêtes fauves. La terre ne semble s'ouvrir que pour donner l'or qu'elle renferme. L'on y découvre des mines de pierreries, et l'on y pêche les perles. Ah! m'écriai-je, allons vivre dans ce pays-là, et quittons celui-ci. Une telle description m'enchante; mais comme le voyage est long, il faut, s'il vous plait, Madame, dis-je à Doña Tereza en riant, que vous soupiez avant de partir. Je la pris aussitôt par la main, et nous entrâmes dans la salle où j'avais pris soin de faire venir les meilleurs musiciens, qui sont assez mauvais, et qui, à mon avis, ne se peuvent rendre recommandables que par leur cherté. Mon cuisinier nous fit quelques ragoûts à la française, que Doña Tereza trouva si excellents, qu'elle me pria qu'on lui fît un mémoire de la manière dont on les apprêtait, et Don Augustin me pria aussi de lui faire donner des lardoires. En effet, on chercherait par toute l'Espagne sans en trouver une seule. Nous demeurâmes fort tard ensemble; car, en cette saison, on veille jusqu'à quatre ou cinq heures du matin à cause des chaleurs, et que le meilleur temps est celui de la nuit.

Il y a de certains jours dans l'année où tout le monde se promène sur les ponts traversant le Mançanarès; mais, à présent, les carrosses entrent dans son lit; le gravier et quelques petits ruisseaux contribuent à le rendre fort frais. Les chevaux souffrent beaucoup de ces promenades-là; rien ne leur use davantage les pieds que les cailloux sur lesquels ils marchent toujours. On s'arrête en quelques endroits dans cette rivière, et l'on y demeure jusqu'à deux et trois heures après minuit. Il y a souvent plus de mille carrosses. Quelques particuliers y portent à manger, les autres y chantent et jouent des instruments. Tout cela est fort agréable pendant une belle nuit. Il y a des personnes qui s'y baignent; mais, en vérité, c'est d'une manière bien désagréable. L'ambassadrice de Danemark le fait depuis quelques jours. Ses gens vont un peu avant qu'elle arrive creuser un grand trou dans le gravier, qui s'emplit d'eau. L'ambassadrice se vient fourrer dedans. Voilà un bain, comme vous le pouvez juger, fort plaisant; cependant c'est le seul dont on puisse user dans la rivière.

Vous ne serez peut-être pas fâchée de savoir qu'il faut, en faisant ici ses preuves de noblesse, prouver que l'on descend, du côté de père et de mère, de *viejos cristianos*, c'est-à-dire d'anciens chrétiens. La tache que l'on doit craindre, est qu'il soit entré dans une famille des Juifs ou des Maures [1].

---

[1] L'impureté du sang était un des griefs les plus sérieux qu'on pût alléguer; aussi, fallait-il prouver son origine chrétienne pour arriver aux plus modestes fonctions. Les Espagnols avaient une véritable horreur des Juifs et des Maures. Ce trait de caractère explique un grand nombre de faits de leur histoire, entre autres la popularité de l'Inquisition, la faveur avec laquelle les contemporains virent l'expulsion des maurisques; enfin, dans les relations journalières, le prix que l'on attachait à la pureté du sang. (*La limpieza de la sangre*, Ranke, p. 257.)

Comme les peuples de Biscaye et de Navarre ont été défendus de l'invasion des barbares par la hauteur et l'âpreté de leurs montagnes, ils s'estiment tous cavaliers, jusqu'aux porteurs d'eau. En Espagne, les enfants prennent quelquefois le nom de leur mère, lorsqu'il est plus illustre que celui du père. Il est certain qu'il y a peu de familles qui n'aient été interrompues, et dont le nom et la noblesse n'aient été portés par une fille unique dans une autre famille. Celle de Velasco n'est pas comprise dans ce rang, car ils comptent dans leur maison dix connétables de Castille, de père en fils[1]. Une chose assez singulière, et qui, je pense, n'est établie en aucun autre pays, c'est que les enfants trouvés sont nobles, et jouissent du titre d'*hidalgos* et de tous les priviléges attachés à la noblesse. Mais il faut, pour cela, qu'ils prouvent qu'on les a trouvés, et qu'ils ont été nourris et élevés dans l'hôpital où l'on met ces sortes d'enfants.

Il se trouve de grandes maisons en Espagne, lesquelles possèdent presque tout leur bien à titre de *Mayorasgo*, et lorsqu'il arrive que tous ceux du nom sont morts et aussi les plus proches parents mâles, s'il y a des fils naturels, ils héritent; s'il n'y en a point, c'est le plus ancien domestique qui prend le nom et les armes de son maître, et qui devient héritier de ses biens[2]. C'est ce qui fait que des cadets d'autres maisons, aussi nobles et aussi illustres, ne dédaignent

---

[1] La raison en était que, par une exception rare en Espagne, les titres, dignités et majorats des Velasco ne se transmettaient pas par les femmes.

[2] Cette dernière assertion est invraisemblable, les majorats se transmettant par les femmes.

point de servir dans celles-là, et leurs espérances sont assez bien fondées, car il arrive souvent que les familles s'éteignent à cause que les Espagnoles ont moins d'enfants que les femmes d'aucun autre pays.

Il est arrivé depuis peu une aventure bien funeste à une fille de qualité, nommée Doña Clara. Son cœur n'avait pu se défendre contre le mérite du comte de Castrillo[1], homme de la cour très-spirituel et très-bien fait. Ce cavalier avait su lui plaire sans en former le dessein; il ignorait les dispositions qu'elle avait pour lui, et ne cultivait point son bonheur. Bien que le père de cette aimable fille fût absent, elle n'en avait pas une plus grande liberté, parce que son frère, Don Henriquez, à qui son père l'avait recommandée, veillait incessamment sur sa conduite. Elle ne pouvait parler à ce qu'elle aimait, et c'était pour elle un nouveau martyre de souffrir sans se plaindre et sans partager au moins sa peine avec celui qui la causait. Elle résolut enfin de lui écrire et de chercher quelque moyen de lui faire rendre sa lettre. Mais comme cette affaire lui était de la dernière conséquence, elle hésitait à faire le choix d'une confidente, et elle resta ainsi quelque temps, jusqu'à ce qu'ayant jeté les yeux sur une de ses amies, qui lui avait toujours témoigné beaucoup de tendresse, sans balancer davantage, elle écrivit une lettre fort touchante au

---

[1] Le héros de cette aventure devait être le fils du comte de Castrillo, qui prit une part considérable au gouvernement sous le règne de Philippe IV et pendant la minorité de Charles II. La faveur dont il jouit tenait surtout, paraît-il, à ce que sa famille était une branche cadette de la maison de Haro, dont le chef était alors Don Luis de Haro, marquis del Carpio.

comte de Castrillo, et elle allait chez son amie pour la prier de la faire rendre à ce cavalier, lorsqu'elle le vit passer proche de sa chaise. Cette vue augmenta le désir qu'elle avait de l'informer de ses sentiments, et, prenant tout d'un coup parti, elle lui jeta le billet qu'elle tenait, feignant dans ce moment que c'en était un qu'il venait lui-même de lui donner en passant. Apprenez, Seigneur, dit-elle tout haut et d'un air plein de colère, que ce n'est point à moi, qu'il se faut adresser pour des desseins tels que sont les vôtres. Voilà votre billet que je ne veux seulement pas ouvrir. Le comte avait trop d'esprit pour ne pas comprendre l'intention favorable de cette belle personne, et, ramassant ce papier avec soin : Vous ne vous plaindrez point, Madame, lui dit-il, que je n'aie pas profité de vos avis. Il se retira aussitôt pour lire une lettre qui ne pouvait lui donner que beaucoup de plaisir. Il fut informé, par ce moyen, des intentions de Doña Clara et de ce qu'il fallait faire pour la voir. Il ne manqua à rien, il en devint éperdument amoureux, et il se crut, avec raison, un des cavaliers d'Espagne qui avait la meilleure fortune. Ils attendaient avec impatience le retour du père de Doña Clara, pour lui proposer le mariage, qui apparemment ne pouvait que lui être fort agréable. Mais quelques précautions que ces jeunes amants eussent prises pour bien établir et pour faire durer un commerce qui faisait la félicité de leur vie, le soupçonneux et trop vigilant Henriquez découvrit leur intrigue. Il la crut criminelle, et dans l'excès de sa rage, sans en rien témoigner ni faire aucun éclat, il entra une nuit dans la chambre de l'infortunée Doña Clara, et comme elle dormait profondément, il l'étrangla avec toute la barbarie imaginable.

Cependant, bien que l'on connût qu'il était l'auteur de cette méchante action, elle ne fut point poursuivie par la justice, parce que Don Henriquez avait trop de crédit, et que cette pauvre fille n'ayant point de parents qui ne fussent ceux de son frère, sa famille ne voulut pas augmenter des malheurs qui étaient déjà assez grands. Après ce mauvais coup, Henriquez feignit de se mettre dans une grande dévotion. Il ne paraissait plus en public; il entendait la messe chez lui et voyait très-peu de monde. C'est qu'il appréhendait que le comte de Castrillo, qui n'avait point caché son désespoir, et qui l'avait laissé paraître dans toute sa force, ne vengeât enfin sa maîtresse. Il en cherchait aussi les occasions avec les derniers soins; mais après avoir tenté inutilement tous les moyens qu'il pût s'imaginer, il en trouva un qui lui réussit.

Il se déguisa en *aguador*, c'est-à-dire en porteur d'eau. Ces sortes de gens chargent un âne de plusieurs grandes cruches, et les portent par la ville. Ils sont vêtus d'une grosse bure; leurs jambes sont nues avec des souliers découpés, ou bien ils ont de simples semelles attachées avec des cordes. Notre amant ainsi déguisé se tenait tout le long du jour appuyé sur le bord d'une fontaine, dont il grossissait les eaux par l'abondance de ses larmes; car cette fontaine était devant la maison où il avait vu si souvent sa chère et belle Clara, et c'était là que demeurait l'inhumain Henriquez. Comme le comte avait les.

yeux attachés sur cette maison, il en aperçut une des fenêtres entr'ouverte, et il vit en même temps que son ennemi s'en approchait. Il tenait un miroir dans sa main et s'y regardait. Aussitôt le fin aguador lui jeta des noyaux de cerises, comme en riant, et quelques-uns l'ayant frappé au visage, Don Henriquez, offensé de l'insolence d'un homme qui ne lui paraissait qu'un misérable aguador, emporté du premier mouvement de sa colère, descendit seul pour le châtier. Mais à peine fut-il dans la rue, que le comte, se faisant connaître et tirant une épée qu'il tenait cachée pour ce dessein : Traître, lui cria-t-il, songe à défendre ta vie. La surprise et l'effroi surprirent à tel point Don Henriquez, qu'il ne se trouva en état que de lui demander quartier; mais il ne put en obtenir de cet amant irrité, qui vengea la mort de sa maîtresse sur celui qui l'avait si cruellement fait périr. Le comte aurait eu bien de la peine à se sauver, venant de faire un tel coup devant la maison d'un homme de nom, et qui avait un grand nombre de domestiques. Mais dans les moments que tous les gens de Don Henriquez sortaient sur le comte, il fut si heureux que le duc d'Uzeda passa avec trois de ses amis. Ils sortirent aussitôt de leur carrosse et le secoururent si à propos, qu'il s'est sauvé sans que nous sachions encore où il est. Je m'y intéresse parce que je le connais, et que c'est un très-honnête homme.

Il est assez ordinaire, en ce pays-ci, d'assassiner pour plusieurs sujets qui sont même autorisés par la coutume, et l'on n'en a point d'affaire fâcheuse. Par exemple, lorsqu'on prouve qu'un homme a donné un soufflet à un autre, ou un coup de chapeau dans le visage, ou du mouchoir, ou du gant, ou qu'il l'a injurié, soit en l'appelant ivrogne, ou en certains termes qui intéressent la vertu de son épouse ; ces choses-là ne se vengent que par l'assassinat. Ils disent pour raison, qu'après de telles insultes, il n'y aurait pas de justice de hasarder sa vie dans un combat singugulier avec des armes égales, où l'offensé pourrait périr de la main de l'agresseur. Ils vous garderont vingt ans une vengeance, s'ils ne peuvent trouver, avant ce temps-là, l'occasion de l'exécuter. S'ils viennent à mourir avant de s'être vengés, il laissent leurs enfants héritiers de leur ressentiment comme de leurs biens ; et le plus court, pour un homme qui a fait affront à un autre, c'est de quitter le pays pour le reste de sa vie. L'on m'a raconté, il y a peu, qu'un homme de condition, après avoir été vingt-cinq ans aux Indes, pour éviter le mauvais tour qu'un autre qu'il avait offensé, lui voulait faire, ayant appris sa mort, et même celle de son fils, crut être en sûreté. Il revint à Madrid, après avoir pris la précaution de changer son nom, pour n'être pas reconnu ; mais tout cela ne le put garantir ; et le petit-fils de celui qu'il avait maltraité le fit assassiner peu après son retour, bien qu'il n'eût encore que douze ans.

Pour faire ces mauvaises actions, l'on fait d'ordinaire venir des hommes de Valence. C'est une ville d'Espagne, dont le peuple est de la dernière méchanceté. Il n'y a pas de crimes dans lesquels ils ne s'engagent déterminément pour de l'argent. Ils portent des stylets et des armes qui tirent sans faire aucun bruit. Il y a deux sortes de stylets. Les uns de la longueur d'un petit poignard, qui sont moins gros qu'une grosse aiguille, et d'un acier très-fin, carré et tranchant par les quarts. Avec cela ils font des blessures mortelles, parce qu'allant fort avant, et ne faisant qu'une ouverture aussi petite que le pourrait faire une piqûre d'aiguille, il ne sort point de sang; à peine peut-on voir l'endroit où vous avez été frappé. Il est impossible de se faire panser, et l'on en meurt presque toujours. Les autres stylets sont plus longs, et de la grosseur du petit doigt, si fermes que j'en ai vu du premier coup percer une grosse table de noyer. Il est défendu de porter de ces sortes d'armes en Espagne, comme il l'est en France de porter des baïonnettes. Il n'est pas permis non plus d'avoir de ces petits pistolets qui tirent sans bruit. Mais, malgré la défense, beaucoup de personnes s'en servent.

On m'a dit qu'un homme de qualité, croyant avoir sujet de faire périr un de ses ennemis, s'adressa à un *bandolero* de Valence; il lui donna de l'argent pour l'assassiner. Mais ensuite il s'accommoda avec son ennemi, et voulant en user avec bonne foi, le premier de ses soins fut d'avertir le bandolero de ce qui se passait, afin qu'il se gardât bien de tuer cet homme. Le bandolero voyant que l'on n'avait plus besoin de lui, offrit de rendre la somme qu'il avait reçue, et celui qui la lui avait donnée le pria de la garder. Eh bien! dit-il, j'ai de l'honneur, je garderai l'argent et je tuerai votre homme. L'autre le pria instamment de n'en rien faire, attendu leur réconciliation. Tout ce que je puis faire, lui dit-il, c'est de vous donner le choix, que ce soit ou vous, ou lui; car il faut nécessairement que pour gagner en conscience l'argent que vous m'avez donné, je tue quelqu'un. Quelques prières que l'autre lui pût faire, il persista dans son dessein et l'exécuta. On aurait bien pu le faire prendre, mais il y a trop de danger; car ils sont tant de bandoleros ensemble, que la mort de celui qu'on exécuterait serait bientôt vengée. Ces misérables ont toujours une liste de meurtres et de méchantes actions qu'ils ont commis, dont ils se font honneur; et lorsqu'on les emploie, ils vous la montrent et demandent si l'on veut qu'ils portent des coups qui fassent languir, ou qu'ils tuent tout d'un coup. Ce sont les plus pernicieuses gens de l'univers. En vérité, si je voulais vous dire tous les événements tragiques que j'apprends chaque jour, vous conviendriez que ce pays-ci est le théâtre des plus terribles scènes du monde[1]. L'amour en donne souvent le sujet. Pour le satisfaire ou pour le punir, il n'y a rien que les Espagnols ne puissent entreprendre; rien n'est au-dessus de leur courage et de leur tendresse.

On dit que la jalousie est leur passion dominante; on prétend qu'il y entre moins d'amour que de ressen-

[1] La correspondance du marquis de Villars témoigne de l'incroyable désordre qui régnait à Madrid. L'ambassadeur de Portugal, dit-il, a trente laquais, les meilleurs soldats qu'il ait pu trouver à Lisbonne, armés de toutes sortes d'armes; et quand les Espagnols ont tué ou fait quelque insulte à sa famille, il envoie un parti de douze ou quinze valets, avec ordre de tuer cinq ou six Espagnols, suivant l'injure qu'on lui a faite.
Il est aussi familier d'assassiner ici que de se désaltérer lorsqu'on a soif, et il n'y a jamais de châtiment. (*Négociations relatives à la succession d'Espagne*, t. IV, p. 168.)

;iment et de gloire ; qu'ils ne peuvent supporter de voir donner la préférence à un autre, et que tout ce qui va à leur faire un affront les désespère : quoi qu'il en soit, et de quelques sentiments qu'ils soient animés, il est constant que c'est une nation furieuse et barbare sur ce chapitre. Les femmes ne voient point d'hommes. Il est vrai qu'elles savent fort bien écrire pour les rendez-vous qu'elles veulent donner, quoique le péril soit grand pour elles, pour leurs amants et pour le messager. Mais malgré le péril, par leur esprit et par leur argent, elles viennent à bout de tromper les plus fins Argus.

Il est difficile de comprendre que des hommes qui mettent tout en usage pour satisfaire leur vengeance, et qui commettent les plus mauvaise actions, soient superstitieux jusqu'à la faiblesse, dans le temps qu'ils vont poignarder leur ennemi. Ils font faire des neuvaines aux âmes du Purgatoire, et portent sur eux des reliques qu'ils baisent souvent, et auxquelles ils se recommandent pour ne pas succomber dans leur entreprise[1]. Je ne prétends pas attribuer ce caractère à toute la nation. On peut dire qu'il y a d'aussi honnêtes gens qu'en lieu du monde, et qu'ils ont

---

[1] La Reine Louise de Savoie, femme de Philippe V, racontait au cardinal d'Estrée un exemple curieux de l'usage que les Espagnols faisaient des reliques. La duchesse d'Albe, alarmée de l'état de santé de son fils, fit demander à des moines de Madrid quelques reliques. Elle obtint un doigt de saint Isidore, le fit piler et le fit prendre à son fils, partie en potion, partie en clystère. (*Mémoires de Louville*, t. II, p. 107.)

Le duc de Saint-Simon cite de ces folies espagnoles un exemple non moins plaisant. Louville trouva, dit-il, le duc d'Albe assez malproprement entre deux draps, couché sur le côté droit, où il était sans avoir changé de place ni fait faire son lit depuis plusieurs mois. Il se

beaucoup de grandeur d'âme. Je vais vous en citer quelques exemples que vous regarderez peut-être comme des folies, car chaque chose a un bon et un mauvais côté.

Le connétable de Castille est, en vérité, un des plus riches seigneurs de la cour en fonds de terre; mais comme il a la même négligence que tous ses semblables, qui est de ne prendre connaissances d'aucuns de ses intérêts, cela est cause qu'il ne l'est pas en argent comptant. Les pensions que le Roi lui fait, pour être doyen du conseil d'Etat, connétable de Castille et grand fauconnier, sont si considérables, qu'elles pourraient suppléer à ce qui lui manque; mais il est si fier qu'il ne veut rien recevoir. Il dit pour ses raisons que, lorsqu'un sujet a suffisamment de quoi vivre, il ne doit pas être à charge à son Prince; qu'il doit le servir et s'en estimer heureux; que de se faire payer comme un mercenaire, c'est devenir esclave.

Le duc d'Arcos, autrement d'Aveïro, a bien une autre opiniâtreté. Il prétend que le Roi de Portugal a usurpé la couronne sur ceux de sa maison, et par cette raison, lorsqu'il en parle, il ne le nomme que

---

disait hors d'état de remuer, et se portait pourtant très-bien. Le fait était qu'il entretenait une maîtresse qui, lasse de lui, avait pris la fuite. Il en fut au désespoir, la fit chercher par toute l'Espagne, fit dire des messes et autres dévotions pour la retrouver, et finalement fit le vœu de demeurer au lit et sans bouger de dessus le côté droit, jusqu'à ce qu'il l'eût retrouvée. Il contait cette folie à Louville comme une chose capable de lui rendre sa maîtresse et tout à fait raisonnable. Il recevait grand monde chez lui et la meilleure compagnie de la cour, et était même d'excellente conversation. Avec ce vœu, il ne fut de rien à la mort de Charles II, ni à l'avénement de Philippe V, qu'il ne vit jamais. (*Mémoires du duc de Saint-Simon*, t. IV, p. 251.)

le duc de Bragance¹. Il a cependant quarante mille écus de rentes au Portugal, dont il ne jouit pas, parce qu'il ne veut pas se soumettre à baiser la main de ce Roi, ni lui faire hommage. Le Roi de Portugal lui a fait dire qu'il le dispensait d'y venir lui-même, pourvu qu'il envoyât à sa place un de ses fils, soit l'aîné ou le cadet, à son choix; qu'il lui laisserait recevoir son revenu et lui en payerait les arrérages qui montent à des sommes immenses. Le duc d'Aveïro n'en veut pas seulement entendre parler. Il dit qu'après avoir perdu la couronne, il serait honteux de se soumettre à l'usurpateur pour quarante mille écus de rente; que les grands maux empêchent de ressentir les petits, et que le Roi tirerait plus de gloire de son hommage qu'il ne tire de profit de son revenu; qu'il aurait à se reprocher de lui avoir fait un honneur qu'il ne lui doit pas.

Celui que je vous garde pour le dernier, c'est le prince de Stigliano. Il a des charges et des commissions à donner à la Contratacion de Séville, pour quatre-vingt mille livres de rente. Il aime mieux les perdre que de signer de sa main les expéditions nécessaires, disant qu'il n'est pas de la générosité d'un cavalier comme lui de se donner la peine de signer son nom pour si peu de chose, car ces quatre-vingt mille livres de rente ne sont pas en un seul article; il y en a plus de trente; et lorsque son secré-

---

¹ La prétention du duc d'Arcos s'explique par cette circonstance, qu'il avait épousé la duchesse d'Aveïro, héritière de Georges de Portugal, bâtard du roi Jean II. Or, la branche de Bragance n'était pas moins bâtarde que la branche des ducs d'Aveïro.

taire lui présente une expédition de charge à signer de quatre ou cinq mille livres, il le refuse, et allègue sa qualité, disant toujours : *esto es una niñeria* : c'est une bagatelle. Le Roi n'est pas là-dessus si difficile, car c'est lui qui y pourvoit à la place du prince et qui en tire le profit. Vous m'allez dire que les Espagnols sont fous avec leur chimérique grandeur. Peut-être que vous direz vrai; mais pour moi qui crois les connaître assez, je n'en juge pas de cette manière. Je demeure d'accord, néanmoins, que la différence que l'on peut mettre entre les Espagnols et les Français, est tout à notre avantage. Il semble que je ne devrais pas me mêler de décider là-dessus, et que j'y suis trop intéressée pour en parler sans passion. Mais je suis persuadée qu'il n'y a guère de personnes raisonnables qui n'en jugent ainsi.

Les étrangers viennent moins à Madrid qu'en lieu du monde, et ils ont raison; car s'ils ne trouvent quelqu'un qui leur procure un appartement chez des particuliers, ils courent risque d'être fort mal logés, et les Espagnols ne se pressent pas trop d'offrir leurs maisons à personne à cause de leurs femmes, dont ils sont extrêmement jaloux. Je ne sais dans toute cette ville que deux auberges, dont il y en a une où l'on mange à la française; mais dès qu'elles sont pleines (et elles le sont bientôt, car elles sont fort petites), l'on ne sait que devenir. Ajoutez à cela qu'on ne trouve point de voitures commodément. Les carrosses de louage y sont assez rares; pour les chaises, on en a autant que l'on veut, mais ce n'est guère la coutume ici que les hommes se fassent porter en chaise, à moins qu'ils ne soient fort vieux ou fort incommodés. Enfin pourquoi les étrangers viendraient-ils à Madrid? ce qui est de plus beau et de plus aimable est toujours caché. Je veux parler des dames. Ils ne sauraient avoir de commerce avec elles, et celles que l'on peut voir sont des femmes si dangereuses pour la santé, qu'il faut avoir une grande curiosité pour se résoudre de la satisfaire avec de pareils risques. Malgré cela, le seul plaisir et l'unique occupation des Espagnols, c'est d'avoir un attachement. De jeunes enfants de qualité qui ont de l'argent, commencent dès l'âge de douze à treize ans à prendre une *amancebade*, c'est-à-dire une maîtresse concubine pour laquelle ils négligent leurs études, et prennent dans la maison paternelle tout ce qu'ils peuvent attraper. Ils ne voient pas longtemps ces créatures sans se trouver en état de se repentir de leur mauvaise conduite.

Ce qui est effroyable, c'est qu'il y a peu de personnes en ce pays, soit de l'un ou l'autre sexe, et même des plus distinguées, qui soient exemptes de cette maligne influence. Les enfants apportent le mal du ventre de leur mère, ou le prennent en tetant leur nourrice. Une vierge en est peut-être soupçonnée, et à peine veulent-ils se faire guérir, tant ils ont de certitude de retomber dans les mêmes accidents. Mais il faut qu'ils ne soient pas si dangereux en Espagne qu'ailleurs, car ils y conservent de fort beaux cheveux et de fort belles dents. On s'entretient de cette maladie chez le Roi et parmi les femmes de la première qualité, comme de la fièvre ou de la migraine, et tous prennent leur mal en patience, sans s'en embarrasser un moment. Dans le doute où l'on est que la femme la plus vertueuse ou le petit enfant n'en aient leur part, l'on ne saigne jamais au bras, c'est toujours au pied. Un enfant de trois semaines sera saigné au pied, et c'est même une coutume si bien établie, que les chirurgiens, qui ne sont pas fort habiles, ne savent point saigner au bras. J'ai été incommodée ; il a fallu me servir du valet de chambre de M. l'ambassadeur de France pour me saigner au bras. Il est aisé de juger par tout ce que je vous ai dit que c'est le présent de noces qu'un Espagnol fait à sa femme ; et bien que l'on se marie, l'on ne quitte point sa maîtresse, quelque dangereuse qu'elle puisse être. Toutes les fois que ces maîtresses se font saigner, leur amant est obligé de leur donner un habit neuf complet, et il faut remarquer qu'elles portent jusqu'à neuf et dix jupes à la fois ; de manière que ce n'est pas une médiocre dépense. Le marquis de Liche [1], ayant su que sa maîtresse venait d'être saignée et ne pouvant attendre que le tailleur eût fait l'habit qu'il voulait lui donner, lui en envoya un qu'on venait d'apporter à la marquise de Liche, qui est extrêmement belle. Il dit ordinairement que pour être le plus heureux de tous les hommes, il ne souhaiterait qu'une maîtresse aussi aimable qu'est sa femme.

Les grands seigneurs, qui reviennent fort riches de leurs gouvernements où ils vont la plupart fort pauvres et où ils pillent le plus qu'ils peuvent, parce

---

[1] Le nom castillan est Eliche.

qu'ils n'y demeurent au plus que cinq ans, n'emploient pas à leur retour leur argent à acheter des terres. Ils le gardent dans leurs coffres, et tant qu'il dure, ils font belle dépense, car ils tiennent au-dessous d'eux de faire profiter cet argent. Il est difficile, de cette manière, que les plus grands trésors ne s'épuisent; mais l'avenir ne les inquiète pas trop, car chacun d'eux espère quelque vice-royauté ou quelque autre poste qui rétablit tout d'un coup les affaires les plus négligées. On doit convenir que le Roi d'Espagne est bien en état de satisfaire l'ambition de ses sujets et de récompenser leurs services. Beaucoup de ses sujets, en effet, remplissent la place de plusieurs souverains qui ont été les premiers hommes de leur siècle.

La différence est notable entre ces souverains des temps jadis et les Espagnols du temps présent. Elle est moindre du côté de la naissance que de celui du mérite; car les maisons des grands seigneurs sont très-illustres. On en voit beaucoup qui descendent des rois de Castille, de Navarre, d'Aragon et de Portugal. Cela n'empêche pas que plusieurs (car j'y mets une exception) ne démentent la vertu de leurs ancêtres. Mais aussi, de quelle manière les élève-t-on? Ils n'étudient point; on néglige de leur donner d'habiles précepteurs. Dès qu'on les destine à l'épée, on ne se soucie plus qu'ils apprennent le latin ni l'histoire. On devrait au moins leur enseigner ce qui est de leur métier : les mathématiques, à faire des armes et à monter à cheval. Ils n'y pensent seulement pas. Il n'y a point ici d'académie ni de maîtres qui montrent ces sortes de choses. Les jeunes hommes passent le temps qu'ils devraient employer à s'instruire dans une oisiveté pitoyable, soit à la promenade ou à faire leur cour aux dames. Et malgré tout cela, ils sont persuadés qu'il n'y a pas de gens au monde plus dignes qu'eux de l'admiration publique. Ils croient que Madrid est le centre de la gloire, des sciences et des plaisirs; ils souhaitent en mourant à leurs enfants le paradis et puis Madrid. Et par là, ils mettent cette ville au-dessus même du paradis, tant ils y vivent satisfaits. C'est ce qui les empêche aussi d'aller chercher dans les autres cours une politesse qu'ils n'ont pas parmi eux et qu'ils ne connaissent point. C'est ce qui les oblige encore de presser leur retour à Madrid, en quelque lieu que le Roi les envoie, quelque rang qu'ils y tiennent, quelques honneurs qu'ils y reçoivent, quelques richesses qu'ils y amassent; l'amour de la patrie et la prévention pour elle a un tel empire sur eux, qu'ils renoncent à tout, et ils aiment mieux mener une vie fort commune et que personne ne remarque, sans train, sans faste et sans distinction, pourvu que ce soit à Madrid.

Il est très-rare qu'un père fasse voyager son fils; il le garde auprès de lui et lui laisse prendre les habitudes qu'il veut. Vous pouvez croire que ce ne sont pas d'ordinaire les meilleures, car il y a un certain âge où l'on n'a pas d'autre but que de goûter les plaisirs. Ils s'y entraînent les uns les autres, et ce qui devrait être sévèrement repris est toléré par l'exemple de ceux de qui ils dépendent. Ajoutez à tout cela qu'on les marie, pour ainsi dire, au sortir du berceau. L'on établit à seize ou dix-sept ans un petit homme dans son ménage, avec une petite femme qui n'est qu'un enfant. Cela fait que ce jeune homme apprend encore moins ce qu'il devrait savoir, et qu'il devient plus débauché, parce qu'il est le maître de sa conduite. De sorte qu'il passe sa vie au coin de son feu, comme un vieillard dans sa caducité, et parce que ce noble fainéant est d'une illustre maison, il sera choisi pour aller gouverner des peuples qui pâtissent de son ignorance. Ce qui est encore plus pitoyable, c'est qu'un tel homme se croit un grand personnage, et ne se gouverne que par sa propre suffisance et sans prendre conseil de personne; aussi fait-il tout de travers. Sa femme n'aura guère plus de génie et d'habileté; une gloire insupportable, dont elle s'applaudit, fera son plus grand mérite, et souvent des gens d'une capacité consommée seront soumis à ces deux animaux qu'on leur donne pour supérieurs [1].

[1] L'ignorance des Espagnols scandalisait les seigneurs de la cour de France. Le duc de Gramont en cite des traits vraiment fort étranges. Le duc d'Albe, dit-il, s'engagea par malheur à raconter une histoire de son aïeul, qui avait gouverné les Pays-Bas. Il ne put jamais se souvenir du nom du prince d'Orange, qui servait à son propos, et en sortit en l'appelant toujours El rebelde. Un autre demandait, à propos d'un combat naval livré par les Vénitiens aux Turcs, qui était vice-roi à Venise... On peut parler devant la plupart de ces messieurs-là allemand, italien, latin, français, sans qu'ils distinguent trop quelle langue c'est. Ils n'ont nulle curiosité de voir les pays étrangers et encore moins de s'enquérir de ce qui s'y passe... Le mépris que ces messieurs font des gens qui vont à à la guerre ou qui y ont été, n'est quasi pas imaginable. J'ai vu Don Francisco de Mennesses qui avait si valeureusement défendu Valenciennes contre Monsieur de Turenne, et si bien, qu'on ne put lui prendre sa contrescarpe, n'être pas connu à Madrid et ne pouvoir saluer le Roi ni l'amirante de Castille. (*Collection des Mémoires relatifs à l'histoire de France*, t. XXXI, p. 226.)

Mais, d'un autre côté, rendons à César ce qui appartient à César. Il faut convenir que quand un Espagnol a été assez favorablement regardé du ciel pour avoir une bonne éducation, qu'il voyage et qu'il voit le monde, il en profite mieux que personne. La nature leur a été moins avare qu'ils ne le sont à eux-mêmes. Ils sont niais avec plus d'esprit que les autres; ils ont une grande vivacité avec un grand flegme; ils parlent et s'énoncent facilement; ils ont beaucoup de mémoire, écrivent d'une manière nette et concise; ils comprennent fort vite. Il leur est aisé d'apprendre tout ce qu'ils veulent; ils entendent parfaitement la politique; ils sont sobres et laborieux lorsqu'il le faut. On peut sans doute trouver de grandes qualités parmi eux, de la générosité, du secret, de l'amitié, de la bravoure, en un mot, ces beaux sentiments de l'âme qui font le parfait honnête homme. Il me semble que voici un endroit assez propre pour finir ma lettre, et pour vous inspirer de l'estime pour eux. Je ne serais pas fâchée de leur procurer cet avantage, car je ne m'accommode point si mal de leurs manières, que beaucoup d'autres qui crient contre eux, et qui les condamnent d'abord sans les examiner et sans les connaître à fond. Pour moi, je dis qu'il y a du bon et du mauvais ici, comme dans tous les autres endroits du monde.

De Madrid, ce 27 juin 1679.

DOUZIÈME LETTRE.

Tout est ici dans la joie depuis l'arrivée du secrétaire du marquis de Los Balbazès, qui apporta, le 13 de ce mois, les assurances que le Roi Très-Chrétien a accordé Mademoiselle au Roi d'Espagne. Il attendait cette nouvelle si impatiemment, qu'il demandait à toute heure si l'on ne voyait point arriver le courrier, et aussitôt qu'il l'eut reçue, il alla entendre le *Te Deum* à Notre-Dame d'Atocha. Comme les dames ne vont point là, elles se contentent de se parer beaucoup et de se mettre aux fenêtres. J'avais pris ce parti, et je pensai étouffer et perdre les yeux, tant la poudre était grande. Je vis le Roi dans son carrosse de toile cirée verte à portières, comme nous en avions autrefois en France. Il y avait peu de suite; une vingtaine de hallebardiers vêtus de jaune avec des chausses retroussées, semblables à celles des pages, marchaient devant et derrière. Les carrosses de suite étaient en tel nombre, à cause des personnes de la cour qui l'accompagnaient, que l'on ne pouvait les compter.

Le peuple, épars de tous les côtés, jusque sur les toits des maisons, criait : *Viva el Rey, Dios le bendiga*, et plusieurs ajoutèrent : *Viva al Reina, nuestra señora*. Il n'y avait point de maisons particulières ni de rues, où il n'y eût des tables pour manger; chacun avait un oignon, de l'ail et des ciboules à la main, dont l'air qu'on respirait était tout parfumé, et l'on faisait débauche d'eau pour boire à la santé de Leurs Majestés. Car, je vous l'ai déjà mandé, ma chère cousine, et il me semble que je puis encore vous le répéter, il n'y a jamais eu de gens si sobres que ceux-ci, particulièrement sur le vin, et ils ont une si grande horreur pour ceux qui rompent cette tempérance, qu'il est porté par les lois, que lorsqu'on produit en justice un homme pour rendre témoignage, il est récusé pour témoin si l'on prouve qu'il se soit enivré seulement une fois, et il est renvoyé après avoir été réprimandé en pleine chambre. Quand il arrive aussi que l'on appelle un homme *boracho*, cette injure se venge par l'assassinat.

Le même soir que le Roi fut à Atocha, nous éclairâmes toutes nos maisons avec de gros flambeaux de cire blanche que l'on nomme *hachas*. Ils sont plus longs que ceux dont on se sert à Paris pour éclairer le soir devant les carrosses, mais ils sont aussi bien plus chers, parce qu'on apporte la cire à grands frais de hors du royaume, et que l'on en fait une consommation prodigieuse en Espagne. On ne se contente pas, lorsqu'on fait des illuminations, de mettre quatre ou six flambeaux, on en attache deux à chaque balcon, et deux à chaque fenêtre, jusqu'aux étages les plus élevés. Il y a telles maisons auxquelles il en faut quatre ou cinq cents. On fit des feux partout, et nous allâmes au palais pour voir la mascarade de cent cinquante seigneurs qui devaient y venir.

Je ne sais pourquoi on nomme ainsi ces divertissements, car ils ne sont point masqués. On choisit d'ordinaire la nuit la plus obscure. Tous les hommes de la cour montent sur leurs plus beaux chevaux. Ces chevaux étaient tout couverts de gaze d'argent et de housses en broderies d'or et de perles. Les cavaliers étaient vêtus de noir, avec des manches de satin de couleur, brodées de soie et de jais. Ils avaient des petits chapeaux noirs retroussés avec des diamants, des plumes sur le côté du chapeau, des écharpes magnifiques et beaucoup de pierreries; avec cela pourtant le manteau noir et la laide golille qui les défigure toujours. Ils vont à cheval comme les Turcs et les Maures, c'est-à-dire à la gineta. Les étriers sont si courts, que leurs jambes sont levées et appuyées sur les épaules de leurs chevaux. Je ne saurais accoutumer mes yeux à cette mode. Ils disent que, quand ils sont ainsi, ils en ont plus de force pour donner un coup, et qu'ils peuvent s'élever et s'avancer contre celui qu'ils attaquent. Mais pour revenir à la mascarade, ils s'assemblèrent tous dans un lieu marqué (c'est ordinairement à quelqu'une des portes de la ville). Les rues par où ils devaient passer étaient sablées, et des deux côtés, il y avait des perches avec des réchauds, qui faisaient des illuminations, sans compter les flambeaux de cire blanche. On mit des lanternes transparentes et toutes peintes aux fenêtres des maisons, ce qui faisait un très-bon effet. Chaque cavalier avait un grand nombre de laquais, qui étaient vêtus de toile d'or et d'argent. Ils marchaient à côté de leurs maîtres avec des flambeaux. Les maîtres allaient quatre à quatre au petit pas, tenant aussi chacun un flambeau. Ils traversèrent toute la ville avec des trompettes, des timbales, des musettes et des fifres. Quand ils furent arrivés au palais, qui était tout illuminé, et dont la cour était sablée, ils firent plusieurs tours, coururent les uns contre les autres, et s'entre-poussèrent pour tâcher de se faire choir [1].

[1] Le duc de Saint-Simon, qui assista à une fête semblable, en fait la description en ces termes : Le duc de Medinaceli, le duc del Arco et le corrégidor de Madrid avaient chacun leur quadrille de deux cent cinquante bourgeois ou artisans de Madrid, toutes trois diversement masquées, c'est-à-dire magnifiquement parées en mascarades diverses, mais à visage découvert, tous montés sur les plus beaux chevaux d'Espagne, avec de superbes harnais. Les deux ducs, couverts des plus belles pierreries, ainsi que les harnais de leurs admirables chevaux, étaient, ainsi que le corrégidor, en habits ordinaires, mais extrêmement magnifiques. Les trois quadrilles, leurs chefs à la tête, suivies de force gentilshommes, pages et laquais, entrèrent l'une après l'autre dans la place, dont elles firent le tour, et toutes leurs comparses, dans un très-bel ordre et sans la moindre confusion, au bruit de leurs fanfares, celle de Medinaceli la première, celle del Arco après, puis celle de la ville. Les chefs, l'un après l'autre, se rendirent après les comparses sous le balcon de Leurs Majestés Catholiques, où étaient le prince et la princesse, les infants et leurs plus grands officiers, tandis que la brigade arrivait vis-à-vis, sous le balcon où j'étais. De cet endroit, ils partirent deux à la fois, prenant chacun à l'entrée de la lice un long et grand flambeau de cire blanche, bien allumé, qui leur était présenté de chaque côté en même temps, d'où prenant d'abord le petit galop quelques pas, ils poussaient leurs chevaux à toute bride tout du long de la lice, et les arrêtaient tout à coup sur cul sous le balcon du Roi. L'adresse de cet exercice, où pas un ne manqua, est de courir de front sans se dépasser d'une ligne ni rester d'une autre plus en arrière, tête contre tête et croupe contre croupe, tenant d'une main le flambeau droit et ferme, sans pencher d'aucun côté et parfaitement vis-à-vis l'un de l'autre et le corps ferme et droit. La quadrille del Arco suivit dans le même ordre, puis celle de la ville. Chaque couple de cavaliers n'entrait en lice qu'après que l'autre était arrivé, mais partait au même instant, et à mesure qu'ils arrivaient, ils prenaient leur rang en commençant sous le balcon du Roi, et quand chacune avait achevé de courir, force fanfares, en attendant que l'autre commençât. Les courses de toutes trois finies, les chefs en reprirent chacun la tête de la sienne et dans le même ordre,

Le prince Alexandre de Parme, qui est prodigieusement gros, tomba de cette manière. Il fit autant de bruit qu'une petite montagne qui tomberait d'un lieu élevé. L'on eut beaucoup de peine à l'emporter, car il était tout froissé de sa chute. Il y en avait plusieurs avec leurs grandes lunettes, mais particulièrement le marquis d'Astorga, qui ne les porte pas seulement pour la gravité; il est vieux et il en a besoin; malgré cela, il est toujours galant. Il sera *Mayordomo mayor* de la jeune Reine. Il est grand d'Espagne.

A propos de grand d'Espagne, Don Fernand de Tolède me disait l'autre jour une chose assez plaisante. Son beau père, qui se nomme le marquis de Palacios, fait des dépenses effroyables; car il est un des galants de profession des dames du palais; et pour y parvenir, il faut avoir de l'esprit et beaucoup de magnificence. Je dis une certaine sorte d'esprit toute particulière; une délicatesse, des termes choisis, des modes singulières. Il faut savoir écrire en prose et en vers, et le savoir mieux qu'un autre. Enfin, l'on parle et l'on agit dans cette galanterie du palais autrement qu'à la ville. Pour en revenir au marquis de Palacios, il y avait une fête ordonnée dont le Roi l'avait mis; il n'avait pas le sou pour y paraître. Il a plusieurs villes à lui; il s'avisa d'y aller en poste, et dès qu'il fut arrivé dans la première, il fit afficher

---

mais alors se suivant, toutes trois firent leurs comparses et le tour de la place au bruit de leurs fanfares, sortirent après de la place et se retirèrent comme elles étaient venues. L'exécution en fut également magnifique, galante et parfaite, et dans un silence qui en releva beaucoup la grâce, l'adresse et l'éclat. (*Mémoires du duc de Saint-Simon*, t. XIX, p. 200.)

que tous ceux qui voudraient être faits grands vinssent le trouver. Il n'y eut ni juges, ni bourgeois, ni marchands qui ne se sentissent pressés d'un désir d'ambition pour le grandat. La maison se trouva remplie de toutes sortes de gens; il fit marché avec chacun en particulier; il en tira le plus qu'il put, et ensuite, il les fit tous couvrir devant lui, comme fait le Roi quand il accorde le grandat, et leur en donna des patentes en forme. Cela lui réussit trop bien dans la première ville pour manquer de faire la même tentative dans les autres. Il y trouva de semblables dispositions pour lui donner de l'argent et pour obtenir, par son moyen, le grandat. Il amassa ainsi une somme considérable, et vint faire une grosse dépense à la cour. Mais comme l'on a toujours des ennemis, il y eut quelques personnes qui voulurent lui faire une affaire, auprès du Roi, de cette plaisanterie. Il en fut averti, et il se justifia aisément, en disant que tous ceux à qui il avait accordé la permission de se couvrir devant lui, étant nés ses vassaux, lui devaient trop de respect pour prendre cette liberté sans son consentement; qu'ainsi il les avait faits grands à son égard. Après cela on tourna la chose en raillerie.

Ce marquis vient souvent nous voir, et comme il était de la vieille cour, il me disait hier qu'un fameux astrologue étant un jour avec le feu Roi sur la terrasse du palais, le Roi lui demanda la hauteur de cet endroit. Il regarda le ciel et dit une hauteur fixe. Le Roi donna ordre secrètement que l'on haussât le pavé de la terrasse de trois ou quatre doigts, et l'on y travailla toute la nuit. Le lendemain matin, il fit appeler l'astrologue, et, l'ayant mené sur la terrasse, il lui dit : Je parlais, hier au soir, de ce que vous m'avez dit sur la hauteur de ce lieu, mais l'on m'a soutenu que vous vous trompez. Sire, dit-il, j'ose croire que je ne me suis point trompé. Considérez, dit le Roi, et puis nous en ferons la honte à ceux qui se vantent d'être plus habiles que vous. Il recommença aussitôt de faire ses spéculations. Le Roi le voyait changer de couleur, et il paraissait fort embarrassé. Enfin il s'approcha et lui dit : Ce que j'avançai hier à Votre Majesté était véritable, mais je trouve aujourd'hui que la terrasse est un peu haussée ou que le ciel est un peu baissé. Le Roi sourit et lui dit la pièce qu'il lui avait faite.

Pour vous parler d'autre chose, je vous dirai que le Roi a trois personnes dans sa maison, que l'on nomme particulièrement les grands officiers. C'est le *Mayordomo mayor*, le *Sumiller* du corps et le Grand Écuyer. Ces trois charges sont distinguées en ce que le mayordomo commande dans le palais, que le sumiller du corps a le pas dans la chambre du Roi, et que le grand écuyer ordonne lorsque le Roi est ailleurs qu'au palais.

Les charges de gentilshommes de la chambre du Roi sont après celles-là. Ils portent, pour marque de leur dignité, une clef dorée pendue à leur ceinture. Il y a trois sortes de ces clefs. La première donne l'exercice de gentilhomme de la chambre; la seconde, l'entrée sans l'exercice; et la troisième est appelée la *llave capona*, qui ne donne l'entrée que dans l'antichambre ¹. Le nombre de ces gentilshommes est grand. Il y en a quarante d'exercice, qui servent tour à tour chacun un jour, et ils sont, pour la plupart, des grands d'Espagne. Les *mayordomos*, qui veulent dire maîtres d'hôtel ordinaire, ont les mêmes entrées que les gentilshommes de la chambre. Les personnes de la première qualité remplissent ces charges. Ce sont, pour la plupart, les seconds fils des grands. Ils servent par semaine, et, lorsque le grand maître est absent, ils sont revêtus de son pouvoir. Ils servent aussi d'introducteurs aux ministres étrangers quand ils vont à l'audience. Il y en a huit. Quelquefois le nombre en augmente, mais il ne diminue pas.

Le Roi a trois compagnies sous sa garde, qui n'ont rien de commun les unes avec les autres. Le marquis de Falces commande la garde flamande ou

---

¹ Il faut remarquer que le sommelier et les gentilshommes de la chambre portent tous une grande clef qui sort par le manche de la couture de la patte de leur poche droite; le cercle de cette clef est ridiculement large et oblong. Il est doré, et encore rattaché à la boutonnière du coin de la poche, avec un ruban qui voltige, de couleur indifférente. Les valets intérieurs, qui sont en petit nombre, la portent de même, à la différence que ce qui paraît de leur clef n'est point doré. Cette clef ouvre toutes les portes des appartements du Roi, de tous ses palais en Espagne. Si un d'eux vient à perdre sa clef, il est obligé d'en avertir le sommelier qui, sur-le-champ, fait changer toutes les serrures et toutes les clefs aux dépens de celui qui a perdu la sienne, à qui il en coûte plus de dix mille écus. Cette clef se porte partout, comme je viens de l'expliquer, et tous les jours, même hors d'Espagne. Mais parmi les gentilshommes de la chambre, il y en a de deux sortes : de véritables clefs qui ouvrent et qui sont pour les gentilshommes de la chambre en exercice; et des clefs qui n'en ont que la figure, qui n'ouvrent rien et qui s'appellent des clefs caponnes, pour les gentilshommes sans exercice et qui n'ont que le titre et l'extérieur de cette distinction. (*Mémoires de Saint-Simon*, t. III, p. 117.)

bourguignonne. Elle est de cent hallebardiers; et, quoiqu'on les nomme ici archers de la garde, on peut les appeler gardes du corps. La garde allemande est de pareil nombre. Don Pedro d'Aragon en est capitaine. La garde espagnole est aussi de cent hallebardiers, sous le commandement du comte de Los Arcos. Il est encore capitaine d'une autre compagnie de cent Espagnols appelés les gardes de la *Lancilla*, et celle-là ne paraît qu'aux grandes cérémonies et aux enterrements des Rois [1].

Les affaires de l'État sont gouvernées par un premier ministre que l'on nomme *Privado*. Il a sous lui un secrétaire d'État, dont le bureau est dans le palais. Les affaires qui viennent au Roi et au ministre doivent d'abord passer par ses mains; et, comme il expédie aussi tout ce que le Roi a ordonné, on l'appelle *Secretario del Despacho universal*.

Le conseil d'État et plusieurs autres conseils examinent les affaires, et le Roi ou le premier ministre en décident ensuite. Il y a un grand nombre de conseils. Voici le nom de ceux qui entrent à présent dans le conseil d'État :

Le connétable de Castille, de la maison de Velasco, en est le doyen.

Le duc d'Albe.

Le duc de Medinaceli.

Don Pedro d'Aragon.

---

[1] Les Rois d'Espagne, dit le marquis de Louville, n'avaient jamais eu de gardes que quelques méchants lanciers déguenillés qui ne le suivaient guère et en petit nombre, et qui demandaient l'aumône à tout ce qui entrait au palais, comme de vrais gueux qu'ils étaient.

L'amirante de Castille.

Le marquis d'Astorga.

Le prince de Stigliano.

Le duc d'Ossone.

Le comte de Chinchon.

Don Vincente Gonzaga, prince de Guastalla.

Don Louis Portocarrero, cardinal-archevêque de Tolède.

Le marquis de Liche.

Le marquis de Los Balbazes.

Don Diego Sarmiento.

Don Melchior Navarro.

Le marquis de Los Velez.

Le marquis de Mansera.

Le duc d'Albuquerque.

Outre ce conseil, qui est le principal, il y a ceux de l'Inquisition, de la Guerre, des ordres d'Aragon, des Indes, d'Italie, de la Hazienda, de la Croisade et de Flandre. Il y a aussi la chambre de Castille, des Alcaldes de Corte, de la Contaduria, del Aposento, de Los Bosques Reales, de Los Milliones et de Competencias. Mais ne pensez pas, ma chère parente, que les appointements et les profits soient médiocres. Par exemple, les conseillers du conseil des Indes retirent dix-huit à vingt mille écus de rente de leur charge. A propos de charges, on croit qu'elles ne se vendent point ici, et cela est au moins en apparence. Il semble que l'on accorde tout au mérite ou à la naissance; cependant on fait sous mains des présents si considérables, que, pour avoir de certaines vice-royautés, l'on donne jusqu'à cinq mille pistoles et quelquefois davantage. Ce qui s'appelle acheter ailleurs, s'appelle à Madrid faire un *regalo*, c'est-à-dire un présent, et l'un vaut l'autre, avec cette différence qu'une charge qu'on achète, ou un gouvernement est à vous tant que vous vivez, et passe quelquefois en héritage à vos enfants, par le droit naturel ou par commission du prince. Mais en Espagne on ne jouit que trois ans, cinq ans au plus, d'un poste que l'on a payé bien cher. Il est aisé de juger que ceux qui font de telles avances savent bien où se rembourser de l'intérêt et du principal. Le peuple en souffre horriblement; il se voit toujours sur les bras un nouveau vice-roi ou un nouveau gouverneur, qui vient de s'épuiser pour donner à la cour tout ce qu'il avait d'argent comptant et quelquefois celui de ses amis. Il arrive affamé; il faut l'enrichir en peu de temps; et ce pauvre peuple est pillé à toutes mains, sans que des plaintes aient lieu. C'est bien autre chose dans les Indes, où l'or est si commun, et où l'on est encore plus éloigné du Roi et des ministres. Il est certain qu'on en rapporte des sommes immenses, comme je vous l'ai déjà mandé. Il n'est pas jusqu'aux religieux qui vont y prêcher qui n'en reviennent avec quarante et cinquante mille écus qu'ils amassent en trois ou quatre ans; de sorte que, malgré leur vœu de pauvreté, ils trouvent le secret de s'enrichir; et pendant leur vie on les laisse jouir du fruit de leur mission.

Les couvents ont encore une autre adresse qui leur réussit ordinairement, c'est que, lorsqu'un religieux devient fils unique, si son père a du bien, on lui persuade de le laisser au monastère où son fils a pris l'habit, à condition qu'il en touchera le revenu pendant sa vie, et qu'après sa mort le couvent en héritera et priera Dieu pour le père et pour le fils. De sorte qu'il y a de simples religieux qui ont trente mille livres de rente à leur disposition. Cette abondance, dans un pays où la raison n'a guère d'empire sur le cœur, ne sert pas toujours à les sanctifier; et s'il y en a quelques-uns qui en font un bon usage, il y en a beaucoup qui en abusent.

On remarque qu'il vient des Indes, tous les deux ans, plus de cent millions de livres, sans que le quart entre dans les coffres du roi d'Espagne. Ces trésors se répandent dans toute l'Europe; les Français, les Anglais, les Hollandais et les Génois en tirent la meilleure partie. Il semble qu'il n'est pas d'une politique aussi raffinée que celle des Espagnols de consommer leurs propres sujets à tirer l'or des mines, pour en laisser profiter des nations avec lesquelles ils sont bien souvent en guerre. Mais la paresse naturelle, qui les empêche de travailler et d'avoir chez eux des manufactures, les oblige d'avoir recours à ceux qui peuvent fournir des marchandises pour ce pays-là.

Comme les étrangers n'osent hasarder d'y aller, parce qu'il n'y va pas de moins que d'être pendu, ils mettent leurs effets sous le nom des marchands espagnols, avec lesquels on trouve beaucoup de fidélité; et quand le Roi le voudrait, il ne pourrait empêcher que les étrangers ne reçussent leurs lots, car les Espagnols, dans cette rencontre, aimeraient mieux perdre le leur, que de voir faire tort aux autres. Une chose singulière, c'est que, lorsque la flotte vient mouiller à Cadix, il se trouve là des gens qui font profession publique d'aider à frauder les droits du Roi sur les entrées de l'argent et des marchandises. C'est leur négoce, comme à un banquier de tenir sa banque. On les nomme *metadors,* et, quelque fripons qu'ils soient à l'égard du Roi, il faut convenir qu'ils ne le sont pas avec les particuliers qui font un traité avec eux, par lequel, moyennant une certaine remise, ils leur garantissent tout leur argent dans la ville où ils veulent. C'est un commerce si sûr, qu'on n'en voit point qui manquent de parole. On pourrait punir ces gens-là des friponneries qu'ils font au Roi, mais il en naîtrait des inconvénients pour le commerce, qui nuiraient peut-être plus que cette punition n'apporterait de profit. De manière que le gouvernement et les juges n'entrent point en connaissance de ce qui se passe. Il y aurait un remède assez aisé pour empêcher que le Roi perdît tout en cette occasion; ce serait de diminuer une partie des droits, qui sont fort hauts, et ce qui se donne à ces metadors se payerait à la contratacion, et même davantage, parce que naturellement les marchands n'aiment pas la fraude, et qu'ils craignent toujours de payer tout d'un coup, ce qu'ils évitent en dix voyages. Mais les Espagnols veulent tout ou rien, et bien souvent ils n'ont rien. Quant à Madrid, il n'y faut pas chercher de plus grands voleurs que les gens de justice. Ce sont eux qui s'approprient impunément les droits du Roi, et qui le pillent d'une telle manière qu'il ne faut pas s'étonner s'il manque si souvent d'argent. Ils ne se contentent pas de faire tort à leur souverain, ils n'épargnent pas le peuple; et bien que les lois du pays soient très-bonnes et même très-équitables, personne ne s'en ressent. Ceux qui les ont en main, et qui sont préposés pour les exécuter, sont les premiers qui les corrompent. En donnant quelque argent à un alcalde ou à un alguazil, on fera arrêter la personne du monde la plus innocente; on la fera jeter dans un cachot et périr de faim, sans nulle procédure, sans ordre, sans décret; et quand on sort de prison, il ne faut pas seulement penser à prendre à partie cet indigne officier de la justice. Les gens de cette espèce sont ordinairement fort intéressés partout; mais ici, c'est une chose outrée, et les bons juges sont plus rares en ce pays qu'ailleurs.

Les voleurs, les assassins, les empoisonneurs, et les personnes capables des plus grands crimes, demeurent tranquillement à Madrid, pourvu qu'ils n'aient pas du bien, car, s'ils en ont, on les inquiète pour le tirer [1].

On ne fait justice que deux ou trois fois l'année.

---

[1] Cette absence de toute police ne tarda pas à entraîner ses conséquences vers la fin du règne de Charles II. Le renchérissement du pain entraîna des séditions qui firent trembler le Roi jusque dans son palais. Sur cent cinquante mille habitants de Madrid, on en comptait, dit le duc de Noailles, plus de soixante mille armés, presque tous domestiques ou gens sans aveu, vagabonds, mendiants, à peine cinq mille qui vivaient de leur travail. Sous le dernier règne, l'impunité avait enhardi la licence. Nul combat de taureaux, nulle fête qu'on ne mît l'épée à la main en présence du Roi. (*Collection des Mémoires relatifs à l'histoire de France*, t. XXXIV, p. 82.)

Ils ont la dernière peine de se résoudre à faire mourir un criminel qui est, disent-ils, un homme comme eux, leur compatriote et sujet du Roi. Ils les envoient presque tous aux mines ou aux galères, et quand ils font pendre quelque misérable, on le mène sur un âne, la tête tournée vers la queue. Il est habillé de noir; on lui tend un échafaud où il monte pour haranguer le peuple, qui est à genoux tout en larmes, et qui se donne de grands coups dans la poitrine. Après avoir employé le temps qu'il veut à parler, on l'expédie gravement; et comme ces exemples de justice sont rares, ils font beaucoup d'impression sur ceux qui les voient.

Quelques richesses qu'aient les grands seigneurs, quelque grande que soit leur fierté ou leur présomption, ils obéissent aux moindres ordres du Roi avec une exactitude et un respect que l'on ne peut assez louer. Sur le premier ordre ils partent, ils reviennent, ils vont en prison ou en exil, sans se plaindre. Il ne se peut trouver une soumission et une obéissance plus parfaites, ni un amour plus sincère que celui des Espagnols pour leur Roi. Ce nom leur est sacré, et pour réduire le peuple à tout ce que l'on souhaite, il suffit de dire, le Roi le veut. C'est sous son nom que l'on accable ces pauvres gens d'impôts dans les deux Castilles. A l'égard des autres royaumes ou provinces, ils n'en ont pas tant; ils se vantent, la plupart, d'être libres et de ne payer que ce qu'ils veulent.

Je vous ai déjà marqué, ma chère cousine, que l'on suit exactement en toutes choses la politique de Charles-Quint; sans se souvenir que la succession des temps change beaucoup aux événements, quoiqu'ils paraissent semblables et dans les mêmes circonstances, et que ce qu'on pouvait entreprendre il y a six-vingts ans, sans témérité, sous un règne florissant, serait une imprudence sous un règne qui l'est beaucoup moins. Cependant leur vanité naturelle les empêche d'examiner que la Providence permet quelquefois que les empires, comme les maisons particulières, aient à proportion leurs révolutions. Pour les Espagnols, ils se croient toujours les mêmes; mais, sans avoir connu leurs aïeux, j'ose dire qu'ils se trompent.

Pour quitter des réflexions peut-être trop sérieuses et trop élevées pour moi, je vais vous dire que c'est une réjouissance générale à Madrid, dans le temps que la flotte des Indes arrive. Comme on n'y est pas d'humeur à thésauriser, cette abondance d'argent, qui vient tout d'un coup, se répand sur tout le monde. Il semble que ces sommes immenses ne coûtent rien, et que c'est un argent que le hasard leur envoie. De sorte que les grands seigneurs assignent là-dessus leurs créanciers, et qu'ils les payent avec une profusion qui, sans contredit, a quelque chose de noble et de généreux; car on trouve en peu de pays une libéralité aussi naturelle qu'en celui-ci; et je dois y ajouter qu'ils ont une patience digne d'admiration. On les a vus soutenir des siéges très-longs et très-pénibles, où, malgré les fatigues de la guerre, ils ne se nourrissaient que de pain fait avec du blé gâté, et ne buvaient que de l'eau corrompue, bien qu'il n'y ait pas d'hommes au monde plus délicats qu'eux sur la bonne eau. On les a vus, dis-je, exposés à l'injure des temps, demi-nus, couchés sur la dure, et malgré cela plus braves et plus fiers que dans l'opulence et la prospérité. Il est vrai que la tempérance qui leur est naturelle leur est d'un grand secours pour endurer la faim quand ils y sont réduits. Ils mangent fort peu, et à peine veulent-ils boire du vin. La coutume qu'ils ont d'être toujours seuls à table contribue à les entretenir dans leur frugalité. En effet, leurs femmes ni leurs filles ne mangent pas avec eux. Le maître a sa table, et la maîtresse est par terre sur un tapis avec ses enfants, à la mode des Turcs et des Maures. Ils ne convient presque jamais leurs amis pour se régaler ensemble; de sorte qu'ils ne font aucun excès. Aussi disent-ils qu'ils ne mangent que pour vivre, au lieu qu'il y a des peuples qui ne vivent que pour manger. Néanmoins, bien des personnes raisonnables trouvent cette affectation trop grande, et, comme il n'entre aucune familiarité dans leur commerce, ils sont toujours en cérémonie les uns avec les autres, sans jouir de cette liberté qui fait la véritable union et qui produit l'ouverture du cœur.

Cette grande retraite les livre à mille visions, qu'ils appellent philosophie; ils sont particuliers, sombres, rêveurs, chagrins, jaloux, au lieu que s'ils tenaient une autre conduite, ils se rendraient capables de tout, puisqu'ils ont une vivacité d'esprit admirable, de la mémoire, du bon goût, du jugement et de la patience. Il n'en faut pas davantage pour se rendre savant, pour se perfectionner, pour être agréable dans la conversation, et pour se distinguer parmi les nations les plus polies. Mais bien loin de vouloir être ce qu'ils seraient naturellement, pour peu qu'ils le voulussent, ils affectent une indolence qu'ils nomment grandeur d'âme; ils négligent leurs affaires les plus sérieuses et l'avancement de leur fortune. Le soin de l'avenir ne leur donne aucune inquiétude. Le seul point où ils ne sont pas indifférents, c'est sur la jalousie, ils la portent jusqu'où elle peut aller. Le simple soupçon suffit pour poignarder sa femme ou sa maîtresse. Leur amour est toujours un amour furieux, et cependant les femmes y trouvent des agréments. Elles disent qu'au hasard de tout ce qui leur peut arriver de plus fâcheux, elles ne voudraient pas les voir moins sensibles à une infidélité; que leur désespoir est une preuve certaine de leur passion; et elles ne sont pas plus modérées qu'eux quand elles aiment. Elles mettent tout en usage pour se venger de leurs amants, s'ils les quittent sans sujet. De sorte que les grands attachements finissent d'ordinaire par quelque catastrophe funeste. Par exemple, il y a peu qu'une femme de qualité, ayant lieu de se plaindre de son amant, trouva le moment de le faire venir dans une maison dont elle était la maîtresse, et après lui avoir fait de grands reproches, dont il se défendit faiblement, parce qu'il les méritait, elle lui présenta un poignard et une tasse de chocolat empoisonné, lui laissant seulement la liberté de choisir le genre de mort. Il n'employa pas un moment pour la toucher de pitié. Il vit bien qu'elle était la plus forte en ce lieu, de sorte qu'il prit froidement le chocolat, et n'en laissa pas une goutte. Après l'avoir bu, il lui dit : Il aurait été meilleur si vous y aviez mis plus de sucre, car le poison le rend fort amer ; souvenez-vous-en pour le premier que vous accommoderez. Les convulsions le prirent presque aussitôt. C'était un poison très-violent, et il ne demeura pas une heure à mourir. Cette dame, qui l'aimait encore passionnément, eut la barbarie de ne le point quitter qu'il ne fût mort.

L'ambassadeur de Venise, qui est fort poli, était chez lui ces jours passés ; on vint lui dire qu'une dame couverte d'une mante voulait lui parler, et qu'elle se cachait si bien qu'on n'avait pu la voir. Elle avait deux écuyers et assez de train. Il la fit entrer dans sa chambre d'audience ; elle le pria de faire sortir tout le monde. Quand elle fut seule, elle se dévoila et elle lui parut parfaitement belle. Je suis d'une illustre maison, lui dit-elle, je me nomme Doña Blanca de Gusman. J'ai passé par-dessus tout ce que la bienséance me prescrit, en faveur de la passion que j'ai pour vous ; je viens vous le déclarer, seigneur, et vous dire que je veux rester ici cette nuit. A des paroles si impudentes, l'ambassadeur ne put douter que ce ne fût quelque friponne qui avait emprunté un nom de qualité, pour le faire donner dans le panneau. Il lui dit cependant avec honnêteté, qu'il ne s'était jamais cru malheureux de servir la République, que dans ce moment il aurait souhaité n'être point ambassadeur, pour profiter de la grâce qu'elle voulait lui faire, mais que l'étant, il n'y avait point d'apparence qu'il fît demeurer chez lui une personne si distinguée; que cela lui attirerait des affaires, et qu'il la priait de vouloir bien se retirer. Cette femme aussitôt devint comme une furieuse, et, après l'avoir chargé d'injures et de reproches, elle tira un stylet et elle se jeta sur lui pour le frapper. Il l'en empêcha sans peine, et ayant appelé un de ses gentilshommes, il lui dit de donner cinq ou six pistoles à cette femme. Elle méritait si peu cette générosité et elle en fut tellement apaisée, qu'elle lui avoua de bonne foi qu'elle était une créature telle qu'il l'avait soupçonnée, et que ce qui l'avait fait entrer dans un si grand désespoir, c'est que les écuyers qui l'attendaient en bas étaient ses amants, qui l'auraient assommée de coups si elle n'avait rien rapporté de sa quête; qu'il aurait fallu encore qu'elle payât à ses dépens l'équipage qui était loué pour cette unique cérémonie, et qu'elle aurait autant aimé mourir que d'essuyer tous ces chagrins. L'ambassadeur trouva qu'elle se confessait si plaisamment qu'il lui fit donner encore dix pistoles; car, lui dit-il, puisque vous avez à partager avec tant d'honnêtes gens, votre part serait trop petite. Elle réussit si bien en ce lieu-là, que, du même pas, elle fut chez l'ambassadeur de France; mais on ne l'y reçut point avec une pareille courtoisie. Peu s'en fallut qu'au premier emportement qu'elle marqua, on ne la régalât des étrivières, elle et son cortége. Il ne lui donna pas un sol, trop heureuse d'en sortir comme elle y était entrée, parce que tout lui était contraire.

Nous étions arrêtées ce matin dans la Plaza Mayor, pour attendre la réponse d'un gentilhomme que ma

parente avait envoyé proche de là. C'est en ce lieu
que l'on vend du poisson, et il y avait une femme qui
vendait quelques petits morceaux de saumon qu'elle
disait être frais. Elle faisait un bruit désespéré avec
son saumon; elle appelait tous les passants pour que
l'on vînt le lui acheter. Enfin il est venu un cordonnier, que j'ai connu tel, parce qu'elle l'a nommé Se-
nor *Capatero*. Il lui a demandé une livre de saumon.
(Vous remarquerez qu'ici l'on achète tout à la livre
jusqu'au bois et au charbon.) Vous n'hésitez point
sur le marché, lui a-t-elle dit, parce que vous croyez
qu'il est à bon prix, mais vous vous trompez, il vaut
un écu la livre. Le cordonnier, indigné du doute où
elle était, lui a dit d'un ton de colère: S'il avait été
à bon marché, il ne m'en aurait fallu qu'une livre;
puisqu'il est cher, j'en veux trois. Aussitôt il lui
donna trois écus, et enfonçant son petit chapeau
(car les gens de métier les portent aussi petits
que les gens de qualité les portent grands), après
avoir relevé sa moustache par rodomontade, il a
levé aussi la pointe de sa formidable épée jusqu'à
son épaule, et nous a regardées fièrement, voyant bien
que nous écoutions son colloque et que nous étions
étrangères. La beauté de la chose, c'est que peut-
être cet homme si glorieux n'a rien au monde que
ces trois écus-là, que c'est le gain de toute sa semaine, et que demain, lui, sa femme et ses petits
enfants jeûneront plus rigoureusement qu'au pain
et à l'eau; mais telle est l'humeur de ces gens-ci;
il y en a même plusieurs qui prennent les pieds
d'un chapon, et les font pendre par-dessous leur

manteau, comme s'ils avaient effectivement un chapon; cependant ils n'en ont que les pieds.

On ne voit pas un menuisier, un sellier, ou quelque autre homme de boutique, qui ne soit habillé de velours et de satin, comme le roi, ayant sa grande épée, le poignard et la guitare attachée dans sa boutique. Ils ne travaillent que le moins qu'ils peuvent, et je vous ai déjà dit plus d'une fois qu'ils sont naturellement paresseux. En effet, il n'y a que l'extrême nécessité qui les oblige de faire quelque chose; alors ils travaillent les dimanches et les fêtes, sans façon, tout comme les autres jours, et puis ils vont porter leur marchandise. Si c'est un cordonnier et qu'il ait deux apprentis, il les mène tous deux avec lui, et donne à chacun un soulier à porter; s'il en a trois, il les mène tous trois, et ce n'est qu'avec peine qu'il se rabaisse à vous essayer sa besogne. Quand elle est livrée, il va s'asseoir au soleil (que l'on nomme le feu des Espagnols) avec une troupe de fainéants comme lui, et là, d'une autorité souveraine, ils décident des affaires d'Etat et règlent les intérêts des princes. Souvent ils se querellent là-dessus. Quelque grand politique, qui se croit plus habile que les autres, veut que l'on cède à son avis, et quelques autres, aussi opiniâtres que lui, n'en veulent rien faire. De sorte qu'ils se battent sans quartier. J'étais, il y a deux jours, chez l'ambassadrice du Danemark, lorsqu'on y apporta un malheureux qui venait d'être blessé dans la rue. C'était un fruitier; il avait soutenu que le Grand Seigneur serait un malhabile homme s'il ne faisait point étrangler son frère.

Un autre, à qui ce jeune prince n'était pas si désagréable, voulut prendre son parti ; et là-dessus ils s'étaient battus. Mais il faut remarquer que tous ces gens-là parlent des affaires de la politique avec assez de connaissance pour appuyer ce qu'ils disent de bonnes raisons.

Il y a dans la ville plusieurs maisons qui sont comme des académies, où chacun s'assemble : les uns pour jouer et les autres pour la conversation. L'on y joue fort fidèlement, et quelque somme que l'on perde sur sa parole, les vingt-quatre heures ne passent jamais que l'on ne paye. Si l'on y manquait, on serait perdu d'honneur et de réputation. Il n'y a aucune raison qui puisse surmonter cette nécessité de payer dans les vingt-quatre heures. L'on y joue fort grand jeu et très-honnêtement, sans bruit et sans faire paraître aucun chagrin. Quand on gagne, c'est la coutume de donner le *barato*. Il me semble que cela se pratique aussi en Italie. C'est-à-dire que vous donnez de l'argent à quelques-uns de ceux qui sont présents, aux uns plus, aux autres moins ; soit que vous les connaissiez ou non. Celui à qui l'on a présenté le *barato* ne doit jamais le refuser, fût-il cent fois plus riche et plus de qualité que celui qui le lui donne. L'on peut aussi le demander à un joueur qui gagne, et il ne manque pas de le donner. Il y a des gens qui ne subsistent que par ce moyen-là. Cependant cette coutume est désagréable, parce que celui qui gagne n'emporte quelquefois rien de son gain, et s'il recommence à jouer, il perd bien souvent le sien.

Au reste, si l'on connaissait qu'un homme eût filouté, il pourrait de bonne heure renoncer à la société civile, car il n'y aurait pas d'honnêtes gens qui voulussent avoir commerce avec lui, et si on le surprenait en filoutant, il serait heureux d'en être quitte pour des *cuchillades,* c'est-à-dire des coups du tranchant de l'épée, et non pas de la pointe.

A l'égard des conversations que l'on fait dans ces académies, il y en a de fort spirituelles, et il s'y trouve bien des personnes savantes. Car, enfin, il y en a ici tout comme ailleurs, et l'on y écrit de fort jolies choses. Ce qu'ils appellent des nouvelles me semble d'un caractère charmant. Ils y gardent toujours la vraisemblance, et leur sujet est si bien conduit, leur narration si concise et si simple, sans être ni basse ni rampante, que l'on doit convenir qu'ils ont un génie supérieur pour ces sortes d'ouvrages. Je tâcherai d'en recouvrer quelqu'un de ce genre, je le traduirai et je vous l'enverrai, pour que vous jugiez par vous-même. Comme je ne suis pas capable de parler des choses qui traitent de matières plus relevées, je ne vous en dirai rien, jusqu'à ce que je sache là-dessus le sentiment des connaisseurs, et que, tout au plus, je puisse leur servir d'écho. Il est vrai, cependant, que je les trouve outrés dans leurs louanges et qu'ils n'y gardent pas assez de vraisemblance. Leur imagination, qui est fort vive, fait quelquefois trop de chemin. Je lisais l'autre jour dans un livre, qu'en parlant de Philippe IV, l'auteur disait que ses vertus et ses grandes qualités étaient si étendues, que, pour les écrire, il n'y avait pas suffisamment de papier dans l'univers, et qu'une plume ordinaire n'était pas digne de tracer des choses si divines; qu'ainsi il fallait que le soleil les écrivît avec ses rayons sur la surface des cieux [1]. Vous m'avouerez que c'est se perdre dans les nues, et qu'à force de vouloir élever le héros, le pauvre auteur tombe et se casse le cou. Leurs livres sont très-mal imprimés, le papier en est gris; ils sont fort mal reliés, couverts pour la plupart d'un méchant parchemin ou de basane [2].

Je ne veux pas omettre de vous dire comme une chose essentielle, que la politique des Espagnols les oblige de hasarder la récompense d'un cent de faux avis, plutôt que de négliger l'occasion d'en recevoir un bon. Ni le pays d'où l'on est, ni les gens qui agissent ne leur sont point suspects; ils veulent tout savoir et payent libéralement ceux qui les servent. Ils n'attendent pas même que le service soit reçu pour avancer la récompense. Vous ne sauriez croire combien cette maxime leur a valu. Ils ont été quel-

---

[1] Voici un modèle du genre : « Après que, dans le céleste amphithéâtre, le cavalier du jour, monté sur Phlégéton, a vaillamment piqué le taureau lumineux, vibrant pour javelots des rayons d'or et ayant pour applaudir à ses attaques la charmante assemblée des étoiles, qui, pour jouir de sa taille élégante, s'appuient sur les balcons de l'Aurore; après que, par une singulière métamorphose, avec des talons de plume et une crête de feu, le blond Phébus, devenu coq, a présidé la multitude des astres brillants, poules des champs célestes, entre les poulets de l'œuf de Tyndare.... » (Weiss, t. II, p. 344.)

[2] Les livres d'une valeur sérieuse s'imprimaient en France ou en Hollande. Ainsi, le conseiller Bertault ayant été visiter le célèbre Jésuite Escobar, apprit de lui qu'il s'était vu dans la nécessité de faire imprimer son ouvrage à Lyon; il était du reste fort modeste, avouait que personne ne se souciait de lui en Espagne; et fut même très-surpris du bruit que sa doctrine faisait à l'étranger.

quefois pris pour dupes, cela ne les a point rebutés, et dans la suite ils y trouvent toujours leur compte. Il est encore vrai que pour peu de prétexte que l'on ait de demander une grâce au Roi, pourvu que l'on ne se rebute point et que l'on suive son premier dessein avec persévérance, tôt ou tard vous obtenez une partie de ce que vous souhaitez. Les ministres sont persuadés qu'il ne serait pas de la grandeur d'un si puissant monarque de refuser peu de chose, et bien qu'il n'y ait pas de justice à prétendre une faveur que l'on n'a point méritée par ses services, cependant on l'obtient quand on la demande sans relâche. J'en avais des exemples tous les jours.

Je ne vous ai pas encore dit, ma chère cousine, que lorsque j'arrivai ici, toutes les dames me firent l'honneur de me venir voir les premières. C'est l'usage de prévenir les étrangères, quand on est informé de leur qualité et de leur conduite. Elles regardent fort à l'une et à l'autre. Quand je fus leur rendre visite, chacune me fit un petit présent, et dans une seule maison j'en recevais quelquefois une douzaine; car jusqu'aux enfants de quatre ans veulent vous régaler. On m'a donné de grandes corbeilles de vermeil doré, enrichies de corail, qui forme des fleurs très-délicatement travaillées. Cela se fait à Naples et à Milan. J'ai eu des boîtes d'ambre garnies d'or émaillé, pleines de pastilles. Plusieurs m'ont donné des gants, des bas de soie et des jarretières en quantité. Mais ces gants ont cela de particulier, qu'ils sont aussi courts que ceux des hommes, parce que les femmes attachent leurs manches au poignet. Il

n'y a que les doigts qui sont d'une longueur ridicule.
Pour les bas, ils les font de *pelo*, c'est de la soie
écrue. On les fait si courts et si petits par le pied,
que j'ai vu bien des poupées à qui ils ne pourraient
être propres. Les jarretières sont d'un ruban large,
fort léger et travaillé très-clair, semblable à celui
dont les paysans se servent à leurs noces. Ces jarretières sont garnies aux deux bouts de dentelle d'Angleterre de fil. On m'a aussi donné de fort belles
coupes de terre sigillée et mille autre choses de cette
manière. Si jamais je pars d'ici et que j'y fasse un
second voyage, ce sera à moi de leur faire des présents. Mais tout les contente; des aiguilles, des
épingles, quelques rubans et surtout des pierreries
du Temple les ravissent. Elles, qui en ont tant de
fines et qui sont si belles, ne laissent pas d'en porter
d'effroyables. Ce sont proprement des morceaux de
verre que l'on a mis en œuvre, tout semblables à
ceux que nos ramoneurs vendent à nos provinciales
qui n'ont jamais vu que leur curé et leurs brebis.
Les plus grandes dames sont chargées de ces verrines, qu'elles achètent fort cher. Lorsque je leur ai
demandé pourquoi elles aiment tant les diamants
faux, elles m'ont dit que c'est à cause que l'on en
trouve d'aussi gros que l'on en veut. En effet, elles
en portent à leurs pendants d'oreilles de la grosseur
d'un œuf, et tout cela leur vient de France ou d'Italie; car, comme je vous l'ai dit, on ne fait guère de
choses à Madrid; on y est trop paresseux.

Il n'y a point de bons peintres dans cette ville, la
plupart de ceux qui y travaillent ne sont pas du

pays; ce sont des Flamands, des Italiens ou des Français qui viennent s'y établir et qui n'y font pourtant pas grande fortune, car l'argent ne roule pas et n'entre point dans le commerce. Pour moi, je vous avoue que je n'en ai jamais moins vu. Ma parente reçoit d'assez grosses sommes tout en *quartos*, c'est de la monnaie de cuivre, aussi sale que des doubles, et toute vilaine qu'elle est, elle sort du trésor royal. On les donne au poids (car quel moyen de compter cette gueuserie-là). Des hommes les apportent dans de grandes corbeilles de natte qu'ils attachent sur leur dos; et quand ces payements arrivent, toute la maison passe huit jours à compter les quartos. Sur dix mille francs, il n'y a pas cent pistoles en or ou en argent[1].

On a ici un grand nombre d'esclaves qui s'achètent et se vendent fort cher. Ce sont des Maures et des Turcs. Il y en a qui valent jusqu'à quatre et cinq cents écus. Autrefois, on avait droit de vie et de mort sur eux. Un patron pouvait tuer son esclave comme il aurait pu tuer un chien; mais on a trouvé que cette barbarie ne s'accordait pas avec les

---

[1] Le comble du désordre était le déréglement de la monnaie, qui avait passé si avant, que la pistole, qui ne peut valoir en Espagne que quarante-huit réaux de vellon, c'est-à-dire de monnaie de cuivre, était montée jusqu'à cent dix, et les piastres ou patagons, qui ne devaient valoir que douze réaux, se changeaient publiquement pour trente. (*Mémoires de la cour d'Espagne*, p. 95.)

Cette disette de monnaie d'or et d'argent remontait à une époque déjà fort ancienne, ainsi que l'attestent un grand nombre d'auteurs du dix-septième siècle. C'est là un des faits les plus curieux de cette époque. Les maîtres des mines du Mexique et du Pérou n'avaient que de la monnaie de cuivre. La raison, du reste, en est facile à comprendre; l'industrie espagnole étant entièrement ruinée, il fallait solder avec l'or de l'Amérique toutes les transactions à l'étranger.

maximes de la religion chrétienne, et c'est à présent une chose défendue. Cependant ils les battent jusqu'à leur casser quelquefois les os, sans en être recherchés. Il est vrai qu'il n'y a guère de maîtres qui se portent à ces sortes d'extrémités; et lorsqu'un homme aime son esclave et qu'elle consent à ce qu'il veut, elle devient aussitôt libre. A l'égard des autres domestiques, il serait dangereux de les maltraiter; ils prétendent, la plupart, d'être d'aussi bonne maison que le maître qu'ils servent, et s'ils en étaient outragés, ils seraient capables, pour se venger, de le tuer en trahison ou de l'empoisonner. On en a vu plusieurs exemples. Ils disent qu'il ne faut pas insulter à leur mauvaise fortune; que pour être réduits à servir, ils ne renoncent pas à l'honneur, et qu'ils le perdraient s'ils souffraient des coups de qui que ce pût être.

Les pauvres même ont de la gloire, et quand ils demandent l'aumône, c'est d'un air impérieux et dominant. Si on les refuse, il faut que ce soit avec civilité, en leur disant : *Cavallero perdone usted, no tenga moneda;* cela veut dire : Cavalier, pardonnez-moi, je n'ai point de monnaie. Si on les rebute, ils se fondent en raisons, et veulent vous prouver que vous ne méritez pas la grâce que Dieu vous fait de vous donner du bien, et ils ne vous laissent pas un moment en repos. Mais aussitôt qu'on leur parle avec honnêteté, ils semblent satisfaits et se retirent.

Les Espagnols sont naturellement assez doux, ils marient leurs esclaves, et quand c'est avec une autre esclave, les enfants qu'ils ont ne sont pas libres, et sont soumis au patron comme leurs parents; mais si ces enfants se marient, leurs enfants ne sont plus esclaves. Il en est de même si une femme esclave épouse un homme libre, ses enfants suivent la condition de leur père. L'on est fort bien servi de ces malheureux ; ils ont une assiduité et une soumission que les autres n'ont pas. Il y en a peu qui veulent changer de religion. J'en ai une qui n'a que neuf ans, elle est plus noire que l'ébène, et ce devait être un miracle de beauté dans son pays, car son nez est tout plat, ses lèvres prodigieusement grosses, l'émail de ses yeux blanc, mêlé de couleur de feu, et ses dents admirables, aussi bien en Europe qu'en Afrique. Elle ne sait un mot d'autre langue que la sienne. Elle se nomme Zayde. Nous l'avons fait baptiser. Cette petite chrétienne avait été si bien accoutumée, lorsqu'on la voulait vendre, de quitter son manteau blanc et de se dépouiller toute nue, que j'ai eu beaucoup de peine à l'empêcher de le faire ; et l'autre jour que nous avions grande compagnie, mademoiselle Zayde, que j'envoyai querir, prit la peine de paraître tout d'un coup avec son petit corps noir aussi nu que lorsqu'elle vint au monde. J'ai résolu de la faire fouetter pour lui faire comprendre que cette sorte d'habitude ne me plaît point. Je ne puis le lui faire entendre que par ce moyen. Ceux qui me l'ont vendue disent qu'elle est fille de condition ; et la pauvre enfant, bien souvent, vient se mettre à genoux devant moi, joint les mains, pleure et me montre le côté de son pays. Je l'y renverrais volontiers et m'en ferais même un grand plaisir, si elle y pouvait être chrétienne. Mais cette impossibilité m'oblige de la garder. Je voudrais bien l'entendre, car je crois qu'elle a de l'esprit, et toutes ses actions en marquent. Elle danse à sa mode, et c'est d'une manière si plaisante, qu'elle nous réjouit beaucoup. Je lui mets des mouches de taffetas blanc qui l'enchantent. Elle a un habit comme on les porte au Maroc. C'est une jupe courte et presque sans plis, de grandes manches de chemise de toile très-fine, rayée de différentes couleurs, semblables à celles de nos bohémiennes ; un corps qui n'est qu'une bande de velours cramoisi à fond d'or, rattaché au côté par des boucles d'argent avec des boutons de même ; et un manteau blanc d'étoffe de laine très-fine, fort ample et fort long, dont elle s'enveloppe et dont elle se couvre la tête d'un des bouts. Cet habit est assez beau. Ses petits cheveux, qui ressemblent à de la laine, sont coupés en plusieurs endroits ; ils forment des croissants aux côtés, un rond au milieu et comme un cœur au devant. Elle m'a coûté vingt pistoles. Ma fille lui a donné son sagouin à gouverner ; c'est ce petit singe dont M. l'archevêque de Burgos lui fit présent. Je vous assure que Zayde et le sagouin sont faits l'un pour l'autre, et qu'ils s'entendent fort bien.

Pour vous parler d'autre chose, il est arrivé ici un homme que l'on est allé chercher jusqu'au fond de la Galice. C'est un saint qui, à ce que l'on prétend, a fait des miracles. La marquise de Los Velez, autrefois gouvernante du Roi, a pensé mourir, et elle l'envoya querir promptement ; mais l'on a été si long-temps à faire ce voyage, qu'elle a recouvré la santé sans lui. L'on savait le jour qu'il devait arriver, et elle l'attendait, lorsque Don Fernand de Tolède, qui est son neveu, et qui n'avait pu la voir depuis son retour de Flandre, à cause de la maladie qu'elle avait eue, sachant qu'elle était beaucoup mieux, se rendit chez elle, à l'heure à peu près que le saint de Galice y devait venir. Les gens de la marquise le voyant et ne le connaissant point (car il était absent depuis plusieurs années), sans examiner qu'il n'y a guère d'hommes de son âge et de son air assez heureux pour faire des miracles, crurent, dès qu'il parut, que c'était le saint; ils ouvrirent la grande porte, sonnèrent une cloche pour servir de signal, comme la marquise le leur avait ordonné. Toutes les dueñas et les filles vinrent le recevoir avec chacune un cierge à la main; il y en avait plusieurs qui se jetaient à genoux, et ne voulaient pas le laisser passer qu'il ne leur eût donné sa bénédiction. Il pensa devenir fou d'une telle réception. Il ne savait s'il dormait ou s'il était enchanté, et, quoi qu'il pût s'imaginer, il n'était point au fait; il avait beau parler, on ne l'écoutait pas, tant le bruit et la presse étaient grands. On lui faisait toucher des chapelets, et celles qui étaient éloignées les lui jetaient à la tête avec des centaines de médailles. Les plus zélées commencèrent à lui couper son manteau et son habit. Ce fut alors qu'il eut la peur entière que pour multiplier ses reliques on le taillât par morceaux. La marquise de Los Velez, que l'on portait à quatre dans un grand fauteuil, vint au-devant du saint homme. Il est vrai que lorsqu'elle aperçut la méprise, et qu'elle vit son neveu, elle fit de si grands et de si longs éclats de rire, qu'ils passaient de beaucoup les forces qu'on lui croyait. En sortant de chez elle, il vint nous voir encore tout déchiré par ces dévotes personnes.

Je dois vous dire, ma chère cousine, que tout est fort retiré dans cette cour ; et voici comme l'on vit chez les particuliers. Le matin, en se levant, on prend de l'eau glacée, et incontinent après le chocolat. Quand l'heure du dîner est venue, le maître se met à table ; sa femme et ses enfants, comme je vous l'ai marqué, mangent par terre, auprès de la table ; ce n'est pas respect, c'est parce que la maîtresse ne saurait être assise sur une chaise, elle n'y est point accoutumée, et il y a de vieilles Espagnoles qui ne s'y sont peut-être jamais mises. Le repas est léger, car on mange peu de viande. Ce qu'ils ont de meilleur, ce sont des pigeons, des gelinottes, et leur oille qui est excellente. Mais on ne servira au plus grand seigneur que deux pigeons et quelque ragoût très-méchant, plein d'ail et de poivre, ensuite du fenouil et un peu de fruit. Quand ce petit dîner est fait, chacun se déshabille dans la maison et se jette sur son lit, où l'on étend des peaux de maroquin bien passées pour avoir plus frais. A cette heure, vous ne trouverez pas une âme dans les rues. Les boutiques sont fermées, le commerce est cessé, et il semble que tout est mort. A deux heures l'hiver, à quatre l'été, on commence à se rhabiller, l'on mange des confitures, l'on prend du chocolat ou des eaux glacées, et chacun va où il juge à propos. Enfin l'on se retire à onze heures ou minuit. Je vous parle au moins des gens réglés. Alors le mari et la femme se couchent, l'on apporte une grande nappe qui couvre tout le lit, et chacun se l'attache au col. Les nains et les naines servent le souper, qui est aussi frugal que le dîner; car c'est une gelinotte en ragoût ou quelque pâtisserie qui brûle la bouche, tant elle est poivrée. Madame boit de l'eau tout son soûl, monsieur ne boit guère de vin; et le souper fini, chacun dort comme il peut [1].

Ceux qui ne sont pas mariés, ou qui ne gardent guère de mesure avec leurs femmes, après qu'ils ont été à la promenade du Prado, où ils sont l'été à demi déshabillés dans leurs carrosses (j'entends lorsqu'il est fort tard), font un bon repas, montent à cheval, et prennent un laquais en trousse derrière eux. Ils en usent ainsi pour ne le pas perdre; car allant par la plus obscure nuit dans les rues et marchant vite, quel moyen qu'un laquais puisse toujours démêler et suivre son maître? Il y en peut avoir quelques-uns qui le feraient, mais la plupart prendraient la fuite en pareil cas, car ils ne sont pas braves. Cette cavalcade nocturne se fait en l'honneur des dames. C'est pour les aller voir, et ils ne manqueraient pas cette heure-là pour un empire; ils leur parlent au travers

---

[1] Voici en quels termes le duc de Saint-Simon décrivait la vie de Madrid : « Les Espagnols ne mangeaient point, paressaient chez eux et entre eux; peu de commerce, encore moins avec les étrangers; quelques conversations par espèce de sociétés de cinq ou six chez l'un d'eux, mais à porte ouverte s'il y venait de hasard quelque autre. J'en ai trouvé quelquefois en faisant des visites. Ils demeuraient là trois heures ensemble à causer, presque jamais à jouer. On leur apportait du chocolat, des biscuits, de la mousse de sucre, des eaux glacées, le tout à la main. Les dames espagnoles vivaient de même entre elles. (*Mémoires du duc de Saint-Simon*, t. XIX, p. 193.)

de la jalousie; ils entrent quelquefois dans le jardin, et montent, quand ils le peuvent, à la chambre. Leur passion est si forte, qu'il n'y a point de périls qu'ils n'affrontent; ils vont jusque dans le lieu où l'époux dort; et j'ai ouï dire qu'ils se voient des années de suite, sans oser prononcer une parole, de peur d'être entendus. On n'a jamais su aimer en France comme on prétend que ces gens-ci aiment; et sans compter les soins, les empressements, la délicatesse, le dévouement même à la mort (car le mari et les parents ne font point de quartier), ce que je trouve de charmant, c'est la fidélité et le secret. On ne verra jamais un cavalier se vanter d'avoir reçu des faveurs d'une dame. Ils parlent de leurs maîtresses avec tant de respect et de considération, qu'il semble que ce soit leurs souveraines. Aussi ces dames n'ont point envie de vouloir plaire à d'autres qu'à leurs amants. Elles en sont tout occupées et, bien qu'elles ne le voient pas le jour, elles trouvent le moyen d'employer plusieurs heures à son intention, soit en lui écrivant, ou en parlant de lui avec une amie qui est du secret, ou demeurant une journée entière à regarder au travers d'une jalousie pour le voir passer. En un mot, sur toutes les choses que l'on m'a dites, je croirais aisément que l'amour est né en Espagne.

Pendant que les cavaliers sont avec leurs maîtresses, les laquais gardent leurs chevaux à quelque distance de la maison. Mais il leur arrive très-souvent une aventure fort désagréable. C'est que les maisons n'ayant pas de certains endroits commodes, on jette toute la nuit, par les fenêtres, ce que je n'ose vous nommer. De sorte que l'amoureux espagnol, qui passe à petit bruit dans la rue, est quelquefois inondé depuis la tête jusqu'aux pieds, et bien qu'il se soit parfumé avant de sortir de chez lui, il est contraint d'y retourner au plus vite pour changer d'habits. C'est une des plus grandes incommodités de la ville, et qui la rend si puante et si sale, que l'on n'y peut marcher le matin. Je dis le matin, parce que l'air est si vif et a tant de force, que toute cette vilenie est consumée avant midi.

Quand il meurt un cheval, ou quelque autre animal, on le laisse dans la rue où il est, fût-ce devant la porte du palais, et le lendemain il est en poudre. L'on est persuadé que si l'on ne jetait pas ainsi ces ordures dans les rues, la peste ne serait pas longtemps sans être à Madrid, et elle n'y est jamais [1].

Sans compter que les amants voient leurs maîtresses par les moyens que je vous ai dits, ils en ont encore d'autres; car les dames se visitent fort, et rien ne leur est plus aisé que de prendre une mante,

---

[1] Ce fut Charles III qui s'avisa pour la première fois de purifier la ville de Madrid. « L'infection y était si épouvantable, qu'on la sentait six lieues à la ronde et qu'on la mâchait pendant six semaines avant de s'en être blasé. Il n'y a sorte d'oppositions et de difficultés qu'il n'éprouvât dans son projet. Il fallut faire venir et employer des Napolitains pour établir de force des latrines dans les maisons, et le corps des médecins composa un mémoire pour représenter que l'air de Madrid ayant été fort sain, il leur paraissait dangereux de vouloir le changer. Ceci me fait souvenir de l'histoire d'un Espagnol qui était tombé malade en France et dont les médecins ne pouvaient deviner la maladie. Son valet de chambre imaginant que l'air natal pourrait lui faire du bien, et le malade ne pouvant être transporté, il fourra sous son lit un bassin plein d'odeurs de Madrid. L'Espagnol, après des rêves délicieux, s'éveilla en disant : O Madrid de mi alma! et il guérit. » (*Souvenirs du baron de Gleichen*, p. 14.)

d'entrer dans une chaise par la porte de derrière et
de se faire porter où elles veulent. Cela est d'autant
plus facile que toutes les femmes se gardent un secret inviolable; quelques querelles qui pussent arriver entre elles, et quelque colère qu'elles aient les
unes contre les autres, elles n'ouvrent jamais la bouche pour se déceler. Leur discrétion ne saurait être
assez louée. Il est vrai que les conséquences en seraient bien plus dangereuses qu'ailleurs, puisque l'on
assassine ici sur de simples soupçons.

Voici comme se passent les visites que les dames
se rendent les unes aux autres. On ne va point chez
son amie quand on en a envie, il faut attendre qu'elle
vous envoie prier d'y venir; et la dame qui veut
recevoir compagnie chez elle écrit un billet le matin, par lequel elle vous invite. Vous sortez dans
votre chaise; on les fait extrêmement grandes et
larges, et, pour qu'elles soient moins lourdes, elles
ne sont que de simple étoffe tendue sur un châssis
de bois. Ces étoffes sont toujours mêlées d'or et
d'argent et fort magnifiques. Il y a trois grandes
glaces, et le dessus est d'un cuir très-mince, couvert
comme le reste; il se lève pour que la dame entre et
sorte plus commodément. L'on a quatre porteurs
qui se relayent; un laquais porte le chapeau du porteur de devant, car, quelque mauvais temps qu'il
fasse, il ne faut pas qu'il soit couvert devant sa
maîtresse. La dame est enchâssée dans sa chaise
comme un diamant dans son chaton. Elle n'a point
de mante, ou, si elle en porte, c'est avec une grande
dentelle noire d'Angleterre, de la hauteur d'une

demi-aune, faite à dents comme les réseaux du temps passé, fort riche et fort chère. Cela sied bien.

Il y a un carrosse à quatre mules, avec ses longs traits, dont je vous ai parlé, qui suit la chaise au petit pas. Il est, d'ordinaire, rempli de deux vieux écuyers et de cinq ou six pages; car elles en ont toutes, et la femme de mon banquier en a deux. Les dames ne mènent jamais aucune de leurs femmes et, bien qu'elles se trouvent plusieurs ensemble qui vont au même endroit, elles montent chacune dans leur chaise, sans se mettre les unes avec les autres dans leur carrosse. Je me trouvai l'autre jour dans un embarras et je vis passer cinquante chaises et cinquante carrosses à la file. On sortait de chez la duchesse de Frias, et l'on allait chez la duchesse d'Uzeda. Je vous dirai pourquoi elles y allaient, quand je vous aurai dit que, la dame étant arrivée chez celle qu'elle va voir, ses porteurs la portent jusque dans l'antichambre. Les degrés sont faits exprès fort larges et fort bas pour qu'on les puisse monter avec plus de facilité. Aussitôt qu'elles sont entrées, elles renvoient tous leurs gens et leurs carrosses. Elles marquent l'heure où on viendra les querir; c'est, d'ordinaire, entre dix et onze heures du soir, car leurs visites sont d'une longueur à faire perdre patience.

Il n'entre jamais d'hommes où elles sont. Un mari jaloux aurait beau venir chercher sa femme, l'on s'en moquerait et l'on ne se donnerait pas même la peine de lui répondre : elle y est ou elle n'y est pas. Elles sont fines, les bonnes dames, et cette liberté ne les sert pas mal ; car vous observerez qu'il n'y a pas une maison qui n'ait sa porte de derrière par où elles peuvent sortir sans être vues. Ajoutez à cela qu'un frère demeure chez sa sœur, un fils chez sa mère, un neveu chez sa tante, et c'est encore un moyen de se voir. L'amour est ingénieux en ce pays-ci. L'on n'épargne rien pour satisfaire sa passion, et l'on est fidèle à sa maîtresse. Il y a des intrigues qui durent aussi longtemps que la vie, bien que l'on n'ait pas perdu une heure pour les conclure. L'on met tous les moments à profit; et, dès qu'on se voit et qu'on se plaît, il n'en faut pas davantage.

J'étais, il y a peu de jours, chez la marquise d'Alcañizas, c'est une des plus grandes et des vertueuses dames de cette cour; elle nous disait à toutes en parlant de cela : Je vous l'avoue, si un cavalier avait été tête à tête avec moi une demi-heure, sans me demander tout ce que l'on peut demander, j'en aurais un ressentiment si vif que je le poignarderais si je pouvais. Et lui accorderiez-vous toutes les faveurs qu'il pourrait vous demander? interrompit la marquise de Liche, qui est jeune et belle. Ce n'est pas une conséquence, dit madame d'Alcañizas, j'ai même lieu de croire que je ne lui accorderais rien du tout; mais, au moins, je n'aurais aucun reproche à lui faire; au lieu que, s'il me laissait si fort en paix, je le prendrais pour un témoignage de son mépris. Il n'y en a guère qui n'aient de pareils sentiments là-dessus [1].

---

[1] Ce n'est pas que les dames ne soient de la meilleure volonté du monde, et que bien souvent elles n'aillent chercher les hommes sans

Une chose que je trouve fort singulière et qui ne convient point, ce me semble, dans un royaume catholique, c'est la tolérance que l'on a pour les hommes qui ont des maîtresses si déclarées, que c'est absolument une chose sans mystère. Il est bien vrai que les lois le défendent : mais ils négligent les lois et ne suivent que leur inclination ; personne ne se mêle de les reprendre de leur faute. Ces maîtresses se nomment *amancebadas*. Bien que l'on soit marié, l'on ne laisse pas d'en avoir de cette manière ; et souvent les enfants naturels sont élevés avec les légitimes, au vu et au su d'une pauvre femme qui souffre tout cela et qui n'en dit pas le mot. Il est même très-rare de voir des brouilleries entre le mari et la femme, et beaucoup plus rare qu'ils se séparent comme on fait en France. D'un nombre infini de personnes que je connais ici, je n'ai vu que la princesse Della Rocca qui n'est pas avec son mari et qui vit dans un couvent. La justice n'est point étourdie des démêlés domestiques.

Il me paraît extraordinaire qu'une dame, dont un cavalier est amoureux et aimé, ne soit point jalouse de son amancebada. Elle la regarde comme une se-

---

faire connaître ce qu'elles sont, croyant toutes que c'est une chose dont on ne saurait se passer que de se divertir.... On est si bien persuadé de cela en Espagne, que ce n'est pas être homme que de ne pas accoster une femme que l'on rencontre, soit dans l'église, soit dans la rue, pourvu qu'elle n'ait point d'homme avec elle ; car, en ce cas-là, cela est contre l'ordre.... Les femmes ne sortent point qu'emmantelées d'une mante noire, comme le deuil des dames de France. Elles ne se découvrent qu'un œil et vont cherchant et agaçant les hommes avec tant d'effronterie, qu'elles tiennent à affront quand on ne veut pas aller plus loin que la conversation. (*Relation de l'État d'Espagne*, p. 53.)

conde femme, elle croit que cela ne peut entrer en comparaison avec elle. De sorte qu'un homme a sa femme, son amancebada et sa maîtresse. Cette dernière est presque toujours une personne de qualité; c'est elle que l'on va trouver la nuit et pour qui l'on hasarde sa vie.

Il arrive quelquefois qu'une dame couverte de sa grande mante unie, ne montrant, de tout son visage, que la moitié d'un œil, vêtue fort simplement pour n'être pas connue, et ne voulant point se servir d'une chaise, va à pied au lieu du rendez-vous. Le peu d'habitude qu'elle a de marcher, ou bien souvent son air, la fait distinguer. Un cavalier se met à la suivre et à lui parler; incommodée d'une telle escorte dont il ne lui est pas aisé de se défaire, elle s'adresse à quelque autre qui passe, et, sans se faire autrement connaître : Je vous conjure, lui dit-elle, empêchez que cet importun ne me suive davantage; sa curiosité pourrait nuire à mes affaires. Cette prière tient lieu d'un commandement au galant espagnol; il demande à celui dont on se plaint, pourquoi il veut fatiguer une dame malgré elle; il lui conseille de la laisser en repos ; et, s'il trouve un opiniâtre, il faut tirer l'épée, et quelquefois on s'entre-tue sans savoir pour qui l'on s'est exposé. Cependant la belle gagne au pied, les laisse aux mains, et va où elle est attendue. Mais le meilleur, c'est que bien souvent c'est le mari ou le frère qui prend ainsi l'affirmative, qui défend la dame des poursuites du curieux, et qui lui donne lieu de se rendre entre les bras de son amant.

Il y a quelques jours qu'une jeune dame qui aimait chèrement son mari, étant informée qu'il était assez déréglé dans sa conduite, se déguisa, prit sa mante, et s'étant arrêtée dans une rue où il passait souvent, elle lui donna lieu de lui parler. Après qu'il l'eut abordée, elle le tutoya, et c'est d'ordinaire par cette manière familière que les femmes, en ce pays, font connaître leurs sentiments. Il lui proposa un parti qu'elle accepta sous les conditions qu'il n'aurait pas la curiosité de la voir ni de la connaître. Il lui en donna sa parole, et il la mena chez un de ses amis. Lorsqu'ils se séparèrent, il l'assura qu'il s'estimait le plus heureux de tous les hommes et qu'il n'avait jamais eu une si bonne fortune. Il lui donna une fort belle bague, et il la pria de la garder pour se souvenir de lui. Je la garderai chèrement, et je reviendrai ici quand tu voudras, lui dit-elle, car il vaut autant que j'aie tes pierreries qu'une autre. En achevant ces paroles, elle ouvrit sa mante, et le mari, voyant sa femme, resta dans la dernière confusion de son aventure. Mais il pensa que, puisqu'elle avait bien trouvé le moyen de sortir de chez elle pour l'attendre, elle trouverait aisément celui de lui jouer quelque autre tour moins agréable, et pour s'en garantir, il mit deux dueñas auprès d'elle qui ne la quitèrent plus.

Il arrive aussi quelquefois qu'un homme qui n'a pas sa maison proche du quartier où le hasard lui fait rencontrer sa maîtresse, entre sans façon dans celle d'un autre. Soit qu'il le connaisse ou non, il le prie civilement de vouloir bien sortir de sa chambre, parce qu'il trouve l'occasion d'entretenir une dame, et que s'il la perd, il ne la reverra de longtemps. Cela suffit pour que le maître de la maison la laisse au pouvoir de l'amant et de sa maîtresse, et quelquefois je vous assure que c'est la femme du sot qui s'en va si bonnement. Enfin l'on est d'une témérité surprenante, pour avoir le moyen de se voir seulement un quart d'heure.

Il me souvient d'une dame française qui, parlant d'un homme à une de ses amies, disait : Rends-le amoureux, je te le rends ruiné. Cette maxime est établie ici plus qu'en lieu du monde. Un amant n'a rien à lui, il n'est pas nécessaire de lui faire entrevoir, non pas de vrais besoins, mais seulement de légères envies d'avoir quelque chose. Ils n'omettent jamais rien là-dessus ; et la manière dont ils s'en acquittent relève beaucoup le prix de leurs libéralités. Je les trouve bien moins aimables que nos Français, mais on dit qu'ils savent mieux aimer. Leur procédé est aussi mille fois plus respectueux. Cela va même si loin, que lorsqu'un homme, de quelque qualité qu'il soit, présente un bijou ou une lettre à une dame, il met un genou en terre, et il en fait de même quand il reçoit quelque chose de sa main.

Je vous ai dit que je vous apprendrais pourquoi tant de dames allaient chez la duchesse d'Uzeda. Elle est fort aimable, et fille du duc d'Ossone. Son mari a eu querelle avec le prince Stigliano, pour une dame qu'ils aimaient. Ils ont tiré l'épée, c'est une assez grande affaire. Le Roi les a mis en arrêt ; ce n'est pas à dire qu'on les ait mis prisonniers, mais il leur est défendu de sortir de leur maison, si ce n'est la nuit, qu'ils en sortent secrètement pour aller à leurs galanteries ordinaires. Et, ce qu'il y a de rare, c'est que la pauvre épouse ne met pas les pieds dehors tant que son mari est en arrêt, quoique ce soit toujours pour quelque infidélité qu'il lui a faite. Il en est de même lorsqu'ils sont exilés ou relégués dans quelques-unes de leurs terres, ce qui arrive fort souvent. Dans le temps de leur absence, leurs femmes restent chez elles, sans sortir une seule fois. On m'a dit que la duchesse d'Ossone a été plus de deux ans prisonnière de cette sorte; c'est la coutume, et cette coutume est cause qu'elles s'ennuient fort.

Ce ne sont pas seulement les dames espagnoles qui s'ennuient ici, les Françaises s'y divertissent assez mal. Nous devons aller dans peu de jours à Aranjuez et à Tolède baiser la main de la Reine mère. Je vous écrirai, ma chère cousine, le détail de mon petit voyage, et je voudrais être en état de vous donner des marques plus essentielles de ma tendresse.

De Madrid, ce 25 juillet 1679.

TREIZIÈME LETTRE.

Je vous mandai par ma dernière lettre, ma chère cousine, que nous irions saluer la Reine mère ; j'ai eu cet honneur. Mais, avant de vous conduire chez elle, il vous faut parler d'autres choses. Je ne voulais pas sortir de Madrid que je n'eusse vu l'entrée du marquis de Villars. Il la fit à cheval, c'est la coutume en ce pays-ci, et quand un homme est bien fait, cela lui est avantageux. Lorsque l'ambassadeur de Venise fit la sienne, il fut heureux de n'être pas dans son carrosse. Il en avait un qui valait 12,000 écus, qui versa en sortant de chez lui ; mais comme c'était l'hiver, la marée (c'est cette vilaine boue noire qui fait des ruisseaux dans les rues, où un cheval entre jusqu'aux sangles), la marée, dis-je, gâta si fort le velours à fond d'or, la belle broderie dont il était relevé, qu'il n'a jamais pu servir depuis. Je demeurai surprise que, pour une chose aussi commune que ces sortes d'entrées, toutes les dames fussent sur leurs balcons, avec des habits magnifiques, et le même empressement qu'elles auraient pour le plus grand roi du monde. Mais elles ont si peu de liberté, qu'elles profitent avec joie de toutes les occasions de se montrer. Et comme leurs amants ne leur parlent presque jamais, ils ne manquent pas de se mettre dans leurs carrosses, proche du balcon de leurs maîtresses, où elles les entretiennent des yeux et des doigts. C'est un usage d'un grand secours pour se faire entendre plus promptement que s'ils se servaient de leurs voix. Ce langage muet me paraît assez difficile, à moins que d'y avoir beaucoup d'habitude. Mais ils l'ont aussi, et il n'y a que deux jours que je voyais une petite fille de six ans et un petit garçon à peu près du même âge, qui savaient déjà se dire mille jolies choses de cette manière. Don Frédéric de Cardone, qui les voyait comme moi, et qui les entendait bien mieux, m'expliquait tout; et, s'il n'a rien ajouté du sien à la conversation de ces deux enfants, il faut avouer qu'ils sont nés ici pour la galanterie [1].

La marquise de Palacios, mère de Don Fernand de Tolède, est une des meilleures amies de ma parente. Elle a une belle maison appelée *Igariça*, aux bords du *Xarama*. Et, bien que cette dame soit déjà vieille, elle n'y avait jamais été, quoique ce ne soit qu'à huit lieues de Madrid. Elles croient, en ce pays-ci, que ce n'est pas de la grandeur de se donner la peine d'aller dans leurs terres, à moins que ce ne soient des principautés ou des villes, et pour lors elles les nomment leurs états. Je fis un peu la guerre à cette dame de sa paresse, et ma parente l'engagea d'être du voyage avec sa fille Doña Mariquita, qui

---

[1] Le marquis de Louville fait allusion à cet usage dans sa correspondance. Le duc d'Albe venait de refuser l'ambassade de France. Cet homme, dit-il, le plus triste et le plus sérieux que j'aie jamais vu, est devenu amoureux d'une dame du palais, sœur du duc d'Ossone, aussi laide que lui. Comme il n'y voit goutte, c'est son valet qui fait de loin les signes pour lui. (*Mémoires du marquis de Louville*, t. II, p. 108.)

est une petite personne blanche, grasse et blonde.
Ces trois qualités sont également rares ici, et elle y
est admirée de tous ceux qui la voient. La jeune
marquise de la Rosa voulut être de la partie. Son
époux y vint à cheval avec Don Fernand de Tolède,
Don Sanche Sarmiento et Don Estève de Carvajal.
Don Frédéric de Cardone n'y aurait pas manqué,
mais l'archevêque de Burgos lui avait écrit de venir
le trouver en diligence. Lorsqu'il me le dit, je le priai
d'aller voir la belle marquise de Los Rios à las Huelgas.
Je lui donnai une lettre pour elle, par laquelle je lui
reprochais son silence et je lui demandais de ses nouvelles un peu particulièrement. Nous partîmes dans
deux carrosses le 16 août, sur les dix heures du soir,
par le plus beau temps du monde. Les chaleurs
étaient si excessives, qu'à moins que d'exposer sa vie,
il serait impossible de marcher le jour; mais les nuits
sont fraîches, et les carrosses sont, l'été, tout ouverts,
les mantelets levés autour, avec de grands rideaux
de toile de Hollande fort fine, garnie de belle dentelle d'Angleterre, avec des nœuds de ruban de couleur. Comme on les fait changer souvent, cela est
fort propre. Nous allions si vite, que je mourrais de
peur qu'il se rompît quelque chose à notre carrosse,
car il est constant que nous aurions été mille fois
tuées, avant que le cocher eût pu s'en apercevoir. Je
crois que l'on ne court ainsi que pour s'indemniser
de la lenteur avec laquelle on va dans Madrid. Car,
au petit pas des mules, c'est encore trop à cause du
mauvais pavé, des trous, des boues en hiver et de la
poudre en été, dont les rues sont pleines. La marquise

de Palacios avait un petit chapeau sur sa tête, garni de plumes, selon la coutume des dames espagnoles, quand elles vont à la campagne; et la marquise de la Rosa était fort jolie avec son justaucorps court, ses manches étroites, et le reste de son ajustement, sur lequel nous nous écriâmes que nous la trouvions *muy bizarra et muy de gala,* c'est-à-dire fort galante et fort magnifique.

Je trouvai assez plaisant que ces dames nous obligeassent de descendre en trois endroits sur le chemin, pour entendre jouer de la guitare par deux gentilshommes du marquis de la Rosa qu'il avait amenés exprès, et qui galopaient, leurs guitares attachées d'un cordon et passées derrière le dos. Cette petite musique, mal concertée, ne laissa pas de ravir la compagnie qui se récriait fort sur les agréments de la campagne pendant une belle nuit. Je n'ai jamais vu de femmes si satisfaites. Nous arrivâmes à Aranjuez à cinq heures du matin; je demeurai surprise de sa merveilleuse situation. Nous passâmes, à une demi-lieue en deçà du Tage, sur un pont de bois qui ferme, et nous entrâmes ensuite dans des avenues d'ormes et de tilleuls si hauts, si verts et si frais, que le soleil ne les pénètre point. C'est une chose bien extraordinaire que l'on trouve si proche de Madrid des arbres si parfaits en leur qualité, car le terrain est ingrat et il n'y en vient point. Cependant l'on n'a pas lieu de s'apercevoir à Aranjuez de ce que je dis, parce que l'on a fait le long des allées et proche des arbres, un petit fossé dans lequel l'eau du Tage coule et humecte leurs racines. Ces avenues sont si longues que, lorsqu'on est au milieu, l'on n'en peut voir le bout. Plusieurs allées se joignent à celle-ci et forment des étoiles de tous côtés. On se promène au bord du Tage et du Xarama. Ce sont deux fameuses rivières qui entourent l'île dans laquelle Aranjuez est bâti, et qui lui fournissent des eaux qui contribuent fort à son embellissement. En effet, je n'ai pas vu de lieu plus agréable. Il est vrai que les jardins sont trop serrés, et que l'on y trouve plusieurs allées étroites; mais les promenades y sont ravissantes, et lorsque nous y arrivâmes, je croyais être dans quelque palais enchanté. La matinée était fraîche, les oiseaux chantaient de tous côtés, les eaux faisaient un doux murmure, les espaliers chargés de fruits excellents, les parterres de fleurs odoriférantes, et je me trouvais en fort bonne compagnie. Nous avions un ordre de Don Juan pour être logés dans le château, de manière que l'alcayde nous reçut avec beaucoup de civilité, et nous fit voir soigneusement tout ce qu'il y avait de plus remarquable. Les fontaines sont de ce nombre. On en trouve une si grande quantité, qu'il est impossible de passer dans une allée, dans un cabinet, dans un parterre, ou sur une terrasse, sans en rencontrer partout cinq ou six avec des statues de bronze et des bassins de marbre. Les jets d'eau s'élèvent très-haut, ils ne sont pas d'eau vive, ils viennent tous du Tage. Je vous parlerai entre autres de la fontaine de Diane. Elle est sur une éminence qui la fait découvrir d'assez loin. La déesse est au milieu, entourée de cerfs, de biches et de chiens qui jettent tous de l'eau. On a ménagé un peu plus bas, un rond de myrtes que l'on a taillés de plusieurs manières différentes, et de petits Amours sont à moitié cachés dedans, qui jettent de l'eau contre les animaux dont la fontaine est bordée. Le mont Parnasse s'élève au milieu d'un grand étang avec Apollon, les Muses, le cheval Pégase et une chute d'eau qui tombe et représente le fleuve Hélicon. Il sort de ce rocher mille jets d'eau différents, dont les uns s'élancent, les autres serpentent sur la surface de l'étang; les autres coulent sans efforts, les autres forment des fleurs en l'air, ou une pluie. La fontaine de Ganymède a ses beautés. Ce bel enfant, assis sur l'aigle de Jupiter, semble alarmé de son vol; l'oiseau est en haut d'une colonne, les ailes déployées; il jette l'eau par le bec et par les serres. La fontaine de Marsen est tout proche. Celle des Harpies est belle: elles sont sur des colonnes de marbre fort hautes; aux quatre coins, elles jettent l'eau de tous côtés, et il semble qu'elles ont envie d'inonder un bel adolescent qui est assis au milieu de la fontaine et qui cherche une épine dans son pied. Mais la fontaine d'Amour est la plus agréable. Ce petit dieu y paraît élevé avec son carquois plein de flèches, et de chacune il sort un jet d'eau. Les trois Grâces sont assises aux pieds de l'Amour; et ce qui est de plus singulier, c'est ce qu'il tombe du haut de quatre grands arbres des fontaines, dont le bruit plaît beaucoup et surprend, car il n'est point naturel que l'eau vienne de là [1].

---

[1] Le duc de Saint-Simon donne une idée beaucoup plus nette des jardins d'Aranjuez. « Le jardin, dit-il, est grand, avec un beau parterre

Je craindrais de vous ennuyer, si j'entreprenais de vous dire le nombre de cascades, de chutes d'eau et de fontaines que je vis. Je puis vous assurer, en général, que c'est un lieu digne de la curiosité et de l'attention de tout le monde. Le soleil commençait d'être trop fort à huit heures; nous entrâmes dans la maison, mais il s'en faut bien qu'elle soit aussi belle qu'elle devrait l'être, pour répondre dignement à tout le reste. Lorsque le Roi y va, ceux qui l'accompagnent sont si mal logés, qu'il faut se contenter d'y aller à toute bride faire un peu sa cour, ou de passer jusqu'à Tolède, car il n'y a que deux méchantes hôtelleries et quelques maisons de particuliers en fort petit nombre. Si nous n'avions pas eu la précaution de porter jusqu'à du pain, je suis bien certaine que nous n'en aurions point eu, à moins que l'alcayde ne nous eût donné le sien. Je vous marquerai en passant de ne pas confondre alcayde avec alcalde. Le premier signifie gouverneur d'un château ou d'une place, et l'autre, un sergent. Bien que les tableaux les plus exquis soient à l'Escurial, je ne laissai pas d'en trouver de très-bons à Aranjuez, dans l'appartement

---

et quelques belles allées. Le reste, découpé de bosquets et de berceaux bas et étroits et pleins de fontaines de belle eau, d'oiseaux, d'animaux, de quelques statues, qui inondent les curieux qui s'amusent à les considérer. Il en sort de l'eau de dessous leurs pieds; il leur en tombe de ces oiseaux factices perchés sur les arbres une pluie abondante et une autre qui se croise en sortant de la gueule des animaux et des statues, en sorte qu'on est noyé en un instant sans savoir où se sauver. Tout ce jardin est dans l'ancien goût flamand, fait par des Flamands que Charles-Quint fit venir exprès. Il ordonna que ce jardin serait toujours entretenu par des jardiniers flamands, sous un directeur de la même nation, qui aurait seul le droit d'en ordonner, et cela s'est toujours observé fidèlement depuis. (*Mémoires du duc de Saint-Simon,* » t. XIX, p. 309.)

du Roi. Il est meublé selon la saison où nous sommes, c'est-à-dire avec les murailles toutes blanches, et une tapisserie de jonc très-fin, de la hauteur de trois pieds. Il y a au-dessus des miroirs ou des peintures. On trouve dans ce bâtiment plusieurs petites cours qui en diminuent la beauté. Nous déjeunâmes tous ensemble, et l'on voulut me persuader de manger d'un certain fruit nommé *pimento*, qui est long comme le doigt, et si violemment poivré, que si peu qu'on en mette dans la bouche elle est tout en feu. On laisse tremper longtemps le piment dans du sel et du vinaigre pour en ôter la force. Ce fruit vient en Espagne sur une plante, et je n'en ai point vu dans les autres pays où j'ai été. Nous avions une oille, des ragoûts de perdrix froides avec de l'huile, et du vin de Canarie; des poulardes, des pigeons qui sont excellents ici, et des fruits d'une beauté extraordinaire. Ce repas, qui valait un fort bon dîner, étant fini, nous nous couchâmes et nous n'allâmes à la promenade que sur les sept heures du soir. Les beautés de ce lieu me parurent aussi nouvelles que si je ne les avais pas vues le matin, particulièrement cette situation toute charmante que j'admirais toujours de quelque côté que je tournasse les yeux. Le Roi y est en sûreté avec une demi-douzaine de gardes, parce que l'on ne saurait y arriver que par des ponts qui ferment tous; et le Harama, qui grossit en cet endroit les eaux du Tage, fortifie Aranjuez. Après nous être promenés jusqu'à dix heures du soir, nous revînmes dans un grand salon pavé de marbre et soutenu par des colonnes semblables. Nous le trouvâmes éclairé de plusieurs lustres, et Don Estève de Carvajal y avait fait venir, sans nous en rien dire, des musiciens qui nous surprirent agréablement; du moins les dames espagnoles et ma parente en demeurèrent très-satisfaites. Pour moi, je trouvai qu'ils chantaient trop de la gorge, et que leurs passages étaient si longs, qu'ils en devenaient ennuyeux. Ce n'est pas qu'ils n'eussent la voix belle, mais leur manière de chanter n'est pas bonne, et communément tout le monde ne chante pas en Espagne comme l'on fait en France et en Italie. Le souper étant fini, nous allâmes au grand canal où il y avait un petit galion peint et doré. Nous entrâmes dedans et nous y demeurâmes jusqu'à deux heures après minuit, que nous en sortîmes pour prendre le chemin de Tolède.

Je remarquai qu'en sortant d'Aranjuez nous ne trouvâmes que des bruyères. L'air ne laisse pas d'être parfumé du thym et du serpolet dont ces plaines sont couvertes. On me dit qu'il y avait là une grande quantité de lapins, de cerfs, de biches et de daims, mais ce n'était pas l'heure de les voir. La conversation ayant été quelque temps générale, j'étais déjà à deux lieues d'Aranjuez, que je n'avais pas encore parlé à Don Fernand qui était auprès de moi. Mais voulant profiter du temps pour m'instruire à fond des particularités de cette redoutable Inquisition dont il m'avait promis de m'entretenir, je le priai de m'en dire quelque chose.

L'Inquisition, me dit-il, n'a été connue dans l'Europe qu'au commencement du treizième siècle. Avant ce temps-là, les évêques et les magistrats séculiers faisaient la recherche des hérétiques qu'ils condamnaient au bannissement, à la perte de leurs biens ou à d'autres peines qui n'allaient presque jamais à la mort. Mais le grand nombre d'hérésies qui s'élevèrent vers la fin du douzième siècle, furent la cause de l'établissement de ce tribunal. Les papes envoyèrent des religieux vers les princes catholiques et vers les évêques, pour les exhorter de travailler avec un soin extraordinaire à l'extirpation des hérésies et à faire punir les hérétiques opiniâtres, ce qui continua, de cette manière, jusqu'à l'année 1250.

En l'année 1251, Innocent IV donna pouvoir aux Dominicains de connaître de ces sortes de crimes avec l'assistance des évêques. Clément IV confirma ces tribunaux en 1265. Il y en eut ensuite plusieurs qui furent érigés dans l'Italie et dans les royaumes dépendant de la couronne d'Aragon, jusqu'au règne de Ferdinand et d'Isabelle, que l'Inquisition fut établie dans les royaumes de Castille, et puis en Portugal par le roi Jean III, en l'année 1536.

Les inquisiteurs avaient eu, jusqu'alors, une puissance bornée et souvent contestée par les évêques, à qui la connaissance des crimes d'hérésie appartenait. Selon les canons, il était contre les règles de l'Église que les prêtres condamnassent les criminels à mort, et même pour des crimes que souvent les lois civiles punissaient par des peines moins rigoureuses. Mais le droit ancien cédant au droit nouveau, les religieux de Saint-Dominique s'étaient mis, depuis deux siècles, en possession de cette justice extraordinaire par les bulles des papes ; et, les évêques ayant été entièrement exclus, il ne manquait aux inquisiteurs que l'autorité du prince pour l'exécution de leurs jugements. Avant qu'Isabelle de Castille parvînt à la couronne, le Dominicain Jean Torquemada, son confesseur et qui, depuis, fut cardinal, lui avait fait promettre de persécuter les infidèles et les hérétiques lorsqu'elle serait en pouvoir de le faire. Elle obligea Ferdinand, son mari, d'obtenir, en 1483, des bulles du pape Sixte IV, pour l'établissement d'une charge d'inquisiteur général dans les royaumes d'Aragon et de Valence; car ces deux royaumes étaient à lui de son chef, et il est à remarquer que Ferdinand donnait les charges dans ses États, et Isabelle dans les siens. Mais la Reine procura cette charge à Torquemada. Les papes étendirent ensuite sa juridiction sur tous les États catholiques, et Ferdinand et Isabelle établirent un conseil suprême de l'Inquisition dont ils le firent président. Il est composé de l'inquisiteur général, qui est nommé par le Roi d'Espagne et confirmé par le Pape; de cinq conseillers, dont l'un doit être dominicain, par un privilége de Philippe III accordé à cet ordre en 1616; d'un procureur fiscal, d'un secrétaire de la Chambre du Roi, de deux secrétaires du conseil, d'un alguazil mayor, d'un receveur, de deux rapporteurs et de deux qualificateurs et consulteurs [1].

---

[1] Les fonctions des autres personnages s'expliquent d'elles-mêmes; mais il nous semble à propos de donner quelques détails sur celles des qualificateurs et des consulteurs. C'étaient des théologiens chargés d'apprécier les points douteux des opinions religieuses émises par les prévenus. Les subtilités des questions qui leur étaient soumises leur permettaient de confondre les affaires politiques avec les affaires reli-

Le nombre des *Familiares* et des menus officiers de l'Inquisition, n'étant justiciables que de ce tribunal, se mettent, par ce moyen, à couvert de la justice ordinaire.

Le conseil supérieur a une entière autorité sur les autres inquisitions, qui ne peuvent faire d'*auto* ou exécution, sans la permission du grand inquisiteur. Les inquisitions particulières sont celles de Séville, de Tolède, de Grenade, de Cordoue, de Cuença, de Valladolid, de Murcie, de Llerena, de Logroño, de Saint-Jacques, de Saragosse, de Valence, de Barcelone, de Majorque, de Sardaigne, de Palerme, des Canaries, de Mexico, de Carthagène et de Lima.

Chacune de ces inquisitions est composée de trois inquisiteurs, de trois secrétaires, d'un alguazil mayor et de trois receveurs, qualificateurs et consulteurs.

Tous ceux qui entrent dans ces charges sont obligés de faire preuve de *casa limpia*, c'est-à-dire de n'avoir dans leur famille aucune tache de judaïsme ni d'hérésie, et d'être catholique d'origine.

Les procédures de ce tribunal sont fort extraordinaires. Un homme étant arrêté demeure dans les prisons sans savoir le crime dont on l'accuse, ni les témoins qui déposent contre lui. Il ne peut en sortir qu'en avouant une faute, dont souvent il n'est pas

---

gieuses. Ainsi, dans le procès d'Antonio Perez, le qualificateur définit en ces termes son opinion sur un terme qui leur avait été rapporté. Antonio Perez avait dit ces propres paroles : Si Dieu le Père y voulait mettre obstacle, je lui couperais le nez. Cette proposition, dit le qualificateur, est une proposition blasphématoire, sentant l'hérésie des Vaudois, qui prétendent que Dieu est corporel et qu'il a des membres humains. (*Antonio Perez et Philippe II,* Mignet, p. 145.)

coupable, et que le désir de la liberté lui fait avouer, parce qu'on ne fait pas mourir l'accusé la première fois, quoique la famille soit taxée d'infamie, et que ce premier jugement rende les personnes incapables de toutes charges.

Il n'y a aucune confrontation de témoins, ni aucun moyen de se défendre, parce que ce tribunal affecte sur toutes choses un secret inviolable. Il procède contre les hérétiques, et particulièrement contre les chrétiens judaïsants et les Maranes ou Mahométans secrets, dont l'expulsion des Juifs et des Maures, par Ferdinand et Isabelle, a rempli l'Espagne.

La rigueur de cette justice fut telle, que l'inquisiteur Torquemada fit le procès à plus de cent mille personnes, dont six mille furent condamnées au feu, dans l'espace de quatorze ans [1].

Le spectacle de plusieurs criminels condamnés au dernier supplice, sans avoir égard à leur sexe, ni à leur qualité, confirme, à ce que l'on prétend, les peuples dans la religion catholique, et l'Inquisition seule a empêché les dernières hérésies de se répandre en Espagne dans le temps qu'elles ont infesté toute

---

[1] Au dire de Llorente, treize mille personnes furent brûlées, et cent quatre-vingt-onze mille quatre cent treize furent condamnées à diverses peines, de l'année 1481 à l'année 1518. Llorente se base sur un passage de l'historien Mariana, qui parle de deux mille personnes condamnées à Séville en 1481; il multiplie ce chiffre par le nombre des tribunaux de l'Inquisition en Espagne, et arrive à se créer ainsi une moyenne. La statistique seule peut accepter de semblables évaluations.

Mariana, d'ailleurs, semble avoir parlé fort à la légère. Marineo, un contemporain, dit bien que deux mille personnes furent condamnées; mais, ajoute-t-il, dans un court espace de temps, ce qui change fort la thèse.

En réalité, nous en sommes réduits à des conjectures plus ou moins vagues.

l'Europe. C'est pourquoi les Rois ont donné une autorité excessive à ce tribunal, que l'on appelle le tribunal du Saint-Office.

Les actes généraux de l'Inquisition en Espagne, qui sont considérés dans la plus grande partie de l'Europe comme une simple exécution de criminels, passent parmi les Espagnols pour une cérémonie religieuse, dans laquelle le Roi-Catholique donne des preuves publiques de son zèle pour la religion. C'est pourquoi on les appelle *auto-da-fe*, ou actes de foi. Ils les font ordinairement à l'avénement des Rois à la couronne, ou à leur majorité, afin qu'ils soient plus authentiques. Le dernier se fit en 1632, et l'on en prépare un pour le mariage du Roi. Comme il ne s'en est pas fait depuis longtemps, on fait de grands préparatifs pour rendre celui-ci fort solennel et aussi magnifique que peuvent être ces sortes de cérémonies[1]. Un des conseillers de l'Inquisition en a déjà

---

[1] L'idée de célébrer avec pompe et magnificence l'effroyable cérémonie de l'auto-da-fé était parfaitement espagnole, et madame d'Aulnoy semble s'être identifiée avec le sentiment du pays, en laissant tomber ces mots de sa plume sans autre réflexion. Il est impossible, en effet, de le méconnaître, le tribunal du Saint-Office était considéré comme une institution nationale et religieuse. A ce double point de vue, il était entouré du respect et de la faveur populaires. Nous en trouvons la raison dans le passé de l'Espagne. Tous les souvenirs se rattachant à la lutte séculaire que les chrétiens avaient soutenue contre les musulmans. Or, les rigueurs de L'Inquisition s'exerçaient principalement contre les Maures et les Juifs. Il n'existait guère d'hérétiques en Espagne, ou, s'il en existait, l'opinion générale les confondait avec les Juifs. Les auto-da-fé étaient donc considérés comme des représailles envers les oppresseurs du nom chrétien. Ils donnaient satisfaction au fanatisme religieux, aux haines nationales, aux instincts féroces de la multitude; ils devenaient ainsi pour elle une fête émouvante, plus émouvante que le plus sanglant combat de taureaux. L'Inquisition avait encore d'autres auxiliaires. Elle était, en effet, secondée par la monarchie absolue, dont elle servait

fait un projet qu'il m'a montré. Voici ce qu'il porte :

On dressera dans la grande place de Madrid un théâtre de cinquante pieds de long. Il sera élevé à la hauteur du balcon destiné pour le Roi, sous lequel il finira.

A l'extrémité et sur toute la longueur de ce théâtre, il s'élèvera, à la droite du balcon du Roi, un amphithéâtre de vingt-cinq ou trente degrés, destiné pour le conseil de l'Inquisition et pour les autres conseils d'Espagne, au-dessous desquels sera, sous un dais, la chaire du grand inquisiteur, beaucoup plus élevée que le balcon du Roi. A la gauche du théâtre et du balcon, on verra un second amphithéâtre de même grandeur que le premier, et où les criminels seront placés.

Au milieu du grand théâtre, il y en aura un autre fort petit, qui soutiendra deux cages où l'on mettra les criminels pendant la lecture de leur sentence.

On verra encore sur le grand théâtre trois chaires préparées pour les lecteurs des jugements et pour le prédicateur, devant lequel il y aura un autel dressé.

Les places de Leurs Majestés Catholiques seront

---

les intérêts. Primitivement appelée à réprimer les atteintes portées à la foi religieuse, elle n'avait pas tardé à subir la pression de l'autorité souveraine dont elle émanait et était devenue un des rouages du gouvernement. Son intervention dans le domaine politique avait puissamment aidé la royauté à se transformer en une sorte de théocratie. Nul mieux que Philippe II ne comprit le parti qu'il pouvait tirer d'un tribunal à sa dévotion. Aussi, s'efforça-t-il de l'établir dans tous les pays soumis à son autorité. Mais l'Inquisition n'avait sa raison d'être qu'en Espagne. Les haines nationales qu'elle flattait n'existaient pas ailleurs; l'entreprise échoua, ainsi que chacun le sait.

disposées de sorte que la Reine sera à la gauche du Roi et à la droite de la Reine mère. Toutes les dames des Reines occuperont le reste de la longueur du même balcon de part et d'autre. Il y aura d'autres balcons préparés pour les ambassadeurs et pour les seigneurs et les dames de la cour, et des échafauds pour le peuple.

La cérémonie commencera par une procession qui partira de l'église de Sainte-Marie. Cent charbonniers armés de piques et de mousquets marcheront les premiers, parce qu'ils fournissent le bois qui sert au supplice de ceux qui sont condamnés au feu. Ensuite viendront les Dominicains, précédés d'une croix blanche. Le duc de Medinaceli portera l'étendard de l'Inquisition, selon le privilége héréditaire de sa famille. Cet étendard est de damas rouge. Sur l'un des côtés est représentée une épée nue dans une couronne de laurier, et sur l'autre les armes d'Espagne.

Ensuite on portera une croix verte entourée d'un crêpe noir. Plusieurs grands et d'autres personnes de qualité de l'Inquisition marcheront après, couverts de manteaux ornés de croix blanches et noires bordées de fils d'or. La marche sera fermée par cinquante hallebardiers ou gardes de l'Inquisition, vêtus de noir et de blanc, commandés par le marquis de Pobar, protecteur héréditaire du royaume de Tolède.

La procession, après avoir passé en cet ordre devant le palais, se rendra à la place. L'étendard et la croix verte seront plantés sur l'autel, et les Dominicains seuls resteront sur le théâtre et passeront une partie de la nuit à psalmodier, et dès la pointe du jour, ils célébreront sur l'autel plusieurs messes.

Le Roi, la Reine, la Reine mère et toutes les dames paraîtront sur les balcons vers les sept heures du matin; à huit, la marche de la procession commencera comme le jour précédent, par la compagnie des charbonniers, qui se placeront à la gauche du balcon du Roi; la droite sera occupée par ses gardes. Plusieurs hommes porteront ensuite des effigies de carton grandes comme nature. Les unes représenteront ceux qui sont morts dans la prison, dont les os seront aussi portés dans des coffres avec des flammes peintes à l'entour, et les autres figures représenteront ceux qui se sont échappés et qui auront été jugés par contumace. On placera ces figures dans une des extrémités du théâtre. On lira ensuite leur sentence, et ils seront exécutés. Mais je dois vous dire, ajouta-t-il, que le conseil suprême de l'Inquisition est plus absolu que tous les autres. On est persuadé que le Roi même n'aurait pas le pouvoir d'en retirer ceux qui seraient dénoncés, parce que ce tribunal ne reconnaît que le Pape au-dessus de lui, et qu'il y a eu des temps et des occasions où la puissance du Roi s'est trouvée plus faible que celle de l'Inquisition. Don Diégo Sarmiento est inquisiteur général. C'est un grand homme de bien; il peut avoir soixante ans. Le Roi nomme le président de l'Inquisition et Sa Sainteté le confirme; mais à l'égard des inquisiteurs, le président les propose au Roi, et après avoir eu son approbation, il les pourvoit de leur charge.

Le tribunal connaît tout ce qui regarde la foi, et il

est absolument revêtu de l'autorité du Pape et de celle du Roi. Ses arrêts sont sans appel, et les vingt-deux tribunaux de l'Inquisition qui sont dans tous les États d'Espagne, et qui dépendent de celui de Madrid, lui rendent compte tous les mois de leurs finances, et tous les ans des causes et des criminels. Mais ceux des Indes et des autres lieux éloignés ne rendent compte qu'à la fin de chaque année. A l'égard des charges de ces tribunaux inférieurs, elles sont remplies par l'inquisiteur général, avec l'approbation des conseillers. Il serait assez difficile de pouvoir dire précisément le nombre d'officiers qui dépendent de l'Inquisition, car dans l'Espagne seule il y a plus de vingt-deux mille familiares du Saint-Office. On les nomme ainsi, parce que ce sont comme des espions répandus partout, qui donnent sans cesse à l'Inquisition des avis vrais ou faux, sur lesquels on prend ceux qu'ils accusent [1].

Dans le temps que j'écoutais Don Fernand avec le plus d'attention, la marquise de Palacios nous interrompit, pour nous dire que nous étions proche de

[1] Un gentilhomme, familier de l'Inquisition, peut après cela faire toutes les méchantes actions du monde, tuer, assassiner, violer, sans qu'il lui en arrive du mal; car dès qu'on le veut faire prendre, il se réclame tout aussitôt de l'Inquisition, où il a ses causes commises, et il faut que toute autre juridiction cède, car celle-ci a les mains plus longues que les autres. Les inquisiteurs entreprennent donc ce procès, et le familier ne manque point aussitôt de se faire écrouer prisonnier de l'Inquisition, et après cela, il ne laisse pas de se promener partout, pendant qu'on fait tirer le procès en longueur.... Quand je passai à Cordoue, je vis un Don Diego de Cabrera y Sotomayor, chevalier del habito de Calatrava, qui me fit voir la salle de l'Inquisition ; tous les coins et les prisons et le lieu où se donne la gêne aux accusés, et il me dit qu'il y avait fort longtemps qu'il était prisonnier de l'Inquisition de cette nature. (*Relation de l'État d'Espagne*, p. 87.)

Tolède, et que les restes antiques d'un vieux château
que nous voyions à gauche, sur une petite montagne,
étaient ceux d'un palais enchanté. Nous voici encore,
dis-je tout bas à Don Fernand, aux châteaux de Guebare et de Nios. Nous en sommes à tout ce qu'il vous
plaira, dit-il, mais il est certain que c'est une tradition très-ancienne dans ce pays-ci. On prétend qu'il
y avait une cave fermée, et une prophétie menaçait
l'Espagne des derniers malheurs lorsqu'on ouvrirait
cette cave; chacun, effrayé de ces menaces, ne voulait point en attirer les effets sur soi. Ce lieu demeura donc fermé pendant des siècles. Mais le Roi
Don Rodrigue, moins crédule, ou plus curieux, fit
ouvrir la cave, et ce ne fut pas sans entendre des
bruits épouvantables. Il semblait que tous les éléments allaient se confondre, et que la tempête ne
pouvait être plus grande. Cela ne l'empêcha pas d'y
descendre, et il vit, à la clarté de plusieurs flambeaux, des figures d'hommes dont l'habillement et
les armes étaient extraordinaires. Il y en avait un
qui tenait une lame de cuivre, sur laquelle on trouva
écrit en arabe, que le temps approchait de la désolation de l'Espagne, et que ceux dont les statues étaient
en ce lieu ne seraient pas longtemps sans arriver.
Je n'ai jamais été en aucun endroit, dis-je en riant,
où l'on fasse plus de cas des contes fabuleux qu'en
Espagne. Dites plutôt, reprit-il, qu'il n'y a jamais eu de
dame moins crédule que vous, et je n'ai pas entrepris
de vous faire changer de sentiment en vous disant cette
histoire. Mais autant qu'on peut assurer des choses
sur la foi des auteurs, celle-ci doit être recevable.

Le jour était assez grand pour bien remarquer tous les charmes de la campagne. Nous passâmes le Tage sur un beau et grand pont, dont on m'avait parlé, et ensuite je découvris Tolède tout environnée de montagnes et de rochers qui la commandent. On trouve là des maisons très-belles, que l'on a bâties dans les montagnes pour jouir d'une agréable solitude. L'archevêque de Tolède y en a une où il va souvent. La ville est élevée sur le roc, dont l'inégalité en plusieurs endroits contribue à la rendre haute et basse. Les rues sont étroites, mal pavées et difficiles; ce qui fait que toutes les personnes de qualité y vont en chaise ou en litière. Et comme nous étions en carrosse, nous allâmes demeurer proche de la Plaza Mayor, parce que c'est le seul quartier où l'on puisse passer en voiture. Nous descendîmes, en arrivant, à l'hôpital de Foira, qui est dans le faubourg et dont le bâtiment entoure de trois côtés une très-grande cour carrée. L'église contient le quatrième; nous y entendîmes la messe. Cet hôpital a été bâti par un archevêque de Tolède, dont le tombeau et la statue en marbre sont au milieu de la nef. Les murailles de la ville ont été rebâties par les Maures; elles sont bordées d'une grande quantité de petites tours qui servaient autrefois à les défendre, et la place serait bonne, étant presque tout entourée du Tage, et ayant des fossés extrêmement profonds, si les montagnes voisines ne la commandaient pas; car on peut aisément la battre de ces lieux-là. Il n'était pas huit heures quand nous arrivâmes. Nous voulûmes employer le reste de la matinée à voir l'église, qui

est, à ce que l'on dit, une des plus belles de l'Europe.
Les Espagnols l'appellent Sainte, soit à cause des
reliques que l'on y voit, ou par quelque autre raison
que l'on ne m'a pas expliquée. Si elle était aussi
longue et aussi haute qu'elle est large, elle n'en serait
que mieux. Elle est ornée de plusieurs chapelles aussi
grandes que des églises. Elles sont tout éclatantes
d'or et de peintures. Les principales sont celles de la
Vierge, de saint Jacques, de saint Martin, du cardinal de Sandoval, et du connétable de Luna. Je vis
une niche dans le chœur, d'où l'on prétend qu'il sortit une source d'eau plusieurs jours de suite, et qui
servit à désaltérer les soldats et les citoyens, dans le
temps qu'ils soutenaient le siége contre les Maures,
et qu'ils étaient demi-morts de soif. Car, sans m'éloigner de mon discours, je dois dire qu'il n'y a pas une
fontaine dans la ville, et qu'il faut descendre jusqu'au
Tage pour en apporter l'eau; ce qui est une chose si
incommode, que je ne puis comprendre comment
Tolède est aussi peuplé. On trouve, proche de l'entrée
de l'église, un pilier de marbre que l'on y révère,
parce que la Sainte Vierge apparut dessus à saint Alphonse. Il est enfermé dans une grille de fer, et on
le baise par une petite fenêtre, au-dessus de laquelle
il est écrit : *Adorabimus in loco ubi steterunt pedes
ejus.* Entre chaque siége des chanoines, il y a une
colonne de marbre, et la sculpture de toute l'église
est fort délicate et bien travaillée. Je vis le trésor
avec admiration. Il faut trente hommes pour porter
le tabernacle le jour de la Fête-Dieu. Il est de vermeil doré, il finit en plusieurs pointes de clocher, d'un

travail exquis, couvert d'anges et de chérubins. Il y en a encore un autre au dedans, lequel est d'or massif, avec une quantité de pierreries si considérable, que l'on n'en peut dire la juste valeur. Les patènes, les calices et les ciboires ne sont pas moins beaux. Tout y brille de gros diamants et de perles orientales. Le soleil où l'on met le Saint-Sacrement, les couronnes de la Vierge et ses robes sont les choses les plus magnifiques que j'aie vues de mes jours. Mais, en vérité, cet archevêché est si riche, qu'il est bien juste que tout y réponde. Je vous ai mandé, ma chère cousine, que l'archevêque de Burgos me dit que celui de Tolède avait trois cent cinquante mille écus de rente. Ajoutez à cela que la fabrique en a cent.

Quarante chanoines, chacun mille. Le grand archidiacre, quarante mille. Trois archidiaconés, dont le premier vaut quinze mille écus; le second, douze mille; le troisième, dix mille. Le doyenné, dix mille.

Il y a, de plus, un nombre infini de chapelains, de clercs de chapelle et de personnes qui reçoivent la distribution des rations.

Il y a le chapelain mayor de la chapelle de los Reis, qui jouit de douze mille écus de revenu, et six autres sous lui, qui ont chacun mille écus.

Après avoir passé beaucoup de temps à considérer les beautés dont cette cathédrale est remplie, dans le moment que nous allions en sortir pour retourner dans l'hôtellerie où nous avions laissé notre carrosse, nous trouvâmes un aumônier et un gentilhomme du cardinal Porto-Carrero, qui vinrent de sa part nous faire un compliment, et nous assurer qu'il ne souffrirait pas que nous fussions demeurer ailleurs qu'à l'archevêché. Ils s'adressèrent particulièrement à la marquise de Palacios, qui est sa proche parente et qui nous pressa fort d'y aller. Nous nous en défendîmes sur le désordre où nous étions, ayant passé la nuit sans dormir, et n'étant qu'en déshabillé. Elle dit à son fils d'aller trouver M. le cardinal et de le prier d'agréer nos excuses. Don Fernand revint au bout d'un moment, suivi d'un grand nombre de pages, dont quelques-uns portaient des parasols de brocart d'or et d'argent. Il nous dit que Son Éminence souhaitait fort que nous allassions chez lui, et qu'il lui avait témoigné tant de chagrin du refus que nous en faisions, qu'il lui avait promis de nous y mener; que là-dessus il avait commandé que l'on prît des parasols pour nous garantir du soleil, et que l'on arrosât la place que nous avions à traverser pour aller de l'église à l'archevêché. Nous aperçûmes aussitôt deux mules qui traînaient une petite charrette, sur laquelle il y avait un poinçon plein d'eau. On nous dit que c'était la coutume, toutes les fois que le cardinal devait venir à l'église, d'arroser ainsi le chemin.

Le palais archiépiscopal est fort ancien et fort grand, très-bien meublé, et digne de celui qui l'occupe. On nous conduisit dans un bel appartement, où l'on nous apporta d'abord du chocolat, et ensuite toutes sortes de fruits, de vins, d'eaux glacées et de liqueurs. Nous étions si endormis, qu'après avoir un peu mangé, nous priâmes la marquise de Palacios de voir M. le cardinal, et de nous excuser auprès de lui si nous différions à nous donner cet honneur, mais que nous ne pouvions plus nous passer de dormir. En effet, la jeune marquise de la Rosa, ma parente, nos enfants et moi, nous prîmes le parti de nous coucher, et, sur le soir, nous nous habillâmes pour aller chez la Reine mère. La marquise de Palacios, qui lui avait toujours été fort dévouée, était allée à l'Alcazar (c'est ainsi que l'on nomme le château), et elle l'avait vue pendant que nous dormions. De manière qu'elle lui dit qu'elle nous donnerait audience sur les huit heures du soir; et pour la première fois je me mis à l'espagnole. Je ne comprends guère d'habit plus gênant. Il faut avoir les épaules si serrées, qu'elles en font mal, on ne saurait lever le bras, et à peine peut-il entrer dans les manches du corps. On me mit un guardinfant d'une grandeur effroyable (car il faut en avoir chez la Reine). Je ne savais que devenir avec cette étrange machine. On ne peut s'asseoir, et je crois que je le porterais toute ma vie sans m'y pouvoir accoutumer. On me coiffa à la *Melene*, c'est-à-dire les cheveux tout épars sur le cou, et noués par le bout d'une nonpareille. Cela échauffe bien plus qu'une palatine. De sorte qu'il est aisé de juger comme je passais mon temps au mois d'août en Espagne. Mais c'est une coiffure de cérémonie, et il ne fallait manquer à rien en telle occasion. Enfin je mis des chapins, plutôt pour me casser le cou que pour marcher avec. Quand nous fûmes toutes en état de paraître, car ma parente et ma fille allaient aussi à l'espagnole, on nous fit entrer dans une chambre de parade, où M. le cardinal nous vint voir. Il se nomme Don Luis Porto-Carrero, il peut avoir qua-

rante-deux ans; il est fort civil, son esprit est doux
et complaisant. Il a pris assez les manières polies de
la cour de Rome. Il demeura une heure avec nous;
on nous servit ensuite le plus grand repas qui se pouvait faire, mais tout était si ambré, que je n'ai jamais goûté à des sauces plus extraordinaires et moins
bonnes [1]. J'étais à cette table comme un Tantale
mourant de faim, sans pouvoir manger. Il n'y avait
point de milieu entre des viandes toutes parfumées
ou toutes pleines de safran, d'ail, d'oignon, de poivre
et d'épices. A force de chercher, je trouvai de la
gelée et du blanc-manger admirable, avec quoi je
me dédommageai. On y servit aussi un jambon qui
venait de la frontière du Portugal, et qui était meilleur que ceux de mouton que l'on vante si fort à
Bayonne, et que ceux de Mayence. Mais il était
couvert d'une certaine dragée que nous nommons en
France de la nonpareille, et dont le sucre se fondit
dans la graisse. Il était tout lardé d'écorce de citron,
ce qui diminuait bien de sa bonté [2]. Pour le fruit, c'était

[1] Ainsi que nous l'avons vu, les Espagnols étaient fort sobres; mais
lorsqu'il s'agissait de repas de cérémonie, ils se piquaient d'une magnificence extraordinaire. Le maréchal, dit le duc de Gramont, fut dîner
chez l'amirante de Castille, qui lui fit un festin superbe et magnifique, à
la manière espagnole, c'est-à-dire pernicieux et duquel personne ne put
manger. J'y vis servir sept cents plats, tous aux armes de l'amirante.
Tout ce qui était dedans était safrané et doré; puis je les vis reporter
comme ils étaient venus, sans que personne de tout ce qui était à table
y pût tâter, et le dîner dura plus de quatre heures. (*Collection des Mémoires relatifs à l'histoire de France*, t. XXXI, p. 317.)

[2] Il s'agit probablement de ces « petits jambons vermeils » sur lesquels
le duc de Saint-Simon s'extasie, fort rares en Espagne même, qui ne se
font que chez le duc d'Arcos et deux autres seigneurs, de cochons renfermés dans des espèces de petits parcs remplis de halliers, où tout four-
mille de vipères dont ces cochons se nourrissent uniquement. (*Mémoires du duc de Saint-Simon*, t. XIX, p. 131.)

la meilleure et même la plus divertissante chose que l'on pût voir, car on avait glacé dans le sucre, à la mode d'Italie, des petits arbres tout entiers : vous jugez bien au moins que les arbres étaient fort petits. Il y avait des orangers confits de cette manière, avec des petits oiseaux contrefaits attachés dessus. Des cerisiers, des framboisiers, des groseilliers, et d'autres encore, chacun dans une petite caisse d'argent.

Nous sortîmes promptement de table, parce que l'heure d'aller chez la Reine approchait. Nous y fûmes en chaise, quoiqu'il y ait loin et particulièrement beaucoup à monter, car l'Alcazar est bâti sur un rocher d'une prodigieuse hauteur, et la vue en est merveilleuse. Il y a devant la porte une très-grande place; l'on entre ensuite dans une cour de cent soixante pieds de long et de cent trente de large, ornée de deux rangs de portiques, et dans la longueur de dix rangs de colonnes, chacune d'une seule pierre. Il y en a huit rangs dans la largeur, et cela fait un bel effet. Mais ce qui plaît beaucoup davantage, c'est l'escalier qui est au fond de la cour, et qui contient les cent trente pieds qu'elle a de largeur. Après que l'on a monté quelques marches, il se sépare en deux, et l'on doit dire en vérité que c'est un des plus beaux de l'Europe. Nous traversâmes une grande galerie et des appartements si vastes, et dans lesquels il y avait si peu de monde, qu'il ne paraissait pas que l'on y dût trouver la Reine mère d'Espagne. Elle était dans un salon, dont toutes les fenêtres étaient ouvertes et donnaient sur la plaine et la rivière. La tapisserie, les carreaux, les tapis et le dais étaient de drap gris. La Reine était debout, appuyée sur un balcon, tenant dans sa main un grand chapelet. Lorsqu'elle nous vit, elle se tourna vers nous, et nous reçut d'un air assez riant. Nous eûmes l'honneur de lui baiser la main, qu'elle a petite, maigre et blanche. Elle est fort pâle, le teint fin, le visage un peu long et plat, les yeux doux, la physionomie agréable, et la taille d'une médiocre grandeur. Elle était vêtue comme toutes les veuves le sont en Espagne, c'est-à-dire en religieuse, sans qu'il paraisse un seul cheveu, et il y en a beaucoup (mais elle n'est pas du nombre) qui se les font couper lorsqu'elles perdent leur mari, pour témoigner davantage leur douleur. Je remarquai qu'il y avait des troussis autour de sa jupe pour la rallonger quand elle est usée. Je ne dis pas pour cela qu'on la rallonge, mais c'est la mode en ce pays-ci. Elle me demanda combien il y avait que j'étais partie de France, je lui en rendis compte. Elle s'informa si en ce temps-là on parlait du mariage du Roi son fils avec Mademoiselle d'Orléans; je lui dis que non. Elle ajouta qu'elle voulait me faire voir son portrait, que l'on avait tiré sur celui que le Roi son fils avait, et elle dit à une de ses dames, qui était une vieille dueña bien laide, de l'apporter. Il était peint en miniature de la grandeur de la main, dans une boîte de satin noir dessus et de velours vert dedans. Trouvez-vous, dit-elle, qu'elle lui ressemble? Je l'assurai que je n'y reconnaissais aucun de ses traits. En effet, elle paraissait louche, le visage de côté, et rien ne pouvait être moins ressemblant à une princesse aussi parfaite que l'est Mademoiselle. Elle me demanda si elle était plus ou moins belle que ce portrait. Je lui dis qu'elle était sans comparaison plus belle. Le Roi mon fils sera donc agréablement trompé, reprit-elle, car il croit que ce portrait est tout comme elle, et l'on ne peut en être plus content qu'il est. A mon égard, ses yeux de travers me faisaient de la peine, mais pour me consoler, je pensais qu'elle avait de l'esprit et bien d'autres bonnes qualités. Ne vous souvenez-vous pas, ajouta-t-elle en parlant à la marquise de Palacios, d'avoir vu mon portrait dans la chambre du feu Roi? Oui, Madame, reprit la marquise, et je me souviens aussi qu'en voyant Votre Majesté nous demeurâmes fort étonnées que la peinture lui eût fait tant de tort. C'est ce que je voulais vous dire, reprit-elle; et lorsque je fus arrivée, et que je jetai les yeux sur ce portrait que l'on me dit être le mien, j'essayai inutilement de le croire, je ne pus y réussir. Une petite naine grosse comme un tonneau, et plus courte qu'un potiron, toute vêtue de brocart or et argent, avec de longs cheveux qui lui descendaient presque jusqu'aux pieds, entra et se vint mettre à genoux devant la Reine, pour lui demander s'il lui plaisait de souper. Nous voulûmes nous retirer; elle nous dit que nous pouvions la suivre, et elle passa dans une salle toute de marbre, où il y avait plusieurs belons sur des escaparates. Elle se mit seule à table, et nous étions toutes debout autour d'elle. Ses filles d'honneur vinrent la servir, avec la camarera mayor, qui avait l'air bien chagrin.

Je vis quelques-unes de ces filles qui me semblèrent fort jolies. Elles parlèrent à la marquise de Palacios, et elles lui dirent qu'elles s'ennuyaient horriblement, et qu'elles étaient à Tolède comme on est dans un désert. Celles-ci se nomment *Damas de palacio*, et elles mettent des chapins; mais, pour les petites menines, elles ont leurs souliers tout plats. Les menins sont des enfants de la première qualité qui ne portent ni manteau ni épée.

On servit plusieurs plats devant la Reine : les premiers furent des melons à la glace, des salades et du lait, dont elle mangea beaucoup avant de manger de la viande, qui avait assez mauvaise grâce. Elle ne manque pas d'appétit, et elle but un peu de vin pur, disant que c'était pour cuire le fruit. Lorsqu'elle demandait à boire, le premier menin apportait sa coupe sur une soucoupe couverte; il se mettait à genoux en la présentant à la camarera, qui s'y mettait aussi lorsque la Reine la prenait de ses mains. De l'autre côté, une dame du palais présentait à genoux la serviette à la Reine pour s'essuyer la bouche. Elle donna des confitures sèches à Doña Mariquita de Palacios et à ma fille, en leur disant qu'il n'en fallait guère manger, que cela gâtait les dents aux petites filles. Elle me demanda plusieurs fois comment se portait la Reine Très-Chrétienne, et à quoi elle se divertissait. Elle dit qu'elle lui avait envoyé depuis peu des boîtes de pastilles d'ambre, des gants et du chocolat. Elle demeura plus d'une heure et demie à table, parlant peu, mais paraissant assez gaie. Nous lui demandâmes ses ordres pour Madrid;

elle nous fit une honnêteté là-dessus, et ensuite nous prîmes congé d'elle. On ne peut pas disconvenir que cette Reine n'ait bien de l'esprit, et beaucoup de courage et de vertu, de prendre, comme elle fait, un exil si désagréable.

Je ne veux pas oublier de vous dire que le premier des menins porte les chapins de la Reine, et les lui met. C'est un si grand honneur en ce pays, qu'il ne le changerait pas avec les plus belles charges de la couronne. Quand les dames du palais se marient, et que c'est avec l'agrément de la Reine, elle augmente leur dot de cinquante mille écus, et d'ordinaire on donne un gouvernement ou une vice-royauté à ceux qui les épousent.

Lorsque nous fûmes de retour chez M. le cardinal, nous trouvâmes un théâtre dressé dans une grande et vaste salle, où il y avait beaucoup de dames d'un côté et de cavaliers de l'autre. Ce qui me parut singulier, c'est qu'il y avait un rideau de damas qui contenait toute la longueur de la salle jusqu'au théâtre et qui empêchait que les hommes et les femmes se pussent voir. On n'attendait plus que nous pour commencer la comédie de *Pyrame et Thisbée!* Cette pièce était nouvelle et plus mauvaise qu'aucune que j'eusse encore vue en Espagne. Les comédiens dansèrent ensuite fort bien; et le divertissement n'était pas fini à deux heures après minuit.

On servit un repas magnifique dans un salon où il y avait plusieurs tables, et M. le cardinal nous y ayant fait prendre place, alla retrouver les cavaliers, qui, de leur côté, étaient servis comme nous. Il y eut une musique italienne excellente; car Son Éminence avait amené des musiciens de Rome, auxquels il donnait de grosses pensions. Nous ne pûmes nous retirer dans notre appartement qu'à six heures du matin; et comme nous avions encore bien des choses à voir, au lieu de nous coucher, nous allâmes à la Plaza Mayor, que l'on appelle *Socodebet*. Les maisons dont elle est entourée sont de briques, et toutes semblables, avec des balcons. Sa forme est ronde; il y a des portiques sous lesquels on se promène, et cette place est fort belle. Nous retournâmes au château pour le voir mieux, avec plus de loisir. Le bâtiment en est gothique et très-ancien; mais il y a quelque chose de si grand, que je ne suis pas surprise de ce que Charles-Quint aimait mieux y demeurer qu'en aucune ville de son obéissance. Il consiste en un carré de quatre gros corps de logis, avec des ailes et des pavillons. Il y a de quoi loger commodément toute la cour d'un grand roi. On nous montra une machine qui était merveilleuse avant qu'elle fût rompue; elle servait à puiser de l'eau dans le Tage, et la faisait monter jusque dans le haut de l'Alcazar. Le bâtiment en est encore tout entier, bien qu'il y ait plusieurs siècles qu'il soit fait. On descend plus de cinq cents degrés jusqu'à la rivière. Lorsque l'eau était entrée dans le réservoir, elle coulait par des canaux dans tous les endroits de la ville où il y avait des fontaines. Cela était d'une extrême commodité, car il faut à présent descendre environ trente toises pour aller querir de l'eau.

Nous vînmes entendre la messe dans l'église de
Los Reys. Elle est belle et grande, et toute pleine
d'orangers, de grenadiers, de jasmins et de myrtes
fort hauts, qui forment des allées dans des caisses
jusqu'au grand autel, dont les ornements sont extraordinairement riches. De sorte qu'au travers de
toutes ces branches vertes, et de toutes ces fleurs de
différentes couleurs, voyant briller l'or, l'argent, la
broderie et les cierges allumés dont l'autel est paré,
il semble que ce soient les rayons du soleil qui vous
frappent les yeux. Il y a aussi des cages peintes et
dorées remplies de rossignols, de serins et d'autres
oiseaux, qui font un concert charmant. Je voudrais
bien que l'on prît, en France, la coutume d'orner
nos églises comme elles le sont en Espagne. Les murailles de celles-ci sont toutes couvertes en dehors
de chaînes et de fers des captifs que l'on va racheter
en Barbarie. Je remarquai en ce quartier-là que, sur
la porte de la plupart des maisons, il y a un carreau
de *fayence* sur lequel est la salutation angélique avec
ces mots : *Maria sue concebida sin pecado original.*
On me dit que ces maisons appartenaient à l'archevêque, et qu'il n'y demeure que des ouvriers en soie,
qui sont nombreux à Tolède.

Les deux ponts de pierre qui traversent la rivière
sont fort hauts, fort larges et fort longs. Si l'on voulait un peu travailler dans le Tage, les bateaux viendraient jusqu'à la ville, ce serait une commodité
considérable ; mais on est naturellement trop paresseux pour considérer l'utilité du travail préférablement à la peine de l'entreprendre. Nous vîmes encore

l'hôpital de *Los Niños,* c'est-à-dire des Enfants trouvés, et la maison de ville, qui est proche de la cathédrale. Enfin, notre curiosité étant satisfaite, nous revînmes au palais archiépiscopal, et nous nous mîmes au lit jusqu'au soir, que nous fîmes encore un festin aussi splendide que ceux qui l'avaient précédé. Son Éminence mangea avec nous, et après l'avoir remerciée autant que nous le devions, nous partîmes pour nous rendre au château d'Igariça. Le marquis de Los Palacios nous y attendait avec le reste de sa famille, de manière que nous y fûmes reçues si obligeamment, qu'il ne se peut rien ajouter à la bonne chère et aux plaisirs que l'on nous procura pendant six jours, soit à la pêche sur la rivière du Xarama, soit à la chasse, à la promenade ou dans les conversations générales. Chacun faisait paraître sa bonne humeur à l'envi l'un de l'autre, et l'on peut dire que lorsque les Espagnols font tant que de quitter leur gravité, qu'ils vous connaissent et qu'ils vous aiment, on trouve de grandes ressources avec eux du côté de l'esprit. Ils deviennent sociables, obligeants, empressés pour vous plaire et de la meilleure compagnie du monde. C'est ce que j'ai éprouvé dans la partie que nous venons de faire et dont je ne vous aurais pas rendu un compte si exact si je n'étais persuadée, ma chère cousine, que vous le voulez ainsi, et que vous me tenez quelque compte de ma complaisance.

A Madrid, ce 30 août 1679.

QUATORZIÈME LETTRE.

La cérémonie se fit ici le dernier du mois d'août, de jurer la paix conclue à Nimègue entre les couronnes de France et d'Espagne. J'avais beaucoup d'envie de voir ce qui s'y passerait, et comme les femmes n'y vont point, le connétable de Castille nous promit de nous faire entrer dans la chambre du Roi, aussitôt qu'il serait entré dans le salon. Madame Gueux, ambassadrice de Danemark, et madame de Chais, femme de l'envoyé de Hollande, y vinrent aussi. Nous passâmes par un degré dérobé où un gentilhomme du connétable nous attendait, et nous demeurâmes quelque temps dans un fort beau cabinet rempli de livres espagnols bien reliés et très-divertissants. J'y trouvai, entre autres, l'histoire de Don Quichotte, ce fameux chevalier de la Manche, dans laquelle la naïveté et la finesse des expressions, la force des proverbes et ce que les Espagnols appellent *el pico*, c'est-à-dire la pointe et la délicatesse de la langue, paraissent tout autrement que les traductions que nous en voyons en notre langue. Je prenais tant de plaisir à le lire, que je ne pensais presque plus à voir la cérémonie. Elle commença aussitôt que le marquis de Villars fut arrivé, et l'on ouvrit une fenêtre fermée d'une jalousie par laquelle nous regardions ce qui se passait. Le Roi se plaça au bout du grand salon doré, qui est un des plus magnifiques qui soient dans le palais. L'estrade était couverte d'un tapis merveilleux. Le trône et le dais étaient brodés de perles, de diamants, de rubis, d'émeraudes et d'autres pierreries précieuses. Le cardinal Porto Carrero était assis dans un fauteuil au bas de l'estrade, à la droite du trône; le connétable de Castille était sur un tabouret. L'ambassadeur de France s'assit à la gauche du trône, sur un banc couvert de velours, et les grands étaient proche du cardinal. Lorsque chacun se fut placé selon son rang, le Roi entra, et quand il fut assis dans son trône, le cardinal, l'ambassadeur et les grands s'assirent et se couvrirent. Un secrétaire d'État lut tout haut le pouvoir que le Roi Très-Chrétien avait envoyé à son ambassadeur. On apporta ensuite une petite table devant le Roi, avec un Crucifix et le livre des Évangiles, et pendant qu'il tenait la main dessus, le cardinal lut le serment par lequel il jurait de garder la paix avec la France. Il se passa encore quelques cérémonies, auxquelles je ne fis pas assez attention pour pouvoir vous en rendre compte. Le Roi rentra peu après dans son appartement, et nous en sortîmes auparavant. Nous restâmes dans le même cabinet où nous nous étions arrêtées d'abord. Il était si près de la chambre, que nous entendions le Roi qui disait qu'il n'avait jamais eu si chaud et qu'il allait quitter sa golille. Il est vrai que le soleil est bien ardent en ce pays. Les premiers jours que j'y ai été, j'étais accablée d'une migraine extraordinaire dont je ne pouvais trouver la raison; mais ma parente me dit que c'était de me couvrir trop la tête, et que si je n'y prenais garde, j'en pourrais perdre les yeux. Je ne tardai pas à quitter mon bonnet et mes cornettes, et, depuis ce temps-là, je n'ai point eu de mal de tête. Pour moi, je ne saurais croire qu'en aucun lieu du monde, il y ait un plus beau ciel qu'ici. Il est si pur, qu'on n'y aperçoit pas un seul nuage, et l'on m'assure que les jours d'hiver sont semblables aux plus beaux jours qu'on voit ailleurs. Ce qu'il y a de dangereux, c'est un certain vent de Gallego, qui vient du côté des montagnes de Galice; il n'est point violent, mais il pénètre jusqu'aux os, et quelquefois il estropie d'un bras, d'une jambe ou de la moitié du corps pour toute la vie. Il est plus fréquent en été qu'en hiver. Les étrangers le prennent pour le zéphyr et sont ravis de le sentir; mais à l'épreuve, ils connaissent sa malignité. Les saisons sont bien plus commodes en Espagne qu'en France, en Angleterre, en Hollande et en Allemagne; car, sans compter cette pureté du ciel, que l'on ne peut s'imaginer aussi beau qu'il est, depuis le mois de septembre jusqu'au mois de juin, il ne fait pas de froid que l'on ne puisse souffrir sans feu. C'est ce qui fait qu'il n'y a point de cheminée dans aucun appartement, et que l'on ne se sert que de brasiers. Mais c'est quelque chose d'heureux que, manquant de bois comme on fait dans ce pays, on n'en ait pas besoin. Il ne gèle jamais plus de l'épaisseur de deux écus et il tombe fort peu de neige. Les montagnes voisines en fournissent à Madrid pendant toute l'année. Pour les mois de juin, juillet et août, ils sont d'une chaleur excessive.

J'étais, il y a quelques jours, dans une compagnie où toutes les dames étaient bien effrayées. Il y en avait une qui disait qu'on lui avait écrit de Barcelone qu'une certaine cloche dont on ne se sert que dans les calamités publiques, ou pour les affaires de la dernière importance, avait sonné toute seule plusieurs coups. Cette dame est de Barcelone, et elle me fit entendre que lorsqu'il doit arriver quelque grand malheur à l'Espagne, ou que quelqu'un de la maison d'Autriche est près de mourir, cette cloche s'ébranle; que, pendant un quart d'heure, le battant tourne dans la cloche d'une vitesse surprenante et frappe des coups en tournant. Je ne voulais pas le croire et je ne le crois pas trop encore; mais toutes les autres confirmèrent ce qu'elle disait. Si c'est un mensonge, elles sont plus de vingt qui l'ont aidée à le faire. Elles songeaient sur quoi ou sur qui pourrait tomber le malheur dont ce signal avertissait, et comme elles sont assez superstitieuses, la belle marquise de Liche augmenta leur frayeur en venant leur apprendre que Don Juan était fort malade.

Dans leur grand deuil, ils sont faits comme des fous, particulièrement les premiers jours, que les laquais aussi bien que leurs maîtres ont de longs manteaux traînants, et qu'ils mettent, au lieu de chapeau, un certain bonnet de carton fort haut, couvert de crêpe. Leurs chevaux sont tout caparaçonnés de noir, avec des housses qui leur couvrent la tête et le reste du corps. Rien n'est plus laid. Leurs carrosses sont si mal drapés, que le drap qui couvre l'impériale descend jusque sur la portière. Il n'y a personne qui, en voyant ce lugubre équipage, ne croie que c'est un corps mort qu'on porte en terre. Les gens de qualité ont des manteaux d'une frise noire, fort claire et fort méchante; la moindre chose la met en pièces, et c'est le bon air, pendant le deuil, d'être tout en guenilles. J'ai vu des cavaliers qui déchiraient exprès leurs habits, et je vous assure qu'il y en a à qui l'on voit même la peau, peau médiocrement belle à voir; car encore que les petits enfants soient ici plus blancs que l'albâtre et si parfaitement beaux, qu'il semble que ce soient des anges, il faut convenir qu'ils changent en grandissant d'une manière surprenante. Les ardeurs du soleil les rôtissent, l'air les jaunit, et il est aisé de reconnaître un Espagnol parmi bien d'autres nations. Leurs traits sont pourtants réguliers, mais enfin ce n'est pas notre air ni notre carnation.

Tous les écoliers portent de longues robes avec un petit bord de toile au cou. Ils sont vêtus à peu près comme les Jésuites. Il y en a qui ont trente ans et davantage; on reconnaît à leurs habits qu'ils sont encore dans les études.

Je trouve que cette ville-ci a l'air d'une grande cage où l'on engraisse des poulets. Car enfin, depuis le niveau de la rue jusqu'au quatrième étage, l'on ne voit partout que des jalousies dont les trous sont fort petits, et aux balcons même, il y en a aussi. On aperçoit toujours derrière de pauvres femmes qui regardent les passants, et, quand elles l'osent, elles ouvrent les jalousies et se montrent avec beaucoup de plaisir. Il ne se passe pas de nuit qu'il n'y ait quatre ou cinq cents concerts que l'on donne dans tous les quartiers de la ville. Il est vrai qu'ils sont à juste prix, et qu'il suffit qu'un amant soit avec sa guitare ou sa harpe, et quelquefois avec toutes les deux ensemble, accompagnées d'une voix bien enrouée, pour réveiller la plus belle endormie et pour lui donner un plaisir de reine. Quand on ne connaît pas ce qui est de plus excellent, ou qu'on ne peut l'avoir, on se contente de ce qu'on a. Je n'ai vu ni téorbes ni clavecins.

A chaque bout de rue, à chaque coin de maison, il y a des Notre-Dame habillées à la mode du pays, qui ont toutes un chapelet à la main et un petit cierge ou une lampe devant elles. J'en ai vu jusqu'à trois ou quatre dans l'écurie de ma parente, avec d'autres petits tableaux de dévotion; car un palefrenier a son oratoire aussi bien que son maître, mais ni l'un ni l'autre n'y prient guère. Lorsqu'une dame va en visite chez une autre, et que c'est le soir, quatre pages viennent la recevoir avec de grands flambeaux de cire blanche, et la reconduisent de même; pendant qu'elle entre dans sa chaise, ils mettent d'ordinaire un genou en terre. Cela a quelque chose de plus magnifique que les bougies que l'on porte en France dans des flambeaux.

Il y a des maisons destinées pour mettre les femmes qui ont une mauvaise conduite, comme sont à Paris les Madelonnettes. On les traite avec beaucoup de rigueur, et il n'y a point de jour qu'elles n'aient le fouet plusieurs fois. Elles en sortent, au bout d'un certain temps, pires qu'elles n'y sont entrées, et ce qu'on leur fait souffrir ne les corrige pas. Elles vivent presque toutes dans un certain quartier de la ville, où les dames vertueuses ne vont jamais. Lorsque, par hasard, quelqu'une y passe, elles se mettent après elle et lui courent sus comme à leur ennemie, et s'il arrive qu'elles soient les plus fortes, elles la maltraitent cruellement. A l'égard des cavaliers, quand ils y passent, ils courent risque d'être mis en pièces. C'est à qui les aura. L'une les tire par le bras, une autre par les pieds, une autre par la tête; et lorsque le cavalier se fâche, elles se mettent toutes ensemble contre lui, elles le volent et lui prennent jusqu'à ses habits. Ma parente a un page italien qui ne savait rien de la coutume de ces misérables filles, il passa bonnement par leur quartier; en vérité, elles le dépouillèrent comme des voleurs auraient pu faire dans un bois; et il faut en demeurer là; car, à qui s'adresser pour la restitution?

La cloche de Barcelone n'a été que trop véritable dans son dernier pronostic. Don Juan se trouva si accablé de son mal le premier de ce mois, que les médecins en désespérèrent, et on lui fit entendre qu'il fallait se préparer à la mort. Il reçut cette nouvelle avec une tranquillité et une résignation qui aida bien à persuader ce qu'on croyait déjà, qu'il avait quelques secrets déplaisirs qui le mettaient en état de souhaiter plutôt de mourir que de vivre. Le Roi entrait à tous moments dans sa chambre et passait plusieurs heures au chevet de son lit, quelque prière qu'il pût lui faire de ne se pas exposer à gagner la

fièvre. Il reçut le saint viatique, fit son testament, et
écrivit une lettre de quelques lignes à une dame dont
je n'ai pas su le nom. Il chargea Don Antoine Ortis,
son premier secrétaire, de la porter avec une petite
cassette fermée que je vis. Elle était de bois de
chêne, assez légère pour croire qu'il n'y avait dedans
que des lettres, et peut-être quelques pierreries.
Comme il était dangereusement malade, il arriva un
courrier qui apporta la nouvelle du mariage du Roi
avec Mademoiselle. La joie ne s'en répandit pas seulement dans le palais, toute la ville la partagea, de
sorte qu'il y eut des feux d'artifice et des illuminations pendant trois jours dans tous les quartiers de
Madrid. Le Roi, qui ne se contenait pas, courut dans
la chambre de Don Juan; et, quoiqu'il fût un peu as-
soupi et qu'il eût grand besoin de repos, il l'éveilla
pour lui apprendre que la Reine viendrait dans
peu, et le pria de ne plus songer qu'à sa guérison,
afin de lui aider à la bien recevoir. Ah! Sire, lui
répondit le prince, je n'aurai jamais cette consolation; je mourrais content si j'avais eu l'honneur de
la voir. Le Roi se prit à pleurer, et lui dit qu'il
n'y avait au monde que l'état où il le voyait qui
pût troubler son contentement. On devait faire
une course de taureaux, mais la maladie du Prince
la fit différer, et le Roi n'aurait pas permis que l'on
eût fait des feux d'artifice dans la cour du palais
sans que Don Juan l'en priât, bien qu'il souffrît d'un
mal de tête horrible. Enfin, il mourut le 17 de ce
mois, beaucoup regretté des uns, et peu des autres.
C'est la destinée des princes et des favoris, aussi bien

que celle des personnes ordinaires. Et comme son crédit était déjà diminué, et que les courtisans ne pensaient qu'au retour de la Reine mère et à l'arrivée de la nouvelle Reine, c'est une chose surprenante que l'indifférence avec laquelle on vit la maladie de Don Juan et sa mort. On n'en parlait pas même le lendemain ; il semblait qu'il n'eût jamais été au monde. Hé! mon Dieu, ma chère cousine, cela ne mérite-t-il pas un peu de réflexion? Il gouvernait tous les royaumes du Roi d'Espagne. On tremblait à son nom. Il avait fait éloigner la Reine mère ; il avait chassé le père Nitard et Valenzuela, qui étaient tous deux favoris. On lui faisait plus régulièrement la cour qu'au Roi. Je vis, vingt-quatre heures après, plus de cinquante personnes de la première qualité en différents endroits, qui ne disaient pas un mot de ce pauvre prince, et il y en avait plusieurs qui lui avaient beaucoup d'obligation. Il est vrai, de plus, qu'il avait de grandes qualités personnelles. Il était d'une taille médiocre, bien fait de sa personne. Il avait tous les traits réguliers, les yeux noirs et vifs, les cheveux noirs, en grande quantité et fort longs. Il était poli, plein d'esprit et généreux, très-brave, bienfaisant et capable de grandes affaires. Il n'ignorait rien des choses convenables à sa naissance, ni de toutes les sciences et de tous les arts. Il écrivait et parlait fort bien en cinq sortes de langues, et il en entendait encore davantage. Il savait parfaitement bien l'histoire. Il n'y avait pas d'instrument qu'il ne fît et qu'il ne touchât comme les meilleurs maîtres. Il travaillait au tour; il forgeait des armes ; il peignait bien ; il prenait un fort grand plaisir aux mathématiques ; mais ayant pris en main le gouvernement, il fut obligé de se détacher de toutes ces occupations. Les choses changèrent de face en un moment. Il avait à peine les yeux fermés, que le Roi, n'écoutant plus que sa tendresse pour la Reine sa mère, courut à Tolède pour la voir et pour la prier de revenir. Elle y consentit avec autant de joie qu'elle en eut de revoir le Roi. Ils pleurèrent assez longtemps en s'embrassant, et nous les vîmes revenir ensemble. Toutes les personnes de qualité allèrent au-devant de Leurs Majestés, et le peuple témoignait beaucoup de joie. Je m'étendrais davantage sur ce retour si je n'en parlais dans les mémoires particuliers que j'écris.

Don Juan demeura trois jours sur son lit de parade, avec les mêmes habits qu'il avait fait faire pour aller au-devant de la jeune Reine. On le porta ensuite à l'Escurial. Le convoi funèbre n'avait rien de magnifique. Les officiers de sa maison l'accompagnèrent et quelques amis en petit nombre. On le mit dans le caveau qui est proche du Panthéon, lequel est destiné pour les princes et les princesses de la maison royale. Car il faut remarquer que l'on n'enterre que les Rois dans le Panthéon, et les Reines qui ont eu des enfants. Celles qui n'en ont point eu sont dans ce caveau particulier.

Nous devons aller dans peu de jours à l'Escurial, c'est le temps que le Roi y va. Mais il est si occupé de la jeune Reine, qu'il ne songe qu'à s'avancer vers la frontière pour aller au-devant d'elle. Dans tous les endroits où je vais, l'on me fait sonner bien haut qu'elle va être Reine de vingt-deux royaumes. Apparemment qu'il y en a onze dans les Indes, car je ne connais que la vieille et la nouvelle Castille, l'Aragon, Valence, Navarre, Murcie, Grenade, Andalousie, Galice, Léon et les îles Majorques. Il y a dans ces lieux des endroits admirables, où il semble que le ciel veuille répandre ses influences les plus favorables. Il y en a d'autres si stériles que l'on ne voit ni blé, ni herbe, ni vignes, ni fruits, ni prés, ni fontaines; et l'on peut dire qu'il y en a plus de ceux-là que des autres. Mais, généralement parlant, l'air y est bon et sain; les chaleurs excessives en certains endroits; le froid et les vents insupportables en d'autres, quoique ce soit dans la même saison. On y trouve plusieurs rivières; mais ce qui est plus singulier, c'est que les plus grosses ne sont pas navigables, particulièrement celles du Tage, du Guadiana, du Minho, du Douro, du Guadalquivir et de l'Èbre; soit les rochers, les chutes d'eau, les gouffres ou les détours, les bateaux ne peuvent aller dessus, et c'est une des plus grandes difficultés du commerce, et qui empêche davantage que l'on ne trouve les choses dont on a besoin dans les villes; car, si elles pouvaient se communiquer les unes aux autres les denrées et les marchandises qui abondent en de certains endroits, et dont on manque dans d'autres, chacun se fournirait de tout ce dont il a besoin à bon prix, au lieu que le port et les voitures par terre sont d'un si grand coût, qu'il faut se passer de tout ce dont on n'est pas en état de payer trois fois plus qu'il ne vaut.

Entre plusieurs villes qui dépendent du Roi d'Espagne, on compte, pour la beauté ou pour la richesse : Madrid, Séville, Grenade, Valence, Saragosse, Tolède, Valladolid, Cordoue, Salamanque, Cadix, Naples, Milan, Messine, Palerme, Cagliari, Bruxelles, Anvers, Gand et Mons. Il y en a quantité d'autres qui ne laissent pas d'être fort considérables, et la plupart des bourgs sont aussi gros que de petites villes. Mais on n'y voit point cette multitude de peuple qui fait la force des Rois ; plusieurs raisons en sont cause [1]. Premièrement, lorsque le Roi Don Ferdinand chassa les Maures de l'Espagne et qu'il établit l'Inquisition, tant par le châtiment que l'on a exercé sur les Juifs que par l'exil, il est mort ou sorti de ce royaume, en peu de temps, plus de neuf cent mille personnes. Outre cela, les Indes en attirent beaucoup ; les malheureux vont s'y enrichir, et quand ils sont riches, ils y demeurent pour jouir de leurs biens et de la beauté du pays. On lève des soldats espagnols que l'on envoie en garnison dans les autres villes de l'obéissance du Roi. Ces soldats se marient et

---

[1] Les témoignages des contemporains sont trop unanimes, pour qu'il soit possible de douter de la dépopulation rapide de l'Espagne au dix-septième siècle. Il est difficile seulement de la formuler exactement. L'organisation sociale n'était pas encore assez avancée pour que les gouvernements eux-mêmes pussent s'en rendre compte autrement que d'une manière approximative. Nous nous bornerons donc à donner les chiffres suivants : Un recensement fait en 1594, époque où l'Amérique avait déjà enlevé à l'Espagne un grand nombre d'émigrants, donna un chiffre de 8,206,791 âmes. Au commencement du règne de Philippe IV, la totalité de la population n'excédait guère plus de 6,000,000. Sous le règne de Charles III, elle était de 5,700,000 âmes. Enfin, nous trouvons un terme de comparaison dans le chiffre de la population, sous la domination des Bourbons. En 1726, elle s'élevait à 6,025,000 ; en 1768, à 9,307,000 ; en 1797, à 10,541,000 ; et en 1825, à 14,000,000. (Weiss, t. II, p. 72, 75, 383.)

s'établissent dans les lieux où ils se trouvent, sans retourner dans celui où on les a pris. Ajoutez à cela que les Espagnoles ont peu d'enfants. Quand elles en ont trois, c'est beaucoup. Les étrangers ne s'y viennent point établir comme ailleurs, parce qu'on ne les aime pas et que les Espagnols se tiennent naturellement *recatados*, c'est-à-dire particuliers et resserrés entre eux, sans se vouloir communiquer avec les autres nations pour lesquelles ils ont de l'envie ou du mépris. De manière qu'ayant examiné toutes les choses qui contribuent à dépeupler les États du Roi Catholique, il y a encore lieu d'être surpris de trouver autant de monde qu'il y en a.

Il croît peu de blé dans la Castille; on en fait venir de Sicile, de France et de Flandre. Et comment en pousserait-il, à moins que la terre n'en voulût produire d'elle-même, comme dans le pays de promission? Les Espagnols sont trop paresseux pour se donner la peine de la cultiver; et, comme le moindre paysan est persuadé qu'il est *hidalgo* [1], c'est-à-dire

---

[1] Les gentilshommes ne demeurent pas à la campagne, comme en France et en Allemagne, de façon que demeurant tous dans les villes, et n'ayant aucun droit ni privilége de chasse par-dessus les bourgeois et n'ayant aucune justice à fief, ni vassaux, comme nos gentilshommes qui sont seigneurs de leurs paroisses, ils n'ont aucune prérogative par-dessus les bourgeois, si ce n'est les gentilshommes d'Aragon, dont je ne parle point, de façon que ce que l'on appelle hijosdalgos n'est guère différent des simples artisans qu'ils appellent officiales, que l'on appelle aussi caballeros, encore que ce soient des cordonniers et autres artisans, qui sont tous habillés de noir, avec des bas d'estame tirés et la golille et l'épée au côté, comme les plus grands seigneurs.

Ainsi, à bien parler, on ne sait ce que c'est que la simple noblesse qui est la plus considérable en France, et il n'y a de noblesse que ceux qui ont los habitos des ordres militaires et à ce que l'on appelle titulos, qui sont les comtes, marquis ou ducs. (*État de l'Espagne*, p. 96.)

gentilhomme, que dans la moindre maisonnette il y a une histoire apocryphe, composée depuis cent ans, qui se laisse pour tout héritage aux enfants et aux neveux du villageois, et que, dans cette histoire fabuleuse, ils font tous entrer de l'ancienne chevalerie et du merveilleux, disant que leurs trisaïeux, Don Pedro et Don Juan, ont rendu tels et tels services à la couronne, ils ne veulent pas déroger à la *gravedad* ni à la *descendencia*. Voilà comme ils parlent, et ils souffrent plus aisément la faim et les autres nécessités de la vie, que de travailler, disent-ils, comme des mercenaires, ce qui n'appartient qu'à des esclaves. De sorte que l'orgueil, secondé par la paresse, les empêche, la plupart, d'ensemencer leurs terres, à moins qu'il ne vienne des étrangers la cultiver, ce qui arrive toujours par une conduite particulière de la Providence et par le gain que ces étrangers, plus laborieux et plus intéressés, y trouvent. De sorte qu'un paysan est assis dans sa chaise lisant un vieux roman, pendant que les autres travaillent pour lui et tirent tout son argent [1].

[1] Je n'eus pas de peine à découvrir, dit Gourville, l'extrême paresse et en même temps la vanité de ces peuples. Il y a des ouvriers pour faire des couteaux, mais il n'y en aurait pas pour les aiguiser, si une infinité de Français, que nous appelons gagne-petit, ne se répandaient par toute l'Espagne. Il en est de même des savetiers et des porteurs d'eau de Madrid. La Guyenne et d'autres provinces de France fournissent un grand nombre d'hommes pour couper le blé et le battre. Les Espagnols appellent ces gens-là gavoches et les méprisent extrêmement. (*Collection des Mémoires relatifs à l'histoire de France.*)

Il résulte également d'une dépêche du marquis de Villars, qu'il y avait de son temps en Espagne 67,000 Français, plus une foule considérable de marchands et d'ouvriers italiens, allemands et anglais. Leur concours fut jugé si nécessaire, que Philippe IV, pour les attirer, les exempta pour six ans de l'impôt. (Weiss, t. II, p. 146, 147, 149.)

On n'y voit point d'avoine, le foin y est rare. Les chevaux et les mules mangent de l'orge avec de la paille hachée. Les montagnes sont, dans les royaumes dont je vous ai parlé, d'une hauteur et d'une longueur si prodigieuses, que je ne pense pas qu'il y ait aucun lieu du monde où il y en ait de pareilles. On en trouve de cent lieues de long, qui s'entretiennent comme une chaîne, et qui, sans exagération, sont plus élevées que les nues. On les nomme *Sierras*, et l'on compte, entre celles-là, les montagnes des Pyrénées, de Grenade, des Asturies, d'Alcantara, la Sierra Morena, celle de Tolède, de Doua, de Molina et d'Albanera. Ces montagnes rendent les chemins si difficiles, que l'on n'y peut mener de charrette, et l'on porte tout sur des mulets dont la jambe est si sûre, qu'en deux cents lieues de chemin dans des rochers et dans des cailloux continuels, ils ne bronchent pas une seule fois.

On m'a montré des patentes expédiées au nom du Roi d'Espagne. Je n'ai jamais lu tant de titres; les voici : Il prend la qualité de Roi d'Espagne, de Castille, de Léon, de Navarre, d'Aragon, de Grenade, de Tolède, de Valence, de Galice, de Séville, de Murcia, de Jaën, de Jérusalem, Naples, Sicile, Majorque, Minorque et Sardaigne, des Indes orientales et occidentales, des îles et terre ferme de la mer Océane, archiduc d'Autriche, duc de Bourgogne, de Brabant, de Luxembourg, de Gueldre, de Milan, comte de Habsbourg, de Flandre, de Tyrol et de Barcelone, seigneur de Biscaye et de Molina, marquis du Saint-Empire, seigneur de Frise, de Saline, d'Utrecht, de Malines, Over-Yssel, Gronenghen; Grand Seigneur de l'Asie et de l'Afrique. On m'a conté que François Ier s'en moqua, lorsqu'ayant reçu une lettre de Charles-Quint remplie de tous ces titres fastueux, en lui faisant réponse, il n'en prit pas d'autres que Bourgeois de Paris et Seigneur de Gentilly.

On ne pousse pas les études bien loin ici, et pour peu que l'on sache, on tire parti de tout, parce que l'esprit, joint à un extérieur sérieux, les empêche de paraître embarrassés de leur propre ignorance. Lorsqu'ils parlent, il semble toujours qu'ils sachent plus qu'ils ne disent; et, lorsqu'ils se taisent, il semble qu'ils soient assez savants pour résoudre les questions les plus difficiles. Cependant il y a de fameuses universités en Espagne, entre autres, Saragosse, Barcelone, Salamanque, Alcala, Santiago, Grenade, Séville, Coïmbre, Tarragone, Evora, Lisbonne, Madrid, Murcie, Majorque, Tolède, Lérida, Valence et Occa. Il y a peu de grands prédicateurs. Il s'en trouve quelques-uns qui sont assez pathétiques; mais, soit que ces sermons soient bons ou mauvais, les Espagnols qui s'y trouvent se frappent la poitrine de temps en temps avec une ferveur extraordinaire, interrompant le prédicateur par des cris douloureux de componction. Je crois bien qu'il y en entre un peu, mais, assurément, beaucoup moins qu'ils n'en témoignent. Ils ne quittent point leurs épées ni pour se confesser ni pour communier. Ils disent qu'ils la portent pour défendre la religion; et le matin, avant de la mettre, ils la baisent et font le signe de la croix avec. Ils ont une dévotion et une confiance très-particulières à la sainte Vierge. Il n'y a presque point d'homme qui n'en porte le scapulaire ou quelque image en broderie qui aura touché quelques-unes de celles que l'on tient miraculeuses; et, quoiqu'ils ne mènent pas, d'ailleurs, une vie fort régulière, ils ne laissent pas de la prier comme celle qui les protége et les préserve des plus grands maux. Ils sont fort charitables, tant à cause du mérite que l'on s'acquiert par les aumônes, que par l'inclination naturelle qu'ils ont à donner, et la peine effective qu'ils souffrent lorsqu'ils sont obligés, soit par leur pauvreté, soit par quelque autre raison, de refuser ce qu'on leur demande. Ils ont la bonne qualité de ne point abandonner leurs amis pendant qu'ils sont malades. Leurs soins et leur empressement redoublent dans un temps où l'on a sans doute besoin de compagnie et de consolation. Des personnes qui ne se voient point quatre fois en un an, se voient tous les jours deux ou trois fois, dès qu'elles souffrent et qu'elles se deviennent nécessaires les unes aux autres. Mais lorsqu'on est guéri, on reprend la même forme de vie que l'on tenait avant d'être malade.

Don Frédéric de Cardone, dont je vous parle à présent, ma chère cousine, comme d'un homme de votre connaissance, est de retour. Il m'a apporté une lettre de la belle marquise de Los Rios, qui est toujours une des plus jolies femmes du monde, et qui ne s'ennuie pas dans la retraite. Il m'a dit aussi des nouvelles de Mgr l'archevêque de Burgos, dont le mérite est peu commun. Il ajouta qu'il était venu avec un gentilhomme espagnol qui lui avait conté des choses fort extraordinaires, entre autres, que tous les Espagnols qui sont nés le vendredi saint, lorsqu'ils passent devant un cimetière et que l'on y a enterré des personnes qui ont été tuées, ou bien que s'ils passent en quelque lieu où il se soit commis un meurtre, encore que celui qu'on a tué en ait été ôté, ils ne laissent pas de le voir tout sanglant, et de la même manière qu'il était lorsqu'il est mort, soit qu'ils l'aient connu ou non ; ce qui est une chose assurément fort désagréable pour ceux à qui cela arrive ; mais, en récompense, ils guérissent la peste de leur souffle, et ils ne la prennent point, quoiqu'ils soient avec des pestiférés. Bien des gens, disait-il, étaient surpris que Philippe Quatrième portât la tête si haute et les yeux levés vers le ciel ; c'est qu'il était né le vendredi saint, et qu'étant encore jeune, il eut plusieurs fois l'apparition de ces personnes qui avaient été tuées, et qu'en ayant été effrayé, il avait pris l'habitude de baisser très-rarement la tête. Mais, dis-je à Don Frédéric, parlait-il sérieusement, et comme d'une chose que tout le monde sait sans la mettre en doute ? Don Fernand de Tolède entra dans ma chambre, comme je disais qu'il fallait le demander à quelqu'un digne de foi ; il le lui demanda, et Don Fernand m'assura qu'il en avait toujours entendu parler de cette manière, mais qu'il n'en voudrait pas être caution. On dit encore, continua-t-il, qu'il y a certaines gens qui tuent un chien enragé en soufflant sur lui, et que ceux-là ont la vertu de se mettre dans le feu sans brûler. Cependant je n'en ai point vu qui aient voulu s'y fier. Ils disent pour raison qu'ils le pour-

raient bien faire, mais qu'il y aurait trop de vanité
à vouloir se distinguer des autres hommes par des
faveurs du ciel si particulières. Pour moi, dis-je en
riant, je crois que ces personnes-là ont plus de prudence que d'humilité; elles craignent, avec raison, la
morsure du chien et la chaleur du brasier. Je n'en
suis pas moins persuadé que vous, Madame, reprit
Don Frédéric. Je n'ajoute guère de foi aux choses
surnaturelles. Je ne prétends pas vous les faire croire,
dit Don Fernand, quoique je ne trouve rien de plus
extraordinaire en ceci qu'en mille prodiges que l'on
voit tous les jours. Trouvez-vous, par exemple, qu'il
y ait moins lieu de s'étonner de ce lac qui est proche
de Guadalajara, en Andalousie, qui pronostique
les tempêtes prochaines, par des mugissements
horribles que l'on entend à plus de vingt mille pas?
Que dites-vous de cet autre lac que l'on trouve sur
le sommet de la montagne de Clavijo dans le comté
de Roussillon, proche de Perpignan? Il est extrêmement profond. Il y a des poissons d'une grandeur et
d'une forme monstrueuses, et lorsqu'on y jette une
pierre, l'on en voit sortir, avec grand bruit, des va-
peurs qui s'élèvent en l'air, qui se convertissent en
nuées, qui produisent des tempêtes horribles, avec
des éclairs, des tonnerres et de la grêle. N'est-il pas
vrai encore, continua-t-il, en s'adressant à Don Frédéric, que proche le château de Garcimanos, dans
une caverne que l'on nomme la Judée, joignant le
pont de Talayredas, on voit une fontaine dont l'eau
se gèle en tombant, et se durcit de manière qu'il
s'est fait une pierre dure, que l'on ne casse qu'avec

beaucoup de peine, et qui sert à bâtir les plus belles maisons de ce pays-là. Vous avez bien des exemples, dit Don Frédéric, et si vous voulez, je vais vous en fournir quelques autres qui vous serviront au besoin. Souvenez-vous de la Montagne de Monrayo en Aragon : si les brebis y paissent avant que le soleil soit levé, elles meurent; si elles sont malades et qu'elles y paissent après qu'il est levé, elles guérissent. N'oubliez pas non plus cette fontaine de l'île de Cadix qui sèche lorsque la mer est haute, et qui coule quand la mer est basse. Vous ne serez pas le seul, lui dis-je en l'interrompant, qui secondera Don Fernand dans son entreprise. Je veux bien lui dire que, dans cette même île de Cadix, il y a une plante qui se fane au moment où le soleil paraît, et qui reverdit lorsque la nuit vient [1]. Ah! la jolie plante! s'écria Don Fernand en riant, je ne veux qu'elle pour me venger de toutes les railleries que vous me faites depuis une heure. Je vous déclare une guerre ouverte sur cette plante, et si vous ne la faites venir de Cadix, je sais bien ce que

---

[1] On ferait un volume de toutes les superstitions des Espagnols. Nous en citerons quelques traits perdus dans les mémoires des Français qui accompagnèrent Philippe V. Ainsi le chambellan, comte de Benevente, vint, les larmes aux yeux, avertir Louville de se défier d'une berline attelée qui devait être donnée au Roi et qui, disait-il, « devait, par un sortilége, devenir caisse d'oranger, pendant que le Roi deviendrait oranger en caisse. Une autre fois, il s'agissait de la perruque du Roi, affaire d'État, s'il en fut, pour le mayordomo-mayor. La prudence exigeait qu'il s'informât à qui avaient appartenu les cheveux de cette perruque, car ils pouvaient être ensorcelés. Le maréchal de Berwick s'avance pour assiéger Pampelune. A la vue de son armée, les habitants s'étonnent, ils n'en peuvent croire leurs yeux, ils croient à quelque maléfice, à quelque vision émanant du Diable. Le clergé se rend sur les remparts, exorcise les êtres fantastiques qui s'approchent, et il ne reconnait la réalité que lorsque les balles viennent siffler à ses oreilles.

j'en croirai. L'enjouement de ce cavalier nous fit passer une fort agréable soirée; mais nous fûmes interrompus par ma parente, qui revenait de la ville et qui avait passé une partie du jour chez son avocat qui était à l'extrémité. Il était fort vieux et très-habile homme dans sa profession. Elle nous conta que tous ses enfants étaient autour de son lit, et que la seule chose qu'il leur recommandât fut de garder la gravité, puis en les bénissant il leur dit : Quel plus grand bien puis-je vous souhaiter, mes chers enfants, sinon de passer votre vie à Madrid, et de ne quitter ce Paradis terrestre que pour aller au ciel? Cela peut faire voir, continua-t-elle, la prévention que les Espagnols ont pour Madrid, et sur la félicité dont on jouit dans cette Cour. Pour moi, dis-je en l'interrompant, je suis persuadée qu'il entre beaucoup de vanité dans le goût qu'ils ont pour leur patrie; et, dans le fond, ils ont trop d'esprit pour ne pas connaître qu'il est bien des pays plus agréables. N'est-il pas vrai, dis-je en m'adressant à Don Fernand, que si vous ne parlez pas comme moi, vous pensez de même? Ce que je pense, dit-il en riant, ne porte point de conséquence pour les autres; car depuis mon retour tout le monde me reproche que je ne suis plus Espagnol. Il est certain que l'on est si infatué des délices et des charmes de Madrid que, pour n'avoir pas lieu de le quitter en aucun temps de l'année, personne ne s'est avisé de faire bâtir de jolies maisons à la campagne, pour s'y retirer quelquefois, de manière que tous les environs de la ville, qui devraient être remplis de beaux jardins et de châteaux magnifiques, sont semblables à de petits déserts, et cela est cause aussi que, l'été comme l'hiver, la ville est toujours également peuplée. Ma parente dit là-dessus qu'elle voulait me mener à l'Escurial, et que la partie était faite avec les marquises de Palacios et de La Rosa, pour y aller dans deux jours. Madame votre mère vous en a mis, ajouta-t-elle, en parlant à Don Fernand, et moi j'en ai mis Don Frédéric. Ils lui dirent l'un et l'autre que ce serait avec beaucoup de joie qu'ils feraient ce petit voyage. En effet, nous allâmes chez la Reine mère lui baiser les mains, et lui demander ses ordres pour l'Escurial. C'est l'ordinaire, quand on sort de Madrid, de voir la Reine auparavant. Nous ne l'avions pas vue depuis son retour. Elle paraissait plus gaie qu'à Tolède. Elle nous dit qu'elle ne pensait pas revenir si tôt à Madrid, et qu'il lui semblait à présent qu'elle n'en n'était jamais sortie. On lui amena une géante qui venait des Indes. Dès qu'elle la vit, elle la fit retirer, parce qu'elle lui faisait peur. Ses dames voulurent faire danser ce colosse qui tenait sur chacune de ses mains, en dansant, deux naines qui jouaient des castagnettes et du tambour de basque. Tout cela était d'une laideur achevée. Ma parente remarqua dans l'appartement de la Reine mère beaucoup de choses qui venaient de Don Juan; entre autres une pendule admirable toute garnie de diamants. Il l'a faite en partie son héritière, apparemment pour lui témoigner son regret de l'avoir tant tourmentée.

La partie de l'Escurial s'est faite avec tous les agréments possibles. L'envie de vous en entretenir m'a empêchée de vous envoyer ma lettre que j'avais commencée avant d'y aller. Les mêmes dames qui vinrent à Aranjuez et à Tolède ont été bien aises de profiter de la belle saison pour se promener un peu, et nous fûmes d'abord au *Pardo*, qui est une maison royale. Le bâtiment en est assez beau, comme tous les autres d'Espagne, c'est-à-dire un carré de quatre corps de logis, séparés par de grandes galeries de communication, lesquelles sont soutenues par des colonnes. Les meubles n'y sont pas magnifiques, mais il y a de bons tableaux, entre autres, ceux de tous les Rois d'Espagne habillés d'une manière singulière.

On nous montra un petit cabinet que le feu Roi appelait son favori, parce qu'il y voyait quelquefois ses maîtresses ; et ce prince si froid et si sérieux en apparence, que l'on ne voyait jamais rire, était en effet le plus galant et le plus tendre de tous les hommes. Il y a là un grand jardin assez bien entretenu, et un parc d'une étendue considérable, où le Roi va souvent à la chasse. Nous fûmes ensuite à un couvent de Capucins, qui est au sommet d'une montagne. C'est un lieu d'une grande dévotion, à cause d'un Crucifix détaché de sa croix qui fait souvent des miracles. Après y avoir fait nos prières, nous descendîmes de l'autre côté de la montagne, dans un ermitage, où il y avait un reclus qui ne voulut ni nous voir ni nous parler; mais il jeta un billet par sa petite grille, dans lequel nous trouvâmes écrit qu'il nous recommanderait à Dieu. Nous étions toutes extrêmement lasses, car il avait fallu monter la montagne à pied, et il faisait très-chaud. Nous aperçûmes dans le fond du vallon une petite maisonnette au bord d'un ruisseau qui coulait entre des saules. Nous tournâmes de ce côté-là, et nous étions encore assez loin, lorsque nous vîmes une femme et un homme fort propres, qui se levèrent brusquement du pied d'un arbre où ils étaient assis, et entrèrent dans cette maison, dont ils fermèrent la porte avec la même diligence que s'ils nous avaient pris pour des voleurs. Mais c'était sans doute la crainte d'être reconnus qui leur faisait prendre cette précaution. Nous vînmes dans le lieu qu'ils venaient de quitter, et, nous étant assis sur l'herbe, nous mangeâmes des fruits que nous avions fait apporter. C'était si proche de la petite maison que l'on pouvait nous voir des fenêtres. Il en sortit une paysanne fort jolie, qui vint à nous, tenant une corbeille de jonc marin; elle se mit à genoux devant nous et nous demanda des fruits de notre collation, pour une personne qui était grosse et qui mourrait si nous lui en refusions. Aussitôt nous lui envoyâmes les plus beaux. Un moment après, la jeune fille revint avec une tabatière d'or, et nous dit que la señora de la *casilla*, c'est-à-dire la dame de la petite maison, nous priait de prendre de son tabac, en reconnaissance de la grâce que nous lui avions faite. C'est la mode ici de présenter du tabac, quand on veut témoigner de l'amitié. Nous demeurâmes si longtemps au bord de l'eau, que nous fîmes résolution de n'aller pas plus loin que la *Carçuela*, qui est encore une maison du Roi, moins belle que le Pardo, et tellement négligée, que l'on n'y trouve rien de recommandable que les eaux. Nous y couchâmes assez mal, quoique ce fût dans les lits mêmes de Sa Majesté, et nous ne fîmes jamais mieux que d'y porter tout ce qu'il fallait pour notre souper. Nous entrâmes ensuite dans les jardins qui sont en mauvais ordre. Les fontaines jettent jour et nuit. Les eaux sont si belles et si abondantes que, pour peu qu'on le voulût, il n'y aurait pas de lieu au monde plus propre à faire un séjour agréable. Ce n'est pas la coutume de ce pays, depuis le Roi jusqu'aux particuliers, d'entretenir plusieurs maisons de campagne. Ils les laissent périr, faute d'y faire quelques petites réparations. Nos lits étaient si mauvais, que nous n'eûmes pas de peine à les quitter le lendemain de bonne heure, afin d'aller à l'Escurial. Nous passâmes par Monareco, où commencent les bois, et un peu plus loin, le parc du couvent de l'Escurial; car c'en est un, en effet, que Philippe II a bâti dans les montagnes pour y trouver plus aisément la pierre dont il avait besoin. Il en a fallu une quantité si prodigieuse, que l'on ne peut le comprendre sans le voir, et c'est un des grands bâtiments que nous ayons en Europe. Nous y arrivâmes par une très-longue allée d'ormes, plantée de quatre rangs d'arbres. Le portail est magnifique, orné de plusieurs colonnes de marbre, élevées les unes au-dessus des autres, jusqu'à une figure de saint Laurent qui est au haut. Les armes du Roi sont là gravées sur une pierre de foudre que l'on apporta d'Arabie, et il coûta soixante mille écus pour les faire graver dessus. Il est aisé de croire qu'ayant fait une dépense si considérable pour une chose si peu nécessaire, on n'a pas épargné celles qui pouvaient être utiles pour contribuer à la beauté de ce lieu. C'est un grand bâtiment carré; mais par delà le carré on trouve une longueur qui sert aux bâtiments de l'entrée, et représente, en cette sorte, un gril qui servit au supplice de saint Laurent, patron du monastère. L'ordre est dorique et fort simple. Le carré se divise par le milieu, et une des divisions qui regardent l'Orient se partage de chaque côté en quatre autres moins carrées, qui sont quatre cloîtres bâtis selon l'ordre dorique; et qui en voit un, voit tous les autres. Le bâtiment n'a rien de surprenant, ni dans le dessin, ni dans l'architecture. Ce qu'il y a de beau, est la masse du bâtiment qui est de trois cent quatre-vingts pas d'un homme, en carré. Car outre ces quatre cloîtres, dont j'ai parlé, l'autre partie du carré, subdivisée en deux, forme deux autres bâtiments. L'un est le quartier du Roi, et l'autre est le collége, parce qu'il y a là-dedans quantité de pensionnaires auxquels le Roi donne pension pour étudier. Les religieux qui l'habitent sont Hiéronymites. Cet ordre est inconnu en France, et il a été aboli en Italie, parce qu'un Hiéronymite attenta à la vie de saint Charles Borromée, mais il ne le blessa point, encore qu'il eût tiré sur lui, et que les balles eussent percé ses habits pontificaux. Cet ordre ne laisse pas d'être ici en grand crédit. Il y a trois cents religieux dans le couvent de l'Escurial. Ils vivent à peu près comme les Chartreux. Ils parlent peu, prient beaucoup, et les femmes n'entrent point dans leur église. Outre cela, ils doivent étudier et prêcher.

Ce qui rend encore ce bâtiment considérable, c'est la nature de la pierre que l'on y a employée. On l'a tirée des carrières voisines. Sa couleur est grisâtre. Elle résiste à toutes les injures de l'air. Elle ne se salit pas, et conserve toujours la couleur qu'elle a apportée à sa naissance. Philippe II fut vingt ans à le bâtir; il en jouit treize et il y mourut. Cet édifice lui coûta six millions d'or. Philippe IV y ajouta le Panthéon, c'est-à-dire un mausolée à la façon du Panthéon de Rome, pratiqué sous le grand autel de l'église, tout de marbre, de jaspe et de porphyre, où sont enchâssés dans les murailles vingt-six tombeaux magnifiques. On descend par un degré de jaspe. Je me figurais entrer dans quelqu'un de ces lieux enchantés, dont parlent les romans et les livres de chevalerie. Le tabernacle, l'architecture de la table d'autel, les degrés par où on y monte, le ciboire fait d'une seule pièce d'agate, sont autant de miracles. Les richesses en pierreries et en or ne sont pas croyables. Une seule armoire de reliques (car il y en a quatre, dans quatre chapelles de l'église) surpasse de beaucoup le trésor de Saint-Marc de Venise. Les ornements de l'église sont brodées de perles et de pierreries. Les calices et les vases sont de pierres précieuses, les chandeliers et les lampes de pur or. Il y a quarante chapelles et autant d'autels où l'on met tous les jours quarante divers parements. Le devant du grand autel est composé de quatre ordres de colonnes de jaspe, et l'on monte à l'autel par dix-sept marches de porphyre. Le tabernacle est enrichi de plusieurs colonnes d'agate et de plusieurs belles figures de métal et de cristal de roche. On ne voit au tabernacle qu'or, lapis et pierreries si transparentes, que l'on voit au travers le Saint-Sacrement. Il est dans un vaisseau d'agate. On estime ce tabernacle un million d'écus. Il y a sept chœurs d'orgues. Les chaires du chœur sont de bois rare; il vient des Indes, admirablement bien travaillé, sur le modèle de Saint-Dominique de Bologne. Les cloîtres du monastère sont parfaitement beaux. Il y a au milieu un jardin de fleurs et une chapelle ouverte des quatre côtés, dont la voûte est soutenue de colonnes de porphyre, entre lesquelles il y a des niches où sont les quatre Évangélistes avec l'ange et les animaux de marbre blanc plus hauts que nature, qui jettent des torrents d'eau dans des bassins de marbre. La chapelle est voûtée, d'une fort belle architecture, pavée de marbre blanc et noir. Il y a plusieurs tableaux d'un prix inestimable, et dans le chapitre, qui est très-grand, outre des tableaux excellents, on y voit deux bas-reliefs d'agate, chacun d'un pied et demi, qui sont hors de prix. Pour l'église, elle n'a rien d'extraordinaire dans sa structure. Elle est plus grande, mais de la façon de celle des Jésuites de la rue Saint-Antoine, excepté qu'elle est, comme la maison, d'ordre dorique. Bramante, fameux architecte d'Italie, donna le dessin de l'Escurial. Les appartements du Roi et de la Reine n'ont rien de fort magnifique. Mais Philippe II regardait cette maison comme un lieu d'oraison et de retraite, et ce qu'il a voulu embellir davantage, c'est l'église et la bibliothèque. Le Titien, fameux peintre, et plusieurs autres encore ont épuisé leur art pour bien peindre les cinq galeries de la bibliothèque. Elles sont admirables tant par les peintures, que par cent mille volumes, sans compter les originaux manuscrits de plusieurs saints Pères et docteurs de l'Église, qui sont tous fort bien reliés et dorés. Vous jugerez aisément de la grandeur de l'Escurial quand je vous aurai dit qu'il y a dix-sept cloîtres, vingt-deux cours, onze mille fenêtres, plus de huit cents colonnes, et un nombre infini de salles et de chambres. Peu après la mort de Philippe III, on ôta aux religieux de l'Escurial une terre que le feu Roi leur avait donnée, nommée *Campello*, qui vaut dix-huit mille écus de rente, et cela en vertu de la clause de son testament, par laquelle il révoquait les dons immenses qu'il avait faits pendant sa vie.

Le duc de Bragance étant à la cour de Philippe II, le Roi voulut qu'on le menât à l'Escurial pour voir ce superbe édifice. Et comme celui qui avait charge de le montrer lui dit qu'il avait été bâti pour accomplir le vœu qu'avait fait Philippe II à la bataille de Saint-Quentin; le duc repartit fort spirituellement : « Celui qui faisait un si grand vœu devait avoir grand peur. » En vous parlant de Philippe II, je me souviens qu'on m'a dit que Charles-Quint lui recommanda de conserver les trois clefs d'Espagne. C'étaient la Goulette en Afrique, Flessingue en Zélande, et Cadix en Espagne. Les Turcs ont pris la Goulette; les Hollandais, Flessingue; les Anglais, Cadix. Mais le Roi d'Espagne n'a pas été longtemps sans recouvrer cette dernière place.

L'Escurial est bâti sur la pente de quelques rochers, dans un lieu désert, stérile, environné de montagnes. Le village est au bas, où il y a peu de maisons. Il y fait presque toujours froid. C'est une chose prodigieuse que l'étendue des jardins et du parc. On y trouve des bois, des plaines, une grande maison au milieu où logent les garde chasses. Tout y est rempli de bêtes fauves et de gibier. Après avoir vu un lieu si digne de notre admiration, nous en partîmes tous ensemble, et comme nous avions passé par les maisons royales du Pardo et de la Carçuela, nous revînmes par les montagnes, dont le chemin est plus court, mais plus difficile. Nous passâmes par Colmenar, et, côtoyant la petite rivière de Guadarama, nous nous rendîmes par Rozas et Aravaca à Madrid, où nous apprîmes que la maison de la Reine allait partir pour l'aller attendre sur la frontière. Nous fûmes aussitôt au palais pour dire adieu à la duchesse de Terranova et aux autres dames. Le Roi les avait fait monter toutes à cheval, pour voir de quelle manière elles seraient le jour de l'entrée. Les portes et les jardins étaient soigneusement gardés à cause de cela, et il ne fallait pas qu'aucun homme y entrât. Les jeunes dames du palais avaient assez bonne grâce; mais, bon Dieu! quelles figures que la duchesse de Terranova et Doña Maria d'Alarcon, gouvernante des filles de la Reine! Elles étaient chacune sur une mule toute frisée et ferrée d'argent, avec une grande housse de velours noir, semblable à celle que les médecins mettent sur leurs chevaux à Paris. Ces dames, vêtues en veuves, costume dont je vous ai fait la description, fort vieilles, très-laides, l'air sévère et impérieux, avaient un grand chapeau rattaché avec des cordons sous le menton, et vingt gentilshommes qui étaient à pied autour d'elles, les tenaient, de peur qu'elles ne se laissassent tomber. Elles n'eussent jamais souffert qu'ils les eussent touchées ainsi, sans qu'elles appréhendassent de se casser le cou. Car vous savez, ma chère cousine, qu'encore que les dames aient deux écuyers et qu'ils aillent avec elles partout où elles vont, ils ne leur donnent jamais la main. Ils marchent à leurs côtés et leur présentent les coudes enveloppés dans leurs manteaux, ce qui fait paraître leurs bras monstrueusement gros. Les dames n'en approchent point. Mais bien davantage, si la Reine en marchant venait à tomber et qu'elle n'eût pas ses dames autour d'elle pour la relever, quand il y aurait cent gentilshommes, elle prendrait la peine de se relever toute seule ou de rester par terre tout le jour, plutôt qu'on ôsât la relever[1].

Nous passâmes une partie de l'après-midi à voir ces dames. L'équipage qu'elles ont mené est fort magnifique, mais médiocrement bien entendu. La duchesse de Terranova seule a six litières de velours de différentes couleurs en broderies, et quarante mu-

---

[1] Le duc de Saint-Simon en cite un exemple curieux. La Reine Louise de Savoie, chassant avec Philippe V, tomba le pied pris dans son étrier qui l'entraînait. Le premier écuyer, Don Alonzo Manrique, depuis duc del Arco, eut l'adresse et la légèreté de se jeter à bas de son cheval et de courir assez vite pour dégager le pied de la Reine. Aussitôt après, il remonta à cheval et s'enfuit à toutes jambes jusqu'au premier couvent qu'il put trouver. C'est qu'en Espagne, toucher aux pieds de la Reine est un crime digne de mort. (*Mémoires du duc de Saint-Simon*, t. XVIII, p. 370.)

lets, dont les housses sont aussi riches que j'en ai jamais vu!

Vous n'aurez pas de mes nouvelles, ma chère cousine, que la Reine ne soit ici. Pendant que le Roi ira au-devant d'elle et que toute la Cour va s'absenter, ma parente veut aller en Andalousie, où elle a quelques affaires. Je pourrai vous envoyer une petite relation de notre voyage, si vous m'assurez que ce soit un plaisir pour vous. Je vous embrasse de tout mon cœur.

Ce 30 septembre.

QUINZIÈME LETTRE.

Toute la cour est de retour, et vous verrez dans mes Mémoires, ma chère cousine, les particularités du voyage de la Reine. Je la vis arriver avec le Roi dans un même carrosse, dont les rideaux étaient tout ouverts. Elle était vêtue à l'espagnole, et je ne la trouvai pas moins bien dans cet habit que dans le sien à la française. Mais le Roi s'était habillé à la Schomberg; c'est l'habit de campagne des Espagnols, et c'est être vêtu presque à la française. J'ai entendu raconter la surprise de la Reine lorsqu'elle eut l'honneur de le voir la première fois. Il avait un justaucorps fort court et fort large de bouracan gris, des chausses de velours, des bas de *pelo* (c'est de la soie écrue que l'on travaille si lâche, que l'on voit la chaussette au travers). Cela est fin comme des cheveux, et le Roi veut les chausser tout d'un coup, bien qu'ils soient fort justes, de sorte qu'il en rompt quelquefois jusqu'à vingt paires. Il avait une fort belle cravate que la Reine lui avait envoyée; mais elle était attachée un peu trop lâche.

Ses cheveux étaient derrière ses oreilles, et il portait un chapeau gris blanc. Ils firent tout le voyage, qui était assez long, tête à tête dans un grand carrosse, ne pouvant guère se faire entendre que par quelques actions, car le Roi ne sait point du tout le français et la Reine parlait peu la langue espagnole. En arrivant à Madrid, ils allèrent entendre le *Te Deum* à Notre-Dame d'Atocha, suivis de toutes les personnes de qualité et de tout le peuple qui poussait de grands cris de joie. Ensuite, Leurs Majestés furent au Buen-Retiro, parce que les appartements du palais n'étaient point préparés et qu'il fallait que la Reine attendît le temps de son entrée pour y aller demeurer. Ce temps a dû lui paraître bien long, car elle ne voyait personne que la camarera mayor et ses dames. On lui fait mener une vie si contrainte, qu'il faut avoir tout l'esprit et toute la douceur qu'elle a pour la supporter. Elle n'a pas même la liberté de voir l'ambassadeur de France; enfin, c'est une gêne continuelle. Cependant toutes les dames espagnoles l'aiment chèrement et la plaignent entre elles.

J'étais, il y a quelque temps, chez la comtesse de Villambrosa avec une grande compagnie. La marquise de la Fuente y vint, et comme elles sont fort superstitieuses en ce pays-ci, elle leur dit, tout effrayée, qu'elle s'était trouvée chez la Reine qui, se regardant dans un grand miroir, avait appuyé sa main dessus, le touchant fort légèrement, et que la glace s'était fendue depuis le haut jusques en bas; que la Reine avait regardé cela sans s'émouvoir et qu'elle avait même ri de la consternation de toutes les dames qui étaient auprès d'elle, leur disant qu'il y avait de la faiblesse à s'arrêter sur les choses qui pouvaient avoir des causes naturelles. Elles raisonnèrent longtemps là-dessus, et dirent en soupirant que la Reine ne vivrait pas longtemps.

Elle nous dit aussi que la Reine avait été bien plus émue de l'incivilité de la camarera mayor qui, voyant quelques-uns de ses cheveux mal arrangés sur son front, avait craché dans ses mains pour les unir; sur quoi la Reine lui avait arrêté le bras, disant, d'un air de souveraine, que la meilleure essence n'y était pas trop bonne; et prenant son mouchoir, qu'elle s'était longtemps frotté les cheveux à l'endroit où cette vieille les avait si malproprement mouillés. Il n'est pas extraordinaire ici de se mouiller la tête pour se polir et s'unir les cheveux. La première fois que je me suis coiffée à l'espagnole, une des femmes de ma parente entreprit ce beau chef-d'œuvre; elle fut trois heures à me tirailler la tête, et voyant que mes cheveux étaient toujours naturellement frisés, sans m'en rien dire, elle trempa deux grosses éponges dans un bassin plein d'eau, et elle me baptisa si bien, que j'en fus enrhumée plus d'un mois.

Mais, pour en revenir à la Reine, c'est une chose digne de pitié que le procédé qu'a cette vieille camarera avec elle. Je sais qu'elle ne souffre pas qu'elle ait un seul cheveu frisé ni qu'elle approche des fenêtres de sa chambre, ni qu'elle parle à personne. Cependant le Roi aime la Reine de tout son cœur; il mange ordinairement avec elle et sans aucune cérémonie. De sorte que fort souvent, quand les filles d'honneur mettent le couvert, le Roi et la Reine leur aident pour se divertir. L'un apporte la nappe et l'autre les serviettes. Le Reine se fait accommoder à manger à la manière de France, et le Roi à celle d'Espagne. C'est une cuisinière qui apprête tout ce qui est pour la bouche ; la Reine tâche de l'accoutumer aux ragoûts qu'on lui sert, mais il n'en veut point. Ne croyez-pas, au reste, que Leurs Majestés soient environnées de personnes de la Cour quand elles dînent. Il y a tout au plus quelques dames du palais, des menins, quantité de naines et de nains.

La Reine fit son entrée le 13 de janvier. Après que toutes les avenues du grand chemin qui conduit au Buen-Retiro furent fermées et défense faite aux carrosses d'y entrer, on fit construire un arc de triomphe où était le portrait de la Reine. Cette porte était ornée de divers festons, de peintures et d'emblèmes. Elle avait été mise sur le chemin par où la Reine devait passer pour entrer à Madrid et pour y arriver. Il y avait des deux côtés une espèce de galerie avec des enfoncements dans lesquels étaient les armes des divers royaumes de la domination d'Espagne, attachées les unes aux autres par des colonnes qui soutenaient des statues dorées, lesquelles présentaient chacune des couronnes et des inscriptions qui se rapportaient à ces royaumes.

Cette galerie était continuée jusqu'à la porte triomphale du grand chemin, qui était très-riche, et ornée de diverses statues, et quatre belles jeunes filles vêtues en nymphes y attendaient la Reine, tenant des fleurs dans des corbeilles pour en faire une jonchée à son passage. A peine avait-on passé cette porte, que l'on découvrait la seconde, et ainsi on les voyait toutes de fort loin les unes après les autres.

Celle-ci était ornée du conseil du Roi, de celui de l'Inquisition, des conseils des Indes, d'Aragon, d'État, d'Italie, de Flandre et d'autres lieux, sous la figure d'autant de statues dorées. Celle de la Justice était plus élevée que les autres. On trouvait un peu plus loin le Siècle d'or, accompagné de la Loi, de la Récompense, de la Protection et du Châtiment. Le temple de la Foi était représenté dans un tableau; l'Honneur et la Fidélité en ouvraient la porte, et la Joie en sortait pour aller recevoir la nouvelle Reine. On voyait encore un tableau qui représentait l'accueil que fit Salomon à la reine de Saba, et Débora dans un autre, qui donnait des lois à son peuple. Il y avait aussi les statues de Cérès, Astrée, l'Union, la Vertu, la Vie, la Sûreté, le Temps, la Terre, la Tranquillité, la Paix, la Grandeur, le Repos, Thémis et la Libéralité. Parmi diverses peintures, je remarquai Énée lorsqu'il voulut descendre aux Enfers; Cerbère, attaché par la Sibylle; les Champs Élysées, où Anchise fit voir à son fils ceux qui viendraient après lui de sa postérité. Le reste était rempli d'un nombre innombrable de hiéroglyphes. La Reine s'arrêta vers la troisième porte, à un fort beau parterre qui était dans son chemin, avec des cascades, des grottes, des fontaines et des statues de marbre blanc. Rien n'était plus agréable que ce jardin. C'étaient les religieux de Saint-François de Paule qui l'avaient fait. La quatrième porte était au milieu de la place appelée *del Sol*. Elle n'était pas moins brillante que les autres d'or et de peinture, de statues et de devises.

La rue des Pelletiers était remplie d'animaux, dont les peaux étaient si bien accommodées, qu'il n'y avait personne qui n'eût cru que c'était des tigres, des lions, des ours et des panthères en vie. La cinquième porte, qui était celle de la Guadalajara, avait des beautés particulières ; et ensuite la Reine entra dans la rue des Orfévres. Elle était bordée de grands anges d'argent pur. On y voyait plusieurs boucliers d'or, sur lesquels étaient les noms du Roi et de la Reine, avec leurs armes formées de perles, de rubis, de diamants, d'émeraudes et d'autres pierreries si belles et si riches, que les connaisseurs disent qu'il y en avait pour plus de douze millions. On voyait un amphithéâtre dans la Plaza Mayor, chargé de statues et orné de peintures. La dernière porte était proche de là. Au milieu de la première face du palais de la Reine mère, on voyait Apollon, toutes les Muses, le portrait du Roi et de la Reine à cheval et plusieurs autres choses que je n'ai pas assez bien remarquées pour vous en parler. La cour du palais était entourée de jeunes hommes et jeunes filles qui représentaient les fleuves et les rivières d'Espagne. Ils étaient couronnés de roseaux et de lis d'étang, avec des vases renversés, et le reste de leurs habits était convenable. Ils vinrent complimenter la Reine en latin et en espagnol. Deux châteaux de feux d'artifice étaient aussi élevés dans cette cour. Tout le palais était tendu des plus belles tapisseries de la couronne, et il n'y a guère de lieu au monde où l'on en voie de plus belles. Deux chars remplis de musiciens allaient devant Sa Majesté.

Les magistrats de la ville étaient sortis du lieu de leur assemblée en habits de cérémonie. C'étaient des robes de brocart brodées d'or, des petits chapeaux retroussés chargés de plumes, et ils étaient montés sur de très-beaux chevaux. Ils vinrent présenter les clefs de la ville à la Reine, et la recevoir sous un dais. Le Roi et la Reine mère allèrent dans un carrosse tout ouvert, afin que le peuple pût les voir, chez la comtesse d'Ognate où ils virent arriver la Reine.

Six trompettes en habits blancs et rouges, accompagnés des timbales de la ville, montés sur des beaux chevaux, dont les housses étaient de velours noir, marchaient devant l'alcalde de la Cour. Les chevaliers des trois ordres militaires, qui sont Saint-Jacques, Calatrava et Alcantara, suivaient avec des manteaux tout brodés d'or, et leurs chapeaux couverts de plumes. On voyait après eux les titulados de Castille et les officiers de la maison du Roi. Ils avaient des bottes blanches, et il n'y en avait guère qui ne fussent grands d'Espagne. Leurs chapeaux étaient garnis de diamants et de perles, et leur magnificence paraissait en tout. Leurs chevaux étaient admirables; chacun avait un grand nombre de livrées, et les habits des laquais étaient de brocart d'or et d'argent mêlé de couleurs, ce qui faisait un fort bel effet.

La Reine était montée sur un fort beau cheval d'Andalousie que le marquis de Villa-Meyna, son premier écuyer, conduisait par le frein. Son habit était si couvert de broderies, qu'on n'en voyait pas l'étoffe. Elle avait un chapeau garni de quelques plumes avec la perle appelée la *Peregrina*, qui est aussi grosse qu'une petite poire, et d'une valeur inestimable. Les cheveux étaient épars sur ses épaules et de travers sur son front; sa gorge un peu découverte et un petit vertugadin. Elle avait au doigt le grand diamant du Roi, que l'on prétend être un des plus beaux qui soient en Europe. Mais la bonne grâce de la Reine et ses charmes brillaient bien plus que toutes les pierreries dont elle était parée. Derrière elle et hors du dais, marchaient la duchesse de Terranova vêtue en dueña, et Dona Maria de Alarcon, gouvernante des filles de la Reine. Elles étaient chacune sur une mule. Immédiatement après elles, les filles de la Reine, au nombre de huit, toutes couvertes de diamants et de broderies, paraissaient montées sur de beaux chevaux, et à côté de chacune il y avait deux hommes de la Cour. Les carrosses de la Reine allaient ensuite, et la garde de la lancilla fermait la marche. Elle s'arrêta devant la maison de la comtesse d'Ognate pour saluer le Roi et la Reine mère. Elle vint descendre à Sainte-Marie, où le cardinal Porto-Carrero, archevêque de Tolède, l'attendait, et le *Te Deum* commença aussitôt. Dès qu'il fut fini, elle remonta à cheval pour aller au palais. Elle y fut reçue par le Roi et la Reine mère. Le Roi lui aida à descendre de cheval, et la Reine mère, la prenant par la main, la conduisit à son appartement, où toutes les dames l'attendaient, et se jetèrent à ses pieds pour lui baiser respectueusement la main.

Pendant que je suis sur le chapitre du palais, je dois vous dire, ma chère cousine, que j'ai appris qu'il y a certaines règles établies chez le Roi, que l'on suit depuis plus d'un siècle, sans s'en éloigner en aucune manière. On les appelle les étiquettes du palais. Elles portent que les reines d'Espagne se coucheront à dix heures l'été et à neuf l'hiver. Au commencement que la Reine fut arrivée, elle ne faisait point de réflexion à l'heure marquée, et il lui semblait que celle de son coucher devait être réglée par l'envie qu'elle aurait de dormir; mais aussi il arrivait souvent qu'elle soupait encore que, sans lui rien dire, ses femmes commençaient à la décoiffer, d'autres la déchaussaient par-dessous la table, et on la faisait coucher d'une vitesse qui la surprenait fort.

Les Rois d'Espagne couchent dans leur appartement et les Reines dans le leur. Mais celui-ci aime trop la Reine pour vouloir se séparer d'elle. Voici comment il est marqué dans l'étiquette que le Roi doit être lorsqu'il vient la nuit de sa chambre dans celle de la Reine: il a ses souliers mis en pantoufles (car on ne fait point ici de mules), son manteau noir sur ses épaules, au lieu d'une robe de chambre dont personne ne se sert à Madrid; son broquel passé dans son bras (c'est une espèce de bouclier dont je vous ai déjà parlé dans quelqu'une de mes lettres), la bouteille passée dans l'autre avec un cordon. Cette bouteille au moins n'est pas pour boire, elle sert à un usage tout opposé que vous devinerez. Avec tout cela, le Roi a encore sa grande épée dans l'une de ses mains et la lanterne sourde dans l'autre. Il faut qu'il aille ainsi tout seul dans la chambre de la Reine [1].

Il y a une autre étiquette, c'est qu'après que le Roi a eu une maîtresse, s'il vient à la quitter il faut qu'elle se fasse religieuse, comme je vous l'ai déjà écrit. L'on m'a conté que le feu Roi étant amoureux d'une dame du palais fut un soir frapper doucement à la porte de sa chambre. Comme elle comprit que c'était lui, elle ne voulut pas lui ouvrir et elle se contenta de lui dire au travers de la porte : *Vaya, vaya, con Dios, non quiero per monja;* c'est-à-dire : Allez, allez, Dieu vous conduise, je n'ai pas envie d'être religieuse.

Il est encore marqué que le Roi donnera quatre pistoles à sa maîtresse toutes les fois qu'il en recevra quelque faveur. Vous voyez que ce n'est pas pour ruiner l'État, et que la dépense qu'il fait pour ses plaisirs est fort modérée. Tout le monde sait à ce propos, que Philippe IV, père du Roi d'à présent, ayant entendu parler de la beauté d'une fameuse courtisane, fut la voir chez elle ; mais, religieux observateur de l'étiquette, il ne lui donna que quatre pistoles. Elle resta fort en colère d'une récompense si peu proportionnée à ses mérites, et dissimulant son

---

[1] Madame de Maintenon, écrivait la princesse des Ursins, rirait bien si elle savait tous les détails de ma charge. Dites-lui, je vous supplie, que c'est moi qui ai l'honneur de prendre la robe de chambre du roi d'Espagne, lorsqu'il se met au lit et de la lui donner avec ses pantoufles quand il se lève. Jusque-là, je prendrais patience ; mais que tous les soirs, quand le Roi entre chez la Reine pour se coucher, le comte de Benavente me charge de l'épée de Sa Majesté, d'un pot de chambre et d'une lampe que je renverse ordinairement sur mes habits, cela est trop grotesque. (*La Princesse des Ursins*, par Combes. p. 176.) — Paris, 1858.

chagrin, elle fut voir le Roi vêtue en cavalier, et après s'être fait connaître, et avoir eu de lui une audience particulière, elle tira une bourse où il y avait quatre cents pistoles, et la mettant sur la table : C'est ainsi, dit-elle, que je paye mes maîtresses. Elle prétendait, dans ce moment, que le Roi était sa maîtresse, puisqu'elle faisait la démarche de l'aller trouver en habit d'homme.

On sait, par l'étiquette, le temps fixe que le Roi doit aller à ses maisons de plaisir, comme à l'Escurial, à Aranjuez et au Buen-Retiro, de manière que, sans attendre ses ordres, on fait partir tous les équipages, et on va, dès le matin, l'éveiller pour l'habiller de l'habit qui est décrit dans l'étiquette, selon la saison, et puis il monte dans son grand carrosse, et Sa Majesté va où il a été dit, il y a plusieurs siècles, qu'elle irait.

Quand le temps marqué de revenir est arrivé, quoique le Roi se plaise dans le lieu où il est, il ne laisse pas d'en partir pour ne point déroger à la coutume.

On sait aussi quand il doit se confesser et faire ses dévotions. Le confesseur se présente [1].

Il faut que tous les courtisans et même les ambassadeurs, quand ils entrent dans la chambre du Roi,

---

[1] « C'est une belle chose que l'étiquette, écrivait le marquis de Louville. La Reine vient d'avoir l'agrément de ses quatorze ans accomplis. La fête, en pareille occasion, est grande en ce pays. On l'a célébrée, comme vous l'allez voir, avec un haut éclat. Il y eut baise-main général, et Vaset entra solennellement au milieu du cercle de la cour en disant à haute voix : *La Reyna tiena sus reglas.* Je crus qu'il était devenu fou, mais j'étais le seul à le croire. » (*Mémoires de Louville*, t. II, p. 107.)

aient de certaines petites manchettes de quintin qui s'attachent toutes plates sur la manche. Il y a des boutiques dans la salle des gardes où les seigneurs vont les louer et les rendre en sortant. Il faut, de même, que toutes les dames, quand elles sont chez la Reine, aient des chapins. Je me souviens de vous avoir déjà dit que ce sont des petites sandales dans lesquelles on passe le soulier; cela les hausse extrêmement. Si elles avaient paru devant la Reine sans chapins, elle le trouverait très-mauvais.

Les Reines d'Espagne n'ont auprès d'elles que des veuves ou des filles. Le palais en est si rempli, que l'on ne voit qu'elles au travers des jalousies ou sur les balcons. Et voici ce qui me paraît assez singulier, c'est qu'il est permis à un homme, quoique marié, de se déclarer amant d'une dame du palais et de faire pour elle toutes les folies et les dépenses qu'il peut, sans que l'on y trouve à redire. L'on voit ces galants-là dans la cour et toutes les dames aux fenêtres qui passent les jours à s'entretenir avec les doigts. Car vous saurez que leurs mains parlent un langage tout à fait intelligible; et, comme on le pourrait deviner s'il était pareil, et que les mêmes signes voulussent dire toujours les mêmes choses, ils conviennent, avec leurs maîtresses, de certains signes particuliers que les autres n'entendent point. Ces amours-là sont publiques. Il faut avoir beaucoup de galanterie et d'esprit pour les entreprendre, et pour qu'une dame veuille vous accepter, car elles sont fort délicates. Elles ne parlent point comme les autres. Il règne un certain génie au palais tout différent de celui de la ville, et si singulier, que, pour le savoir, il le faut apprendre comme on fait un métier. Quand la Reine sort, toutes les dames vont avec elle, ou, du moins, la plus grande partie. Alors les amants, qui sont toujours alertes, vont à pied auprès de la portière du carrosse pour les entretenir. Il y a du plaisir à voir comme ils se crottent, car les rues sont horribles; mais aussi le plus crotté est le plus galant. Quand la Reine revient tard, il faut porter, devant le carrosse où sont les dames, quarante ou cinquante flambeaux de cire blanche; et cela fait quelquefois une très-belle illumination, car il y a plusieurs carrosses, et dans chacun plusieurs dames. Ainsi l'on voit souvent plus de mille flambeaux sans ceux de la Reine.

Lorsque les dames du palais se font saigner, le chirurgien a grand soin d'avoir la bandelette ou quelque mouchoir où soit tombé du sang de la belle. Il ne manque pas d'en faire un présent au cavalier qui l'aime; et c'est en cette grande occasion qu'il faut se ruiner effectivement. Il y en a d'assez fous pour donner la plus grande partie de leur vaisselle d'argent au chirurgien; et ne croyez pas que ce soit seulement une cuiller, une fourchette et un couteau, comme nous connaissons certaines gens qui n'en ont guère davantage. Non, non, cela va à des dix et douze mille livres; et c'est une coutume si fort établie parmi eux, qu'un homme aimerait mieux ne manger toute l'année que des raves et des ciboules que de manquer à faire ce qu'il faut en ces sortes de rencontres.

Il ne sort guère de dame du palais sans être fort avantageusement mariée. Il y a aussi les menines de la Reine, qui sont si jeunes quand on les met auprès d'elle, qu'elle en a de six ou sept ans. Ce sont des enfants de la première qualité. J'en ai vu de plus belles que l'on ne peint l'Amour.

Aux jours de cérémonie où les dames du palais sortent, ou quand la Reine donne audience, chaque dame peut placer deux cavaliers à côté d'elle, et ils mettent leurs chapeaux devant Leurs Majestés, bien qu'ils ne soient pas grands d'Espagne. On les appelle *embevicedos*, c'est-à-dire enivrés d'amour, et si occupés de leur passion et du plaisir d'être auprès de leurs maîtresses, qu'ils sont incapables de songer à autre chose. Ainsi il leur est permis de se couvrir comme à un homme qui a perdu l'esprit, de manquer aux devoirs de la bienséance. Mais pour paraître ainsi, il faut que leurs dames le leur permettent, autrement ils n'oseraient le faire [1].

Il n'y a point d'autres plaisirs à la cour que les comédies ; mais, pendant le carnaval, l'on vide des œufs par un petit trou et on les emplit d'eau de senteur, on les bouche avec de la cire, et, lorsque le Roi est à la comédie, il en jette à tout le monde. Cha-

---

[1] Il ne reste plus à la cour d'Espagne, dit le duc de Saint-Simon, trace aucune de cette tolérance de la vanité prétextée de la galanterie espagnole de l'ancien temps, de personnes qui s'y couvrent sans aucun droit que celui de son entretien avec la dame qu'il sert, dont l'amour le transporte au point de ne savoir ce qu'il fait, si le Roi ou la Reine sont présents, et s'il est couvert ou non. (*Mémoires*, t. III, p. 274.)

Il est également fait mention dans la *Relation de l'État d'Espagne*, des embevecidos, si éperdus ou si attentifs à considérer leur dame, qu'ils ne songent pas qu'ils sont devant la Reine.

cun, à l'imitation de Sa Majesté, s'en jette. Cette pluie parfumée embaume l'air et ne laisse pas de bien mouiller. C'est là un de leurs plus grands divertissements. Il n'y a guère de personnes qui, dans cette saison, ne porte une centaine d'œufs avec de l'eau de Cordoue ou de naffe dedans; et, en passant en carrosse, on se les jette au visage. Le peuple, dans ce temps-là, se fait aussi des plaisirs à sa mode. Par exemple, on casse une bouteille dont on attache l'osier avec le verre dedans à la queue d'un chien ou d'un chat, et ils sont quelquefois plus de deux mille qui courent après

Je n'ai jamais rien vu de si joli que le nain du Roi qui s'appelle Louisillo [1]. Il est né en Flandre et d'une petitesse merveilleuse, parfaitement bien proportionné. Il a le visage beau, la tête admirable et de l'esprit, plus qu'on ne peut se l'imaginer, mais un esprit sage et qui sait beaucoup. Quand il se va promener, il y a un palefrenier monté sur un cheval qui porte devant lui un cheval nain qui n'est pas moins bien fait, en son espèce, que son maître en la sienne. On porte ce petit cheval jusqu'au lieu où Louisillo le monte, car il serait trop fatigué s'il fallait qu'il y allât sur ses jambes, et c'est un plaisir de voir l'adresse de ce petit animal et celle de son maître, lorsqu'il lui fait faire le manége. Je vous assure que quand il est monté dessus, ils ne font pas plus de trois quartiers de hauteur. Il disait l'autre jour fort sérieusement qu'il voulait combattre

---

[1] La marquise de Villars mentionne dans ses lettres ce nain qui, par son babil, entretenait la conversation avec le Roi.

les taureaux à la première fête, pour l'amour de sa maîtresse Doña Elvire. C'est une petite fille de sept à huit ans, d'une beauté admirable. La Reine lui a commandé d'être son galant. Cette enfant est tombée, par un grand bonheur, entre les mains de la Reine. En voici l'aventure :

Les Pères de la Merci allèrent racheter un certain nombre d'esclaves qu'ils ramenèrent à Madrid. Comme ils faisaient la procession de la ville, selon la coutume, la Reine vit une des captives qui tenait deux petites filles par la main ; elles paraissaient être sœurs, mais il y avait cette différence que l'une était extrêmement belle et l'autre extrêmement laide. La Reine la fit approcher et lui demanda si elle était la mère de ces enfants. Elle dit qu'elle ne l'était que de la laide. Et par quel hasard avez-vous l'autre, lui dit la Reine? Madame, répondit-elle, nous étions dans un vaisseau où il y avait une grande dame qui était grosse et que nous ne connaissions point; mais à son train et à la magnificence de ses habits, il était aisé de juger de sa qualité. Nous fûmes pris après un rude combat, la plus grande partie de ses gens furent tués ; elle eut tant de peur qu'elle accoucha et mourut aussitôt.

J'étais auprès d'elle, et voyant cette pauvre petite créature sans nourrice et prête à mourir, je résolus de la nourrir, s'il était possible, avec l'enfant que j'avais. Dès que les corsaires se furent rendus maîtres de notre bâtiment, ils partagèrent le butin entre eux ; ils étaient dans deux vaisseaux, et chacun prit ce qui lui était échu. Ce qui restait des femmes et des autres gens de cette dame furent d'un côté et moi de l'autre, de sorte, Madame, que je n'ai pu savoir à qui appartenait celle que j'ai sauvée. Je la regarde à présent comme ma propre fille, et elle croit que je suis sa mère. Une œuvre si charitable, lui dit la Reine, ne sera pas sans récompense. J'aurai soin de vous et je garderai la petite inconnue. La Reine, en effet, l'aime si fort, qu'elle est toujours habillée magnifiquement. Elle la suit partout et lui parle avec tant de grâce et de liberté, que cela ne sent point sa misérable. Peut-être découvrira-t-on quelque jour qui elle est.

Il n'y a point ici de ces agréables fêtes que l'on voit à Versailles, où les dames ont l'honneur de manger avec Leurs Majestés. Tout est fort retiré dans cette cour, et il n'y a, selon moi, que l'habitude que l'on se fait à toutes choses qui puisse garantir de s'y ennuyer beaucoup. Les dames qui ne demeurent pas actuellement dans le palais, ne vont faire leur cour à la Reine que lorsqu'elle les mande, et il ne lui est pas permis de les mander souvent. Elle demeure d'ordinaire avec ses femmes, et jamais vie n'a été plus mélancolique que la sienne.

Quand elle va à la chasse (et vous observerez qu'elle est la première reine de toutes celles qui ont régné en Espagne, qui ait eu cette liberté), il faut qu'au lieu du rendez-vous pour monter à cheval, elle mette les pieds sur la portière de son carrosse, et qu'elle se jette sur son cheval. Il n'y a pas longtemps qu'elle en avait un assez ombrageux, qui se retira comme elle s'élançait dessus, et elle tomba fort rudement à terre. Quand le Roi s'y trouve, il lui aide, mais aucun autre n'ose s'approcher des Reines d'Espagne pour les toucher et les mettre à cheval. On aime mieux qu'elles exposent leur vie et qu'elles courent risque de se blesser.

Il y a quatorze matelas à son lit; on ne se sert ni de sommiers de crin, ni de lits de plume; et ces matelas, qui sont de la meilleure laine du monde en Espagne, n'ont pas plus de trois doigts d'épaisseur, de sorte que son lit n'est pas plus haut que les nôtres en France. On fait les matelas minces pour les pouvoir tourner et les remuer plus aisément. Il est vrai que j'ai remarqué qu'ils s'affaissent moins et ne durcissent pas plus.

C'est la coutume à Madrid que le maître ou la maîtresse du logis passent toujours devant ceux qui leur rendent visite. Ils prétendent que c'est une civilité d'en user ainsi, parce qu'ils laissent, disent-ils, tout ce qui est dans leur chambre au pouvoir de la personne qui y reste la dernière. Pour les dames, elles ne se baisent point en se saluant, elles se présentent seulement la main dégantée.

Il y a une autre coutume que je trouve assez singulière, c'est que lorsqu'une fille veut être mariée et qu'elle est majeure, si elle a déjà fait un choix, bien que son père et sa mère s'y opposent, elle n'a qu'à parler au curé de sa paroisse et lui déclarer son dessein. Aussitôt, il l'ôte de la maison de ses parents, et il la met dans une maison religieuse, ou chez quelque dame dévote, où elle passe un peu de temps; ensuite, si elle persévère dans sa résolution, on oblige le père et la mère à lui donner une dot proportionnée à leur qualité et à leur bien, et on la marie malgré eux. Cette raison est en partie cause du soin que l'on prend de ne laisser parler personne aux filles, et de les tenir si renfermées qu'il est difficile qu'elles puissent prendre des mesures pour conduire une intrigue. Du reste, pourvu que le cavalier soit gentilhomme, cela suffit, et il épouse sa maîtresse, quand bien elle serait fille d'un grand d'Espagne[1].

Depuis que je suis en ce pays, il me semble que je n'ai rien omis à vous dire. Je vais à présent achever d'écrire mes Mémoires de la cour d'Espagne, puisque les premiers que je vous ai envoyés vous ont plu. Je vous les enverrai à mesure qu'il se présentera des événements dignes de votre curiosité. Je vous promets aussi la relation que vous me demandez. Mais pour tant de petites choses, accordez-m'en une bien considérable, ma chère cousine, c'est la continuation de votre amitié, dont je fais tout le cas que je dois.

De Madrid, ce 28 septembre 1680.

[1] Le duc de Saint-Simon donne sur cette coutume, connue sous le nom de Saccade du Vicaire, de longs détails que nous reproduisons dans la note G de l'appendice.

FIN DU VOYAGE D'ESPAGNE.

APPENDICE.

APPENDICE.

NOTE *A*.

LA DÉVOTION A LA CROIX.

Eusebio et Julia naquirent dans une forêt, au pied d'une croix. Pendant les douleurs de l'enfantement, leur mère implora l'assistance de la croix, dont l'image sanglante s'imprima sur la poitrine des deux enfants, comme un signe visible de la grâce divine. Recueilli par un berger qui l'élève, Eusebio se lasse bientôt de la vie paisible qu'il mène chez son bienfaiteur. Il préfère à sa chaumière l'agitation d'une vie aventureuse. Grâce à la croix qui le protége, il échappe au naufrage, à l'incendie, aux poursuites des brigands. Mais il finit par se faire brigand lui-même, et devient incestueux et assassin. Toutefois, au milieu de ses forfaits, il conserve une ardente dévotion à la croix au pied de laquelle il est né, et dont l'image est gravée sur sa poitrine. Il habite les forêts et les montagnes les plus inaccessibles, et guette les voyageurs pour les dépouiller. Lorsqu'il tue un homme, il a soin de couvrir le cadavre d'un peu de terre et de planter une croix sur le lieu de la sépulture. Sa conscience est ainsi satisfaite, et il ne ressent plus aucun remords. Quelquefois, l'aspect subit du signe sacré l'arrête au moment où il va verser le sang. Lorsqu'il a déjà frappé sa victime, il lui permet d'aller se confesser avant de mourir. Lizardo, le fiancé de sa sœur, auquel il vient d'accorder cette grâce, lui promet d'intercéder auprès de Dieu pour lui obtenir plus tard la même faveur. Un jour, il surprend, avec sa bande, un saint évêque, nommé Alberto, qu'il épargne. Le prêtre, touché de sa générosité pieuse, prend l'engagement de venir l'assister dans ses derniers instants.

Sa sœur Julia est entrée dans un couvent après la mort de son fiancé. Eusebio vient l'en arracher; mais, en voyant l'image de la croix empreinte sur sa poitrine, il s'enfuit éperdu. Cependant Julia, déguisée en homme, s'échappe de son couvent et va rejoindre Eusebio, qui la repousse avec terreur. En ce moment, des cris de mort se font entendre. Les paysans armés fondent sur les brigands. A leur tête est Curcio, le père d'Eusebio et de Julia. Eusebio paraît sur un rocher. Les paysans l'entourent : ils vont l'atteindre. Désespérant de son salut, il se précipite en invoquant Lizardo et Alberto. Les paysans trouvent son corps brisé, et l'enterrent sous d'épais branchages, car il est mort sans confession, et ne mérite pas de reposer en terre sainte. Mais un cri sourd et plaintif a retenti dans la forêt : Alberto! En effet, le saint évêque est revenu de Rome pour remplir sa promesse. Il entend la voix qui l'appelle et se hâte d'écarter les branchages qui couvrent Eusebio. C'est un cadavre, déjà glacé par la mort. Il se dresse lentement et se confesse au milieu des assistants glacés de terreur. Le prêtre n'hésite pas à donner l'absolution à celui pour qui Dieu vient d'accomplir un miracle. Aussitôt le cadavre redevient muet et rentre dans sa tombe. Julia arrive en ce moment. Alberto lui apprend la mort d'Eusebio et le miracle dont il avait été témoin. Saisie d'épouvante, elle embrasse la croix plantée sur la sépulture de son frère et fait vœu de retourner dans son couvent. Son père arrive pour la saisir, mais au même instant ses vêtements d'homme tombent, et on la voit agenouillée, en habit de religieuse, devant la croix qui s'élève avec elle dans les airs et l'emporte triomphante au ciel. Les nuages se partagent; Eusebio apparaît entouré d'une auréole radieuse, les bras étendus vers Julia. (Weiss, t. II, page 360.)

NOTE *B*.

LES PRIVILÉGES DU ROYAUME D'ARAGON.

Les libertés des Aragonais existaient de toute antiquité; cependant elles ne furent expressément définies qu'en 1283, époque où le roi Don Pedro III signa la charte connue en Aragon sous le nom de PRIVILÉGE GÉNÉRAL. Cette charte formulait les droits des Cortès, des ordres, des personnes, suivant leur condition, et réglait, en conséquence, l'administration de la justice. Elle était considérée comme la base de toutes les institutions du pays. Les rois, à leur avénement, juraient d'en respecter les clauses. Ils ne pouvaient ni conférer des fonctions à des étrangers, ni garder des soldats étrangers à leur solde, ni décréter des lois, ni lever des contributions, ni entreprendre des guerres sans l'assentiment des Cortès.

Les Cortès se composaient des ricoshombres, des évêques et des élus des chapitres, des députés des caballeros, enfin des députés des villes. Ces ordres, les quatre bras de l'Etat, écoutaient réunis les demandes que le Roi leur adressait en personne; ils en délibéraient séparément, formulaient leurs griefs et, le plus souvent, ne concédaient rien au Roi avant qu'il ne leur eût donné satisfaction. Les moindres affaires entraînaient des discussions interminables, si fort orageuses d'ordinaire, que les partis en venaient aux mains. Il n'était pas facile, en effet, d'arriver à une solution dans de semblables assemblées. L'unanimité des votes était requise, et le Roi n'avait même pas la ressource de dissoudre les Cortès; il devait donc s'armer de patience et s'estimer heureux s'il obtenait, en définitive, les subsides qu'il réclamait. Enfin, les Cortès se séparaient, elles déléguaient alors leur autorité à une députation permanente qui, dans l'intervalle, souvent fort long des sessions, veillait au maintien des droits de chacun;

et ce n'était pas chose facile, à une époque où la fraude, la corruption et la violence semblaient des moyens d'action parfaitement légitimes.

Les priviléges qui sauvegardaient la liberté des personnes et la sécurité des biens, étaient l'objet de contestations perpétuelles. Les Rois s'étaient emparés de la juridiction criminelle qui jadis appartenait aux ricoshombres et aux villes, et ils en usaient sans le moindre scrupule dans leur intérêt. S'agissait-il pour eux de se débarrasser d'un adversaire? ils l'impliquaient dans un procès criminel, et le faisaient condamner par des juges à leur dévotion. Les juges n'hésitaient jamais, mais leurs sentences ne s'exécutaient pas sans opposition. Les Aragonais invoquaient leurs priviléges et, en forme d'argument, recouraient volontiers aux armes. Enfin un accord s'était fait. Les Rois avaient conservé le droit de justice, mais les parties qui se trouvaient lésées pouvaient en appeler au tribunal du grand-justicier. Ce personnage était nommé par le Roi et par l'Assemblée des Cortès; il ne pouvait être révoqué que de leur consentement mutuel; en cas de violation de ses devoirs, il était jugé par les Cortès, et, pour cette raison, il était pris, non dans la classe des ricoshombres, que leurs priviléges mettaient à l'abri de la peine capitale, mais dans celle des simples caballeros. Assisté de ses lieutenants, le grand-justicier revisait les sentences rendues par les juridictions royales, et les cassait s'il ne les trouvait pas conformes aux lois du royaume. Il était lui-même surveillé par des inquisiteurs qui contrôlaient ses actes, et en rendaient compte à la députation permanente. Cette délégation des Cortès faisait exécuter les sentences du grand-justicier et, si elle le jugeait nécessaire, elle appelait le peuple aux armes pour la seconder.

Le droit d'appel au grand-justicier était cher aux Aragonais, Il était, disaient-ils, la *manifestation* de leurs libertés. Les Rois catholiques n'osèrent y porter atteinte, mais il essayèrent de l'annuler à l'aide des procédures de l'Inquisition. En raison de son caractère religieux, l'Inquisition semblait n'avoir rien à démêler avec la politique. Les Aragonais laissèrent donc sa juridiction s'étendre sur leur pays ; à l'origine, ils furent même satisfaits de voir brûler des Juifs et des Maures, mais ils ne tardèrent pas à s'apercevoir que, sous prétexte d'atteintes à la religion, l'Inquisition évoquait des causes qui ne lui appartenaient pas, et contestait les priviléges que le grand-justicier était chargé de défendre. L'autorité civile et l'autorité religieuse entrèrent en lutte. Le grand-justicier mettait en liberté les prévenus que l'Inquisition avait fait arrêter; l'Inquisition excommuniait le grand-justicier, le grand-justicier en appelait à la cour de Rome, et les Cortès votaient les sommes les plus considérables pour assurer le triomphe de leur cause. Cette situation se prolongea jusque vers la fin du règne de Philippe II. Fatigué de l'indocilité des Aragonais, ce prince avait renoncé à réunir les Cortès. Il ne leur demandait plus de subsides, et abandonnait le pays à lui-même. Une circonstance imprévue le décida à mettre un terme à cette anarchie. Le secrétaire d'État Antonio Perez qu'il poursuivait de sa haine, s'étant réfugié à Saragosse, le Roi voulut le faire juger par le tribunal de l'Inquisition. Antonio Perez réclama ses priviléges d'Aragonais; un soulèvement s'ensuivit. Le Roi fit entrer ses troupes en Aragon et s'empara de Saragosse. Après avoir intimidé les mutins par le supplice du grand-justicier et d'un nombre considérable d'autres personnages, il réunit les Cortès, et se fit concéder le droit de révoquer le grand-justicier, de nommer aux fonctions sans distinction de nationalité, enfin de tenir garnison à Saragosse. L'organisation des Cortès ne fut pas essentiellement modifiée. Le Roi se réserva seulement de déléguer la présidence à un personnage de son choix, de ne point appeler, s'il le jugeait à propos, la classe turbulente des caballeros, enfin d'accorder le droit de représentation à des villes qui n'avaient point ce privilége. Il faut le reconnaître, Philippe II usa avec modération de l'ascendant que lui donnaient les circonstances. Les princes qui lui succédèrent eurent à le regretter. Libres d'accorder ou de refuser les impôts, de promulguer les lois, de gouverner en un mot le pays, les Cortès continuèrent à tenir les Rois d'Espagne en échec jusqu'au jour où l'Aragon prit parti contre Philippe V, succomba dans la lutte et se vit enlever ses priviléges.

NOTE C.

LES RICOSHOMBRES.

Les ricoshombres n'étaient autres, en termes généraux, que les grands barons de l'Espagne ; mais si nous arrivons aux détails, il faut cette fois, comme toujours, distinguer entre le royaume de Castille et le royaume d'Aragon.

Le régime des États qui reconnaissaient pour souverains les Rois d'Aragon était essentiellement féodal. La population indigène était réduite à la condition du servage, si ce n'est dans les villes, qui avaient chacune leurs priviléges et les défendaient énergiquement. Les seigneurs d'origine franque en Catalogne, navarraise en Aragon, formaient la race dominante. Ils s'étaient partagé le sol d'après les règles de la hiérarchie féodale. Leurs fiefs relevaient à divers degrés de la couronne. Les caballeros étaient ainsi les vassaux des ricoshombres, et les ricoshombres reconnaissaient pour leur suzerain et souverain seigneur le Roi. Ces éléments se modifièrent sans doute par la suite des temps ; les ricoshombres n'en demeurèrent pas moins les chefs d'une aristocratie puissante qui manifesta son ascendant jusqu'à la fin du dix-septième siècle.

Il en était autrement en Castille. Le sol avait été successivement reconquis et ensuite repeuplé par les Wisigoths espagnols, descendus des montagnes où ils s'étaient réfugiés. Libres et fiers d'être libres, les Espagnols s'étaient organisés, il est vrai, dans des conditions analogues à celles de la féodalité. Mais alors même ils avaient conservé cet esprit d'indépendance germanique que Tacite a caractérisé par une phrase célèbre : « *Reges ex nobilitate, duces ex virtute sumunt.* » Ils devaient ainsi le service militaire à leur Roi ; mais, à la différence du régime féodal, ils étaient libres de choisir leur chef. Ce chef était le plus souvent un aventurier brave et entreprenant. Sa demeure, entourée d'épaisses murailles, lui permettait de mettre à l'abri d'une incursion de l'ennemi les vivres et les armes qui formaient ses seules richesses. Les chaudières qu'il faisait porter devant lui, et que nous retrouvons dans les armoiries de sa famille, attestaient qu'il était en mesure de pourvoir à l'entretien de ses compagnons d'armes. Sa renommée de vaillance attirait sous son pennon les cavaliers du voisinage. Il partageait avec eux son butin, et, si la fortune le secondait, il s'emparait de quelque forte position, d'où il pouvait dominer la contrée. Il engageait alors ses compagnons d'armes à se grouper autour de sa nouvelle demeure. Les terres étaient divisées ; les plus fertiles revenaient au *poblador,* elles formaient le *solar* de sa famille ; les autres étaient cédées en pleine propriété aux *diviseros ;* une charte l'attestait et réglait en même temps les rapports du seigneur et de ses vassaux. Le seigneur s'engageait à protéger ses vassaux et à respecter leurs droits. Les vassaux devaient au seigneur le service militaire, les aides dans les conditions définies ; en reconnaissance de sa munificence, ils lui baisaient la main et témoignaient ainsi qu'ils se dévouaient à son service. Ils n'aliénaient pas néanmoins leur liberté, et conservaient le droit de se dégager en rendant leurs terres au seigneur. Ils étaient de vieux chrétiens, et se seraient révoltés à l'idée d'être enchaînés à la glèbe. Entouré de ses cavaliers toujours prêts à quitter la charrue pour courir aux armes, le *señor de vassalos* occupait déjà un rang considérable. Ses enfants héritaient-ils de sa valeur, de son heureuse chance, parvenaient-ils à accroître leurs domaines, leurs richesses, la voix publique les désignait comme des *ricoshombres de tierra y solar conocido.* Le Roi les appelait dès lors à siéger aux Cortès, à confirmer sa signature, à prendre ainsi part à tous les actes du gouvernement. Il leur reconnaissait le droit d'invoquer, le cas échéant, les priviléges qui garantissaient aux ricoshombres la sécurité de leurs personnes et de leurs biens. Mais ces biens, il fallait les défendre à la force du bras. Nul alors ne pouvait répondre du présent, encore moins de l'avénir. L'heure des revers arrivait; les familles déclinaient avec leurs richesses et leur puissance; elles perdaient leur rang, finissaient par se confondre parmi les simples *infanzones*. En Castille, disait Don Juan Manuel, les lignages montent et descendent selon que tourne la roue de fortune.

De simples hidalgos figuraient parfois au nombre des ricoshombres. Investis de fiefs détachés du domaine de la couronne, ils avaient reçu de la main du Roi le pennon et la chaudière, insignes de leur dignité; mais cette dignité leur était personnelle.

En définitive, ils étaient des vassaux, et n'avaient ainsi ni l'autorité ni l'indépendance des ricoshombres de naissance, qui ne devaient rien à la faveur royale. Le plus célèbre des ricoshombres, le Cid Campeador, l'entendait ainsi, lorsqu'il adressait au Roi Don Fernando ces altières paroles : J'aimerais mieux être attaché au clou à vous avoir pour seigneur, et à me dire votre vassal. De ce que mon père vous a baisé la main, je me tiens pour affronté.

La ricombria se maintint dans ces conditions pendant les guerres avec les Maures; elle en subissait les alternatives et passait de main en main, selon les chances de la fortune. Cette instabilité restreignait sa puissance. Mais il n'en fut pas toujours ainsi. Survinrent les guerres civiles. Les princes qui se disputaient la couronne en appelèrent aux ricoshombres; ils durent récompenser leurs services et aliéner entre leurs mains les domaines royaux. Don Enrique de Transtamare avait, entre autres, à satisfaire les aventuriers étrangers qui l'avaient suivi en Espagne. Il leur concéda les seigneuries qui leur revenaient pour leur part, selon les formes usitées en France et en Angleterre. Soria fut érigé en duché en faveur de Don Beltran Claquin; l'Anglais Don Hugo de Carbolay fut comte de Carrion ; Don Bernal de Fox y Bearne épousa l'héritière de Médina-Celi, et les domaines de sa femme furent également érigés en comté. Les ricoshombres tinrent à s'égaler à ces étrangers. Ils se firent concéder des titres analogues ; ils en arrivèrent enfin à une innovation qui devait changer la face de la société : la création des majorats. Ces majorats, à défaut d'hoirs mâles, se transmettant par les femmes, allèrent rapidement grossir l'avoir des grandes familles. Le marquis de Santillane, pour en citer un exemple, se trouva ainsi réunir soixante majorats et quatre-vingt mille vassaux. Les grands d'Espagne acquirent dès lors une puissance démesurée ; la royauté se trouva complétement annulée. Mais cette même hérédité féminine allait avoir une conséquence à laquelle nul ne s'attendait. Doña Isabel, héritière de la couronne de Castille, épousa Don Fernando, héritier de la couronne d'Aragon. Grâce à la réunion de leurs couronnes, les Rois Catholiques recouvrèrent une autorité dont ils usèrent pour abaisser la grandesse. Les actes les plus importants de leur règne, tels que la confiscation de la grande maîtrise des ordres militaires, l'organisation des Cours de justice, de la Santa Hermandad, de l'Inquisition, furent dictés par cette politique. Les circonstances leur vinrent en aide. Il n'y avait plus à guerroyer contre les Maures ; les grands perdirent ainsi l'usage des armes ; ils se bornèrent à jouir de leurs immenses richesses, et s'isolèrent de leurs terres, d'où les rois catholiques se gardèrent bien de les tirer. Leur puissance s'évanouit ; leurs privilèges, qui allaient jusqu'à leur donner le droit de s'armer contre le souverain, s'oblitérèrent insensiblement ; mais leur orgueil n'en demeura pas moindre.

Les seigneurs castillans s'étaient toujours couverts devant le Roi. C'était là un ancien usage dont nul ne s'étonnait en Espagne ; il n'en était pas de même à l'étranger. Les courtisans flamands de Philippe le Bon se découvraient devant leur prince, suivant l'étiquette de la cour de Bourgogne. Ils furent choqués du contraste qu'offrait leur attitude avec celle des Castillans. Ils en relevèrent l'inconvénance. Le duc de Najera et Don Juan Manuel, qui tenaient à plaire à Philippe, s'interposèrent. Ils décidèrent les Castillans à suivre l'exemple des Flamands; les Aragonais, au contraire, qui accompagnaient Ferdinand lors de sa rencontre avec son gendre, demeurèrent couverts. Il n'en fut rien de plus pour le moment. Les Castillans revinrent à leur ancien usage, mais l'incident se renouvela lorsque Charles-Quint arriva en Espagne. Cette fois, ce fut le duc d'Albe qui se mêla de l'affaire; il amena les Castillans à se découvrir devant le Roi. Charles, satisfait de cette concession, voulut en faire une de son côté, et il invita les seigneurs les plus qualifiés à se couvrir, en leur adressant ces mots qui devinrent sacramentels : *Cubrios*. En d'autres circonstances, Charles-Quint en usa de même. Ce n'était encore là, de sa part, qu'un acte de courtoisie. Philippe II, qui aimait la pompe, en fit une cérémonie. Ses successeurs constatèrent la cérémonie par des lettres patentes et transformèrent ainsi la grandesse en dignité.

NOTE D.

LISTE

DES ARCHEVÊCHÉS ET ÉVÊCHÉS, DONNÉE A MADAME D'AULNOY PAR L'ARCHEVÊQUE DE BURGOS [1].

Plusieurs personnes m'en ont parlé comme vous, Monseigneur, lui dis-je, mais j'espère m'en instruire parfaitement à Madrid. Je suis en état de vous éclaircir au moins d'une partie de ce que vous voulez savoir, reprit-il; quelques raisons m'ont

---

[1] Nous donnons cette liste des évêchés, gouvernements, telle quelle; car, bien que généralement exacte, comme nous avons pris soin de nous en assurer, madame d'Aulnoy semble posséder des notions assez vagues et même fantasques sur la géographie. Nous déclinons donc toute responsabilité d'exactitude.

obligé d'en faire un petit mémoire, et je pense même l'avoir sur moi. Il me le donna aussitôt, et, comme j'en ai gardé une copie, et qu'il me paraît curieux, je vais, ma chère cousine, vous le traduire ici.

VICE-ROYAUTÉS QUI DÉPENDENT DU ROI D'ESPAGNE.

Naples, Sicile, Aragon, Valence, Navarre, Sardaigne, Catalogne, et, dans la Nouvelle-Espagne, le Pérou.

GOUVERNEMENTS DE ROYAUMES ET DE PROVINCES.

Les États de Flandre, de Milan, Galice, Biscaye, les îles de Majorque et Minorque. Sept gouvernements dans les Indes occidentales, à savoir : les îles de Madère, le cap Vert, Mina, Saint-Thomas, Angola, Brésil et Algarves. En Afrique : Oran, Ceuta, Mazagran. En Orient : les Philippines.

ÉVÊCHÉS ET ARCHEVÊCHÉS DE LA NOMINATION DU ROI TRÈS-CATHOLIQUE DEPUIS QUE LE PAPE ADRIAN VI CÉDA LE DROIT QU'IL AVAIT D'Y NOMMER.

Premièrement, dans les deux Castilles : l'archevêché de Tolède, dont l'archevêque est primat d'Espagne, grand chancelier de Castille et conseiller d'État. Il parle aux États et dans le Conseil, immédiatement après le Roi, et on le consulte ordinairement sur toutes les affaires importantes. Il a trois cent cinquante mille écus de revenu et son clergé quatre cent mille.

L'archevêque de Braga, en Portugal, lequel est seigneur spirituel et temporel de cette ville, et qui, pour marque de son autorité, porte la crosse à la main et l'épée au côté, prétend la primatie de toute l'Espagne et la dispute à l'archevêque de Tolède, parce que cette primatie était autrefois à Séville, qu'on la mit à Tolède à cause de l'invasion des Maures, et que, Tolède étant tombée entre leurs mains, elle fut transférée à Braga. De sorte que l'archevêque posséda longtemps cette dignité; mais, après que les Espagnols eurent repris Tolède, l'archevêque redemanda sa primatie; celui de Braga ne voulut pas consentir à la rendre, et ce différend n'ayant jamais été terminé, ils en prennent l'un et l'autre le titre.

L'archevêché de Séville vaut trois cent cinquante mille ducats, et son chapitre en a plus de cent mille. Il ne se peut rien voir de plus beau que cette cathédrale. Entre plusieurs choses remarquables, il y a une tour bâtie de briques, large de soixante brasses et haute de quarante. Une autre tour s'élève au-dessus, qui est si bien pratiquée par dedans que l'on y monte à cheval jusqu'au haut. Le dehors en est tout peint et doré.

L'archevêché de Saint-Jacques de Compostelle vaut soixante mille ducats, et un ducat vaut trente francs monnaie de France; son chapitre en a cent mille.

L'archevêché de Grenade vaut quarante mille ducats.

Celui de Burgos, à peu près autant.

L'archevêché de Saragosse, cinquante mille.

L'évêché d'Avila, vingt mille ducats de rente.

L'archevêché de Valence, quarante mille.

L'évêché d'Astorga, douze mille.

L'évêché de Cuença, plus de cinquante mille.

L'évêché de Cordoue, environ quarante mille.

L'évêché de Siguenza, de même.

L'évêché de Ségovie, vingt-cinq mille.

L'évêché de Calahorra, vingt mille.

L'évêché de Salamanque, un peu plus.

L'évêché de Plasencia, cinquante mille.

L'évêché de Palencia, vingt-cinq mille.

L'évêché de Jaca, plus de trente mille.

L'évêché de Malaga, quarante mille.

L'évêché d'Osma, vingt-deux mille.

L'évêché de Zamora, vingt mille.

L'évêché de Coria, vingt mille.

L'évêché de Ciudad-Rodrigo, dix mille.

L'évêché des îles Canaries, vingt-deux mille.

L'évêché de Lugo, huit mille.

L'évêché de Mondoñedo, dix mille.

L'évêché d'Oviedo, vingt mille.

L'évêché de Léon, vingt-deux mille.
L'évêché de Pampelune, vingt-huit mille.
L'évêché de Cadix, douze mille.
L'évêché d'Orense, dix mille.
L'évêché d'Onguela, dix mille.
L'évêché d'Almeria, cinq mille.
L'évêché de Cadix, neuf mille.
L'évêché de Tuy, quatre mille.
L'évêché de Badajoz, dix-huit mille.
L'évêché de Valladolid, quinze mille.
L'évêché de Huesca, douze mille.
L'évêché de Tarazona, quatorze mille.
L'évêché de Balbastro, sept mille.
L'évêché d'Albarracin, six mille.
L'évêché de Teruel, douze mille.
L'évêché de Jaca, six mille.

Je ne dois pas omettre de marquer que la cathédrale de Cordoue est extraordinairement belle; elle fut bâtie par Abderhaman, qui régnait sur tous les Maures d'Espagne. Elle leur servait de mosquée en l'an 787; mais les chrétiens ayant pris Cordoue en 1236, ils firent une église de cette mosquée. Elle a vingt-quatre grandes portes toutes travaillées de sculptures et d'ornements d'acier; sa longueur est de six cents pieds sur cinquante de large; il y a vingt-neuf nefs dans la longueur et dix-neuf dans la largeur; elle est parfaitement bien proportionnée, et soutenue de huit cent-cinquante colonnes, dont la plus grande partie sont de jaspe et les autres de marbre noir d'un pied et demi de diamètre; la voûte est très-bien peinte, et l'on peut juger par là de l'humeur magnifique des Maures.

Il est difficile de croire, après ce que j'ai dit de la cathédrale de Cordoue, que celle de Léon soit plus considérable. Cependant rien n'est plus vrai, et c'est ce qui a donné lieu à ce que l'on dit communément, que l'église de Léon est la plus belle de toutes celles d'Espagne; l'église de Tolède la plus riche; celle de Séville la plus grande, et celle de Salamanque la plus forte.

La cathédrale de Malaga est merveilleusement bien parée et d'une juste grandeur; les chaises du chœur ont coûté cent cinq mille écus, et tout le reste répond à cette magnificence.

PRINCIPAUTÉ DE CATALOGNE.

L'archevêché de Tarragone.
L'évêché de Barcelone.
L'évêché de Lérida.
L'évêché d'Urgel.
L'évêché de Girone.
L'évêché de Vich.
L'évêché de Salsona.
L'évêché de Tortose.
L'évêché d'Elm.

DANS L'ITALIE.

L'archevêché de Brindes.
L'archevêché de Lanciano.
L'archevêché de Matera.
L'archevêché d'Otrante.
L'archevêché de Rocli.
L'archevêché de Salerne.
L'archevêché de Trani.
L'archevêché de Tarente.
L'évêché d'Ariano.
L'évêché d'Acerra.
L'évêché d'Aguila.
L'évêché de Costan.
L'évêché de Castellamare.

AU ROYAUME DE NAPLES.

L'évêché de Gaëte.
L'évêché de Galipoli.

L'évêché de Giovenazzo.
L'évêché de Mosula.
L'évêché de Monopoli.
L'évêché de Puzol.
L'évêché de Potenza.
L'évêché de Trivento.
L'évêché de Tropea.
L'évêché d'Ugento.

ROYAUME DE SICILE.

L'archevêché de Palerme.
L'archevêché de Montréal.
L'évêché de Girgenti.
L'évêché de Mazzara.
L'évêché de Messine.
L'évêché de Parti.
L'évêché de Cefalu.
L'évêché de Catania.
L'évêché de Zaragoza.
L'évêché de Malte.

A MILAN.

L'archevêché de Milan.
L'évêché de Vigevano.

ROYAUME DE MAJORQUE.

L'évêché de Majorque.

ROYAUME DE SARDAIGNE.

L'archevêché de Cagliari.
L'archevêché d'Oristan.
L'archevêché de Sacer.
L'évêché d'Alguerales.
L'évêché de Boza.
L'évêché d'Ampurias.

EN AFRIQUE.

L'évêché de Tanger.
L'évêché de Ceuta.

AUX INDES ORIENTALES.

L'archevêché de Goa.
L'évêché de Madère.
L'évêché d'Angola, dans les Indes Terceres.
L'évêché de Cabouerde.
L'évêché de Saint-Thomas.
L'évêché de Cochin.
L'évêché de Malara.
L'évêché de Maliopor.
L'évêché de Macao.

De tous les archevêchés et évêchés, il ne revient rien au Pape de l'évêque qui meurt, ni pendant que le bénéfice est vacant. On aurait peine à rapporter le nombre d'abbayes et d'autres dignités auxquelles le Roi d'Espagne présente.

Il faut parler à présent des six archevêchés et des trente-deux évêchés de la Nouvelle-Espagne, de ses îles et du Pérou.

L'archevêché de la ville de los-Reyes, capitale de la province du Pérou, vaut trente mille écus de rente.

L'évêché d'Arequipa, seize mille.

L'évêché de Truxillo, quatorze mille.

L'évêché de Saint-Francisco de Quito, dix-huit mille.

L'évêché de la grande ville de Cuzco, vingt-quatre mille.

L'évêché de San-Jean-de-la-Victoire, huit mille.

L'évêché de Panama, six mille.

L'évêché de Chilé, cinq mille.

L'évêché de Notre-Dame de Chilé, quatre mille.

L'archevêché de Bogota, du nouveau royaume de Grenade, quatorze mille.

L'évêché de Popayan, cinq mille.

L'évêché de Carthagène, six mille.

L'évêché de Sainte-Marie, dix-huit mille.

L'évêché de la Plata, de la province de los Charcas, soixante mille.

L'archidiacre de cet évêché en a cinq mille; le maître des enfants de chœur, le chantre et le trésorier, chacun quatre mille; six chanoines, chacun trois mille.

Six autres dignités, qui valent chacune dix-huit cents écus, et l'on remarquera par la richesse du chapitre de la Plata, que les autres n'en ont guère moins.

L'ARCHEVÊCHÉ DE LA PLATA A POUR SUFFRAGANTS :

L'évêché de Paz.

L'évêché de Tucuman.

L'évêché de Santa-Cruz de la Sierra.

L'évêché de Paraguay de Buenos-Ayres.

L'évêché del Rio de la Plata.

L'évêché de Saint-Jacques, dans la province de Tucuman, vaut six mille écus.

L'évêché de Saint-Laurent de las Barrancas, douze mille.

L'évêché de Paraguay, seize mille.

L'évêché de la Sainte-Trinité, quinze mille.

L'archevêché de Mexico, érigé en 1518, vingt mille reales. L'évêché de los Angelos, cinquante mille reales.

L'évêché de Valladolid, de la province de Mechoacan, quatorze mille écus.

L'évêché d'Antequera, sept mille.

L'évêché de Guadalaxara, province de la Nouvelle-Galice, sept mille.

L'évêché de Durango, quatre mille.

L'évêché de Merida, capitale de la province de Yucatan, huit mille.

L'évêché de Gantiago, de la province de Guatemala, huit mille.

L'évêché de Santiago de Léon, suffragant de l'archevêché de Lima, trois mille.

L'évêché de Chiapa, cinq mille.

L'archevêché de San Domingo, des îles espagnoles, primat des Indes, trois mille.

L'évêché de San Juan de Porto-Rico, cinquante mille reales.

L'évêché de l'île de Cuba, huit mille écus.

L'évêché de Santa Anna de Coro, huit mille.

L'évêché de Camayagua, capitale de la province de Honduras, trois mille.

L'archevêché métropolitain de Manille, capitale des îles Philippines, trois mille écus que le Roi s'est obligé de lui payer, par la bulle accordée en 1595. Le Roi paye de même tout le chapitre. Cet archevêché a trois suffragants : l'un dans l'île de Zebu, l'autre dans l'île de Luçon, le troisième à Comorin.

NOTE E.

LA CASA DE CONTRATACION.

La casa de contratacion formait le rouage principal d'une machine qui témoignait à la fois de l'ignorance et de la cupidité des Espagnols. Leur chimère était d'accumuler l'or entre leurs mains et d'en rester seuls possesseurs. Ils s'étaient réservé, en conséquence, le monopole de l'Amérique. La surveillance de ce monopole appartenait à la casa de contratacion; elle enregistrait les marchandises destinées à ce commerce, en constatait l'origine espagnole, et les expédiait ensuite par les galions et la flotte. Les gouverneurs du Mexique et du Pérou renvoyaient des lingots en échange. Ces lingots, une fois arrivés en Espagne, il s'agissait de les y conserver. Rien ne semblait plus simple; il suffisait d'ordonner que les payements à l'étranger se fissent exclusivement en monnaie de cuivre. Ce système parut d'abord fort avantageux. L'or afflua en Espagne; mais, en raison même de son abondance, il ne tarda pas à s'avilir. Le prix de toutes les denrées s'éleva à des taux exorbitants; les populations se plaignirent; les Cortès adressèrent des représentations au Roi. Nul ne soupçonnait la véritable cause de cette cherté. On l'attribua à la concurrence étrangère; on interdit en conséquence l'exportation des denrées du pays. La situation ne s'améliorant pas, on en revint à les taxer à des prix qui semblaient équitables, si on les comparait aux taux anciens, mais qui ne l'étaient plus en réalité. Les producteurs, ne faisant plus leurs frais, se découragèrent. Le malaise général fut encore aggravé par les exigences du fisc. Aux prises avec la Turquie, l'Angleterre, la France, les princes d'Allemagne, les Barbaresques, les Flandres révoltées, les Rois d'Espagne voyaient s'épuiser les ressources dont ils disposaient. Les trésors de l'Amérique ne faisaient plus que passer par leurs mains. Pour solder les dépenses de leurs armées, ils se trouvèrent dans la nécessité de recourir à des extorsions de tous genres, à des emprunts usuraires, à la banqueroute, enfin à l'altération des monnaies. Au milieu de ces secousses, l'industrie déclina rapidement. Les négociants espagnols, si intéressés qu'ils fussent au maintien de leur monopole, se virent dans la nécessité de recourir au commerce étranger. La fraude devint ainsi la base de toutes les relations avec l'Amérique. Il se forma à Cadix même une classe d'intermédiaires, les *metadores*, qui se chargèrent des intérêts de toutes les places de l'Europe. Ils expédiaient sous leur nom les marchandises qui leur étaient confiées, s'entendaient avec les agents de la casa de contratacion pour que l'origine n'en fût pas constatée, recevaient l'or en retour et rendaient compte de toutes leurs opérations avec une probité rigoureuse. Ils finirent par jouer ainsi un rôle immense dans le commerce de l'Europe, et contribuèrent à ruiner celui de l'Espagne, qui tomba aux mains des Français, des Anglais et surtout des Hollandais. Spectateur impuissant de cet état de choses, le gouvernement finit par renoncer lui-même à ses idées de monopole. Il n'en conserva pas moins la casa de contratacion, mais il s'en servit uniquement pour rançonner le commerce étranger. Conservant ainsi le droit de confisquer les marchandises qui n'étaient pas d'origine espagnole, il ne manquait pas de le rappeler à l'époque où la flotte de l'Inde allait mettre à la voile. De part et d'autre, on se comprenait. Les consuls de Cadix invitaient les négociants à offrir au Roi une somme qui dédommageât la couronne du tort que lui faisait la contrebande. Chacun se taxait en raison des intérêts qu'il avait engagés, versait la somme à la casa de contratacion qui fermait les yeux moyennant cette concession, connue sous le nom d'*Indult*.

NOTE F.

LISTE
DES GOUVERNEMENTS DÉPENDANT DE LA COURONNE D'ESPAGNE.

On les donne pour cinq ans, et tous les autres emplois aussi, dont les plus considérables sont ceux-ci :

Gouverneur, capitaine général et président de la chancellerie royale de San-Domingo dans les îles espagnoles.

Gouverneur et capitaine général de la ville de Saint-Christophe de la Havana.

Gouverneur et capitaine de guerre de la ville de Saint-Jacques de Cuba.

Gouverneur et capitaine général de la ville de Saint-Jean de Puerto-Rico.

Gouverneur et capitaine général de la ville de Saint-Augustin, province de la Floride.

Gouverneur de la ville de l'Ascension, de l'ile de la Marguerite.

Gouverneur et capitaine général de la ville de Cumana, capitale de la Nouvelle-Andalousie.

Vice-roi, gouverneur et capitaine général de la Nouvelle-Espagne, un président de l'audience royale, qui réside dans la ville de Mexique.

Gouverneur et capitaine général de la ville de Mérida, capitale de la province de Yucatan.

Président et gouverneur de l'audience et chancellerie royale qui réside dans la ville de Guadalaxara, capitale du royaume de la Nouvelle-Galice.

Gouverneur et capitaine général de la ville de Guadiana, capitale du royaume de la Nouvelle-Biscaye.

Gouverneur, capitaine général et président de la chancellerie qui réside dans la ville de Santiago, de la province de Guatemala.

Gouverneur de la province de Locnusco, dans le détroit de Guatemala.

Gouverneur et capitaine général de la ville de Cornagua, de la province de Honduras.

Gouverneur de la ville Saint-Jacques de Leon, capitale de la province de la Nicaragua.

Gouverneur et capitaine général de la ville de Carthagène, capitale de la province de Costa-Rica.

Gouverneur, capitaine général et président de la chancellerie royale, qui réside dans la ville de Manille aux îles Philippines.

Gouverneur et lieutenant des forteresses de Ternate et gouverneur et général de la milice du même pays.

Vice-roi, gouverneur, capitaine général et président de l'audience de la ville de Lima.

Plus huit conseillers, quatre alcaldes, deux accusateurs, un protecteur des Indiens, quatre rapporteurs, trois portiers et un chapelain dans la même ville.

Gouverneur de Chucuito.

Gouverneur de Zico.

Gouverneur d'Ica.

Gouverneur de los Collaguas.

Gouverneur de Guamanga.

Gouverneur de Santiago de Miraflores de Zana.

Gouverneur de San-Marco.

Gouverneur d'Arequipa.

Gouverneur de Truxillo.

Vice-roi de Castra.

Vice-roi de Saint-Michel y Puerto de Plata.

Mestre de camp dans le détroit de Puerto del Callao.

Le président de la Plata a sous lui six conseillers, un accusateur, deux rapporteurs et deux portiers.

Gouverneur de la province de Tucumanan.

Gouverneur de la province de Sainte-Croix.

Gouverneur et capitaine général de la province de la Plata.

Gouverneur de la province de Paraguay.

Gouverneur de la citadelle de la ville de la Plata et de la ville impériale de Potosi.

Gouverneur de Saint-Philippe d'Autriche et des Mines d'or.

Gouverneur de la ville de la Paix.

Gouverneur principal des mines du Potosi.

Gouverneur, capitaine général et président de la ville de Sainte-Foy.

Le gouverneur et capitaine général de la province de Carthagène a sous lui un lieutenant, un capitaine et un maréchal de camp.

Gouverneur et lieutenant du château Saint-Mathias.

Gouverneur et capitaine général de la province de Sainte-Marthe.

Gouverneur de la citadelle de Sainte-Marthe.

Gouverneur de la province de Antoja.

Gouverneur de la province de Papayan.

Gouverneur de los Musos y Colinos.

Gouverneur de la province de Merida.

Gouverneur de la ville de Tunja.

Gouverneur de la ville de Toca Emalbague et des peuples de la Terre Brûlante.

Gouverneur de Quixos Zumoco Ecanela.

Gouverneur de la ville de Jean.

Gouverneur de la ville de Luenca.

Gouverneur de la ville de Santiago de Quayaquil.

Gouverneur de la ville de Loja Zomora et des mines de Comura.

Président, gouverneur et capitaine général de la ville de Panama.

Gouverneur de Veragua, lequel a sous lui un capitaine général, un lieutenant général, un capitaine des compagnies d'infanterie et un capitaine d'artillerie.

Gouverneur et capitaine du château de Saint-Philippe, dans la ville de Puerto-Velo.

Gouverneur et capitaine général de la province de Sainte-Marthe et de la rivière de la Hacha.

Gouverneur de la Grande-Taxamarca.

Je ne mets point ici les charges de judicature ni les bénéfices qui sont en très-grand nombre.

NOTE G.

LA SACCADE DU VICAIRE.

..... Il faut savoir une coutume d'Espagne, que l'usage à tournée en loi, et qui est également folle et terrible pour toutes les familles. Lorsqu'une fille, par caprice, ou par amour ou par quelque raison que ce soit, s'est mis en tête d'épouser un homme, quelque disproportionné qu'il soit d'elle, fût-ce le palefrenier de son père, elle et le galant le font savoir au vicaire de la paroisse de la fille, pourvu qu'elle ait seize ans accomplis. Le vicaire se rend chez elle, fait venir son père, et en sa présence et celle de la mère, demande à leur fille si elle persiste à vouloir épouser un tel. Si elle répond que oui, à l'instant il l'emmène chez lui, et il y fait venir le galant; là il réitère la question à la fille devant cet homme qu'elle veut épouser; et si elle persiste dans la même volonté, et que lui aussi déclare la vouloir épouser, le vicaire les marie sur-le-champ sans autre formalité, et de plus sans que la fille puisse être déshéritée. C'est là ce qui se peut traduire du terme espagnol, *la saccade du vicaire,* qui, pour dire la vérité, n'arrive comme jamais.

Monteleone avait sa fille, dame du palais de la Reine, qui voulait épouser le marquis de Mortare, homme d'une grande naissance, mais fort pauvre, à qui le duc de Monteleone ne la voulait point donner. Mortare l'enleva et en fut exilé. Là-dessus arriva la mort de Charles II. Cette aventure parut au cardinal de Portocarrero toute propre à satisfaire sa haine. Il se mit donc à presser Monteleone de faire le mariage de Mortare avec sa fille, ou de lui laisser souffrir la saccade du vicaire. Le duc tira de longue; mais enfin, serré de près avec une autorité aiguisée de vengeance, appuyée de la force de l'usage tourné en loi et du pouvoir tout-puissant du cardinal, il eut recours à Montriet, puis à Louville, à qui il exposa son embarras et sa douleur. Ce dernier n'y trouva de remède que de lui obtenir une permission tacite de faire enlever sa fille par d'Urse, gentilhomme des Pays-Bas, qui s'attachait fort à Louville et qui en eut depuis la compagnie des mousquetaires flamands, formée sur le modèle de nos deux compagnies de mousquetaires. Monteleone avait arrêté le mariage avec le marquis de Westerloo, riche seigneur flamand de la maison de Mérode et chevalier de la Toison d'or, qui s'était avancé à Bayonne, et qui, sur l'incident fait par le cardinal Portocarrero, n'avait osé aller plus loin. D'Urse y conduisit la fille de Monteleone, qui, en arrivant à Bayonne, y épousa le marquis de Westerloo, et s'en alla tout de suite avec lui à Bruxelles, et le comte d'Urse s'en revint à Madrid. Le cardinal, qui de plus en plus serrait la mesure, tant que la fuite fut arrêtée et exécutée, le sut quand le secret fut devenu inutile, et que Monteleone compta n'avoir plus rien à craindre depuis que sa fille était mariée en France, et avec son mari en chemin des Pays-Bas.

Mais il ignorait encore jusqu'à quel excès se peut porter la passion d'un prêtre tout-puissant qui se voit échapper d'entre les mains une proie qu'il s'était dès longtemps ménagée. Portocarrero en furie ne le ménagea plus, alla trouver le Roi, lui rendit compte de cette affaire, et lui demanda la permission de la poursuivre. Le Roi, tout jeune et arrivant presque, et tout neuf encore aux coutumes d'Espagne, ne pensa jamais que cette poursuite fût autre qu'ecclésiastique, comme diocésain de Madrid; et sans s'en informer, n'en put refuser le cardinal qui, à partir de là, sans perdre un instant, fit assembler le conseil de Castille, de concert avec Arias, gouverneur de ce conseil et son ami, et avec Monterey, qui s'y livra par je ne sais quel motif; et là, dans la même séance, en trois heures de temps, un arrêt par lequel Monteleone fut condamné à perdre 600,000 livres de rente en Sicile, applicables aux dépenses de la guerre; à être, lui, appréhendé au corps jusque dans le palais de la Reine à Tolède, mis et lié sur un cheval, conduit ainsi dans les prisons de l'Alhambra à Grenade, où il y avait plus de cent lieues, et par les plus grandes chaleurs; d'y demeurer prisonnier gardé à vue pendant le reste de sa vie, et de plus, de représenter sa fille et de la marier au marquis de Mortare; à faute de quoi à avoir la tête coupée et à perdre le reste de ses biens.

D'Urse fut le premier qui eut avis de cet arrêt épouvantable. La peur qu'il eut pour lui-même le fit courir à l'instant chez Louville. Lui, qui ne s'écartait jamais, s'était avisé ce jour-là d'aller à la promenade; et ce contre-temps pensa tout perdre, parce qu'on ne le trouva que fort tard. Louville, instruit de cet énorme arrêt, alla d'abord au Roi qui entendait une musique, et ce fut un autre contre-temps où les moments étaient chers. Dès qu'elle fut finie, il passa avec le Roi dans son cabinet, où, avec émotion, il lui demanda ce qu'il venait de faire. Le Roi répondit qu'il voyait bien ce qu'il voulait dire, mais qu'il ne voyait pas quel mal pouvait faire la permission qu'il avait donnée au cardinal. Là-dessus, Louville lui apprit tout ce de quoi cette permission venait d'être suivie, et lui représenta, avec la liberté d'un véritable serviteur, combien sa jeunesse avait été surprise, et combien cette affaire le déshonorait, après la permission qu'il avait donnée de l'enlèvement et du mariage de la fille; que sa bouche avait, sans savoir, soufflé le froid et le chaud, et qu'elle était cause du plus grand des malheurs, dont il lui fit aisément sentir toutes les suites. Le Roi, ému et touché, lui demanda quel remède à un si grand mal et qu'il avait si peu prévu, et Louville, ayant fait apporter une écritoire, dicta au Roi deux ordres bien précis : l'un à un officier de partir au moment même, de courir en diligence à Tolède pour empêcher l'enlèvement du duc de Monteleone, et, en cas qu'il fût déjà fait, de pousser après jusqu'à ce qu'il l'eût joint, le tirer des mains de ses satellites, et le ramener à Tolède chez lui ; l'autre au cardinal, d'aller lui-même à l'instant au lieu où se tient le conseil de Castille, d'arracher de ses registres la feuille de cet arrêt et de la jeter au feu, en sorte que la mémoire en fût à jamais éteinte et abolie.

L'officier courut si bien qu'il arriva à la porte de Tolède au moment même que l'exécuteur de l'arrêt y entrait. Il lui montra l'ordre de la main du Roi, et le renvoya de la sorte, sans passer outre. Celui qui fut porter l'autre ordre du Roi au cardinal, le trouva couché, et quoique personne n'entrât jamais chez lui, dès qu'il était retiré, au nom du Roi toutes les portes tombèrent. Le cardinal lut l'ordre de la main du Roi, se leva et s'habilla, et fut tout de suite l'exécuter, sans jamais proférer une parole. Il n'y a au monde qu'un Espagnol capable de ce flegme apparent, dans l'extrême fureur où ce contre-coup le devait faire entrer. Avec la même gravité et la même tranquillité, il parut le lendemain matin à son ordinaire chez le Roi, qui, dès qu'il l'aperçut, lui demanda s'il avait exécuté son ordre. *Sj, Señor,* répondit le cardinal ; et ce monosyllabe fut le seul qu'on ait ouï sortir de sa bouche sur une affaire qui lui fut si mortellement piquante, et qui lui dérobait sa vengeance et la montre de son pouvoir. (*Mémoires du duc de Saint-Simon.*)

FIN DE L'APPENDICE.

le Roi, qui, dès qu'il l'aperçut, lui demanda s'il avait exécuté son ordre. *Sị, Señor*, répondit le cardinal ; et ce monosyllabe fut le seul qu'on ait ouï sortir de sa bouche sur une affaire qui lui fut si mortellement piquante, et qui lui dérobait sa vengeance et la montre de son pouvoir. (*Mémoires du duc de Saint-Simon.*)

FIN DE L'APPENDICE.

OUVRAGES CITÉS.

1. *Nouvelle collection des Mémoires relatifs à l'histoire de France.* Édition Michaud. Paris, 1857.
2. *Mémoires du duc de Saint-Simon.* Édition Cheruel. Paris, 1858.
3. *Négociations relatives à la succession d'Espagne,* par MIGNET. Paris, 1835-1844.
4. *Mémoires secrets sur l'établissement de la Maison de Bourbon en Espagne,* extraits de la correspondance du marquis DE LOUVILLE. Paris, 1818.
5. *Souvenirs de C. H. baron de Gleichen.* Paris, 1868.
6. *Mémoires de la Cour d'Espagne* (attribués au marquis DE VILLARS). Londres.
7. *Lettres de la marquise de Villars.* Édition Courtois. Paris, 1868.
8. *La princesse des Ursins.* Édition Combe. Paris, 1858.
9. *L'Espagne sous le règne de Philippe II,* par WEISS. Paris, 1844.
10. *L'Espagne sous Charles-Quint, Philippe II et Philippe III,* par RANKE. Paris, 1845.
11. *Antonio Perez et Philippe II,* par MIGNET.
12. *Voyage d'Espagne* (attribué à Van Aarsen DE SOMMERDYCK). Cologne, 1666.
13. *Relation de l'État et Gouvernement d'Espagne* (attribuée au sieur BERTAULT). Cologne, 1666.

14   *Journal d'un voyage en Espagne* (attribué au sieur BERTAULT). Paris, 1669.

15   *État présent de l'Espagne* (attribué à l'abbé DE VAYRAC). Paris, 1715.

16   *Recherches généalogiques sur les grandeurs d'Espagne*, par IMHOF. Amsterdam, 1707.

17   *Genealogiæ viginti illustrium in Hispania familiarum.* IMHOF. Leipzig, 1712.

18   *Genealogiæ viginti illustrium in Italia familiarum*, par IMHOF. Amsterdam, 1710.

19   *Historia Italiæ et Hispaniæ genealogica*, par IMHOF. Nuremberg, 1702.

Nobiliario genealogico de los Reyes titulos de Espania, par D. ALONZO LOPEZ DE HARO. Madrid, 1622.

20   LLORENTE. *Provincias Vascongadas.* Madrid, Imprenta Real, 1806-1807.

21   *Mémoires du comte Miot de Melito.* Paris, 1858.

www.ingramcontent.com/pod-product-compliance
Lightning Source LLC
Chambersburg PA
CBHW060508230426
43665CB00013B/1442